Die Rückgewähr des Unternehmens

Europäische Hochschulschriften Recht

European University Studies in Law

Publications Universitaires Européennes de Droit

Band/Volume **6832**

Kennet Spallek

Die Rückgewähr des Unternehmens

Das Unternehmen als Gegenstand von Rückabwicklungssystemen zwischen Herausgabe und Wertersatz

PETER LANG
Berlin · Bruxelles · Chennai · Lausanne · New York · Oxford

Bibliografische Information der Deutschen Nationalbibliothek
Die Deutsche Nationalbibliothek verzeichnet diese Publikation in der Deutschen Nationalbibliografie; detaillierte bibliografische Daten sind im Internet über http://dnb.d-nb.de abrufbar.

Zugl.: Leipzig, Univ., Diss., 2024

DE-15
ISSN (Print) 3052-8291
ISSN (eVersion) 3052-8305
ISBN 978-3-631-93095-3 (Print)
ISBN 978-3-631-93108-0 (ePDF)
ISBN 978-3-631-93109-7 (ePUB)
DOI 10.3726/b22577

Verlegt durch Peter Lang GmbH, Berlin (Deutschland)

info@peterlang.com

Diese Publikation wurde begutachtet.

www.peterlang.com

Meinen Eltern

Inhaltsverzeichnis

Vorwort

Die vorliegende Arbeit wurde im Wintersemester 2024/2025 von der Juristenfakultät der Universität Leipzig als Dissertation angenommen. Die öffentliche Verteidigung fand am 17. Oktober 2024 statt. Rechtsprechung und Literatur konnten für die Druckfassung bis April 2025 berücksichtigt werden.

Die Dissertation wurde von Herrn Prof. Dr. Tim Drygala betreut. Ihm möchte ich herzlich für die Unterstützung bei der Auswahl des Themas der Arbeit sowie die vertrauensvolle Begleitung im Rahmen meiner Promotion herzlich danken. Ebenso danke ich Herrn Prof. Dr. Florian Loyal für die zügige Erstellung des Zweitgutachtens und Herrn Prof. Dr. Gerhard H. Wächter für die wertvollen Diskussionen und konstruktiven Anregungen.

Besonders danken möchte ich an dieser Stelle Herrn Rechtsanwalt Frank Häberer LL.M., Rechtsanwalt in Leipzig, der mich viele Jahre in meiner beruflichen und persönlichen Entwicklung gefördert und begleitet hat.

Von ganzem Herzen danke ich meinen Eltern, die mir meine akademische Ausbildung ermöglicht haben und mir in allen Lagen meines Lebens jede erdenkliche Unterstützung haben zukommen lassen. Ihnen ist diese Arbeit gewidmet.

Leipzig, im April 2025 *Kennet Spallek*

Abkürzungsverzeichnis

a. A.	anderer Ansicht
a. F.	alte Fassung
AcP	Archiv für die civilistische Praxis
AktG	Aktiengesetz
BGH	Bundesgerichtshof
BGB	Bürgerliches Gesetzbuch
bspw.	beispielsweise
DB	Der Betrieb
d. h.	das heißt
DStR	Deutsches Steuerrecht
ggf.	gegebenenfalls
GmbHG	Gesetz betreffend die Gesellschaften mit beschränkter Haftung
HGB	Handelsgesetzbuch
h. M.	herrschende Meinung
i. S. d.	im Sinne des
i. S. v.	im Sinne von
i. V. m.	in Verbindung mit
JA	Juristische Arbeitsblätter
JuS	Juristische Schulung
JZ	Juristenzeitung
MDR	Monatsschrift für Deutsches Recht
M&A	Mergers and Acquisitions
m. w. Nw.	mit weiteren Nachweisen
NJW	Neue Juristische Wochenschrift

NZG	Neue Zeitschrift für Gesellschaftsrecht
RG	Reichsgericht
TreuhG	Gesetz zur Privatisierung und Reorganisation des volkseigenen Vermögens
z. B.	zum Beispiel
ZfPW	Zeitschrift für die gesamte Privatrechtswissenschaft
ZGR	Zeitschrift für Unternehmens- und Gesellschaftsrecht
ZGS	Zeitschrift für das gesamte Schuldrecht
ZHR	Zeitschrift für das gesamte Handelsrecht und Wirtschaftsrecht
ZPO	Zivilprozessordnung
ZRP	Zeitschrift für Rechtspolitik

Einleitung

A. Problemdarstellung

Bei Unternehmenskäufen handelt es sich fast ausschließlich um äußerst komplexe und aufwendige Prozesse. Verschiedene Disziplinen müssen für den erfolgreichen Abschluss einer Transaktion nahtlos ineinandergreifen. Muss dieser Prozess rückgängig gemacht, d. h. der Unternehmenskauf rückabgewickelt werden, stellt dies die an der Transaktion Beteiligten vor erhebliche Schwierigkeiten. Während die Transaktion noch geplant und entsprechend gestaltet werden konnte, trifft eine Rückabwicklung die Parteien nicht selten unvorbereitet. Das Recht muss dann die Rückabwicklung des Unternehmenskaufs ausgestalten. Ob die dafür maßgeblichen Vorschriften dazu in der Lage sind und inwiefern sich die an einem Unternehmenskauf beteiligten Parteien auf den Fall einer Rückabwicklung vorbereiten können, soll diese Arbeit untersuchen.

Ein Unternehmen kann Gegenstand eines schuldrechtlichen Vertrages wie auch eines Rückabwicklungsverhältnisses sein.[1] Da der Käufer nach Übertragung des Unternehmens häufig geschäftliche Maßnahmen in Bezug auf das erworbene Unternehmen trifft, wird eine Rückübertragung oft als problematisch bewertet.[2] Besondere Eigenschaften des Unternehmens wie seine Komplexität und die ihm immanente Dynamik haben zudem das Potenzial, bei einer Rückabwicklung erhebliche Schwierigkeiten zu

1 Vgl. *Canaris*, Handelsrecht, § 8 Rn. 52.
2 *Holzapfel/Pöllath*, Unternehmenskauf in Recht und Praxis, Rn. 654; *Weber*, in: Handbuch Unternehmenskauf, Rn. 9.369.

erzeugen.[3] Dies führt dazu, dass bei der Gestaltung von Unternehmenskaufverträgen die Tendenz besteht, den Eintritt einer Rückabwicklung möglichst zu verhindern.[4]

Aufgrund der regelmäßig anzutreffenden Vertragsgestaltung könnte zu Unrecht der Eindruck erweckt werden, dass die Rückabwicklung von Unternehmenskaufverträgen von wenig praktischer Relevanz sei. Selbst wenn eine Rückabwicklung auf Grundlage dispositiver Vorschriften ausgeschlossen wird, kann es immer noch zu einer Rückabwicklung nach nicht abdingbaren Vorschriften (z. B. §§ 812 ff. BGB) kommen.[5] Man braucht hierbei nur an die Unwirksamkeit des Kaufvertrages zu denken. Will man also die Bedeutung der Rückabwicklung eines Unternehmenskaufs auf eine rein theoretische Diskussion beschränken, würde dies letztlich die praktische Relevanz der Thematik verkennen.[6] Darüber hinaus eröffnet sich in dogmatischer Hinsicht eine äußerst komplexe und vielseitige Thematik.

Häufig dürften die Vorbehalte gegen eine Rückabwicklung eines Unternehmenskaufvertrages darauf basieren, dass bei Anwendung der ursprünglich auf Sachen zugeschnittenen Rückabwicklungsvorschriften auf ein wirtschaftliches Gebilde erhebliche Unsicherheiten entstehen können. Gerade dieser Umstand macht es aber erforderlich, die Wirkweise dieser Rückabwicklungsvorschriften auf das Unternehmen mit seinen Besonderheiten genau zu untersuchen und in eine Beziehung zur Interessenlage der beteiligten Parteien zu setzen.

B. Ziel der Arbeit

Es finden sich verschiedene Normenkomplexe, die eine Rückabwicklung regeln. Diese Arbeit soll eine umfassende Untersuchung anstellen, um der Frage nachzugehen, inwiefern die verschiedenen Rückabwicklungssysteme

---

3 Zu den Besonderheiten siehe vertiefend § 2 A. II.

4 Vgl. etwa *Holzapfel/Pöllath*, Unternehmenskauf in Recht und Praxis, Rn. 654 zum Ausschluss oder Einschränkung eines Rücktrittsrechts.

5 Vgl. hierzu nur: *Canaris*, Handelsrecht, § 8 Rn. 52 ff.; *K. Schmidt*, Handelsrecht Unternehmensrecht I, § 5 Rn. 77 ff.; *Rupietta*, Rückabwicklung unwirksamer Unternehmenskaufverträge, S. 1; *Schöne*, ZGR 2000, 86.

6 Siehe nur BGHZ 7, 208 ff.; BGH, NJW-RR 1991, 1002 ff.; BGHZ 126, 105 ff.; BGHZ 168, 220 ff.

in ihrer gesetzlichen Ausgestaltung in der Lage sind, die Rückabwicklung eines Unternehmenskaufvertrages in Anbetracht der Besonderheiten des wirtschaftlichen Unternehmens zu bewältigen. Dabei soll ebenfalls ermittelt werden, ob die gesetzlichen Lösungen in ihrer ursprünglichen Ausgestaltung den Interessen der beteiligten Parteien und den Besonderheiten des Objektes Unternehmen gerecht werden oder ob es an bestimmten Stellen einer Modifikation bedarf.

Dafür muss die Wirkweise der einzelnen Rückabwicklungssysteme auf einen Unternehmenskaufvertrag und damit auf das wirtschaftliche Unternehmen genau erfasst werden. Den gesetzlichen Grundkonzeptionen ist die gängige Vertragspraxis bei M&A-Transaktionen gegenüberzustellen. Unter Beachtung der Interessenlage bei M&A-Transaktionen sind die dabei erzielten Ergebnisse zu bewerten. Damit soll die Erkenntnis erzielt werden, ob ein Unternehmenskaufvertrag einer Rückabwicklung zugänglich ist, wie diese ausgestaltet werden soll und inwiefern dabei auf gesetzliche Regelungen zurückgegriffen werden kann.

C. Gang der Darstellung

Um für die Untersuchung eine fundierte Basis zu schaffen, sollen eingangs die relevanten Grundbegriffe behandelt werden (§ 2). Einen Schwerpunkt bildet hierbei der Unternehmensbegriff.

Um mögliche Auswirkungen der Übertragung auf die Rückabwicklung zu erfassen, müssen zudem die verschiedenen Übertragungsformen in Bezug auf das wirtschaftliche Unternehmen betrachtet werden (§ 3). Im Zentrum stehen dabei der Unternehmenskauf und seine Erfüllung.

Sodann sind verschiedene gesetzliche Konzeptionen des BGB zu überblicken, die sich mit der Rückabwicklung von Leistungen oder der Herausgabe von Gegenständen befassen (§ 4). Hierbei müssen auch Konzepte außerhalb des BGB betrachtet werden, bei denen ein Zusammenhang mit der Rückabwicklung eines Unternehmenskaufs erkennbar ist. Deren Funktionsweise ist zu erfassen. Auf Grundlage dieses Überblicks wird der für diese Arbeit zentrale Begriff des Rückabwicklungssystems definiert (§ 4 I. I.). Zudem werden gemeinsame Strukturen der Regelungskonzepte ermittelt (§ 4 I. II.).

In § 5 wird die Wirkweise des Rücktrittsfolgenrechts auf den Unternehmenskauf in seiner Ausgestaltung als Asset Deal und Share Deal untersucht.

Diesen Untersuchungsergebnissen werden die Bedenken gegen eine Rückabwicklung sowie die dazu entwickelten Lösungsansätze gegenübergestellt (§ 5 D.). Unter Beachtung der häufig anzutreffenden Interessenlage bei M&A-Transaktionen wird eine Modifizierung der gesetzlichen Lösungen diskutiert, um insgesamt die Praktikabilität der Rückabwicklung eines Unternehmenskaufvertrages nach den §§ 346 ff. BGB zu bewerten (§ 5 D. III.).

Anschließend wird die Wirkweise weiterer Rückabwicklungssysteme auf einen Unternehmenskauf untersucht (§ 6–§ 8). Dabei stehen die Auswirkungen der untersuchten Konzepte auf die genaue Ausgestaltung der Rückabwicklung besonders im Fokus.

Unter § 9 bildet die bereicherungsrechtliche Rückabwicklung eines Unternehmenskaufvertrages den Untersuchungsgegenstand. Hier werden ebenfalls die Ausgestaltungsformen des Asset Deals und Share Deals gesondert betrachtet. Im Rahmen einer umfassenden Untersuchung der Wirkweise des Bereicherungsrechts bildet die Entwicklung einer unternehmensspezifischen Gefahrtragungsordnung einen Schwerpunkt (§ 9 A. III. 2.) d)). Ausgehend von den dabei erzielten Ergebnissen wird die Praktikabilität der bereicherungsrechtlichen Rückabwicklung eines Unternehmenskaufvertrages anhand der gängigen Vertragspraxis und Interessenlage bei M&A-Transaktionen bewertet und eine mögliche Modifikation behandelt (§ 9 D.).

Die synchrone Methodik der Untersuchungen ermöglicht unter § 10 eine umfassende Gegenüberstellung der Rückabwicklungssysteme in ihrer Anwendung auf den Unternehmenskaufvertrag. Dies ermöglicht den Vergleich, inwiefern diese in ihrer gesetzlichen Ausgestaltung in der Lage sind, die Rückabwicklung eines Unternehmenskaufs zu bewältigen, und inwieweit jeweils eine Modifikation zu erfolgen hat.

Um eine umfassende Untersuchung der Rückabwicklung eines Unternehmenskaufvertrages zu erreichen, betrachtet diese Arbeit auch die prozessualen Konsequenzen (§ 11), bevor die wesentlichen Ergebnisse zusammengefasst werden (§ 12).

Grundbegriffe

Um eine fundierte Auseinandersetzung mit der in Frage stehenden Thematik führen zu können, sollten vorerst die für die Untersuchung wesentlichen Grundbegriffe und dabei insbesondere das Verständnis des Unternehmensbegriffs dargelegt werden.

A. Unternehmensbegriff

I. Begriffsverständnis

Da das Unternehmen als Objekt einer Rückabwicklung in den Fokus zu nehmen ist, hat der Unternehmensbegriff für diese Arbeit grundlegende Bedeutung.

Eine allgemeingültige rechtliche Definition des Begriffes „Unternehmen" existiert nicht.[7] Insbesondere ist keine gesetzliche Definition zu finden.[8] Die Rechtsprechung konnte bisher nur teilweise ein einheitliches Verständnis entwickeln.[9] Die Herausbildung einer allgemeingültigen Auffassung für das gesamte Zivilrecht gelang hingegen nicht.[10]

Vielmehr bestimmt sich der Begriff anhand des Telos derjenigen Normen, in deren Zusammenhang er verwendet werden soll.[11] Der Unternehmensbegriff

---

7 Vgl. *Beisel*, in: Beisel/Klumpp, Der Unternehmenskauf, § 1 Rn. 14; *K. Schmidt*, Unternehmensrecht I, § 3 Rn. 1; *Schöne*, ZGR 2000, 86 (90).

8 *Schöne*, ZGR 2000, 86 (90).

9 BGHZ 69, 334 (337); BGHZ 74, 359 (365); BGHZ 80, 69 (72).

10 Vgl. *Beisel*, in: Beisel/Klumpp, Der Unternehmenskauf, § 1 Rn. 14.

11 *Bayer*, in: MüKo AktG, Band 1, § 15 Rn. 10; *K. Schmidt*, Unternehmensrecht I, § 3 Rn. 1.

ist somit „teleologisch determiniert“[12]. Da die hier maßgeblichen Vorschriften für die Rückabwicklung eines Unternehmenskaufvertrages dem BGB zu entnehmen sein werden, orientiert sich der in dieser Arbeit zu verwendende Unternehmensbegriff an diesen Vorschriften. Hierbei ist das Begriffsverständnis, das durch schuldrechtliche und dingliche Vorschriften erzeugt wird, von besonderer Bedeutung.[13]

Es sind zahlreiche Versuche auszumachen, das Unternehmen als Gegenstand schuldrechtlicher und sachenrechtlicher Beziehungen zu definieren.[14] Bereits das Reichsgericht stellte fest, dass das Unternehmen nicht lediglich eine Zusammenfassung oder Summe von Sachen ist.[15] Vielmehr sei das Unternehmen eine Organisation, durch welche körperliche Sachen und Rechte aber auch Umstände, die weder körperliche Sachen noch Rechte sind, einem wirtschaftlichen Zweck dienstbar gemacht werden.[16] Der BGH bezeichnete das Geschäftsunternehmen als „wirtschaftliche Einheit von Sachen, Rechten und sonstigen Gütern des Rechtsverkehrs“[17].

Zum Unternehmen gehören neben (unbeweglichen und beweglichen) Sachen und Rechten auch Immaterialgüterpositionen (wie z. B. Know-how, Betriebsgeheimnisse, Patente, Urheberrechte) sowie Beziehungen zur Außenwelt (z. B. Kundenstamm, Lieferantenbeziehungen, Goodwill).[18]

Ein Unternehmen ist somit etwas wesentlich komplexeres als eine bloße Gesamtheit von Sachen und Rechten. Es ist vielmehr ein zur Teilnahme am Markt fähiges soziales Gebilde.[19] Die einzelnen Vermögenswerte stehen nicht einfach nebeneinander, sondern werden zur Erreichung eines wirtschaftlichen Zwecks im Interesse der Ertragserzielung organisiert und bilden dadurch eine finale Einheit, welche geschlossen am Markt und im Rechtsverkehr auftritt.[20]

---

12 *K. Schmidt,* Unternehmensrecht I, § 3 Rn. 1.
13 Vgl. *Schöne,* ZGR 2000, 86 (90).
14 Vgl. *Schöne,* ZGR 2000, 86 (90).
15 RGZ 170, 292 (297 f.).
16 RGZ 170, 292 (297 f.).
17 BGHZ 7, 208 (211).
18 *Thiessen,* in: MüKo HGB, Band 1, Anh. § 25 Rn. 3.
19 *K. Schmidt,* Handelsrecht Unternehmensrecht I, § 3 Rn. 3.
20 Vgl. *K. Schmidt,* Unternehmensrecht I, § 3 Rn. 39; *Ballerstedt,* in: FS Schilling, S. 289 (290).

Somit ist das Unternehmen als die Verbindung des gegenständlichen Unternehmensvermögens mit den Immaterialgüterpositionen sowie den Außenbeziehungen zu verstehen, die zur Erreichung eines wirtschaftlichen Zwecks organisiert werden und damit eine „betriebsfähige Wirtschaftseinheit“[21] ergeben.[22]

II. Besonderheiten des Unternehmens

Im Zusammenhang mit der bereicherungsrechtlichen Herausgabe eines wirtschaftlichen Unternehmens wurde bereits die Feststellung getroffen, dass sich eine diesen Bereicherungsgegenstand betreffende Untersuchung nur rechtfertigt, wenn die Eigenart des Unternehmens besondere bereicherungsrechtliche Fragestellungen aufwirft.[23] Was für eine isolierte Betrachtung der bereicherungsrechtlichen Rückabwicklung gilt, muss für eine umfassende Untersuchung der Rückabwicklung von Unternehmensübertragungen in Folge der Abwicklung von Unternehmenskäufen erst recht gelten.

Eine erste, auf der Eigenart des Unternehmens basierende Besonderheit ergibt sich aus der schon verdeutlichten Komplexität des Unternehmens.[24] Durch seine Außenbeziehungen und vor allem seine Einbindung in den Markt ist das Unternehmen hierzu ständigen Veränderungen ausgesetzt.[25] Um im Wettbewerb mit anderen Unternehmen standhalten zu können, muss auf die ständig neuen Marktbedingungen angemessen reagiert werden.[26] Hierzu kann es beispielsweise notwendig sein, die Unternehmensstrukturen oder die Strategie zu verändern, neue Produkte zu entwickeln oder alte Produkte vom Markt zu nehmen.[27] Auch der Kreis der Mitarbeiter sowie die Lieferbeziehungen und der Kundenstamm unterliegen ständigen Veränderungen.[28] Somit verändert sich das Unternehmen auch fortwährend selbst.[29]

---

21 *Thiessen*, in: MüKo HGB, Band 1, Anh. § 25 Rn. 3.

22 Vgl. für weitere Umschreibungsversuche nur: *Beisel*, in: Beisel/Klumpp, Der Unternehmenskauf, § 1, Rn. 17; *Holzapfel/Pöllath*, in: Unternehmenskauf in Recht und Praxis, Rn. 230; *Rupietta*, Rückabwicklung unwirksamer Unternehmenskaufverträge, S. 15; *Schöne*, ZGR 2000, 86 (90 f.).

23 Vgl. *Ballerstedt*, in: FS Schilling, S. 289.

24 Siehe § 2 A.

25 Vgl. *Rupietta*, Rückabwicklung unwirksamer Unternehmenskaufverträge, S. 13.

26 *Rupietta*, Rückabwicklung unwirksamer Unternehmenskaufverträge, S. 13.

27 *Rupietta*, Rückabwicklung unwirksamer Unternehmenskaufverträge, S. 14.

28 *Rupietta*, Rückabwicklung unwirksamer Unternehmenskaufverträge, S. 14.

29 *Thiessen*, in: MüKo HGB, Band 1, Anh. § 25 Rn. 5.

Weiterhin handelt es sich beim wirtschaftlichen Unternehmen um ein soziales Gebilde, was dadurch deutlich wird, dass bei dessen Betrieb zwangsläufig auch die Interessen Dritter berührt werden.[30] Hierzu gehören insbesondere die Arbeitnehmer innerhalb des Unternehmens sowie die Gläubiger und Vertragspartner als Außenstehende.[31]

All diese besonderen Faktoren haben Auswirkungen auf die Rückabwicklung und werfen spezifische Probleme und Fragestellungen auf.

III. Zusammenfassung

Das Unternehmen ist nicht einfach nur eine Gesamtheit von Sachen, Rechten und sonstigen (immateriellen) Wirtschaftsgütern, sondern eine am Zweck der Ertragserzielung ausgerichtete Einheit. Verschiedene Besonderheiten – wie seine Komplexität, seine Dynamik und seine Eigenschaft als soziales Gebilde – zeichnen das Unternehmen aus und erzeugen in Bezug auf eine Rückabwicklung verschiedenste Probleme und Fragestellungen.[32]

B. Das Unternehmen im Rechtsverkehr

Um den Begriff des Unternehmens vollständig erfassen zu können, muss schließlich auch seine Behandlung im Rechtsverkehr beleuchtet werden.

Das Unternehmen stellt weder eine Sache noch ein Recht dar und passt deshalb nur schlecht in das System des BGB.[33] Aufgrund seiner Struktur als wirtschaftliche Einheit verschiedener Vermögenswerte stellt sich nicht nur in Bezug auf die Rückabwicklung die Frage, ob das Unternehmen rechtlich als Einheit oder als Vielheit zu betrachten ist. Eine strikte Behandlung entweder als rechtliche Einheit oder als Vielheit ist kaum möglich.[34]

Auf schuldrechtlicher Ebene (also bei Abschluss eines Verpflichtungsgeschäfts) gestattet der Grundsatz der Vertragsfreiheit die Behandlung des

---

30 Vgl. *Rupietta*, Rückabwicklung unwirksamer Unternehmenskaufverträge, S. 14 f.

31 Ähnlich *Rupietta*, Rückabwicklung unwirksamer Unternehmenskaufverträge, S. 14 f.

32 Zu Grundproblemen aufgrund der Besonderheiten siehe auch *Thiessen*, in: MüKo HGB, Band 1, Anh. § 25 Rn. 4 ff.

33 *Holzapfel/Pöllath*, in: Unternehmenskauf in Recht und Praxis, Rn. 230.

34 Vgl. *Holzapfel/Pöllath*, in: Unternehmenskauf in Recht und Praxis, Rn. 230; *Ballerstedt*, in: FS Schilling, S. 292; *Schöne*, ZGR 2000, 86 (90); *Rupietta*, Rückabwicklung unwirksamer Unternehmenskaufverträge, S. 16.

Unternehmens als rechtliche Einheit.[35] Eine solche Behandlung findet sich außerdem, wenn das Unternehmen im Wege der Erbfolge gemäß § 1922 BGB übergeht, bei der Überlassung im Rahmen einer Unternehmenspacht (§ 581 BGB) oder des Unternehmensnießbrauchs.[36] Durch das Recht am eingerichteten und ausgeübten Gewerbebetrieb (§ 823 Abs. 1 BGB) und die Normen des Gesetzes gegen unlauteren Wettbewerb wird das Unternehmen ebenfalls als Einheit geschützt.[37]

Eine Behandlung als rechtliche Einheit ist jedoch im Bereich dinglicher Rechtsänderungen aufgrund des im Sachenrecht geltenden Spezialitätsgrundsatzes nicht möglich.[38] Gegenstand eines Verfügungsgeschäfts kann nur jeder sonderrechtsfähige Gegenstand sein, nicht aber ein Inbegriff von Gegenständen.[39]

Neben der variierenden Behandlung des Unternehmens als Einheit oder als Vielheit stellt auch die Trennung von Unternehmen und Unternehmensträger eine Besonderheit dar.[40] Das Unternehmen als organisatorische Wirtschaftseinheit ist selbst kein Rechtssubjekt.[41] Es tritt zwar als Einheit geschlossen am Markt und im Rechtsverkehr auf, Zuordnungsobjekt von Rechten und Pflichten ist jedoch der Unternehmensträger (Einzelunternehmer oder Gesellschaft).[42]

---

[35] Vgl. *Holzapfel/Pöllath*, in: Unternehmenskauf in Recht und Praxis, Rn. 230; *Ballerstedt*, in: FS Schilling, S. 292; *Schöne*, ZGR 2000, 86 (90); *Rupietta*, Rückabwicklung unwirksamer Unternehmenskaufverträge, S. 15 f.

[36] *Harke*, in: MüKo BGB, Band 5, § 581 Rn. 7; *K. Schmidt*, Unternehmensrecht I, § 5 Rn. 58; *Rupietta*, Rückabwicklung unwirksamer Unternehmenskaufverträge, S. 16.

[37] Vgl. *Emmerich*, Unlauterer Wettbewerb, § 3 Rn. 3 ff.; *Rupietta*, Rückabwicklung unwirksamer Unternehmenskaufverträge, S. 16.

[38] *Ballerstedt*, in: FS Schilling, S. 293; *Rupietta*, Rückabwicklung unwirksamer Unternehmenskaufverträge, S. 16.

[39] *K. Schmidt*, Unternehmensrecht I, § 5 Rn. 6.

[40] Vgl. *K. Schmidt*, Unternehmensrecht I, § 3 Rn. 39.

[41] *K. Schmidt*, Unternehmensrecht I, § 3 Rn. 39.

[42] *K. Schmidt*, Unternehmensrecht I, § 3 Rn. 43.

Übertragungsformen

Denknotwendig steht vor jeder Rückabwicklung die Übertragung. Um die Wirkweise der Rückabwicklungssysteme auf das Unternehmen untersuchen zu können, muss deshalb vorerst ein Überblick über die verschiedenen Möglichkeiten der Übertragung geschaffen werden. Auch ist es für die Erfassung möglicher Auswirkungen der Übertragungsform auf die Rückabwicklung notwendig, diese und ihre Eigenarten zu betrachten. Im Mittelpunkt steht hierbei der Unternehmenskauf, mit dessen Rückabwicklung sich diese Arbeit schwerpunktmäßig befasst.

A. Das Unternehmen als Kaufgegenstand

Auf einen Kaufvertrag, der ein Unternehmen zum Gegenstand hatte, wurden nach dem alten Schuldrecht grundsätzlich die §§ 433 ff. a. F. BGB analog angewendet.[43] Eine solche Analogie ist nach dem aktuell geltenden Schuldrecht durch § 453 BGB ausdrücklich angeordnet.[44] Ein Unternehmen wird dabei als „sonstiger Gegenstand" i. S. d. § 453 BGB verstanden, was so auch vom Gesetzgeber eindeutig beabsichtigt ist.[45] Somit ergibt sich eindeutig, dass ein Unternehmen Gegenstand eines Kaufvertrages sein kann, auf den die §§ 433 ff. BGB gemäß § 453 BGB entsprechend angewendet werden.

---

[43] *Thiessen*, in: MüKo HGB, Anh. § 25 Rn. 7.

[44] *K. Schmidt*, Unternehmensrecht I, § 5 Rn. 39; *Thiessen*, in: MüKo HGB, Band 1, Anh. § 25 Rn. 7.

[45] BT-Drs. 14/6040, S. 242.

Im Zusammenhang mit einem Unternehmenskauf werden grundsätzlich die Begriffe Asset Deal und Share Deal verwendet. Die kaufrechtlichen Vorschriften (§§ 433 ff. BGB) beziehen sich nur auf die schuldrechtliche Seite des Erwerbs.[46] Die Begriffe Asset Deal und Share Deal erfassen häufig den gesamten Sachverhalt des käuflichen Erwerbs, also sowohl die schuldrechtliche als auch die dingliche Ebene.[47] Die Begriffe bezeichnen gleichermaßen den Unternehmenskauf, sie beschreiben lediglich verschiedene Möglichkeiten der Gestaltung des Verpflichtungs- und vor allem des Erfüllungsgeschäfts.[48] Wenn im Folgenden auf die beiden Gestaltungsarten des Asset Deals und des Share Deals eingegangen wird, sollen dabei sowohl die schuldrechtliche als auch die dingliche Ebene erläutert werden.

I. Asset Deal

Zum einen besteht die Möglichkeit, schuldrechtlich den Kauf des Unternehmens als wirtschaftliche Einheit zu vereinbaren und die Vereinbarung dinglich durch die Einzelübertragung der zum Unternehmen gehörenden Sachen, Rechte und sonstiger (immaterieller) Wirtschaftsgüter zu vollziehen.[49]

Die Einzelgegenstände oder Assets werden also vom bisherigen Rechtsträger (z. B. einer juristischen Person in Form einer Gesellschaft oder einer natürlichen Person als Einzelkaufmann) auf einen anderen Rechtsträger übertragen, womit der Asset Deal vom Ziel des Unternehmensträgerwechsels geprägt ist.[50] Ausgehend von dem hier formulierten Unternehmensbegriff[51] könnte man – wenn es lediglich zur Übertragung der zum Unternehmen gehörenden Einzelgegenstände kommt – nicht von der Übertragung des Unternehmens insgesamt sprechen. Das Unternehmen ist als wirtschaftliches Gebilde zu verstehen, in dem Sachen, Rechte und andere Wirtschaftsgüter zur Erreichung eines wirtschaftlichen Zwecks organisiert werden, und nicht als

---

46 *Weber*, in: Handbuch Unternehmenskauf, Rn. 9.77.

47 *Weber*, in: Handbuch Unternehmenskauf, Rn. 9.77.

48 Vgl. *Canaris*, Handelsrecht, § 8 Rn. 47; *K. Schmidt*, Unternehmensrecht I, § 5 Rn. 17, 25; *Fischer*, DStR 2004, 276 (280).

49 Vgl. *K. Schmidt*, Unternehmensrecht I, § 5 Rn. 25; *Holzapfel/Pöllath*, in: Unternehmenskauf in Recht und Praxis, Rn. 231.

50 *Holzapfel/Pöllath*, in: Unternehmenskauf in Recht und Praxis, Rn. 231; *K. Schmidt*, Unternehmensrecht I, § 5 Rn. 25.

51 Vgl. § 2 A.

bloße Gesamtheit von Sachen und Rechten. Diesem Umstand wird auch von der Rechtsprechung Rechnung getragen, welche einen Unternehmenskauf zutreffend erst dann annimmt, wenn der Erwerber durch die Übertragung der Einzelgegenstände in die Lage versetzt werden soll, das Unternehmen als solches weiterzuführen.[52] Hierzu gehört auch die Einweisung des Erwerbers in den Tätigkeitsbereich des Unternehmens, beispielsweise durch die Vermittlung von Know-how, der Offenbarung von Betriebsgeheimnissen, Mitteilung von Absatz- und Bezugsquellen sowie die Einführung bei der Kundschaft.[53]

Im Rahmen des Asset Deals ist weiterhin in dinglicher Hinsicht zu beachten, dass die Übertragung der einzelnen Wirtschaftsgüter den dafür jeweils geltenden sachenrechtlichen Vorschriften folgt.[54] Hierzu bedarf es aufgrund des sachenrechtlichen Bestimmtheitsgrundsatzes einer hinreichend genauen Bezeichnung aller übergehenden Assets.[55] Die Übertragung von Vertragsverhältnissen erfordert zusätzlich regelmäßig die Zustimmung des Vertragspartners.[56]

Als wichtigste Nebenpflicht wird zudem ein auch grundsätzlich ohne besondere Vereinbarung geltendes Wettbewerbsverbot des Veräußerers angenommen.[57] Dies reiche allerdings nur so weit, wie es sachlich und zeitlich notwendig sei, um den Vertragszweck zu erreichen.[58] Um die Fortführung des Unternehmens durch den Erwerber nicht zu gefährden, darf der Veräußerer folglich die Kundenbeziehung und die Marktposition nicht entziehen oder beeinträchtigen.

II. Share Deal

Weiterhin besteht die Möglichkeit, dass der Käufer die Beteiligungsrechte an dem Unternehmensträger erwirbt, also die Geschäftsanteile an einer GmbH, Aktien oder Gesellschaftsanteile an einer Personengesellschaft.[59] Ein Wechsel des Unternehmensträgers findet hier gerade nicht statt, vielmehr wird der

---

52 BGH, NJW 2002, 1042 (1043) m. w. Nw.
53 *Canaris*, Handelsrecht, § 8 Rn. 1.
54 *Holzapfel/Pöllath*, in: Unternehmenskauf in Recht und Praxis, Rn. 231.
55 *Weber*, in: Handbuch Unternehmenskauf, Rn. 9.91.
56 Vgl. *Weber*, in: Handbuch Unternehmenskauf, Rn. 9.109.
57 Vgl. *Canaris*, Handelsrecht, § 8 Rn. 9.
58 *Canaris*, Handelsrecht, § 8 Rn. 9.
59 *Weber*, in: Handbuch Unternehmenskauf, Rn. 9.79.

Rechtsträger selbst übertragen.[60] Die Zuordnung der Vermögenswerte ändert sich nicht, es ändert sich lediglich die Inhaberschaft der Gesellschafterrechte.[61]

Der dingliche Vollzug gestaltet sich beim Share Deal durch die Abtretung der Beteiligungsrechte.[62] Nicht nur die Wirtschaftsgüter, sondern auch die Beziehungen tatsächlicher und rechtlicher Art, insbesondere auch Vertragsverhältnisse, die das Unternehmen mit Dritten verbinden, bleiben unverändert bei der Gesellschaft.[63]

Zum Teil führt hierbei die Frage zu Diskussionen, wie groß der erworbene Anteil sein muss, um tatsächlich von einem Unternehmenskauf ausgehen zu können. Der BGH macht eine Anwendung der kaufrechtlichen Regelungen auf die Veräußerung eines Unternehmens davon abhängig, ob der Käufer sämtliche oder nahezu sämtliche Anteile an einem Unternehmen erwirbt.[64] Dann stelle sich der Anteilskauf sowohl nach der Vorstellung der Parteien als auch objektiv bei wirtschaftlicher Betrachtungsweise als Kauf des Unternehmens selbst dar.[65]

Die erforderliche Höhe des gekauften Anteils im Einzelfall wurde vom BGH noch nicht abschließend festgelegt.[66] Ein Beteiligungserwerb, der unter 50 % liegt, wurde als unzureichend angesehen, eine Grenze wird teilweise auch bereits bei 75 % angesetzt.[67] Ferner besteht die Tendenz, zu verlangen, dass dem Käufer wirtschaftlich im Wesentlichen die Stellung eines Alleinunternehmers zukommt.[68]

In der M&A-Praxis wird beim Erwerb von ca. 95 % der Beteiligungsrechte ein Unternehmenskauf in Form des Share Deals angenommen.[69] Um zu bestimmen, ob ein Unternehmenskauf vorliegt oder nicht, kann es jedoch nicht ausschließlich auf den Umfang des erworbenen Anteils

---

60 *Holzapfel/Pöllath*, in: Unternehmenskauf in Recht und Praxis, Rn. 231.

61 *Weber*, in: Handbuch Unternehmenskauf, Rn. 9.79.

62 *Weber*, in: Handbuch Unternehmenskauf, Rn. 9.81.

63 *Weber*, in: Handbuch Unternehmenskauf, Rn. 9.81.

64 BGH, NJW 2019, 145 Rn. 23; BGH, NJW 2001, 2163 (2164).

65 BGH NJW 2019, 145 Rn. 23.

66 Vgl. *Maultzsch*, in: MüKo BGB, Band 4, § 453 Rn. 31.

67 Vgl. BGH, NJW 2001, 2163 (2164); *Holzapfel/Pöllath*, in: Unternehmenskauf in Recht und Praxis, Rn. 231; *K. Schmidt*, Unternehmensrecht I, § 5 Rn. 29.

68 *Weber*, in: Handbuch Unternehmenskauf, Rn. 9.209.

69 Vgl. *Weber*, in: Handbuch Unternehmenskauf, Rn. 9.209.

ankommen. Vielmehr müssen stets auch sämtliche wirtschaftliche und rechtliche Umstände des Einzelfalls betrachtet werden.[70]

Deutlich wird dies bei der Aufstockung einer Kapitalbeteiligung. Der BGH ordnete hierzu einen Fall, wo ein Erwerber erst 50 % des Grundkapitals und später die restlichen 50 % erwarb, als Unternehmenskauf ein.[71] Bei diesem Einzelfall bestand zudem die Besonderheit, dass die Aufteilung des Erwerbs in mehrere Akte aufgrund eines Rahmenvertrages erfolgte, welcher die etappenweise Übernahme des gesamten Grundkapitals vorsah.[72]

III. Kauf einer freiberuflichen Praxis

Auch eine freiberufliche Praxis (z. B. Arzt-, Steuerberatungs- oder Anwaltspraxis) kann Gegenstand eines Unternehmenskaufs sein. In der Vergangenheit wurde ein Praxiskaufvertrag aus standesrechtlichen Erwägungen als Verstoß gegen die guten Sitten eingeordnet und war deshalb gemäß § 138 Abs. 1 BGB unwirksam.[73] Heute ist die Zulässigkeit einhellig anerkannt.[74]

Der Praxiskauf kann als Asset Deal oder Share Deal ausgestaltet werden.[75] Zentraler Vermögenswert einer freiberuflichen Praxis ist der Klientenstamm. Deshalb wird die Einräumung der Möglichkeit, diesen Klientenstamm weiter zu betreuen, grundsätzlich den Kern des Kaufvertrages ausmachen.[76] Bei solchen Transaktionen muss die Verschwiegenheitsverpflichtung von Berufsträgern eine besonders ausgeprägte Beachtung finden, um eine Unwirksamkeit des Kaufvertrages zu vermeiden. So muss bspw. für die erforderliche Übertragung der Klientendaten unbedingt eine ausdrückliche Zustimmung der Klienten eingeholt werden, um eine Nichtigkeit des Vertrages gemäß § 134 BGB i. V. m. § 203 StGB zu verhindern.[77] Gerade im Hinblick auf das

---

70 Vgl. BGH, NJW 2019, 145 Rn. 25; *Maultzsch,* in: MüKo BGB, Band 4, § 453, Rn. 31; *K. Schmidt,* Unternehmensrecht I, § 5 Rn. 29; *Grunewald,* NZG 2003, 372 (372 f.).

71 BGH, DB 1980, 679 (681).

72 BGH, DB 1980, 679 (681).

73 RGZ 66, 139; RGZ 161, 153.

74 Siehe nur *Beisel,* in: Beisel/Klumpp, Der Unternehmenskauf, § 4 Rn. 51; *Thiessen,* in: MüKo HGB, Band 1, Anh. § 25 Rn. 38.

75 Vgl. *Beisel,* in: Beisel/Klumpp, Der Unternehmenskauf, § 4 Rn. 50.

76 Ähnlich *Beisel,* in: Beisel/Klumpp, Der Unternehmenskauf, § 4 Rn. 50; *Thiessen,* in: MüKo HGB, Band 1, Anh. § 25 Rn. 39.

77 Ausführlich dazu *Beisel,* in: Beisel/Klumpp, Der Unternehmenskauf, § 4 Rn. 54.

sich zunehmend verschärfende Datenschutzrecht dürften zudem weitere Aufklärungspflichten zu beachten sein.

B. Weitere schuldrechtliche Gestaltungsmöglichkeiten

Schuldrechtlich kann der Unternehmensveräußerung eine Reihe verschiedener Vertragstypen zugrunde liegen, wobei der Kauf naturgemäß im Vordergrund steht.[78] Es ist jedoch ebenfalls möglich, dass beispielsweise eine Schenkung, der Tausch oder die Einbringung eines Unternehmens in eine Gesellschaft die schuldrechtliche Grundlage für eine Unternehmensveräußerung bilden.[79] Die Pflichten der Parteien richten sich dann nach den getroffenen Abreden und die für den jeweiligen Vertragstyp geltenden gesetzlichen Bestimmungen.[80]

Die Hauptpflicht des Veräußerers bleibt aber in jedem Fall die Übertragung des Unternehmens, wozu die Überlassung und ggf. die Einweisung in den Tätigkeitsbereich sowie die Verschaffung des gesamten zum Unternehmen gehörenden Vermögens zählt.[81]

C. Die zeitweise Überlassung des Unternehmens

Neben der endgültigen Übertragung eines Unternehmens besteht auch die Möglichkeit der zeitweiligen Überlassung.[82] Exemplarisch hierfür sind die Unternehmenspacht und der Unternehmensnießbrauch. Diese Übertragungsformen sind hier von Interesse, da eine Rückübertragung des Unternehmens dort bereits von Beginn an feststeht.[83]

I. Unternehmenspacht

Nach den allgemeinen Regeln (§§ 581 ff. BGB) ist der Verpächter verpflichtet, dem Pächter den Gebrauch des Unternehmens und den Genuss der Früchte, soweit sie nach den Regeln einer ordnungsgemäßen Wirtschaft als Ertrag anzusehen sind, während der Pachtzeit zu gewähren. Der Pächter ist

---

[78] *Canaris*, Handelsrecht, § 8 Rn. 6.
[79] *Canaris*, Handelsrecht, § 8 Rn. 6.
[80] *Canaris*, Handelsrecht, § 8 Rn. 6.
[81] Vgl. *Canaris*, Handelsrecht, § 8 Rn. 7.
[82] *Canaris*, Handelsrecht, § 8 Rn. 49.
[83] Siehe zur Rückabwicklung explizit § 4 G.

seinerseits verpflichtet, die vereinbarte Pacht zu entrichten. Bei der Unternehmenspacht hat der Verpächter den Pächter ebenfalls in den unternehmerischen Tätigkeitsbereich einzuweisen.[84]

Hinsichtlich des Umlaufvermögens (z. B. Kundenforderungen, Warenlager) wird zumeist vereinbart, dass dieses dem Pächter übereignet wird.[85] In Bezug auf das Anlagevermögen (Werkshallen, Betriebsgrundstück usw.) genügt die Übertragung des Besitzes.[86]

Bei der Unternehmenspacht kommt die Frage danach auf, ob den Pächter eine Betriebspflicht trifft. Eine Betriebspflicht, d. h. die Pflicht zum Gebrauch und zur Nutzung des Pachtgegenstandes, wird zum einen dann angenommen, wenn der Verpächter die Rückgewähr des Unternehmens in dem Zustand verlangen kann, in dem es sich bei ordnungsgemäßer Bewirtschaftung bis Ende der Pachtzeit befinden würde.[87] Dies dürfte bei einer Unternehmenspacht häufig der Fall sein.[88]

Andere begründen die Betriebspflicht mit der besonderen Natur des Unternehmens als lebendigen Organismus, der durch seine Außenbeziehungen geprägt ist, welche nur durch dessen Betrieb aufrechterhalten werden können.[89] Eine fehlende Betriebspflicht sei lediglich die Ausnahme.[90] Insgesamt kann also in den meisten Fällen einer Unternehmenspacht – vorbehaltlich abweichender Vereinbarungen – von einer Betriebspflicht ausgegangen werden.

II. Unternehmensnießbrauch

Der Unternehmensnießbrauch weist eine große Nähe zur Unternehmenspacht auf.[91]

Hier hat ebenfalls eine Einweisung des Nießbrauchers in den Tätigkeitsbereich zu erfolgen.[92] Ebenso wie bei der Pacht erwirbt der Nießbraucher Eigentum am Umlaufvermögen.[93] In Bezug auf das Anlagevermögen muss es

---

84 *Canaris*, Handelsrecht, § 8 Rn. 50.
85 *Canaris*, Handelsrecht, § 8 Rn. 50.
86 *Canaris*, Handelsrecht, § 8 Rn. 50.
87 *Harke*, in: MüKo BGB, Band 5, § 581 Rn. 13.
88 *Harke*, in: MüKo BGB, Band 5, § 581 Rn. 13.
89 *Klein-Blenkers*, Unternehmenspacht, S. 242.
90 *Klein-Blenkers*, Unternehmenspacht, S. 243.
91 Vgl. *Canaris*, Handelsrecht, § 8 Rn. 51; *K. Schmidt*, Unternehmensrecht I, § 5 Rn. 58.
92 *Canaris*, Handelsrecht § 8 Rn. 51.
93 *Canaris*, Handelsrecht § 8 Rn. 51.

zur Einräumung des Besitzes und zur Bestellung des dinglichen Nießbrauches kommen, welche nach § 1085 BGB an den jeweiligen Einzelgegenständen gesondert zu erfolgen hat.[94] Dies ändert aber nichts daran, dass der übergreifenden Zweckbestimmung des Unternehmens auch bei Anwendung der §§ 1030 ff. BGB Rechnung getragen wird.[95]

Den Unternehmensnießbraucher trifft gemäß §§ 1041 S. 1, 1036 Abs. 2, 1037 Abs. 1 BGB eine Erhaltungspflicht. In Bezug auf die Ausrichtung und Aktivität des Unternehmens steht ihm innerhalb bestimmter Grenzen ein wirtschaftlicher Ermessensspielraum zu.[96] Er darf den Betrieb jedoch nicht einstellen oder nur den Bestand des Unternehmens sichern.[97] Der Unternehmensnießbraucher ist vielmehr verpflichtet, die Marktstellung des Unternehmens zu behaupten und dafür die erforderlichen Investitionen – notfalls auch mit eigenen Mitteln – vorzunehmen.[98]

D. Zusammenfassung

Das Unternehmen kann als am Zweck der Ertragserzielung ausgerichtete Einheit Gegenstand eines Kaufvertrages sein, der als Asset Deal oder Share Deal gestaltet und vollzogen wird.

Weiterhin bestehen verschiedene Möglichkeiten, das Verpflichtungsgeschäft bei einer Unternehmensveräußerung auszugestalten, wobei die Hauptpflicht des Veräußerers immer die Übertragung des Unternehmens ist. Beispielhaft für die zeitweise Überlassung des Unternehmens sind die Unternehmenspacht und der Unternehmensnießbrauch.

Allen Übertragungsformen ist gemein, dass das Unternehmen insbesondere auf schuldrechtlicher Ebene nicht nur als Gesamtheit von Sachen und Rechten, sondern als am Zweck der Ertragserzielung ausgerichtete Einheit behandelt wird. Dies bestätigt einerseits den hier zugrunde liegenden Unternehmensbegriff und lässt andererseits darauf schließen, dass diese Betrachtungsweise auch für die Rückabwicklung eine besondere Bedeutung erlangen muss.

---

94 *Canaris*, Handelsrecht § 8 Rn. 51.
95 *Pohlmann*, in: MüKo BGB, Band 8, § 1085 Rn. 25.
96 Vgl. *Pohlmann*, in: MüKo BGB, Band 8, § 1085 Rn. 25.
97 *Pohlmann*, in: MüKo BGB, Band 8, § 1085 Rn. 25.
98 Vgl. *Pohlmann*, in: MüKo BGB, Band 8, § 1085 Rn. 25.

Rückabwicklungssysteme

Das Bürgerliche Gesetzbuch hält verschiedene Konzeptionen bereit, welche die Rückgewähr von Leistungen oder die Herausgabe von Gegenständen zum Inhalt haben. Dieser Abschnitt soll einen Überblick über die wesentliche Systematik und Eigenschaften der Normenkomplexe liefern, welche für die Rückabwicklung eines Unternehmenskaufvertrages relevant werden können. Zudem soll auch ein Blick auf Lösungsmodelle außerhalb des BGB geworfen werden, die im Zusammenhang mit der Rückabwicklung eines Unternehmenskaufvertrages stehen.

Wenn die Rückabwicklungssysteme dahin gehend untersucht werden sollen, inwiefern sie in der Lage sind, die Rückabwicklung eines Unternehmenskaufvertrages zu bewältigen, muss vorher deren Funktionsweise erfasst werden. Zugleich müssen zielgerichtet Anhaltspunkte für die Rückabwicklung eines Unternehmenskaufs in anderen Lösungsmodellen ausfindig gemacht werden, um diese für eine ggf. erforderliche Modifikation nutzbar zu machen. Nur so kann eine solide Grundlage für die nachfolgende Untersuchung geschaffen werden.

A. Rücktrittsfolgenrecht, §§ 346 ff. BGB

Rücktritt meint die Rückgängigmachung eines Schuldverhältnisses durch eine empfangsbedürftige Willenserklärung.[99] Die Voraussetzungen für ein Rücktrittsrecht ergeben sich aus der vertraglichen Vereinbarung der Parteien

---

[99] *Brox/Walker*, Allgemeines Schuldrecht, § 18 Rn. 1.

oder aus einer gesetzlichen Vorschrift.[100] Die Rechtsfolgen eines solchen Rücktrittsrechts sind in den §§ 346 ff. BGB geregelt.

Die §§ 346–348 BGB befassen sich mit dem aus dem Rücktritt hervorgehenden Rückgewährschuldverhältnis, während die §§ 349–354 BGB ausgewählte Aspekte der Ausübung des Rücktrittsrechts behandeln.[101] Da die eigentliche Rückabwicklung durch die §§ 346–348 BGB bestimmt wird, liegt der Fokus auf diesen Vorschriften.

Wurden die Vertragspflichten bereits erfüllt, sind nach § 346 Abs. 1 BGB die empfangenen Leistungen zurückzugewähren. Es kommt zur Umwandlung des ursprünglichen Schuldverhältnisses in ein Abwicklungs- oder Rückgewährschuldverhältnis.[102]

Leistungen müssen beim Rücktritt grundsätzlich in Natur und damit so zurückgewährt werden, wie sie erbracht worden sind.[103] Weiterhin sind die tatsächlich gezogenen Nutzungen herauszugeben, worunter gemäß § 100 BGB die Früchte einer Sache oder eines Rechts und die Gebrauchsvorteile zu verstehen sind.

In den Fällen, in denen der Rückgewährschuldner die empfangene Leistung oder die gezogenen Nutzungen nicht gegenständlich zurückgewähren kann, kommt gemäß § 346 Abs. 2 BGB eine Wertersatzpflicht in Betracht. Zur Bestimmung des Eintritts einer Wertersatzpflicht sind in § 346 Abs. 2 Nr. 1 bis 3 BGB verschiedene Fallkonstellationen beschrieben. Für die Höhe des Wertersatzes ist gemäß § 346 Abs. 2 Satz 2 BGB die im Vertrag bestimmte Gegenleistung maßgeblich.

Die Vorschrift des § 346 Abs. 3 BGB befreit den Rückgewährschuldner in bestimmten Fällen von der Pflicht zum Wertersatz. Sie stellt eine Gefahrtragungsregelung dar.[104] Nach § 346 Abs. 3 Satz 2 BGB ist eine verbleibende Bereicherung des Rückgewährschuldners auch beim Entfall der Wertersatzpflicht herauszugeben.

---

100 *Brox/Walker,* Allgemeines Schuldrecht, § 18 Rn. 1.

101 *Schall,* in: BeckOGK BGB, Stand: 01.08.2024, § 346 Rn. 1.

102 So die h. M., vgl. BGH, NJW 2008, 911 Rn. 10; *Gaier,* in: MüKo BGB, Band 3, § 346 Rn. 40; *Metzger,* in: Erman, Handkommentar zum BGB, Vor. § 346 Rn. 1; *Medicus/Lorenz,* Schuldrecht I, § 50 Rn. 5.

103 *Gaier,* in: MüKo BGB, Band 3, § 346 Rn. 67.

104 *Gaier,* in: MüKo BGB, Band 3, § 346 Rn. 112; *Medicus/Lorenz,* Schuldrecht I, Rn. 16.

Weiterhin legt § 347 BGB in Abs. 1 unter bestimmten Voraussetzungen die Ersatzpflicht für nicht gezogene Nutzungen fest und regelt in Abs. 2 einen Ersatzanspruch für notwendige Verwendungen und sonstige Aufwendungen des Rückgewährschuldners.

Gemäß § 348 BGB sind die sich aus der rücktrittsrechtlichen Rückabwicklung ergebenden Verpflichtungen der Parteien Zug um Zug zu erfüllen.

Die §§ 346 ff. BGB können grundsätzlich durch Vereinbarung der Parteien abbedungen werden, sie sind dispositiv.[105]

B. Die Rückabwicklung nach § 281 Abs. 5 BGB

Eine Verpflichtung zur Rückgewähr des Empfangenen entsteht auch mit dem Verlangen nach („großem") Schadensersatz statt der Leistung.[106] Nach § 281 Abs. 5 BGB kann jedoch nur einseitig der Schuldner des Schadensersatzanspruches seine bereits erbrachte Leistung zurückfordern. Für die genaue Ausgestaltung der Rückabwicklung verweist § 281 Abs. 5 BGB auf die §§ 346–348 BGB.

C. Störung der Geschäftsgrundlage, § 313 BGB

Die Vorschrift des § 313 BGB erlaubt bei einer Störung der Geschäftsgrundlage die Änderung oder Aufhebung eines Vertrages.[107] Eine etwaige Störung ist anzunehmen, wenn die Geschäftsgrundlage entweder später entfallen ist (§ 313 Abs. 1 BGB) oder von vornherein fehlt (§ 313 Abs. 2 BGB).

Als Rechtsfolge ist vorrangig ein Anspruch auf Vertragsanpassung und nachrangig ein Rücktrittsrecht oder bei Dauerschuldverhältnissen ein Kündigungsrecht vorgesehen (§ 313 Abs. 3 BGB).[108] Die Störung der Geschäftsgrundlage kann somit über § 313 Abs. 3 BGB ebenfalls zu einer Rückabwicklung des Vertrages führen. Bei Ausübung des Rücktrittsrechts richtet sich die Rückabwicklung nach den §§ 346 ff. BGB.[109]

---

[105] *Brox/Walker*, Allgemeines Schuldrecht, § 18 Rn. 36.

[106] *Ernst*, in: MüKo BGB, Band 2, § 281 Rn. 170.

[107] *Finkenauer*, in: MüKo BGB, Band 3, § 313 Rn. 1.

[108] *Finkenauer*, in: MüKo BGB, Band 3, § 313 Rn. 1.

[109] *Böttcher*, in: Erman, Handkommentar zum BGB, § 313 Rn. 44b; *Finkenauer*, in: MüKo BGB, Band 3, § 313 Rn. 110; *Grüneberg*, in: Grüneberg BGB, § 313 Rn. 42; *Teichmann*, in: Soergel BGB, Band 5/1a, § 313 Rn. 144.

D. Bereicherungsrecht

Das Bereicherungsrecht soll rechtsgrundlose Vermögensverschiebungen ausgleichen.[110] Hierbei wird die Herausgabepflicht des Bereicherungsschuldners vor allem von denjenigen Vorschriften bestimmt, die eine Herausgabe dem Grunde nach regeln (§§ 812, 813, 816, 817 S. 1 BGB).[111] Die §§ 818 ff. BGB bestimmen den Umfang des Bereicherungsanspruches, womit sie die in den angegebenen Vorschriften angeordnete Pflicht zur Herausgabe zu einer differenzierten Rechtsfolgenregelung konkretisieren und ergänzen.[112]

Im Bereicherungsrecht wird vorrangig die Herausgabe in Natur geschuldet. Der Herausgabeanspruch wird durch § 818 BGB ergänzt und konkretisiert. Insbesondere wird in § 818 Abs. 2 BGB eine Wertersatzpflicht festgelegt, um Fälle zu erfassen, in denen die grundsätzliche Pflicht zur Herausgabe des Erlangten nicht erfüllt werden kann. Durch § 818 Abs. 3 BGB wird die verschuldensunabhängige Herausgabe- bzw. Wertersatzpflicht zugunsten des gutgläubigen und unverklagten Bereicherungsschuldners modifiziert.

Anders als das Rücktrittsfolgenrecht sieht die gesetzliche Konzeption des bereicherungsrechtlichen Systems die Rückabwicklung gegenseitiger Verträge nicht vor. Prägend für das Bereicherungsrecht ist, dass es in seiner vom Gesetz vorgegebenen Form der synallagmatischen Verknüpfung von Leistung und Gegenleistung nicht gerecht wird und immer dann an seine Grenzen stößt, wenn die Leistungen nicht mehr uneingeschränkt beim jeweiligen Empfänger vorhanden sind. Eine einheitliche Lösung dieser Problematik ist nicht ersichtlich.[113]

E. Rechtsfolge beim Schadensersatzanspruch aus culpa in contrahendo (c.i.c.)

Eine weitere Rückabwicklungssituation kann als Rechtsfolge eines Schadensersatzanspruchs aus c.i.c. beobachtet werden. Kommt ein Vertrag wirksam, aber mit einem für eine Vertragspartei unerwünschten Inhalt zustande und

---

[110] *Staake*, Gesetzliche Schuldverhältnisse, § 2 Rn. 1.
[111] *Schwab*, in: MüKo BGB, Band 7, § 818 Rn. 1.
[112] *Retzlaff*, in: Grüneberg BGB, § 818 Rn. 1; *Wendehorst*, BeckOK BGB, § 818 Rn. 1.
[113] Vertiefend hierzu § 9 A. III. 2.).

beruht dies auf einer Aufklärungspflichtverletzung der anderen Vertragspartei, kommt ein Schadenersatzanspruch aus c.i.c. in Betracht.[114] Nach §§ 280 Abs. 1 S. 1, 241 Abs. 2, 311 Abs. 2, 249 BGB ist der aufklärungsberechtigte Vertragspartner in einem solchen Fall so zu stellen, wie er bei ordnungsgemäßer Aufklärung stehen würde.[115] Es kann somit die Herstellung des Zustands ohne Vertragsschluss verlangt werden.[116] Wie die Herstellung dieser hypothetischen Situation erreicht werden soll, wird nicht einheitlich beurteilt.

Zum Teil wird ein Anspruch des Geschädigten auf Vertragsaufhebung angenommen, der dadurch verwirklicht wird, dass vom Schädiger die Abgabe einer Willenserklärung zum Abschluss eines Aufhebungsvertrages gefordert werden kann.[117] Sind die Leistungen bereits bewirkt worden, müssen diese rückabgewickelt werden. Umstritten ist, nach welchen Vorschriften sich die Rückabwicklung der ausgetauschten Leistungen dann konkret richten solle. Teilweise wird für die Rückabwicklung bereits erbrachter Leistungen auf das Bereicherungsrecht zurückgegriffen.[118]Andere begreifen den Aufhebungsvertrag als ein Rechtsgeschäft, welches ein Schuldverhältnis beendet, soweit es noch nicht erfüllt wurde, und in ein Rückgewährschuldverhältnis in Bezug auf bereits bewirkte Leistungen umwandelt, auf das die Vorschriften über den Rücktritt entsprechend anzuwenden sind.[119]

Im Widerspruch zur vorgenannten Ansicht kann die Rückabwicklung nur nach den für die Rechtsfolgen von Schadenersatzansprüchen geltenden allgemeinen Regeln bestimmt werden. Die Pflicht zur Herstellung des Zustands ohne Vertragsschluss folgt allein aus § 249 Abs. 1 BGB, womit auch eine etwaige Rückabwicklung nur von den §§ 249 ff. BGB ausgestaltet werden kann.[120]

---

114 Vgl. *Nickel,* Rechtsfolgen c. i. c., S. 171 f.

115 *Nickel,* Rechtsfolgen c. i. c., S. 172.

116 Vertiefend dazu § 8.

117 Vgl. *Nickel,* Rechtsfolgen c. i. c., S. 172; *Kersting,* JZ 2008, 714 (716).

118 So etwa *Schlüter,* in: MüKo BGB, Band 3, § 397 Rn. 18.

119 So etwa *Gernhuber,* Erfüllung, S. 399 f.; *Larenz,* SchuldR I, S. 272 f.; a. A. *Medicus,* JuS 1990, 689 (691 f.), der nur die §§ 249 ff. BGB für maßgeblich hält.

120 So im Ergebnis auch BGH, NJW 2001, 2163 (2165); BGH, NJW-RR 2015, 275 Rn. 25; zur ausführlichen Behandlung der Streitfrage siehe § 8.

F. Eigentümer-Besitzer-Verhältnis (EBV)

Der Normenkomplex der §§ 987–1003 BGB befasst sich mit den Ansprüchen zwischen dem Eigentümer einer Sache und einem Besitzer, der diesem gegenüber nicht zum Besitz berechtigt ist.[121]

I. Allgemeines

Die in den bezeichneten Normen geregelten Ansprüche ergänzen den Herausgabeanspruch des Eigentümers aus § 985 BGB.[122] Mit dem Herausgabeanspruch kann der Eigentümer zwar die Herausgabe der Sache verlangen, es verbleiben jedoch Nebenansprüche auf Ersatz oder Herausgabe der Nutzungen (§§ 987, 988 BGB) und auf Ersatz für die Beschädigung der Sache oder auf Schadensersatz für die Zerstörung oder den Verlust (§§ 989–993 BGB).[123] Diesen Ansprüchen stehen auf Seiten des Besitzers die Gegenansprüche für Verwendungen gegenüber (§§ 994–1003 BGB).[124]

Die in dem Normenkomplex geregelten Ansprüche bilden ein gesetzliches Schuldverhältnis, das mit dem Begriff „Eigentümer-Besitzer-Verhältnis“ gekennzeichnet wird.[125]

II. Vindikationsfähigkeit des Unternehmens

Für diese Untersuchung stellt sich die Frage, ob das wirtschaftliche Unternehmen Gegenstand eines Vindikationsanspruchs und damit des EBV sein kann. Wäre nach Vollzug eines Unternehmenskaufvertrages sowohl das Verpflichtungsgeschäft als auch das Verfügungsgeschäft unwirksam, könnte die Rückabwicklung möglicherweise nach den §§ 985 ff. BGB bestimmt werden. Zu denken wäre hierbei an Konstellationen, in denen der Verkäufer unerkannt geisteskrank war oder ein minderjähriger Verkäufer nicht wirksam vertreten wurde.

Grundvoraussetzung für eine Anwendung der §§ 985 ff. BGB wäre die Vindikationsfähigkeit des wirtschaftlichen Unternehmens. Sofern man diese bejaht, wäre es vom Käufer als Ganzes gemäß § 985 BGB herauszugeben. Handelt es sich beim Käufer um einen gutgläubigen und unverklagten Besitzer,

---

[121] *Lorenz*, JuS 2013, 495.

[122] *Lorenz*, JuS 2013, 495.

[123] *Westermann/Gursky/Eickmann*, Sachenrecht, § 30 Rn. 1; *Lorenz*, JuS 2013, 495.

[124] *Westermann/Gursky/Eickmann*, Sachenrecht, § 30 Rn. 1; *Lorenz*, JuS 2013, 495.

[125] *Westermann/Gursky/Eickmann*, Sachenrecht, § 29 Rn. 1.

wären gemäß § 993 Abs. 1 BGB die bis zum Zeitpunkt der Rechtshängigkeit gezogenen, sogenannten Übermaßfrüchte herauszugeben. Ordnet man den erzielten Gewinn als Früchte des Unternehmens ein, so hätte der Käufer gemäß § 993 Abs. 1 BGB nach den Vorschriften über die Herausgabe einer ungerechtfertigten Bereicherung denjenigen Anteil am Unternehmensgewinn herauszugeben, der die Grenzen des durch ordnungsgemäße Wirtschaft erzielten Gewinns übersteigt.[126] Der gutgläubige unverklagte Unternehmensbesitzer wäre, wie sich aus § 993 Abs. 1 Hs. 2 BGB ergibt, im Übrigen nur noch zum Schadenersatz verpflichtet. So wären Fälle erfasst, in denen sich das Unternehmen vor Rechtshängigkeit verschlechtert hat, untergegangen ist oder aus einem anderen Grund nicht vom Käufer herausgegeben werden kann.[127]

Nach § 994 Abs. 1 Satz 1 BGB könnte der Käufer vom Verkäufer den Ersatz der notwendigen Verwendungen verlangen, die er auf das Unternehmen gemacht hat.

Ferner wären auch die nützlichen Verwendungen nach § 996 Abs. 1 BGB ersatzfähig.[128]

Die Annahme einer Vindikationsfähigkeit des Unternehmens als solchem wird etwa auf den Umstand gestützt, wonach das Unternehmen auch in anderen Rechtsgebieten ähnlich einer Sache behandelt wird.[129] Ferner seien Vorschriften über den Nutzungsersatz (§§ 987, 988, 993 BGB) und den Verwendungsersatz (§§ 994, 996 BGB) anerkanntermaßen auch auf das Unternehmen anwendbar und der Gesetzgeber habe dem Unternehmen zudem im Vindikationsrecht – wie auch sonst – als Gegenstand des Rechtsverkehrs zu wenig Aufmerksamkeit geschenkt.[130]

Die Rechtsprechung hat über die Vindikationsfähigkeit des Unternehmens bisher noch nicht explizit entschieden. Sofern Ansprüche aus dem EBV von der Rechtsprechung in diesem Zusammenhang behandelt wurden, stand bisher immer ein zum Unternehmen gehörendes Grundstück als Gegenstand

---

[126] *Rupietta*, Rückabwicklung unwirksamer Unternehmenskaufverträge, S. 41.

[127] *Rupietta*, Rückabwicklung unwirksamer Unternehmenskaufverträge, S. 41.

[128] Vertiefend hierzu *Rupietta*, Rückabwicklung unwirksamer Unternehmenskaufverträge, S. 40 f.

[129] Zur Annahme einer Vindikationsfähigkeit siehe *Rupietta*, Rückabwicklung unwirksamer Unternehmenskaufverträge, S. 40.

[130] *Rupietta*, Rückabwicklung unwirksamer Unternehmenskaufverträge, S. 40.

der Vindikation im Fokus der Entscheidung.[131] Dem können somit kaum Anhaltspunkte entnommen werden.

Einer Einordnung des Unternehmens als Gegenstand des Vindikationsrechts steht die grundlegende Denkweise der §§ 985 ff. BGB entgegen. Das Sachenrecht und damit auch das Vindikationsrecht erfasst ausschließlich Einzelgegenstände.[132] Das Unternehmen ist jedoch – insbesondere nach dem hier maßgeblichen Verständnis – eine am Zweck der Ertragserzielung ausgerichtete Einheit. Solche Funktionseinheiten kann das Sachenrecht des BGB aufgrund seiner einzelgegenständlichen Denkweise nicht anerkennen.[133] Bewegt man sich gedanklich ausschließlich in sachenrechtlichen Kategorien, ist eine Zusammenfassung der einzelnen Bestandteile des Unternehmens lediglich ein ökonomisch geprägtes Gedankenkonstrukt.[134] Aufgrund des Trennungsprinzips kann auch der bei Abschluss des Unternehmenskaufvertrages maßgebliche Wille der Parteien, wonach das Unternehmen als Einheit zu behandeln ist, im Sachenrecht keine Beachtung finden.[135] Schließlich wäre es inkonsequent, den Vollzug des Asset Deals mit der Übertragung der Einzelgegenstände unter Beachtung des sachenrechtlichen Spezialitätsgrundsatzes zu erklären und zugleich die Vindikationsfähigkeit des Unternehmens als Einheit anzunehmen. Andernfalls würde man im Hinblick auf die Übertragung die sachenrechtlichen Grundsätze beachten, diese aber im Falle der Rückabwicklung einfach ausblenden.

Auch wenn die zur Begründung einer Vindikationsfähigkeit des Unternehmens angeführten Argumente für sich zutreffend sein mögen, scheitert diese doch aufgrund des Widerspruchs zu grundlegenden Prinzipien des Vindikationsrechts.

Demzufolge kann das Vindikationsrecht nur die zum Unternehmen gehörenden Einzelgegenstände erfassen, insofern diese Sachqualität besitzen. Damit würde die Anwendung der Vorschriften des EBV zu einer kaum zu bewältigenden Anzahl von Einzelstreitigkeiten führen. In Bezug auf jeden Einzelgegenstand müssten die jeweiligen Anspruchsvoraussetzungen

---

131 Vgl. etwa RGZ 117, 112(114 f.); RGZ 139, 353 ff.; BGHZ 41, 341 (345 ff.).

132 *Baldus*, in: MüKo BGB, Band 8, § 985 Rn. 56; *Fritzsche*, in: BeckOK BGB, § 985 Rn. 4; *K. Schmidt*, Unternehmensrecht I, § 5 Rn. 1.

133 *K. Schmidt*, Unternehmensrecht I, § 5 Rn. 1.

134 Ähnlich *Baldus*, in: MüKo BGB, Band 8, § 985 Rn. 72.

135 Anders bei rücktrittsrechtlicher und bereicherungsrechtlicher Rückabwicklung.

vorliegen und im Prozess dargelegt und bewiesen werden. Das EBV kann daher die das wirtschaftliche Unternehmen prägende Komplexität nicht adäquat bewältigen.

III. Ergebnis

Die mangelnde Vindikationsfähigkeit des Unternehmens als Einheit würde bei einer Anwendung der §§ 985 ff. BGB zu einer Vielzahl von Einzelstreitigkeiten führen. Dies kann nicht im Interesse der Parteien des Unternehmenskaufvertrages liegen. Auch wenn das EBV möglicherweise unter den Begriff des Rückabwicklungssystems zu fassen ist, kann dieses für eine interessengerechte Rückabwicklung einer M&A-Transaktion nicht nutzbar gemacht werden.

G. Rückabwicklung bei der Pacht

Bei der Pacht handelt es sich um eine Form der zeitweisen Überlassung. Es steht somit schon von vornherein fest, dass es am Ende des Pachtverhältnisses zu einer Rückübertragung des Pachtgegenstandes kommt. Die Abwicklung des beendeten Pachtverhältnisses richtet sich nach den über § 581 Abs. 2 BGB anwendbaren §§ 546–548 BGB.

Da diese Untersuchung die Rückabwicklung des Unternehmenskaufs in den Fokus nehmen soll, ist es nur zielführend, sich direkt einen Überblick über die Rückabwicklung der Unternehmenspacht zu verschaffen. Dadurch könnten passende Wertungen für die Rückabwicklung eines Unternehmenskaufvertrages herausgearbeitet und möglicherweise weiterführend genutzt werden.

Von besonderem Interesse sind dabei der maßgebliche Zustand des Unternehmens bei der Rücküberlassung, die Art und der Umfang der Rücküberlassung und schließlich der Umgang mit möglichen Wertsteigerungen oder getätigten Investitionen.

In der Literatur wird in Bezug auf die Rückabwicklung nach Beendigung einer Unternehmenspacht ein erheblicher vertraglicher Regelungsbedarf gesehen und empfohlen, klare Regelungen zu treffen.[136] Mit einer passenden

---

[136] Vgl. *K. Schmidt*, Handelsrecht Unternehmensrecht I, § 5 Rn. 55; *Klein-Blenkers*, Unternehmenspacht S. 321.

Gestaltung der vertraglichen Vereinbarung könnte den Besonderheiten des Unternehmens entsprechend Rechnung getragen werden. Wesentlicher für die gegenständliche Untersuchung ist jedoch die Frage, wie die gesetzliche Konzeption im Falle fehlender Vereinbarungen und Anhaltspunkte mit dem Unternehmen als Rückabwicklungsobjekt umgeht.

I. Zustand des Unternehmens bei Rücküberlassung

Grundsätzlich richtet sich die Rückgewährpflicht gemäß § 546 Abs. 1 BGB nach dem Zustand des Pachtgegenstandes bei Vertragsbeginn.[137]

Handelt es sich beim Pachtgegenstand um ein Unternehmen, passt diese gesetzliche Anordnung jedoch nicht, da dem Unternehmen ständige Veränderungen immanent sind. Es verbleibt selbstverständlich die Möglichkeit, den maßgeblichen Zustand vertraglich zu vereinbaren. Entscheidend ist hier jedoch, wie zu verfahren ist, wenn eine solche Vereinbarung fehlt.

Allein § 596 Abs. 1 BGB bietet hierzu einen Anhaltspunkt, wonach im Bereich der Landpacht der Pächter die Pachtsache in dem Zustand zurückzugeben hat, der einer bis zur Rückgabe fortgesetzten ordnungsgemäßen Bewirtschaftung entspricht.[138] Dem wird der Rechtsgedanke entnommen, dass dieser Zustand immer vorliegen müsse, wenn den Pächter in Bezug auf den Pachtgegenstand eine Betriebspflicht trifft.[139] Dies dürfte bei der Unternehmenspacht regelmäßig anzunehmen sein.[140]

Andere stellen auf den vereinbarungsgemäßen Zustand des Unternehmens ab, der auch bei der Rücküberlassung vorliegen müsse.[141] Als vereinbarungsgemäß wird der Zustand gesehen, der sich ergibt, wenn man unterstellt, dass der Pächter das Unternehmen während der Pachtzeit ordnungsgemäß fortgeführt hat.[142]

Im Ergebnis unterscheiden sich die Ansichten somit nicht. Das Unternehmen muss sich bei der Rücküberlassung in dem Zustand befinden, in dem es sich befinden würde, wenn der Pächter dieses nach der Überlassung

---

137 Vgl. *Harke*, in: MüKo BGB, Band 5, § 581 Rn. 93.

138 Vgl. *Klein-Blenkers*, Unternehmenspacht, S. 322.

139 So etwa: *Harke*, in: MüKo BGB, Band 5, § 581 Rn. 94.

140 Siehe § 3 C. I.

141 *Klein-Blenkers*, Unternehmenspacht, S. 322.

142 *Klein-Blenkers*, Unternehmenspacht, S. 322.

ordnungsgemäß fortgeführt hätte. Hierbei hat der Verpächter jedoch Veränderungen zu akzeptieren, die sich zwingend ergeben und die daraus resultieren, dass der Pächter ihm zustehende Spielräume unternehmerischen Handelns genutzt hat.[143]

Gleiches gilt auch für den Unternehmensnießbrauch. Analog §§ 1055 Abs. 2, 596 Abs. 1 BGB ist das Unternehmen nach Beendigung des Nießbrauchs in dem Zustand zurückzugeben, der einer bis zur Rückgabe fortgesetzten ordnungsgemäßen Unternehmensführung entspricht.[144]

II. Art und Umfang der Rücküberlassung

Der Pächter schuldet die Rückführung des Unternehmens als funktionale Einheit in die Unternehmensträgerschaft des Verpächters.[145] Vollzogen wird dieser Vorgang durch die Herausgabe der Einzelgegenstände.[146]

Fehlt es an vertraglichen Vereinbarungen und sind auch keine Anhaltspunkte im konkreten Fall ersichtlich, so ist davon auszugehen, dass der Pächter dem Verpächter alles, was zum Unternehmen gehört, zurückzuüberlassen hat.[147] Dies gilt hinsichtlich der zum Unternehmen gehörenden beweglichen und unbeweglichen Sachen[148], Rechte[149], Verträge[150] und Forderungen[151]. Weiterhin hat der Verpächter den Pächter von unternehmenszugehörigen Verbindlichkeiten freizustellen.[152]

Schließlich hat der Pächter den Verpächter wieder in das Unternehmen einzuführen, wozu alle Handlungen gehören, die aus Sicht eines ordnungsmäßigen Unternehmers erforderlich sind, damit der Verpächter die Unternehmerstellung zurückerlangt.[153]

---

143 *Klein-Blenkers*, Unternehmenspacht, S. 332.
144 *Pohlmann*, in: MüKo BGB, Band 8, § 1085 Rn. 30 m. w. Nw.
145 *K. Schmidt*, Unternehmensrecht I, § 5 Rn. 55; *Klein-Blenkers*, Unternehmenspacht, S. 322.
146 *K. Schmidt*, Unternehmensrecht I, § 5 Rn. 55.
147 *Klein-Blenkers*, Unternehmenspacht, S. 323.
148 *Klein-Blenkers*, Unternehmenspacht, S. 326.
149 *Klein-Blenkers*, Unternehmenspacht, S. 327.
150 *Klein-Blenkers*, Unternehmenspacht, S. 329.
151 *Klein-Blenkers*, Unternehmenspacht, S. 330.
152 *Klein-Blenkers*, Unternehmenspacht, S. 330.
153 *Klein-Blenkers*, Unternehmenspacht, S. 331.

III. Wertsteigerungen und Investitionen

Es bleibt zu klären, wem bei Rücküberlassung im Rahmen der Unternehmenspacht mögliche Wertsteigerungen zugutekommen und wer mit den getätigten Investitionen belastet werden soll.

Grundsätzlich wird diese Frage weit überwiegend zugunsten des Verpächters beantwortet.[154] Es liegt im Risikobereich des Pächters, dass das Unternehmen Wertsteigerungen erfährt, die bei Pachtende dem Verpächter zukommen, was sich schon allein daraus ergibt, dass es sich bei der Verpachtung um eine Überlassung auf Zeit handelt.[155]

Von diesem Grundsatz ist auszugehen, wenn die Wertsteigerung auf einer Veränderung der Rahmenbedingungen beruht, weil diese beim Verpächter ebenso eingetreten wären oder die Ursache im Geschick des Pächters bei der Führung des Unternehmens liegt, da der Verpächter den Pächter gezielt ausgewählt hat.[156] Spiegelbildlich hat der Verpächter Wertminderungen zu tragen, die nicht auf einer Pflichtverletzung des Pächters beruhen, da es in seinem Risikobereich liegt, wie sich das Unternehmen während der Pachtzeit entwickelt.[157] Gleiches gilt auch beim Unternehmensnießbrauch, wo nach wohl h. M. zufällige Wertveränderungen am Anlagevermögen dem Eigentümer zur Last fallen, während der Unternehmensnießbraucher verschuldete Wertminderungen zu ersetzen hat.[158]

Fraglich ist, ob so auch bei vom Pächter getätigten Investitionen zu entscheiden ist. Durch Investitionen kommt es regelmäßig unabhängig von den äußeren Rahmenbedingungen zu einer Wertsteigerung des Unternehmens. Die Wertsteigerung hängt in diesem Fall nicht von dem Glück oder Geschick des Pächters ab. Es handelt sich auch nicht um einen objekt- oder standortgebundenen Vorteil, dessen Verlust im Risikobereich des Pächters liegt und deshalb ersatzlos hinzunehmen ist.[159] Die Wertsteigerung aufgrund einer

---

[154] BGH, NJW 1986, 2306; *K. Schmidt*, Unternehmensrecht I, § 5 Rn. 55; *Klein-Blenkers*, Unternehmenspacht, S. 343; *Vossler*, in: Oetker, HGB, Anh. §§ 25–28 Rn. 59; a. A. *Harke*, in: MüKo BGB, Band 5, § 581 Rn. 97.

[155] BGH, NJW 1986, 2306; *K. Schmidt*, Unternehmensrecht I, § 5 Rn. 55; *Klein-Blenkers*, Unternehmenspacht, S. 342.

[156] *Klein-Blenkers*, Unternehmenspacht, S. 342 f.

[157] *Klein-Blenkers*, Unternehmenspacht, S. 342.

[158] Zum Streitstand siehe *Pohlmann*, in: MüKo BGB, Band 8, § 1085 Rn. 30.

[159] Vgl. BGH, NJW 1986, 2306.

Investition beruht entscheidend auf dem Umstand, dass der Pächter dem Unternehmen Kapital zugeführt hat. Es verbleibt jedoch bei dem Grundsatz, dass Wertsteigerungen beim Unternehmen dem Verpächter zugutekommen, insbesondere weil für den Pächter die Möglichkeit besteht, etwas Abweichendes mit dem Verpächter zu vereinbaren.[160]

Etwas anderes solle nur gelten, wenn der Pächter erhebliche Werte schafft, die nach Pachtende dem Verpächter zufallen.[161] Diese Ansicht erscheint, insbesondere im Vergleich mit dem Recht des Unternehmensnießbrauchs, zutreffend. Analog § 1049 BGB kann hier der Ersatz von Investitionen, die sich erst nach der Nießbrauchszeit amortisieren, verlangt werden, soweit sich der Unternehmenswert hierdurch erhöht hat.[162]

Um einen Ausgleichsanspruch geltend machen zu können, muss vom Pächter der Nachweis erbracht werden, dass die Wertsteigerung auf seiner Investition beruht und signifikant über die übliche Wertsteigerung hinausgeht.[163] Gleiches soll gelten, wenn der Pächter durch ein Patent oder eine ähnliche Eigenleistung einen Wert geschaffen hat, der eine erhebliche Wertsteigerung herbeigeführt hat.[164]

IV. Zusammenfassung

Im Rahmen der Abwicklung der Unternehmenspacht ist das Unternehmen als funktionale Einheit mit all seinen Bestandteilen in dem Zustand wieder auf den Verpächter zu übertragen, in dem es sich bei einer ordnungsgemäßen Fortführung befinden würde. Hierdurch wird versucht, der dem Unternehmen immanenten Dynamik und Komplexität gerecht zu werden.

Wertsteigerungen kommen dem Verpächter zugute, solange der Pächter nicht den Nachweis erbringt, dass er Werte geschaffen hat, die zu einer erheblichen Steigerung des Unternehmenswertes geführt haben. Grund

---

160 Vgl. *K. Schmidt,* Handelsrecht Unternehmensrecht I, § 5 Rn. 55; *Klein-Blenkers,* Unternehmenspacht, S. 343; *Vossler,* in: Oetker, HGB, Anh. §§ 25–28 Rn. 59.

161 *Klein-Blenkers,* Unternehmenspacht, S. 342.

162 *Pohlmann,* in: MüKo BGB, Band 8, § 1085 Rn. 30.

163 Der Nachweis wird als erbracht angesehen, wenn es zu einer Steigerung des Unternehmenswertes um mindestens 10 % gekommen ist, siehe *Klein-Blenkers,* Unternehmenspacht, S. 345.

164 *Klein-Blenkers,* Unternehmenspacht, S. 345.

hierfür ist die Risikoverteilung bei der Pacht, die sich aus der Konzeption als Überlassung auf Zeit ergibt.

Es zeigt sich, dass die Rücküberlassung bei der Unternehmenspacht aufgrund der Besonderheit des Rückgewährobjektes teilweise von der gesetzlichen Grundkonzeption abweicht. Dies wird insbesondere bei der Bestimmung des maßgeblichen Zustands des Unternehmens deutlich. Gleichwohl kann den Besonderheiten des Rückgewährobjektes auch mit der im Gesetz angelegten Risikoverteilung begegnet werden. Dies wird vor allem bei Zuordnung der Wertsteigerungen deutlich.

H. Lösungsmodelle außerhalb des BGB

Soweit außerhalb des BGB Lösungsmodelle zu finden sind, die im Zusammenhang mit der Rückabwicklung des Unternehmenskaufs stehen, dürfen diese bei Ermittlung der Grundlagen nicht unbeachtet bleiben. Deren Funktionsweise und Ergebnisse könnten gewichtige Anhaltspunkte liefern.

I. Lehre von der fehlerhaften Gesellschaft

Zum Teil wird die Lehre von der fehlerhaften Gesellschaft als gesellschaftsrechtliches Rückabwicklungskonzept eingeordnet.[165] Nach den Grundsätzen über die fehlerhafte Gesellschaft soll eine auf fehlerhafter Vertragsgrundlage errichtete Gesellschaft unter bestimmten Umständen, sowohl im Innen- als auch im Außenverhältnis, als mangelfreie Gesellschaft behandelt werden.[166] Eine Beendigung erfolgt ex nunc. Nach Geltendmachung des Mangels und Auflösung der Gesellschaft kommt es zur Abwicklung nach den für eine Auflösung geltenden Liquidationsvorschriften. Eine Rückabwicklung findet somit gerade nicht statt.[167] Ausgehend hiervon kann die Lehre von der fehlerhaften Gesellschaft auch nicht als Rückabwicklungssystem eingeordnet werden.

Da dieser Rechtsfigur aber das Potenzial innewohnen könnte, die Probleme einer unwirksamen Anteilsveräußerung zu lösen, könnte sie als Alternative zur bereicherungsrechtlichen Rückabwicklung eines Share Deals in Betracht kommen.[168]

---

[165] So *Rupietta*, Rückabwicklung unwirksamer Unternehmenskaufverträge, S. 45.

[166] Siehe nur *Schäfer*, in: MüKo BGB, Band 7, § 705 Rn. 320 ff.

[167] So auch *Schäfer*, in: MüKo BGB, Band 7, § 705 Rn. 330.

[168] Ausführlich dazu § 9 B. I.

II. Rückabwicklung bei Unternehmensprivatisierungen der Treuhandanstalt

Die Treuhandanstalt diente der Privatisierung und Verwertung volkseigenen Vermögens nach dem Ende der DDR.[169] Die Privatisierung sollte nach § 8 Abs. 1 TreuhG durch die Veräußerung von Geschäftsanteilen und Vermögensanteilen erfolgen. Somit hatte die Treuhandanstalt eine Vielzahl von Unternehmensveräußerungen zu bewältigen. Es erscheint nicht unwahrscheinlich, dass hierbei ein Rückabwicklungssystem entwickelt werden konnte, welches sogar unternehmensspezifisch angelegt war.

Eine Rücknahme des Unternehmens konnte außerhalb gesetzlicher und vertraglicher Verpflichtungen unter engen Voraussetzungen eintreten, bspw. wenn bei der Privatisierung gravierende Fehlentscheidungen bis hin zu strafrechtlich relevanten Folgeerscheinungen aufgetreten sind.[170] In diesen Fällen sollten die Unternehmen wieder unter treuhänderische Obhut des Staates gestellt werden, um anschließend saniert und erneut privatisiert zu werden.[171] Zu einer Rückabwicklung wäre es also nicht gekommen. Der Staat wäre wohl vielmehr einfach wieder in die Unternehmerstellung eingetreten.

Als wichtigste Fallgruppe für eine Rückabwicklung im Zusammenhang mit der Tätigkeit der Treuhandanstalt wird die in § 8 Abs. 3 S. 2 Investitionsvorranggesetz (InVorG) statuierte Rückübertragungsverpflichtung des Investors gesehen.[172] Demnach musste in den Privatisierungsvertrag unter Umständen eine Klausel aufgenommen werden, welche die Pflicht zur Rückübertragung des Unternehmens festlegte, wenn nach Ablauf einer Frist von zwei Jahren schuldhaft die investiven Zwecke nicht erreicht wurden. Wie genau die Rückübertragung ausgestaltet werden sollte, überließ der Gesetzgeber der Rechtspraxis.[173] Da der Vertrag aufgrund der Rückübertragungsverpflichtung seine Wirksamkeit behalten hätte und in ein Rückübertragungsverhältnis umgewandelt worden wäre,[174] dürfte eine Anwendung der §§ 346 ff. BGB – vorbehaltlich besonderer vertraglicher Reglungen – nahegelegen haben.

Weiterhin konnte gemäß § 12 InVorG ein Investitionsvorrangbescheid gerichtlich aufgehoben werden. Nach § 12 Abs. 3 InVorG führte die Aufhebung

---

169 Vgl. § 2 Abs. 1 TreuhG.

170 Vgl. *Heß*, Unternehmensverkäufe der Treuhandanstalt, S. 269.

171 *Heß*, Unternehmensverkäufe der Treuhandanstalt, S. 269.

172 So *Heß*, Unternehmensverkäufe der Treuhandanstalt, S. 271.

173 *Heß*, Unternehmensverkäufe der Treuhandanstalt, S. 276.

174 Siehe dazu *Heß*, Unternehmensverkäufe der Treuhandanstalt, S. 273.

zur Rückübertragungspflicht in Bezug auf das Unternehmen. Die Einzelheiten der Rückabwicklung sollten sich nach dem Vertrag bestimmen (§ 12 Abs. 3 S. 2 InVorG). Fehlten entsprechende Bestimmungen im Privatisierungsvertrag, so sollten die allgemeinen Regelungen herangezogen werden, wobei zugleich Einwände sowohl gegen eine Anwendung der §§ 346 ff. BGB als auch der §§ 812 ff. BGB erhoben wurden.[175] Wie genau die Rückabwicklung ausgestaltet werden sollte, bleibt somit unklar.

Zu einer Anwendbarkeit der §§ 812 ff. BGB sollte es jedoch kommen, wenn das Investitionsvorrangverfahren scheiterte oder der Investitionsvorrangbescheid nicht in den Privatisierungsvertrag transformiert wurde.[176]

Nach den §§ 346 ff. BGB sollte sich die Rückabwicklung bei der (seltenen) Vereinbarung von vertraglichen Rücktrittsrechten oder einem Rücktrittsrecht aufgrund von Gewährleistungsansprüchen richten.[177]

Im Falle einer erfolgreichen Anfechtung des Vertrages wird die Anwendung der gesetzlichen Rechtsfolgen (§§ 812 ff. BGB) zwar als problematisch eingestuft, ein alternatives Konzept aber nicht vorgeschlagen.[178]

Es zeigt sich eindrucksvoll, dass bei den Unternehmensveräußerungen durch die Treuhandanstalt durchaus Rückabwicklungskonstellationen eintreten konnten und trotzdem kein unternehmensspezifisches Rückabwicklungssystem entwickelt wurde. Obwohl mit § 8 Abs. 3 S. 2 InVorG sogar ausdrücklich die Aufnahme einer Rückübertragungsverpflichtung im Vertrag angeordnet war, überließ der Gesetzgeber die genaue Ausgestaltung der Rückabwicklung der Rechtspraxis, obwohl die Komplexität der damit einhergehenden Einzelfragen erkennbar war.[179] Insgesamt zeigt sich in diesem Zusammenhang die Tendenz, die genaue Ausgestaltung der Rückabwicklung offenzulassen und allenfalls auf das Rücktrittsfolgen- oder Bereicherungsrecht zu verweisen.

III. Zusammenfassung

Außerhalb des BGB sind Lösungsmodelle zu finden, die im Zusammenhang mit der Rückabwicklung eines Unternehmenskaufvertrages stehen.

---

[175] Vgl. *Ley/Kuhn*, in: InVorG, Kommentar, § 12 Rn. 127 ff.; *Heß*, Unternehmensverkäufe der Treuhandanstalt, S. 277 ff.

[176] Vgl. *Heß*, Unternehmensverkäufe der Treuhandanstalt, S. 280.

[177] Vertiefend dazu *Heß*, Unternehmensverkäufe der Treuhandanstalt, S. 281 f.

[178] Vgl. *Heß*, Unternehmensverkäufe der Treuhandanstalt, S. 283.

[179] Vgl. *Heß*, Unternehmensverkäufe der Treuhandanstalt, S. 276.

Die Lehre von der fehlerhaften Gesellschaft führt dabei nicht zu einer Rückabwicklung und kann somit lediglich als abweichender Lösungsansatz eine Rolle spielen.[180]

Bei Betrachtung der Rückabwicklung bei Unternehmensprivatisierungen der Treuhandanstalt konnte kein eigens hierfür entwickeltes Rückabwicklungssystem ermittelt werden. Durch den stellenweisen Verweis auf das Rücktrittsfolgen- und Bereicherungsrecht wurde vielmehr die Bedeutung dieser Regelungsmodelle des BGB verdeutlicht.

I. Ergebnisse

Um begriffliche Klarheit zu gewährleisten und den Untersuchungsgegenstand präzise zu definieren, sollte ein einheitlicher Begriff des Rückabwicklungssystems anhand der vorangegangenen Darstellung entwickelt werden. Zugleich sollte geprüft werden, ob den verschiedenen gesetzlichen Konzeptionen gemeinsame Strukturen entnommen werden können.

I. Der Begriff des Rückabwicklungssystems

Die dargestellten gesetzlichen Konzeptionen lassen sich in zwei Gruppen einteilen. Zum einen handelt es sich um Normenkomplexe, die einen Anspruch auf Rückgewähr der Leistung bzw. Herausgabe des geleisteten Gegenstandes gewähren und zusätzlich weitere Vorschriften enthalten, welche die Abwicklung weiter ausgestalten. Hierzu gehören das Rücktrittsfolgenrecht (§§ 346 ff. BGB), das Bereicherungsrecht (§§ 812 ff.), das EBV sowie die Rückabwicklung bei der Pacht. Die anderen Konzeptionen ordnen zwar aus sich heraus eine Rückabwicklung an, verweisen zur näheren Ausgestaltung aber in der Mehrzahl auf das Rücktrittsfolgen- und Bereicherungsrecht.

Der § 281 Abs. 5 BGB stellt eine Rechtsfolgenverweisung dar, womit die Vorschrift selbst eine Anspruchsgrundlage für die Herausgabe ist und durch die §§ 346–348 BGB näher ausgestaltet wird.[181] Die Vorschrift des § 313 Abs. 3 BGB gewährt lediglich ein gesetzliches Rücktrittsrecht.[182] Sie ist damit nur eine Tatbestandsvoraussetzung von § 346 BGB.

---

[180] Siehe vertiefend dazu § 9. B. I.

[181] Vgl. *Schulze*, in: Schulze, Kommentar zum BGB, § 281 Rn. 24; *Wörlen/Leinhas*, JA 2006, 22 (26).

[182] *Brox/Walker*, Allgemeines Schuldrecht, § 18 Rn. 10.

Kommt es aufgrund eines Schadensersatzanspruches aus c.i.c. zur Rückabwicklung, ist diese nach dem Bereicherungsrecht, Rücktrittsfolgenrecht oder zutreffend allein nach den §§ 249 ff. BGB zu bestimmen.[183] Die Vorschriften der §§ 249 ff. BGB sind aber nicht speziell darauf ausgerichtet, gegenseitig erbrachte Leistungen rückabzuwickeln oder Vermögensverschiebungen rückgängig zu machen.[184]

Dementsprechend könnte man ausschließlich die Normenkomplexe der ersten Gruppe als Rückabwicklungssysteme bezeichnen.[185] Diese beziehen sich direkt auf die Rückabwicklung und gestalten diese aus. Zugleich muss aber beachtet werden, dass die Konzeptionen der zweiten Gruppe für ihre unterschiedlichen Anwendungsbereiche aus sich heraus anordnen, schon empfangene Leistungen rückgängig zu machen. Sie sind somit schon selbst auf die Herstellung des Zustandes vor Vertragsschluss gerichtet und sollen eine Rückabwicklung bezwecken. Daher können sie auch nicht vom Begriff des Rückabwicklungssystems ausgenommen werden. Vielmehr sollen Normenkomplexe der ersten Gruppe als Rückabwicklungssysteme im engeren Sinn und die Konzeptionen der zweiten Gruppe als Rückabwicklungssysteme im weiteren Sinn verstanden werden.

Da hier die Rückabwicklung des Unternehmenskaufvertrages untersucht werden soll, sind von den Rückabwicklungssystemen im engeren Sinn schwerpunktmäßig das Rücktrittsfolgenrecht und das Bereicherungsrecht zu betrachten. Das EBV kann aufgrund der mangelnden Vindikationsfähigkeit des Unternehmens keine interessengerechten Ergebnisse liefern und ist deshalb von untergeordneter Bedeutung.[186] Die Rückabwicklung bei der Pacht bezieht sich auf die zeitweise Überlassung des Unternehmens und erfasst somit einen vom Kauf abweichenden Vertragstyp.[187] Diesem System könnten allenfalls bestimmte Wertungen entnommen werden.[188]

Bei den Rückabwicklungssystemen im weiteren Sinn ist von besonderem Interesse, welche Auswirkungen die Konzepte, die eine Rückabwicklung

183 Vgl. § 4 E.
184 Vertiefende hierzu § 8.
185 Vgl. dazu auch *Medicus*, JuS 1990, 689.
186 Siehe § 4 F.
187 § 3 C. I.
188 Vgl. § 4 G. IV.

anordnen (§§ 281 Abs. 5 BGB, § 313 Abs. 3 BGB, c.i.c. i. V. m. §§ 249 ff. BGB), auf die Rückabwicklung des Unternehmenskaufvertrages haben.

II. Gemeinsame Strukturen

Anhand der verschiedenen gesetzlichen Konzeptionen konnte ein für diese Untersuchung einheitlicher Begriff des Rückabwicklungssystems entwickelt werden. Wenn die Rückabwicklungssysteme in ihrer Anwendung auf den Unternehmenskauf untersucht werden sollen, muss zudem deren Funktionsweise deutlich sein. Das macht die Ermittlung von gemeinsamen Strukturen erforderlich.

Sowohl beim Rücktrittsfolgenrecht als auch beim Bereicherungsrecht muss die empfange Leistung bzw. das erlangte Etwas vorrangig in Natur rückübertragen werden. Eine Wertersatzpflicht tritt erst ein, wenn die gegenständliche Herausgabe in Natur nicht möglich ist.

Des Weiteren finden sich sowohl in § 346 Abs. 3 BGB als auch in § 818 Abs. 3 BGB Schutzvorschriften, die zugunsten des Rückgewähr- bzw. des Bereicherungsschuldners wirken. Bei näherer Betrachtung wird jedoch deutlich, dass sich beide Privilegierungen durchaus unterscheiden.

In § 346 Abs. 3 BGB sind die eine Gefahrtragung steuernden Ausnahmetatbestände angelegt.[189] Die Vorschrift des § 818 Abs. 3 BGB ordnet hingegen die Befreiung von der Verpflichtung zur Herausgabe oder zum Wertersatz bei einem Wegfall der Bereicherung an, unabhängig davon, ob der Wegfall zufällig oder verschuldet eingetreten ist und ohne dafür bestimmte Ausnahmetatbestände festzulegen.[190] Eine Steuerung der Gefahrtragung für bestimmte Konstellationen findet nicht statt. Das Risiko des Wegfalls oder der erheblichen Verschlechterung des Erlangten trägt – sofern es nicht zu einer Haftungsverschärfung nach den §§ 818 Abs. 4, 819, 820 BGB kommt – allein der Bereicherungsgläubiger.

Weiterhin enthalten beide Systeme Vorgaben, welche die Verteilung von Nutzungen regeln. Gezogene Nutzungen sind sowohl gemäß § 346 Abs. 1 BGB als auch nach § 818 Abs. 1 BGB herauszugeben und werden somit dem Gläubiger des Rückabwicklungsanspruchs zugeordnet. In Bezug auf die Nebenansprüche enden hier jedoch bereits die Gemeinsamkeiten.

---

189 *Gaier*, in: MüKo BGB, Band 3, § 346 Rn. 112.

190 Vgl. *Wiese*, in: Schulze, Handkommentar BGB, § 818 Rn. 9.

Das Rücktrittsfolgenrecht ordnet in § 347 BGB eine Ersatzpflicht des Rückgewährschuldners für nicht ordnungsgemäß gezogene Nutzungen und eine Ersatzpflicht des Rückgewährgläubigers für die Aufwendungen des Rückgewährschuldners an. Im Bereicherungsrecht sind die Nebenansprüche in dieser Art nicht geregelt.[191]

Auch wenn Unterschiede in der genauen Ausgestaltung gegeben sind, lassen sich strukturelle Gemeinsamkeiten erkennen. Im Hinblick auf die rückabzuwickelnde Primärleistung ist in beiden Systemen eine Dreistufigkeit angelegt. Auf der ersten Stufe wird Herausgabe in Natur geschuldet. Ist diese nicht möglich, tritt auf zweiter Stufe eine Wertersatzpflicht ein. Auf der dritten Stufe wird entschieden, unter welchen Umständen der Schuldner von der Wertersatzpflicht befreit ist.

In Bezug auf die Nebenansprüche ist in beiden Systemen die Herausgabe der gezogenen Nutzungen angeordnet.

III. Zusammenfassung

Die im Zusammenhang mit der Rückabwicklung eines Unternehmenskaufvertrages relevanten gesetzlichen Konzeptionen können begrifflich als Rückabwicklungssysteme im engeren und Rückabwicklungssysteme im weiteren Sinn erfasst werden. Den Rückabwicklungssystemen im engeren Sinn, insbesondere dem Rücktrittsfolgen- und Bereicherungsrecht, können gemeinsame Strukturen entnommen werden. Hierzu gehört vor allem eine im Hinblick auf die Primärleistung angelegte Dreistufigkeit.

Auf Grundlage dieser Erkenntnisse kann im Folgenden untersucht werden, inwiefern diese Rückabwicklungssysteme in der Lage sind, die Rückabwicklung eines Unternehmenskaufvertrages zu bewältigen.

---

191 Eine Ersatzpflicht für nicht gezogene Nutzungen wird in Bezug zu § 818 Abs. 1 BGB diskutiert, Aufwendungen sollen im Rahmen des § 818 Abs. 3 BGB abzugsfähig sein; siehe dazu § 9 A. IV. und § 9 A. III. 1.) b).

Rückabwicklung nach Rücktrittsfolgenrecht

Eine Anwendung des Rücktrittsfolgenrechts auf den Unternehmenskauf sieht das Gesetz insbesondere im Rahmen des kaufrechtlichen Mangelgewährleistungsrechts vor (§§ 437 Nr. 2, 440, 323 Abs. 1, 323 Abs. 5 i. V. m. §§ 346 ff. BGB).[192] Für den Unternehmenskauf relevante Rücktrittsrechte bilden hier jedoch nicht den Schwerpunkt. Es geht vielmehr um die in den §§ 346 ff. BGB geregelten Rechtsfolgen des Rücktritts. Ausgehend vom Asset Deal und Share Deal soll das rücktrittsrechtliche Rückabwicklungssystem in seiner Anwendung auf den Unternehmenskauf betrachtet werden.

In diesem Zusammenhang lassen sich bereits aus der Struktur des Rückabwicklungssystems vier zentrale Problemkreise ableiten. Erstens betrifft dies die Ausgestaltung der Rückgewähr und des Vollzugs der Herausgabe. Einen zweiten zentralen Problemkreis bildet die Abgrenzung von Rückgewähr und Wertersatz. Drittens ist die Frage der Gefahrtragung bei Rückabwicklung eines Unternehmenskaufvertrages von Bedeutung. Schließlich erfordert auch die Verteilung von Nutzungen und Aufwendungen eine nähere Betrachtung.

A. Anwendung der §§ 346 ff. BGB nach Vollzug eines Asset Deals

Zu Beginn soll die Ausgestaltungsform des Asset Deals in den Blick genommen werden.

---

192 Ähnlich *Paefgen/Wallisch*, in: Bilanzgarantien, S. 208; zur Anwendbarkeit des Kaufrechts auf den Unternehmenskauf siehe *Korch*, JuS 2018, 521 (522).

I. Rückgewähr und Vollzug der Herausgabe

Kommt es zur Ausübung des Rücktrittsrechts, treten die in den §§ 346 ff. BGB festgelegten Rechtsfolgen ein. Das ursprüngliche Schuldverhältnis wird in ein Rückgewährschuldverhältnis umgewandelt.[193]

1.) Vollzug der Herausgabe

Ein erstes Problemfeld ergibt sich in Bezug auf die Ausgestaltung der Rückgewähr. Die Art und Weise der Rückgewähr hat sich an der empfangenen Leistung zu orientieren und hat genau so zu erfolgen, wie die Leistung erbracht worden ist.[194] Beim Asset Deal sind ausgehend von der ursprünglichen Unternehmensübertragung vom Verkäufer auf den Käufer die zum Unternehmen gehörenden Sachen, Rechte und andere Wirtschaftsgüter nach den für die jeweiligen Einzelgegenstände geltenden sachenrechtlichen Bestimmungen, unter Beachtung des Bestimmtheitsgrundsatzes vom Käufer auf den Verkäufer zu übertragen.[195] Im Hinblick auf bestehende Vertragsverhältnisse muss ggf. wieder die Zustimmung der Vertragspartner eingeholt werden. Zudem muss der Käufer den Verkäufer in das Unternehmen (wieder) einweisen und dazu alle nötigen Handlungen vornehmen.[196]

Die Unternehmensrückgewähr wird also mit umgekehrten Parteirollen und somit „spiegelbildlich"[197] zur Übertragung vollzogen. Weiterhin führt die Orientierung an der ursprünglichen Leistung maßgeblich dazu, dass auch bei der Rückabwicklung der Wille der Parteien zu beachten ist, das Unternehmen schuldrechtlich als Einheit zu behandeln.[198] Die Fortsetzung dieser Einheitsbehandlung bereitet hier keine Probleme, da bei einer rücktrittsrechtlichen Rückabwicklung der Vertrag an sich bestehen bleibt und nur inhaltlich in ein Rückgewährschuldverhältnis umgewandelt wird.[199] Die Bestimmung der Rückgewährpflichten erfolgt somit anhand des inhaltlich

---

193 So die h. M. siehe zum Streitstand etwa *Kaiser/Sittmann-Haury*, in: Staudinger BGB, § 346 Rn. 69; *Schall*, in: BeckOGK BGB, Stand: 01.08.2024, § 346 Rn. 146 ff.

194 *Gaier*, in: MüKo BGB, Band 3, § 346 Rn. 67; *Kaiser/Sittmann-Haury*, in: Staudinger BGB, § 346 Rn. 71.

195 Vgl. § 3 A. I.

196 Vgl. § 3 A. I.

197 *Thiessen*, in: MüKo HGB, Band 1, Anh. § 25 Rn. 92.

198 So auch *Büdenbender*, Grundlagen, S. 40 f.; *Larisch*, Gewährleistungshaftung, S. 90 f.

199 Vgl. *Kaiser/Sittmann-Haury*, in: Staudinger BGB, § 346 Rn. 69.

veränderten Austauschverhältnisses und ist nicht auf einen bestimmten Gegenstand fixiert.[200]

a) Wettbewerbsverbot

Im Falle der rücktrittsrechtlichen Rückabwicklung des Unternehmenskaufs kann nicht davon ausgegangen werden, dass sich der Rückgewährschuldner aus dem Marktgeschehen zurückzieht, in welches das zurückzugewährende Unternehmen integriert ist. Die Entstehung einer Konkurrenzsituation, in welcher die Kundenbeziehungen und die Marktposition entzogen oder beeinträchtigt werden könnten, ist daher nicht unwahrscheinlich. Es ist zu klären, inwiefern den Rückgewährschuldner im Rahmen der rücktrittsrechtlichen Rückabwicklung die Pflicht trifft, nicht in Wettbewerb zum Rückgewährgläubiger zu treten.

Grundsätzlich lässt sich aus dem Rückgewährschuldverhältnis ein allgemeines Wettbewerbsverbot bzw. eine Umkehrung eines vertraglichen Wettbewerbsverbotes nicht ableiten.[201] Der Rückgewährschuldner sei jedoch verpflichtet, alles zu unterlassen, was den Eintritt des Gläubigers in die aktuelle Wettbewerbsposition des Unternehmens vereiteln könne.[202] Hierbei ist jedoch zu differenzieren.

Muss zur Erfüllung der Rückgewährpflicht ein Kundenstamm auf den Rückgewährgläubiger übertragen werden und ist dies für den Schuldner (aufgrund mangelnder Bereitschaft der Kunden zum Wechsel oder Integration des Kundenstammes in das eigene Unternehmen) unmöglich, verbietet sich die Annahme eines Wettbewerbsverbots.[203] In diesen Konstellationen würde die Unterlassung von Wettbewerb eine Handlung darstellen, welche eine eingetretene Unmöglichkeit der Rückgewähr beseitigt. Nach dem allgemeinen Rechtsgedanken des § 346 Abs. 2 BGB schuldet der Rückgewährschuldner jedoch Wertersatz, soweit ihm die Rückgewähr der Sache unmöglich ist.[204]

---

200 Anders im Bereicherungsrecht, siehe dazu § 9 A. I.

201 *Thiessen*, in: MüKo HGB, Band 1, Anh. § 25 Rn. 96.

202 *Thiessen*, in: MüKo HGB, Band 1, Anh. § 25 Rn. 96.

203 Dies dürfte insbesondere bei Praxisveräußerungen relevant werden, wo die Übertragung des Patienten-/Mandantenstammes den Kern des Kaufvertrags ausmacht; vgl. dazu § 3 A. III.

204 BGH, NJW 2009, 63 Rn. 18; BGH, NJW 2015, 3786 Rn. 24; *Kaiser/Sittmann-Haury*, in: Staudinger BGB, § 346 Rn. 154.

Hieraus folgt, dass er bei Eintritt der Unmöglichkeit nur zur Leistung von Wertersatz und nicht etwa zur Beseitigung des die Unmöglichkeit erzeugenden Umstandes verpflichtet ist.

Somit kann im Rahmen der rücktrittsrechtlichen Rückabwicklung allenfalls dann ein Wettbewerbsverbot angenommen werden, wenn eine Rückgewähr des Kundenstammes noch möglich ist.[205] Dann wird die Pflicht des Rückgewährschuldners, alles zu unterlassen, was den Eintritt des Gläubigers in die aktuelle Wettbewerbsposition des Unternehmens vereiteln könnte, nicht vom allgemeinen Rechtsgedanken des § 346 Abs. 2 BGB verdrängt.

b) Arbeitsverhältnisse

Beim Unternehmenskauf gehen mit dem Unternehmen auch die Arbeitsverhältnisse über. Nach § 613a BGB tritt der neue Inhaber in die Rechte und Pflichten aus den im Zeitpunkt des Übergangs bestehenden Arbeitsverhältnissen ein.

Kommt es zur rücktrittsrechtlichen Rückabwicklung des Asset Deals, stellt sich die Frage, ob und inwieweit die Vorschrift des § 613a BGB ebenfalls zur Anwendung gelangt.

Beim Vollzug der Rückgewähr kommt es zur Rückübertragung des Unternehmens auf den Veräußerer. Folglich findet auch hier eine für § 613a BGB maßgebliche „[...] tats. Übernahme der arbeitstechnischen Organisations- und Leitungsmacht [...]“[206] statt. Die Vorschrift des § 613a BGB findet somit auch hier zu Lasten des Rückgewährgläubigers Anwendung.[207] Aufgrund der grundsätzlichen Anwendbarkeit von § 613a BGB muss ebenfalls eine Informationspflicht gemäß § 613a Abs. 5 BGB und ein Widerspruchsrecht des Arbeitnehmers nach § 613a Abs. 6 BGB angenommen werden.[208]

2.) Zustand

Das Unternehmen unterliegt durch seine Teilnahme am Markt ständigen Veränderungen. Dadurch befindet es sich schon nach kurzer Zeit nicht mehr

---

[205] Vgl. zum Wettbewerbsverbot auch § 9 A. I. 1.) a).

[206] *Edenfeld/Bieder*, in: Erman, Handkommentar zum BGB, § 613a Rn. 30 f.; *Preis*, in: Erfurter Kommentar zum ArbR, § 613a Rn. 59 m. w. Nw.

[207] So wohl auch *Edenfeld/Bieder*, in: Erman, Handkommentar zum BGB, § 613a Rn. 31.

[208] Vertiefend zur Informationspflicht *Preis*, in: Erfurter Kommentar zum ArbR, § 613a Rn. 84 ff.; siehe auch § 9. I. 1.) b).

genau in dem Zustand, der im Zeitpunkt der Übertragung gegeben war. Aufgrund dieser dem Unternehmen immanenten Dynamik ergibt sich die Frage, auf welchen Zustand für die rücktrittsrechtliche Rückabwicklung maßgeblich abzustellen ist. Es ist zu klären, ob hierfür der Zustand im Zeitpunkt der Übertragung oder im Zeitpunkt der Rückabwicklung entscheidend sein soll.

Nach der gesetzlichen Grundkonzeption des § 346 Abs. 1 BGB ist die primäre Rückgewährpflicht möglichst originaltreu in natura zu erfüllen.[209] Hat eine Veränderung des empfangenen Gegenstandes stattgefunden, ist Wertersatz zu leisten, wobei streitig ist, ob die Rückgewähr im ursprünglichen Zustand für den Schuldner unmöglich sein muss und bis dahin eine Pflicht zur Wiederherstellung des ursprünglichen Zustandes besteht oder der Rückgewährschuldner zu einer Wiederherstellung nur berechtigt, aber nicht verpflichtet sein soll und stattdessen direkt Wertersatz verlangt werden kann.[210] Unabhängig davon, welcher Ansicht man folgen möchte, lässt die Diskussion den Konsens erkennen, dass für die primäre Rückgewährpflicht der ursprüngliche Zustand des übertragenen Gegenstandes bei Vertragserfüllung maßgeblich ist. Besteht dieser nicht mehr fort, erfasst die primäre Herausgabepflicht nicht einfach den Gegenstand in seinem aktuellen Zustand. Es wird vielmehr die Pflicht zum Wertersatz bzw. zur Wiederherstellung ausgelöst.

Folglich ist bei Anwendung des rücktrittsrechtlichen Rückabwicklungssystems auf den Asset Deal ebenfalls der Zustand des Unternehmens bei Übertragung vom Veräußerer auf den Erwerber maßgeblich.

a) Zustandsänderung oder Identität

Dem wirtschaftlichen Unternehmen ist schon durch die Teilnahme am gewöhnlichen Marktgeschehen eine gewisse Dynamik immanent. Damit ist geradezu zwingend auch eine ständige Veränderung verbunden. Durch die Herstellung und Veräußerung von Produkten, die Verarbeitung und Beschaffung neuer Ausgangsstoffe, die Erbringung von Dienstleistungen oder die Einstellung und Entlassung von Mitarbeitern, ist das Unternehmen schon nach kurzer Zeit nicht mehr absolut mit der organisatorischen

---

209 *Schall*, in: BeckOGK BGB, Stand: 01.08.2024, § 346 Rn. 333.

210 Vgl. zum Streitstand BGH, NJW 2009, 63 Rn. 15 ff.; *Schall*, in: BeckOGK BGB, Stand: 01.08.2024, § 346 Rn. 334 ff.

Wirtschaftseinheit identisch, die im Zeitpunkt der Übertragung bestanden hat. Wenn nun im rücktrittsrechtlichen Rückabwicklungssystem maßgeblich auf den Zustand abgestellt wird, der im Zeitpunkt der Übertragung bestanden hat, würde dies auf den ersten Blick dazu führen, dass dieser Zustand beim Unternehmen nie anzutreffen wäre. Da bereits aufgrund der Teilnahme am gewöhnlichen Marktgeschehen – also im normalen Lebenszyklus – ständig Veränderungen eintreten, liegt die Vermutung nahe, dass es aufgrund der stets gegebenen Zustandsveränderungen immer zu einer Wertersatzpflicht gemäß § 346 Abs. 2 BGB kommen müsste. Es ist deshalb zu klären, ob die beschriebenen Vorgänge Auswirkungen auf die Identität des Rückgewährobjekts haben, welche im Abgrenzungsbereich zwischen § 346 Abs. 1 BGB und § 346 Abs. 2 BGB zu bestimmen ist.

In der Literatur wird davon ausgegangen, dass bereits die im gewöhnlichen Marktgeschehen eintretenden Veränderungen beim Unternehmen zu einer Identitätsabweichung führen, die eine Wertersatzpflicht nach § 346 Abs. 2 S. 1 Nr. 2 BGB auslöst.[211] Nach § 346 Abs. 2 S. 1 Nr. 2 BGB besteht eine Wertersatzpflicht bei Verbrauch, Veräußerung, Belastung, Verarbeitung oder Umgestaltung der Sache. Innerhalb dieser Sichtweise werden die durch den gewöhnlichen Geschäftsablauf eintretenden Veränderungen als Verarbeitung bzw. Umgestaltung eingeordnet.[212] Eine solche Sichtweise beurteilt die Situation jedoch nicht differenziert genug.

Zum einen handelt es sich bei § 346 Abs. 2 S. 1 Nr. 2 BGB um eine Ausnahmevorschrift, wodurch deren Anwendung beim Unternehmenskauf nicht einfach zum Regelfall werden kann.[213] Zum anderen hat sich die Anwendung der auf Sachen zugeschnittenen Vorschrift daran zu orientieren, ob es sich bei den Veränderungen, die sich durch den normalen Geschäftsablauf einstellen, um solche handelt, die der Verarbeitung oder Umgestaltung (§ 346 Abs. 2 S. 1 Nr. 2 BGB) einer Sache entsprechen.[214]

---

[211] *Glagowski*, Mängelgewährleistungsrecht beim Unternehmenskauf, S. 175; *Gaul*, ZHR 2002, 55 (56); *Wolf/Kaiser*, DB 2002, 411 (418).

[212] Vgl. *Glagowski*, Mängelgewährleistungsrecht beim Unternehmenskauf, S. 175; *Gaul*, ZHR 2002, 55 (56); *Wolf/Kaiser*, DB 2002, 411 (418).

[213] *Büdenbender*, Grundlagen, S. 41.

[214] Vgl. *Glagowski*, Mängelgewährleistungsrecht beim Unternehmenskauf, S. 175; *Büdenbender*, Grundlagen, S. 41.

Verarbeitung und Umgestaltung sind i. S. v. § 950 BGB zu verstehen, womit auch an die Rechtsprechung zu § 950 BGB angeknüpft werden kann.[215] Demnach soll eine Verarbeitung oder Umgestaltung nach der Verkehrsauffassung unter Berücksichtigung wirtschaftlicher Gesichtspunkte bestimmt werden.[216] Es spreche für die Entstehung einer neuen Sache, wenn sich durch die Verarbeitung der wesentliche wirtschaftliche Verwendungszweck geändert und der Ausgangsstoff nach der Verkehrsauffassung durch die vorgenommenen Handlungen eine Wesensänderung erfahren habe, wobei entscheidend sei, dass zwischen Ausgangsstoff und Verarbeitungsprodukt keine Identität mehr bestehe.[217]

Wenn ein übertragenes Unternehmen weiter betrieben wird, so wird es auch weiterhin für den gleichen wirtschaftlichen Zweck verwendet. Auch wenn im Zuge des normalen Geschäftsablaufs gewisse Änderungen – beispielsweise im Waren- oder Mitarbeiterbestand – eintreten, kann nicht von so starken Veränderungen im Gesamtorganismus des Unternehmens gesprochen werden, dass zwischen dem übertragenen und im Zeitpunkt der Rückgewähr bestehenden Unternehmen keine Identität mehr besteht. Bei einer genauen Prüfung der für die Annahme einer Verarbeitung oder Umgestaltung i. S. d. § 346 Abs. 2 S. 1 Nr. 2 BGB notwendigen Voraussetzungen, die aufgrund des Ausnahmecharakters der Vorschrift zwingend erforderlich ist, kann also nicht schon bei der Fortführung des Unternehmens und der Teilnahme am gewöhnlichen Marktgeschehen von einer für die Anwendung des § 346 Abs. 2 S. 1 Nr. 2 BGB relevanten Identitätsabweichung ausgegangen werden.[218]

Dem widersprechend werden die von der Rechtsprechung aufgestellten Kriterien sogar dazu genutzt, um eine Verarbeitung bzw. Umgestaltung beim Unternehmen noch früher als bei einer gewöhnlichen Sache anzunehmen, nur um den Eintritt einer Wertersatzpflicht herbeizuführen.[219]

---

215 *Gaier*, in: MüKo BGB, Band 3, § 346 Rn. 100 m. w. Nw.; a. A. *Münstermann*, Neues Schuldrecht am Beispiel des Unternehmenskaufs, S. 108 f.

216 BGH, NJW 2016, 317 Rn. 17.

217 BGH, NJW 2016, 317 Rn. 17.

218 Im Ergebnis so auch: *Maultzsch*, in: MüKo BGB, Band 4, § 453 Rn. 59; *Beisel*, in: Beisel/Klumpp, Der Unternehmenskauf, § 16 Rn. 121; *Jagersberger*, Die Haftung des Verkäufers beim Unternehmenskauf, S. 299 f.; *Thiessen*, Unternehmenskauf und BGB, S. 238; *Büdenbender*, Grundlagen, S. 41.

219 So *Glagowski*, Mängelgewährleistungsrecht beim Unternehmenskauf, S. 175.

Dabei werden die benannten Kriterien allerdings nicht als Prüfungsmaßstab genutzt, sondern modifiziert, um zum gewünschten Ergebnis zu gelangen, was methodisch äußerst bedenklich ist. Hierdurch wird verkannt, dass mit einem Rückgriff auf die Verkehrsauffassung der spezifischen Eigenschaft der Dynamik Rechnung getragen werden muss, gerade indem man die Grenze der Umgestaltung bzw. Verarbeitung durch die normale Teilnahme am Markt als noch nicht erreicht ansieht.[220]

Dem Einwand, der Verkäufer müsse davor geschützt werden, den vollen Kaufpreis zurückzuzahlen, ohne den Kaufgegenstand im selben Zustand wie bei Vertragserfüllung zu erhalten, kann entgegnet werden, dass die Veränderungen dem Kaufgegenstand gerade immanent sind. [221] Diese können nicht grundsätzlich zu einem Identitätswechsel führen, welcher eine Wertersatzpflicht nach sich zieht.

Durch die Teilnahme am gewöhnlichen Marktgeschehen eintretenden Veränderungen haben aufgrund der Systematik und eines unternehmensspezifischen Verständnisses des § 346 BGB keine Auswirkungen auf die Identität des Unternehmens, welche im Abgrenzungsbereich von § 346 Abs. 1 BGB und § 346 Abs. 2 BGB zu bestimmen ist.

b) Zwischenergebnis

Als Zwischenergebnis kann festgehalten werden, dass der maßgebliche Zustand für eine Rückübertragung nach § 346 Abs. 1 BGB der Zustand des Unternehmens bei Vertragserfüllung ist. Anders als beispielsweise bei der Unternehmenspacht kann hier also nicht auf den Zustand bei ordnungsgemäßer Fortführung abgestellt werden.[222] De facto ist das Unternehmen jedoch in dem Zustand zurückzuübertragen, in dem es sich im Zeitpunkt der Rückgewähr befindet. Dies gilt auch, wenn Veränderungen aufgrund der Teilnahme am gewöhnlichen Marktgeschehen eingetreten sind. Grund hierfür ist, dass es sich bei diesen Veränderungen nicht um einen Identitätswechsel handelt, der den Übergang von der Rückgewähr nach § 346 Abs. 1 BGB zum Wertersatz nach § 346 Abs. 2 BGB rechtfertigt. Hieraus ergibt sich

---

[220] Ähnlich *Münstermann*, Neues Schuldrecht am Beispiel des Unternehmenskaufs, S. 107.

[221] Zu dem Einwand siehe *Glagowski*, Mängelgewährleistungsrecht beim Unternehmenskauf, S. 175.

[222] § 4 G. I.

die noch zu behandelnde Problematik der Abgrenzung von Veränderungen, die auf der normalen Teilnahme am Markt beruhen, von solchen, die eine Wertersatzpflicht auslösen.

Zudem führt die de facto bestehende Maßgeblichkeit des im Zeitpunkt der Rückgewähr bestehenden Zustandes dazu, dass etwaige Wertsteigerungen des Unternehmens grundsätzlich dem Rückgewährgläubiger zugutekommen.

3.) Zeitpunkt

Ist das Unternehmen zurückzugewähren, empfiehlt es sich außerdem – ähnlich dem „Closing“[223] bei Vollzug des Unternehmenskaufvertrages –, einen Übergangsstichtag festzulegen, an dem die Vermögenswerte auf den der Rückgewährgläubiger übergehen sollen.[224] Nur so kann die Rückübertragung des äußerst komplexen Rückgewährobjektes angemessen gewährleistet werden.

II. Wertersatz

Als Rückabwicklungssystem im engeren Sinn sieht das Rücktrittsfolgenrecht in § 346 Abs. 2 BGB eine Wertersatzpflicht im Hinblick auf die Primärleistung vor. Es bleibt zu beleuchten, wann die Wertersatzpflicht nach § 346 Abs. 2 BGB für die Rückabwicklung eines Unternehmenskaufvertrages nach erfolgtem Asset Deal relevant wird und inwiefern die gesetzliche Ausgestaltung dazu beiträgt, die Besonderheiten des wirtschaftlichen Unternehmens im Rahmen der Rückabwicklung zu bewältigen.

Gemäß § 346 Abs. 2 BGB tritt die Wertersatzpflicht nur ein, „soweit“ die Voraussetzungen der in Nr. 1–3 aufgeführten Fallgruppen erfüllt sind. Dies lässt eine differenzierte Betrachtung nach dem Umfang der Veränderung zu.[225]

Schon beim Vollzug der Rückgewähr hat sich herausgestellt, dass der Wille der Parteien, das Unternehmen als Einheit zu behandeln, auch bei der Rückabwicklung zu beachten ist.[226] Für die Annahme einer Wertersatzpflicht ist folglich stets das gesamte Unternehmen in das Betrachtungsspektrum einzubeziehen. Der Begriff „soweit“ ist für die Rückabwicklung

---

[223] Vertiefend dazu *Beisel*, in: Beisel/Klumpp, Der Unternehmenskauf, § 9 Rn. 127 ff.

[224] So auch für die bereicherungsrechtliche Rückabwicklung *Rupietta*, Rückabwicklung unwirksamer Unternehmenskaufverträge, S. 83.

[225] *Thiessen*, Unternehmenskauf und BGB, S. 236.

[226] Siehe § 5 A. I. 1.).

des Unternehmenskaufvertrages somit grundsätzlich von eingeschränkter Bedeutung.[227]

1.) Wertersatzpflicht nach § 346 Abs. 2 S. 1 Nr. 1 BGB

Gemäß § 346 Abs. 2 S. 1 Nr. 1 BGB trifft den Rückgewährschuldner eine Wertersatzpflicht, soweit die Rückgewähr oder Herausgabe nach der Natur des Erlangten ausgeschlossen ist. Weitgehende Einigkeit besteht darüber, dass es bei der Rückabwicklung von Unternehmenskaufverträgen nicht zu einer Wertersatzpflicht nach § 346 Abs. 2 S. 1 Nr. 1 BGB kommt.[228] Auch wenn eine solche Rückabwicklung mit Schwierigkeiten verbunden ist, kann man nicht von einer generellen Unmöglichkeit der Rückgewähr aufgrund der Natur der Sache ausgehen.[229] Die Vorschrift erfasst ihrem Normzweck nach eher unkörperliche Leistungen wie Gebrauchsüberlassungen oder Werkleistungen.[230]

2.) Wertersatzpflicht nach § 346 Abs. 2 S. 1 Nr. 2 BGB

a) Verbrauch, Veräußerung und Belastung

Ein Verbrauch gemäß § 346 Abs. 2 S. 1 Nr. 2 Var. 1 BGB ist nur bei einem bestimmungsgemäßen Verzehr der Sachsubstanz gegeben.[231] Ein Verzehr der Sachsubstanz des Unternehmens ist nicht bestimmungsgemäß, womit ein Verbrauch i. S. d. § 346 Abs. 2 S. 1 Nr. 2 Var. 1 BGB beim Unternehmen keine Rollen spielt.

Veräußerung i. S. d. § 346 Abs. 2 S. 1 Nr. 2 Var. 2 BGB meint die vollständige rechtsgeschäftliche Übertragung eines Rechts auf einen anderen, wobei regelmäßig an das dingliche Geschäft angeknüpft wird.[232] Da es sich

---

[227] So auch *Thiessen*, Unternehmenskauf und BGB, S. 236; a. A. *Jagersberger*, Die Haftung des Verkäufers beim Unternehmenskauf, S. 302 f.

[228] Siehe nur *Glagowski*, Mängelgewährleistungsrecht beim Unternehmenskauf, S. 174 f.; *Jagersberger*, Die Haftung des Verkäufers beim Unternehmenskauf, S. 297; *Gaul*, ZHR 2002, 55 (55 f.).

[229] *Glagowski*, Mängelgewährleistungsrecht beim Unternehmenskauf, S. 174 f.; *Gaul*, ZHR 2002, 55 (56).

[230] Vgl. *Schmidt*, in: BeckOK BGB, § 346 Rn. 51.

[231] *Gaier*, in: MüKo BGB, Band 3, § 346 Rn. 97.

[232] *Gaier*, in: MüKo BGB, Band 3, § 346 Rn. 98; *Lobinger*, in: Soergel BGB, Band 5/3, § 346 Rn. 74; *Grüneberg*, in: Grüneberg BGB, § 346 Rn. 8a, wonach es aber auch schon genügen soll, wenn der schuldrechtliche Vertrag die Rückgewähr verhindert.

um eine auf Sachen zugeschnittene Vorschrift handelt, ist zu ermitteln, wann beim Unternehmen eine Veräußerung anzunehmen ist, die der einer Sache entspricht.[233] Bei einer Veräußerung i. S. d. § 346 Abs. 2 S. 1 Nr. 2 Var. 2 BGB kommt es auf eine Veräußerung des Leistungsgegenstandes an.[234] Handelt es sich beim Leistungsgegenstand um ein wirtschaftliches Unternehmen, kann eine Veräußerung nur angenommen werden, wenn auch das Gesamtunternehmen veräußert wurde. Die dingliche Übertragung einzelner Assets stellt hingegen keine Veräußerung gemäß § 346 Abs. 2 S. 1 Nr. 2 Var. 2 BGB dar.[235]

Eine Belastung ist bei der Einräumung eines beschränkten dinglichen Rechts an dem zurückzugewährenden Gegenstand gegeben.[236] Die Einräumung eines beschränkt dinglichen Rechts am Gesamtunternehmen – als eine an der Ertragserzielung ausgerichteten Organisation einzelner Vermögenswerte – ist nicht möglich.[237] Insbesondere das im Sachenrecht geltende Spezialitätsprinzip erlaubt nur eine Belastung der einzelnen zum Unternehmen gehörenden Assets.[238] Eine Belastung gemäß § 346 Abs. 2 S. 1 Nr. 2 Var. 3 BGB kommt somit einmal in Betracht, wenn an alle Assets des Unternehmens beschränkt dingliche Rechte eingeräumt worden sind und damit der Rückgewährschuldner zur Rückgewähr außerstande ist.

Eine Wertersatzpflicht muss aber auch angenommen werden, wenn ein Asset von herausragender Bedeutung für das Unternehmen belastet wurde. Auch dann ist der Rückgewährschuldner zur Rückgewähr des ursprünglich übertragenen Gesamtunternehmens außerstande. Diese Situation ist beispielsweise gegeben, wenn die Tätigkeit eines Unternehmens entscheidend von einer bestimmten Maschine abhängig ist und an dieser ein Pfandrecht eingeräumt wurde. Bei ähnlichen Konstellationen sollte eine Belastung des Unternehmens nach den Grundsätzen vom „Durchschlagen eines Mangels“[239] ermittelt werden. Gleiches muss gelten, wenn über einzelne Assets im Wege der Zwangsvollstreckung verfügt wird.

---

233 Vgl. *Büdenbender*, Grundlagen, S. 41.

234 *Gaier*, in: MüKo BGB, Band 3, § 346 Rn. 98.

235 A. A. *Jagersberger*, Die Haftung des Verkäufers beim Unternehmenskauf, S. 298; siehe zur Veräußerung einzelner Assets § 5 II. 3.) b).

236 *Lobinger*, in: Soergel BGB, Band 5/3, § 346 Rn. 75.

237 So auch *Jagersberger*, Die Haftung des Verkäufers beim Unternehmenskauf, S. 298.

238 Vgl. *Vieweg/Wegener*, Sachenrecht, § 1 Rn. 7.

239 OLG Köln, BeckRS 2009, 27644; *Faust*, in: BeckOK BGB, § 453 Rn. 29; *Korch*, JuS 2018, 521 (523).

Kann die Belastung eines einzelnen Assets nicht als Belastung des Gesamtunternehmens qualifiziert werden, greift die Wertersatzpflicht nach § 346 Abs. 2 S. 1 Nr. 2 Var. 3 BGB im Umfang der Belastung ein. Das Unternehmen ist als Einheit weiterhin zurückzuübertragen.[240] Soweit die Belastung reicht, ist die Rückgewähr des Unternehmens in seinem ursprünglichen Zustand nicht mehr möglich.[241]

Eine andere Beurteilung der Bedeutung des Begriffs „soweit“ kann zur Rechtfertigung dieses Ergebnisses nicht herangezogen werden.[242] Die eingeschränkte Bedeutung ergibt sich daraus, dass die Betrachtung des Unternehmens als Einheit aufgrund des maßgeblichen Parteiwillens grundsätzlich auch im Rahmen von § 346 Abs. 2 BGB durchzuhalten ist. In der Konsequenz ist für die Bestimmung einer Wertersatzpflicht stets das Unternehmen als Gesamtheit und nicht die einzelnen Assets in den Blick zu nehmen. Auf die einzelnen Assets kann es deshalb nur unter besonderen Umständen, wie im Fall der Belastung, ankommen.

Auch der Abschluss schuldrechtlicher Verträge sind einer Veräußerung oder Belastung gleichzustellen, wenn diese eine Rückgewähr verhindern.[243] In Bezug auf das Unternehmen kommt dabei insbesondere eine Verpachtung in Betracht.

b) Verarbeitung und Umgestaltung

Nach den bereits gewonnen Erkenntnissen führen die durch den gewöhnlichen Geschäftsablauf und die Teilnahme am normalen Marktgeschehen eintretenden Veränderungen als Ausdruck der dem Unternehmen immanenten Dynamik nicht zu einer Identitätsänderung.[244] Geht man hiervon aus, müssen aber gleichzeitig Parameter erarbeitet werden, die eine Abgrenzung der nicht zu einer Identitätsänderung führenden Veränderungen von solchen, die eine Wertersatzpflicht nach § 346 Abs. 2 S. 1 Nr. 2 BGB auslösen, ermöglichen.

Im Ausgangspunkt ist zu ermitteln, wann das wirtschaftliche Unternehmen durch vom Erwerber vorgenommene Maßnahmen Veränderungen

---

[240] Vgl. *Jagersberger*, Die Haftung des Verkäufers beim Unternehmenskauf, S. 298.

[241] *Jagersberger*, Die Haftung des Verkäufers beim Unternehmenskauf, S. 298.

[242] Vgl. § 5 A. II.

[243] *Gaier*, in: MüKo BGB, Band 3, § 346 Rn. 98 m. w. Nw.

[244] Siehe § 5 A. I. 2.).

erfahren hat, die so weitreichend sind, dass zwischen dem ursprünglich übertragenen Unternehmen und dem zurückzuübertragenden Unternehmen keine Identität mehr besteht.[245] Methodisch soll dies durch die Untersuchung von Fallgruppen erfolgen.

aa) Modernisierungs- und Erhaltungsmaßnahmen

Als erste Fallgruppe sollen Modernisierungs- und Erhaltungsmaßnahmen betrachtet werden.[246] In Bezug auf Maßnahmen zur Erhaltung wird schon vom allgemeinen Wortverständnis her deutlich, dass hier nicht von einer Identitätsänderung ausgegangen werden kann. Erhaltungsmaßnahmen sind gerade darauf gerichtet, das Unternehmen in seinem gegenwärtigen Zustand zu erhalten.

Bei Modernisierungsmaßnahmen ist eine Beurteilung hingegen nicht so eindeutig. Um ein wirtschaftliches Unternehmen zu modernisieren, können erhebliche Änderungen an der organisatorischen Wirtschaftseinheit vorgenommen werden. Um den Begriff nicht zu überdehnen, sollen unter Modernisierungsmaßnahmen nur solche Arbeiten verstanden werden, die notwendig sind, um das Unternehmen wettbewerbsfähig zu halten und damit letztendlich in seinem Bestand zu sichern. Veränderungen des Tätigkeitsbereichs und in der Unternehmensorganisation fallen hingegen nicht darunter.[247]

Bei Modernisierungsmaßnahmen handelt es sich somit um solche Maßnahmen, die notwendig sind, um den ständig wechselnden Herausforderungen des Marktes zu begegnen, womit sich diese bereits aus der einfachen Teilnahme am Markt und damit aus der dem Unternehmen immanenten Dynamik ergeben.[248] Hieraus folgt letztlich keine Änderung der Identität.[249]

---

245 Vgl. die maßgebliche Rechtsprechung in BGH, NJW 2016, 317 Rn. 17.

246 Vgl. dazu auch *Jagersberger*, Die Haftung des Verkäufers beim Unternehmenskauf, S. 299.

247 Siehe dazu § 5 A. II. 2.) b) bb) und § 5 A. II. 2.) b) cc).

248 Ähnliches Verständnis aber in Anwendung des Bereicherungsrechts bei *Keil*, Fehlerhafte Unternehmenskäufe, S. 242 f.; *Rupietta*, Rückabwicklung unwirksamer Unternehmenskaufverträge, S. 187; *Schöne*, ZGR 2000, 86 (104); *Schwintowski*, JZ 1987, 588 (590).

249 So auch Schöne, ZGR 2000, 86 (93 f.).

bb) Veränderungen in der Unternehmensorganisation

Als nächste Fallgruppe kommen Veränderungen in der Unternehmensorganisation in Betracht. Hierunter kann man solche Veränderung in der rechtlichen und wirtschaftlichen Unternehmensstruktur fassen, die nicht bloß dem Erhalt oder der Modernisierung dienen und auch nicht im Bezug zum Tätigkeitsbereich des Unternehmens stehen.

Beispiele sind der Abbau von Entscheidungsebenen oder eine Neuausrichtung der Vertriebsorganisation.[250] Auch die Namensänderung oder Änderung der Rechtsform wird hierunter gefasst.[251] Diese Maßnahmen werden in der Literatur als nicht so tiefgreifend und weitreichend gesehen, dass von einer Wesens- und daraus folgenden Identitätsänderung ausgegangen werden kann, wobei jedoch nur für einzelne Beispiele Begründungsansätze geliefert werden.[252]

Die Rechtsformänderung sei beispielsweise nur eine Änderung der Vermögens- und Verbandsordnung, nicht aber eine Änderung des Unternehmens selbst.[253] Die zutreffende Begründung liegt jedoch vielmehr darin, dass eine Rechtsformänderung nur den Unternehmensträger und nicht das Unternehmen als betriebsfähige Wirtschaftseinheit betrifft. Hiermit ist aber lediglich die Verneinung der Identitätsänderung für das benannte Beispiel dargelegt.

Der allgemeine Erklärungsansatz dafür, dass Änderungen in der Unternehmensorganisation keine Identitätsänderung begründen, liegt vielmehr darin, dass sich diese nicht auf das Unternehmen kennzeichnenden Elemente auswirken. Ausgehend von dem hier zugrunde gelegten Begriffsverständnis sind das gegenständliche Unternehmensvermögen, die Immaterialgüterpositionen und die Außenbeziehungen in ihrer Organisation zur Erreichung eines wirtschaftlichen Zwecks die wesentlichen Elemente des wirtschaftlichen Unternehmens.[254] Diese machen seine Identität aus. Folglich ist eine Identitätsänderung auch vorrangig anhand dieser Wesensmerkmale zu bestimmen.

---

[250] *Rupietta,* Rückabwicklung unwirksamer Unternehmenskaufverträge, S. 187.

[251] *Rupietta,* Rückabwicklung unwirksamer Unternehmenskaufverträge, S. 187 f.

[252] Vgl. *Jagersberger,* Die Haftung des Verkäufers beim Unternehmenskauf, S. 299; *Rupietta,* Rückabwicklung unwirksamer Unternehmenskaufverträge, S. 187 f.; *Schöne,* ZGR 2000, 86 (104 f.); *Schwintowski,* JZ 1987, 588 (591).

[253] *Jagersberger,* Die Haftung des Verkäufers beim Unternehmenskauf, S. 299; *Rupietta,* Rückabwicklung unwirksamer Unternehmenskaufverträge, S. 188.

[254] Vgl. § 2 A. I.

Die Änderungen in der Unternehmensorganisation beziehen sich hingegen vorrangig auf den Unternehmensträger. Andere Maßnahmen, wie z. B. in Bezug auf die Entscheidungsebenen oder -prozesse oder zur Vertriebsorganisation, betreffen durchaus das Unternehmen. Sie behandeln aber nur Organisationsstrukturen und greifen nicht so intensiv in die benannten Grundstrukturen des Unternehmens ein, dass die Annahme einer Identitätsänderung gerechtfertigt wäre.

Des Weiteren ist die ständige Verbesserung und Erneuerung bestehender Organisationsstrukturen ebenfalls Ausfluss der unternehmensimmanenten Dynamik.[255] Die damit in Verbindung stehenden Veränderungen sind also eine natürliche Folge der Eigenart des wirtschaftlichen Unternehmens.

Die Namensänderung nimmt im gegenständlichen Kontext eine gewisse Sonderstellung ein. Nach einer Ansicht sei damit keine grundlegende Wandlung des Unternehmens gegeben, weil es sich nur um den Namen handele, unter dem der Kaufmann im Handelsverkehr auftrete (§ 17 HGB).[256] Zugleich wird eine Namensänderung lediglich als, „[…] eine Änderung der Vermögens- und Verbandsorganisation unter Wahrung der Identität des Unternehmens […]"[257], gesehen.

Eine Namensänderung ist kein unausweichliches Kriterium, welches für die Annahme eines Identitätswechsels festgestellt werden muss.[258] In einigen Konstellationen kann eine Namensänderung jedoch eine tiefgreifende Wesensänderung begründen – insbesondere dann, wenn der Name und der damit verbundene Goodwill einen wesentlichen Wert verkörpern und somit als eine herausragende Immaterialgüterposition einzuordnen sind. Kommt es hier zu einer Änderung und verschwindet so diese herausragende Immaterialgüterposition, ist eine tiefgreifende Veränderung des Unternehmenswesens gegeben, was zu einer Wertersatzpflicht führen muss.

cc) Änderungen im Tätigkeitsbereich

Zu überprüfen ist weiterhin, welche Auswirkungen Veränderungen im Tätigkeitsbereich des Unternehmens haben.

---

255 *Rupietta*, Rückabwicklung unwirksamer Unternehmenskaufverträge, S. 189.
256 *Schöne*, ZGR 2000, 86 (104).
257 *Wiedemann*, GesellschaftsR I, S. 157.
258 Ähnlich *Schwintowski*, JZ 1987, 588 (591).

Der Tätigkeitsbereich oder Geschäftsbereich verleiht dem Unternehmen seine individuelle Prägung und entscheidet über Erfolg und Misserfolg am Markt.[259] Deshalb sollen vor allem qualitativ grundlegende Änderungen im Tätigkeitsbereich auf einen Identitätswechsel deuten.[260]

Von Änderungen im Tätigkeitsbereich geht vor allem deshalb eine besondere Indizwirkung für einen Identitätswechsel aus, da die das Unternehmen prägenden Bestandteile insgesamt am Tätigkeitsbereich ausgerichtet sind. Das gegenständliche Vermögen (Produktionsanlagen, Rohstoffe usw.) insbesondere aber auch Immaterialgüterpositionen, wie Know-how, Betriebsgeheimnisse oder Patente, sind am Tätigkeitsbereich ausgerichtet bzw. beziehen sich auf diesen. Auch die Liefer- oder Kundenbeziehungen ergeben sich aus dem Tätigkeitsbereich und stehen mit diesem im unmittelbaren Zusammenhang. Kunden treten nur mit einem Unternehmen in Kontakt, wenn sie sich für dessen Tätigkeitsbereich interessieren.

Ändert sich nun der Tätigkeitsbereich des Unternehmens, verändern sich zwangsläufig auch die vorgenannten Elemente. Da vor allem diese das Unternehmen wesentlich prägen und individualisieren, muss dann von einer Identitätsänderung ausgegangen werden.

Um herauszufinden, ob dies bei allen Formen von Veränderungen im Tätigkeitsbereich der Fall ist, ist eine gesonderte Betrachtung notwendig.

aaa) Ausweitung innerhalb des bisherigen Tätigkeitsbereichs

Bei einer Ausweitung der Tätigkeit innerhalb des bisherigen Geschäftsgegenstandes oder auf damit verwandte Tätigkeitsfelder, kann man wohl nicht von einer für § 346 Abs. 2 S. 1 Nr. 2 BGB relevanten Wesensänderung des Unternehmens ausgehen. Eine notwendige Änderung der wesentlichen Elemente ist mit einer solchen Ausweitung nicht verbunden. Das bestehende Know-how oder bereits vorhandene Patente können weiter genutzt werden, es erfolgt ggf. nur eine Erweiterung oder Vertiefung. Liefer- und Kundenbeziehungen werden ebenfalls nur erweitert, aber nicht vollkommen geändert. Eine Wesensänderung kann hierin nicht gesehen werden. Vielmehr ist bereits die

---

[259] So *Rupietta*, Rückabwicklung unwirksamer Unternehmenskaufverträge, S. 188; *Schöne*, ZGR 2000, 86 (105 ff.); *Schwintowski*, JZ 1987, 588 (591).

[260] *Jagersberger*, Die Haftung des Verkäufers beim Unternehmenskauf, S. 298 f.; *Schwintowski*, JZ 1987, 588 (591).

dem Unternehmen immanente Dynamik nicht nur auf die Erneuerung und Verbesserung des bereits vorhandenen, sondern auch auf die Erschließung neuer Märkte und neuer Produkte gerichtet.[261]

bbb) Ausweitung außerhalb des bisherigen Tätigkeitsbereichs

Gibt ein Unternehmen seine bisherige Tätigkeit auf und wendet sich einem neuen Tätigkeitsbereich zu, muss eine Wesens- bzw. Identitätsänderung festgestellt werden, die eine Wertersatzpflicht nach § 346 Abs. 2 S. 1 Nr. 2 BGB auslöst.[262]

Als Beispiel käme der Wechsel eines Unternehmens vom Automobilbau in die Internetbranche in Betracht, oder wenn eine Kaufhaushauskette ihre Standorte zu Hotels umgestaltet. Das bisherige Know-how oder Patente sind ebenso wie Produktionsanlagen nutzlos. Bestehende Kunden- und Lieferbeziehungen müssten aufgegeben und neue aufgenommen werden. Wesentliche, das wirtschaftliche Unternehmen kennzeichnende Strukturen und Elemente würden geändert. Das Unternehmen verschwindet in seiner bisherigen Gestalt, womit es zu einer Anwendung des § 346 Abs. 2 S. 1 Nr. 2 BGB kommen muss.[263]

Ferner könnte eine Konstellation auftreten, in der das Unternehmen seinen bisherigen Tätigkeitsbereich zwar beibehält, zusätzlich aber in einem weiteren – nicht mit dem bisherigen Tätigkeitsfeld verwandten – Bereich tätig wird, beispielsweise wenn ein Automobilproduzent zusätzlich Mobiltelefone herstellt. Hier hilft eine Betrachtung der das Unternehmen kennzeichnenden Elemente und Strukturen nicht weiter. Solange das bisherige Tätigkeitsfeld aufrechterhalten wird, werden dabei keine Veränderungen zu verzeichnen sein.

Ein geeigneteres Kriterium ist in diesem Fall daher die Bedeutung des neuen Tätigkeitsbereichs für das Gesamtunternehmen.[264] Diese ergibt sich wiederum aus seiner wirtschaftlichen Bedeutung, welche sich anhand des

---

261 Vgl. *Rupietta,* Rückabwicklung unwirksamer Unternehmenskaufverträge, S. 189; *Schöne,* ZGR 2000, 86 (106 f.).

262 So auch aber bei Anwendung des Bereicherungsrechts *Rupietta,* Rückabwicklung unwirksamer Unternehmenskaufverträge, S. 190; *Schöne,* ZGR 2000, 86 (106); *Schwintowski,* JA 1987, 588 (591).

263 *Maultzsch,* in: MüKo BGB, Band 4, § 453 Rn. 59.

264 Vgl. *Rupietta,* Rückabwicklung unwirksamer Unternehmenskaufverträge, S. 191 f.

Anteils am Jahresergebnis des Unternehmens ermitteln lässt.[265] Hat die neue Aktivität am Jahresergebnis des Gesamtunternehmens einen höheren Anteil als die bisherige Tätigkeit, so muss von einem Identitätswechsel ausgegangen werden.

Dass hierbei keine Veränderung der Elemente und Strukturen stattfindet, welche in den vorherigen Konstellationen als Indiz für eine Wesensänderung herangezogen wurde, widerspricht dem nicht. Die Aufnahme von Aktivitäten in einem zusätzlichen Tätigkeitsbereich wird sich in dem Hinzutreten von Immaterialgüterpositionen und auch Gegenständen in Form von Produktionsmitteln niederschlagen. Somit sind auch Veränderungen im Gesamtorganismus des Unternehmens zu verzeichnen. Ein Identitätswechsel ist folglich indiziert.

ccc) Unternehmen mit mehreren Tätigkeitsbereichen

Es ist ebenfalls zu klären, wie Unternehmen zu behandeln sind, die bereits in mehreren verschiedenen Tätigkeitsfeldern aktiv sind. Auch die Beurteilung dieser Konstellationen kann mit den dargelegten Grundsätzen bewältigt werden.

Weitet das Unternehmen seine Tätigkeit innerhalb der bereits wahrgenommen oder verwandten Geschäftsfeldern aus, so kann man nicht von einem Wechsel der Unternehmensidentität ausgehen.[266] Anders wird man entscheiden müssen, wenn die Tätigkeit auf einen völlig anderen Bereich ausgeweitet wird. Auch hier ist wieder auf die wirtschaftliche Bedeutung der neuen Aktivität für das Gesamtunternehmen abzustellen.[267] Macht diese den Großteil des Jahresergebnisses aus, gibt die Tätigkeit dem Unternehmen seine „entscheidende Prägung“[268]. Eine Wesensänderung ist dann anzunehmen.

---

265 *Rupietta*, Rückabwicklung unwirksamer Unternehmenskaufverträge, S. 192; *Schöne*, ZGR 2000, 86 (107).

266 Vgl. auch *Rupietta*, Rückabwicklung unwirksamer Unternehmenskaufverträge, S. 192; *Schöne*, ZGR 2000, 86, 106 f.

267 *Rupietta*, Rückabwicklung unwirksamer Unternehmenskaufverträge, S. 193; *Schöne*, ZGR 2000, 86 (107).

268 *Rupietta*, Rückabwicklung unwirksamer Unternehmenskaufverträge, S. 193.

ddd) Konzentration auf das Kerngeschäft

Eine weitere Fallgruppe stellt die Konzentration auf das Kerngeschäft dar. Hier weitet das Unternehmen seine Tätigkeit nicht aus, sondern gibt seine Aktivitäten in verschiedenen Geschäftsfeldern auf, um sich auf einen bestimmten Tätigkeitsbereich zu konzentrieren. Zumeist liegt hierin die Erwartung, dass ein in diesem Geschäftsbereich vermutetes Wachstumspotenzial so voll ausgeschöpft werden kann.[269]

Bei der Umgestaltung eines Unternehmens mit einem vielfältigen Leistungsangebot zu einem Spezialunternehmen könnte man ohne tiefergehende Betrachtung von einem Identitätswechsel ausgehen.[270] Allerdings sollte auch bei dieser Beurteilung eine wirtschaftliche Betrachtungsweise maßgeblich sein.

Dabei müsste wieder ermittelt werden, welchen Anteil das verbliebene Geschäftsfeld in der Vergangenheit am Jahresergebnis des Unternehmens hatte. Brachte dieses Geschäftsfeld bereits in der Vergangenheit den größten Anteil hervor, so gab es dem Unternehmen schon vorher die entscheidende Prägung, weshalb keine Wesensänderung gegeben ist.[271] Beim gegensätzlichen Ergebnis ist eine Identitätsänderung anzunehmen.

Der Anteil am Jahresergebnis ist ein starkes Indiz, welches die Beurteilung einer Wesensänderung und damit die Subsumtion unter § 346 Abs. 2 S. 1 Nr. 2 BGB ermöglicht. Letztlich müssen aber immer alle Umstände des Einzelfalls berücksichtigt werden.[272] Bei einem Sachverhalt, in dem ein Unternehmen stark von seiner Tätigkeit in verschiedenen Marktsegmenten gekennzeichnet wird, diese Vielfältigkeit also gerade sein Wesen ausmacht, muss man wohl bei einer Umgestaltung zum Spezialunternehmen von einer Wesensänderung ausgehen. Und zwar selbst dann, wenn eine wirtschaftliche Betrachtungsweise zu einem anderen Ergebnis führen würde.

dd) Konzernierung

Als weitere typische Integrationsmaßnahme kommt die Eingliederung des erworbenen Unternehmens in einen Konzern in Betracht. Auch in der

---

[269] *Rupietta,* Rückabwicklung unwirksamer Unternehmenskaufverträge, S. 193.

[270] Vgl. *Schöne,* ZGR 2000, 86 (107).

[271] So *Rupietta,* Rückabwicklung unwirksamer Unternehmenskaufverträge, S. 193.

[272] Dafür auch *Schöne,* ZGR 2000, 86 (107); *Schwintowski,* JA 1987, 588 (591).

Einfügung des erworbenen Unternehmens in einen Konzern wird teilweise ein relevanter Identitätswechsel gesehen.[273]

Meint man damit die Eingliederung i. S. d. §§ 320 ff. AktG muss dem zugestimmt werden. Die Eingliederung nach den §§ 320 ff. AktG verschafft dem herrschenden Unternehmen die Möglichkeit, die abhängige Gesellschaft so zu leiten, als sei sie rechtlich gar nicht selbstständig.[274] Ein Unterschied zur unselbstständigen Betriebsabteilung besteht dann kaum noch.[275] Die Eingliederung betrifft zwar vorrangig die Gesellschaft als Unternehmensträger, das Unternehmen als organisatorische Wirtschaftseinheit verliert aber bei einer Eingliederung zusammen mit seinem Rechtsträger seine Selbstständigkeit und erfährt somit eine erhebliche Wesensänderung, welche den Eintritt der Wertersatzpflicht nach § 346 Abs. 2 S. 1 Nr. 2 BGB rechtfertigt.

Hierbei muss jedoch beachtet werden, dass eine Eingliederung gemäß §§ 320 ff. AktG nur zwischen Aktiengesellschaften möglich ist.[276] Hinzu tritt der Umstand, dass Eingliederungskonzerne in der Praxis selten anzutreffen sind, da beim Bedürfnis einer so engen Bindung die Verschmelzung mit der Mutter sinnvoller ist.[277]

Zu beleuchten bleibt somit, ob auch bei anderen Formen der Konzernierung ein für die Anwendung von § 346 Abs. 2 S. 1 Nr. 2 BGB relevanter Identitätswechsel festgestellt werden kann. Hierbei ist zu beachten, dass der konzernrechtliche Unternehmensbegriff auf den Rechtsträger abstellt.[278] Die dadurch bestehende Divergenz zwischen dem konzernrechtlichen und hier vertretenen Unternehmensbegriff[279] darf bei der Frage nach einem möglichen Identitätswechsel nicht vernachlässigt werden.

Der Konzern ist in § 18 AktG durch das Bestehen einheitlicher Leitung definiert. Erforderlich ist hierbei, dass das herrschende Unternehmen seinen bestehenden Einfluss auch ausnutzt und das abhängige Unternehmen in wenigstens einer zentralen unternehmerischen Funktion, namentlich der

---

[273] Vgl. *Maultzsch*, in: MüKo BGB, Band 4, § 453 Rn. 59.

[274] *Drygala/Staake/Szalai*, Kapitalgesellschaftsrecht, § 32 Rn. 52.

[275] *Drygala/Staake/Szalai*, Kapitalgesellschaftsrecht, § 32 Rn. 52.

[276] *Drygala/Staake/Szalai*, Kapitalgesellschaftsrecht, § 32 Rn. 56.

[277] *Drygala/Staake/Szalai*, Kapitalgesellschaftsrecht, § 32 Rn. 55.

[278] *Emmerich*, in: Emmerich/Habersack, Aktien- und GmbH-Konzernrecht, § 15 Rn. 10; *Drygala/Staake/Szalai*. Kapitalgesellschaftsrecht, § 29 Rn. 23.

[279] Vgl. § 2 A.

Finanzierung, Planung oder in Personalfragen, seiner Führung unterstellt.[280] Bei der einfachen Konzernierung wird demnach Leitungsmacht delegiert. Das Unternehmen erfährt jedoch keine Veränderung in seinem Bestand oder hinsichtlich seines Tätigkeitsbereichs. Die Delegierung der Unternehmensleitung – sei es in einer der zentralen unternehmerischen Funktionen oder mehreren – betrifft eher den Unternehmensträger und stellt somit allenfalls eine Veränderung der Unternehmensorganisation dar. Hierin kann man nach den aufgestellten Grundsätzen keine Identitätsänderung sehen.[281]

Folgen aus der Konzernierung jedoch Veränderungen im Bestand oder Tätigkeitsbereich des Unternehmens, ist eine maßgebliche Änderung der Identität nach den bereits dargelegten Grundsätzen zu bestimmen.

Auch bei der Ausgliederung von Unternehmensteilen in eine eigenständige Gesellschaft, deren einzige oder zumindest beherrschende Gesellschafterin die Muttergesellschaft bleibt, handelt es sich um eine organisatorische Maßnahme, welche die Annahme einer Identitätsänderung nicht rechtfertigen würde.[282]

Ebenfalls in den Bereich der Konzernierung gehört der Abschluss von Unternehmens- und Gewinnabführungsverträgen. Kommt es dadurch zu einer Verflechtung, wird angenommen, dass die beteiligten Unternehmen als eigenständige wirtschaftliche und rechtliche Einheit bestehen bleiben.[283] Am Unternehmen erfolgt damit keine Veränderung, die eine Wertersatzpflicht auslösen würde. Diese Argumentation liefert allerdings nur das zutreffende Ergebnis.

Beim Abschluss eines Unternehmensvertrages, insbesondere eines Beherrschungsvertrages, verliert der Vorstand seine Weisungsfreiheit.[284] Beim Gewinnabführungsvertrag verpflichtet sich die beherrschte Gesellschaft, ihren gesamten Gewinn an das herrschende Unternehmen abzuführen.[285] Das beherrschte Unternehmen verliert durch den Abschluss eines Unternehmensvertrages jedenfalls faktisch etwas von seiner rechtlichen und wirtschaftlichen Eigenständigkeit. Eine verbleibende Identität bei dieser Lage einfach

---

280 *Drygala/Staake/Szalai*, Kapitalgesellschaftsrecht, § 29 Rn. 40.

281 Vgl. § 5. A. II. 2.) b) bb).

282 Vgl. auch *Rupietta*, Rückabwicklung unwirksamer Unternehmenskaufverträge, S. 188.

283 *Rupietta*, Rückabwicklung unwirksamer Unternehmenskaufverträge, S. 203 f.

284 Zur Vertiefung siehe nur *Altmeppen*, in: MüKo AktG, Band 5, § 291 Rn. 27 ff.

285 Zur Vertiefung siehe nur *Altmeppen*, in: MüKo AktG, Band 5, § 291 Rn. 27 ff.

mit wirtschaftlicher oder rechtlicher Eigenständigkeit zu begründen, verkennt somit die konkreten Auswirkungen eines Unternehmensvertrages. Die Gründe für die Ablehnung eines Identitätswechsels sind eher woanders zu suchen.

Einmal zielt der Abschluss eines Unternehmensvertrages nicht darauf ab, ein Gesamthandvermögen zu schaffen.[286] Das beherrschte Unternehmen soll also nicht völlig in dem herrschenden Unternehmen aufgehen, so wie es bspw. regelmäßig bei der konzernrechtlichen Eingliederung der Fall ist. Seine Identität bleibt also erhalten. Hinzu tritt der Umstand, wonach es sich bei Unternehmensverträgen um organisationsrechtliche Verträge handelt.[287] Wie bereits deutlich herausgearbeitet wurde, führen Veränderungen in der Unternehmensorganisation regelmäßig nicht zu einer Wertersatzpflicht.[288] Somit wird durch den Abschluss eines Unternehmensvertrages grundsätzlich keine Wertersatzpflicht nach § 346 Abs. 2 S. 1 Nr. 2 BGB ausgelöst.

ee) Zusammenschluss von Unternehmen

Es kann auch dazu kommen, dass der Unternehmenskäufer das erworbene Unternehmen mit einem bereits vorhandenen Unternehmen zusammenschließt.

Erfasst werden sollen die Situationen, in denen die gegenständlichen und immateriellen Vermögensgüter zweier Unternehmen zusammengeworfen und diese gemeinsam zur Erreichung eines wirtschaftlichen Zwecks neu organisiert werden oder ein Unternehmen in das andere integriert wird. Um dies zu erreichen, kommt vor allem eine Verschmelzung nach dem Umwandlungsgesetz (UmwG) in Betracht.[289] Es bestehen aber auch andere Möglichkeiten und Gestaltungsformen, um die gleichen wirtschaftlichen Ergebnisse herbeizuführen.[290] Zusammenfassend könnte man auch von einer Fortführung des erworbenen Unternehmens als nicht isolierte Einheit

---

[286] *Köhler*, ZGR 1985, 307 (311).

[287] *Altmeppen*, in: MüKo AktG, Band 5, § 291 Rn. 27.

[288] Siehe § 5 A. II. 2.) b) bb); gegen eine Wertersatzpflicht auch *Keil*, Fehlerhafte Unternehmenskäufe, S. 169.

[289] Siehe hierzu nur *Drygala/Staake/Szalai*, Kapitalgesellschaftsrecht, § 34 Rn. 1 ff.; *Hofmann/Riethmüller*, JA 2009, 481 ff.

[290] Vgl. *Drygala/Staake/Szalai*, Kapitalgesellschaftsrecht, § 34 Rn. 2; *Hofmann/Riethmüller*, JA 2009, 481 (486).

sprechen.[291] Auch hier ergibt sich wieder die Frage, ob diese Maßnahmen zu einem Identitätswechsel beim herauszugebenden Unternehmen geführt haben.

Der Zusammenschluss zweier Unternehmen bzw. die Integration eines Unternehmens in ein anderes führt im Ergebnis zur Vermengung zweier Vermögensmassen und Entstehung einer neuen einheitlichen Vermögensmasse.[292] Solange eine Trennung der Vermögensmassen noch möglich ist, kann nicht von einer Identitätsänderung gesprochen werden.[293] Eine Trennung wird aber nur solange möglich sein, wie das eingefügte Unternehmen noch als rechtliche und wirtschaftliche Einheit besteht.[294] Hiermit korrespondiert natürlich die Pflicht des Rückgewährschuldners, die Vermögensmassen in einem solchen Fall wieder zu trennen.

Das wird aber nur in absoluten Ausnahmefällen möglich sein. Regelmäßig sind die Vermögensmassen der einzelnen Unternehmen so stark miteinander vermengt, dass eine Trennung unmöglich ist, womit man von einer Identitätsänderung ausgehen muss.[295]

ff) Zwischenergebnis

Es zeigt sich, dass eine Vielzahl von Einzelmaßnahmen auszumachen sind, die Veränderungen beim Unternehmen herbeiführen. Diese lassen sich durch die dargelegten Fallgruppen bündeln und kategorisieren.

Es konnten zudem Parameter herausgearbeitet werden, die eine differenzierte Abgrenzung der nicht zu einer Identitätsänderung führenden Veränderungen von solchen, die eine Wertersatz nach § 346 Abs. 2 S. 1 Nr. 2 BGB auslösen, ermöglichen.

Ausgangspunkt ist immer die Frage nach dem Identitätswechsel des Unternehmens. Für die Fallgruppen wurde ermittelt, ob ein solcher grundsätzlich

---

291 Vgl. *Rupietta*, Rückabwicklung unwirksamer Unternehmenskaufverträge, S. 199 ff..

292 *Keil*, Fehlerhafte Unternehmenskäufe, S. 169; *Rupietta*, Rückabwicklung unwirksamer Unternehmenskaufverträge, S. 201.

293 So auch BGH, NJW-RR 1991, 1002 (1004); *Keil*, Fehlerhafte Unternehmenskäufe, S. 169; *Rupietta*, Rückabwicklung unwirksamer Unternehmenskaufverträge, S. 201.

294 *Rupietta*, Rückabwicklung unwirksamer Unternehmenskaufverträge, S. 203.

295 *Jagersberger*, Die Haftung des Verkäufers beim Unternehmenskauf, S. 299; *Keil*, Fehlerhafte Unternehmenskäufe, S. 169; *Rupietta*, Rückabwicklung unwirksamer Unternehmenskaufverträge, S. 201.

angenommen werden muss oder nicht. Hierbei kommt es vor allem auf eine Veränderung der das Unternehmen prägenden Elemente, wie das gegenständliche Unternehmensvermögen, die Immaterialgüterpositionen und die Außenbeziehungen in ihrer Organisation zur Erreichung eines wirtschaftlichen Zwecks, an.[296] Dort, wo keine tiefgreifenden Veränderungen an diesen prägenden Elementen festgestellt werden können, wird auch ein Identitätswechsel abgelehnt.[297]

Bei Änderungen im Tätigkeitsbereich des Unternehmens wird zudem auch auf wirtschaftliche Auswirkungen abgestellt, um den Eintritt einer Wertersatzpflicht zu erfassen.[298] Weiterhin hat sich herausgestellt, dass eine Identitätsänderung immer dort abgelehnt werden muss, wo die am Unternehmen eingetretenen Veränderungen auf der gewöhnlichen Marktteilnahme beruhen bzw. sich aus der dem Unternehmen immanenten Dynamik ergeben.[299]

Insgesamt zeigt sich anhand der herausgearbeiteten Fallgruppen die Tendenz, dass eine Verarbeitung bzw. Umgestaltung des Unternehmens i. S. d. § 346 Abs. 2 S. 1 BGB nur bei tiefgreifenden Veränderungen angenommen werden kann.[300]

Ferner muss auch beachtet werden, dass die Annahme eines Identitätswechsels und somit die Abgrenzung von Wertersatzpflicht und Herausgabe in Natur immer eine Frage des Einzelfalls bleibt, wobei alle Umstände Beachtung finden müssen.[301]

3.) Wertersatzpflicht nach § 346 Abs. 2 S. 1 Nr. 3 BGB

Eine Wertersatzpflicht gemäß § 346 Abs. 2 S. 1 Nr. 3 BGB kommt in Betracht, wenn sich das Unternehmen verschlechtert hat oder untergegangen ist.

---

296 Vertiefend dazu § 5 A. II. 2.) b) bb).

297 Vgl. § 5 A. II. 2.) b).

298 Vertiefen dazu § 5 A. II. 2.) b) cc).

299 Vgl. § 5 A. II. 2.) b) aa); so auch *Keil*, Fehlerhafte Unternehmenskäufe, S. 164; *Rupietta*, Rückabwicklung unwirksamer Unternehmenskaufverträge, S. 187 ff.

300 Münstermann geht sogar so weit und hält eine Wertersatzpflicht nach § 346 Abs. 2 S. 1 Nr. 2 BGB für die Ausnahme, vgl. *Münstermann*, Neues Schuldrecht am Beispiel des Unternehmenskaufs, S. 107.

301 Vgl. § 5 A. II. 2.) b) cc) ddd); für eine einzelfallabhängige Entscheidung auch *Jagersberger*, Die Haftung des Verkäufers beim Unternehmenskauf, S. 300; *Schwintowski*, JZ 1987, 589 (591).

a) Verschlechterung

Eine Verschlechterung i. S. d. § 346 Abs. 2 S. 1 Nr. 3 Alt. 1 BGB ist bei jeder nachteiligen Veränderung der Sachsubstanz oder Beeinträchtigung der Funktionstauglichkeit gegeben.[302]

aa) Nachteilige Veränderung der Sachsubstanz beim Unternehmen

Übertragen auf das Unternehmen kann man eine Verschlechterung also einmal – als Äquivalent zur nachteiligen Veränderung der Sachsubstanz – bei einer nachteiligen Veränderung der Assets annehmen.[303] Dafür müssen die auftretenden Mängel aber das Maß an Verschleißerscheinungen, die der gewöhnliche Betrieb des Unternehmens im vorgegebenen Zeitraum mit sich bringt, überschreiten.[304]

Weiterhin ist die Annahme einer Verschlechterung des Unternehmens nicht bei der nachteiligen Veränderung eines jeden Assets gerechtfertigt. Eine Verschlechterung ist erst dann gegeben, wenn die nachteilige Veränderung eines einzelnen oder mehrerer Assets ein solches Ausmaß angenommen hat, dass von einer nachteiligen Veränderung des gesamten Unternehmens gesprochen werden kann.[305] Ob ein solcher Zustand vorliegt, kann nach den Grundsätzen vom „Durchschlagen eines Mangels"[306] ermittelt werden.[307]

In diesen Konstellationen dürfte ausnahmsweise auch der Begriff „soweit" für die rücktrittsrechtliche Rückabwicklung des Unternehmenskaufs Bedeutung erlangen. Der Begriff verdeutlicht, dass zwischen Rückgewährpflicht und Wertersatzpflicht keine Alternativität besteht.[308] Bei einer Verschlechterung ist der Rückgewährschuldner demnach verpflichtet, das Unternehmen in seinem gegenwärtigen Zustand zurückzugewähren und ergänzend Wertersatz zu leisten.

---

[302] *Gaier*, in: MüKo BGB, Band 3, § 346 Rn. 101.
[303] Vgl. *Larisch*, Gewährleistungshaftung, S. 94.
[304] Vgl. *Jagersberger*, Die Haftung des Verkäufers beim Unternehmenskauf, S. 300 f.
[305] *Münstermann*, Neues Schuldrecht am Beispiel des Unternehmenskaufs, S. 111.
[306] OLG Köln, BeckRS 2009, 27644; *Faust*, in: BeckOK BGB, § 453 Rn. 29; *Korch*, JuS 2018, 521 (523).
[307] Vgl. *Münstermann*, Neues Schuldrecht am Beispiel des Unternehmenskaufs, S. 111.
[308] *Gaier*, in: MüKo BGB, Band 3, § 346 Rn. 109.

bb) Beeinträchtigung der Funktionstauglichkeit beim Unternehmen

Das Unternehmen ist als organisatorische Wirtschaftseinheit vor allem an der Erzielung von Erträgen ausgerichtet.[309] Eine Beeinträchtigung der Funktionstauglichkeit ist demnach bei einer Beeinträchtigung der Ertragsfähigkeit gegeben.[310] Zur Bestimmung einer Verschlechterung lässt sich die Stichtags- oder Abrechnungsbilanz heranziehen, welche auch Grundlage für die Ermittlung bzw. Anpassung des Kaufpreises ist und somit Auskunft über den Wert und Zustand des Unternehmens gibt.[311]

Auch hier dürfte regelmäßig ergänzend Wertersatz zu leisten sein. Zudem werden dadurch auch Verluste vom Rücktrittsfolgenrecht erfasst, da sich diese in einer Beeinträchtigung der Ertragsfähigkeit ausdrücken werden. Durch den Eintritt der Wertersatzpflicht sind die Verluste vom Rückgewährschuldner grundsätzlich auszugleichen.

cc) Bestimmungsgemäße Ingebrauchnahme und Verschlechterung aufgrund des bestimmungsgemäßen Gebrauchs

Nach § 346 Abs. 2 S. 1 Nr. 3 Hs. 2 BGB führt die durch die „bestimmungsgemäße Ingebrauchnahme“ entstandene Verschlechterung hingegen nicht zu einer Wertersatzpflicht. Damit soll die Wertminderung erfasst werden, die eine neue Sache dadurch erfährt, dass sie einmal gebraucht und damit nicht mehr neu ist.[312] Diese Vorschrift hat solche Fälle im Blick, in denen ein Gegenstand eine starke Wertminderung dadurch erleidet, dass er nicht mehr als neu gilt (z. B. Zulassung eines PKW).[313]

In Bezug auf das wirtschaftliche Unternehmen ist bereits fraglich, ob dieses überhaupt jemals als „neu“ bezeichnet werden kann. Soll dies bis zum ersten Auftreten am Markt der Fall sein oder bis zum Ablauf des ersten Geschäftsjahres?

---

309 Vgl. § 2. A.

310 So auch *Larisch*, Gewährleistungshaftung, S. 94; *Münstermann*, Neues Schuldrecht am Beispiel des Unternehmenskaufs, S. 111.

311 *Holzapfel/Pöllath*, Unternehmenskauf in Recht und Praxis, Rn. 68; *Thiessen*, Unternehmenskauf und BGB, S. 236.

312 BT-Drs. 14/6040, 196; *Gaier*, in: MüKo BGB, Band 3, § 346 Rn. 103; *Grüneberg*, in: Grüneberg BGB, § 346 Rn. 9; *Metzger*, in: Erman, Handkommentar zum BGB, § 346 Rn. 14.

313 BT-Drs. 14/6040, 196; *Metzger*, in: Erman, Handkommentar zum BGB, § 346 Rn. 14.

Des Weiteren muss man beachten, dass es bei einem Auftreten am Markt und der damit verbundenen Erzielung von Erträgen eher zu einer Wertsteigerung des Unternehmens als zu einer Wertminderung kommt. Die Vorschrift des § 346 Abs. 2 S. 1 Nr. 3 Hs. 2 BGB ist in Bezug auf das Unternehmen also gegenstandslos.

Teilweise wird der Anwendungsbereich von § 346 Abs. 2 S. 1 Nr. 3 Hs. 2 BGB aber auch so erweitert, dass der durch den bestimmungsgemäßen Gebrauch einer Sache eintretende Wertverlust erfasst wird.[314] Schon die Gesetzesbegründung macht deutlich, dass eine solch extensive Auslegung nicht erforderlich ist. Demnach ist eine Verschlechterung durch den bestimmungsgemäßen Gebrauch schon gar nicht als „Verschlechterung" i. S. d. § 346 Abs. 2 S. 1 Nr. 3 Alt. 1 BGB zu begreifen.[315] Im Ergebnis ist der Rückgewährschuldner also nicht zum Wertersatz für eine Verschlechterung der Sache durch ihren bestimmungsgemäßen Gebrauch verpflichtet. Fraglich ist daher, was als bestimmungsgemäßer Gebrauch des Unternehmens zu verstehen ist.

Die Definition des bestimmungsgemäßen Gebrauchs richtet sich vorrangig nach dem Vertragsinhalt und im Übrigen nach der Verkehrsauffassung.[316] Bei einem Unternehmenskauf soll vorrangig die im Unternehmen verkörperte Ertragskraft erworben werden.[317] Demnach besteht der bestimmungsgemäße Gebrauch in der Erwirtschaftung von Erträgen und damit in der Fortführung der unternehmerischen Tätigkeit durch den auf Gewinnerzielung gerichteten Einsatz von Arbeitskraft und Produktionsmitteln.[318] Somit würde für Verschlechterungen, die auf der Fortführung der unternehmerischen Tätigkeit beruhen, keine Wertersatzpflicht bestehen.

Hier zeichnet sich bereits ein Widerspruch ab. Wenn der bestimmungsgemäße Gebrauch in der Erwirtschaftung von Erträgen und der Fortführung der unternehmerischen Tätigkeit besteht, soll damit eigentlich gerade keine Verschlechterung einhergehen, sondern vielmehr eine Wertsteigerung. Der Gesetzgeber wollte mit der Ausnahme der Verschlechterung aufgrund des

---

314 So etwa *Larisch*, Gewährleistungshaftung, S. 95.

315 Vgl. BT-Drs. 14/6040, 196.

316 *Metzger*, in: Erman, Handkommentar zum BGB, § 346 Rn. 12 m. w. Nw.

317 Vgl. *Weber*, in: Handbuch Unternehmenskauf, Rn. 9.83.

318 So auch *Larisch*, Gewährleistungshaftung, S. 95; zur Definition der unternehmerischen Tätigkeit siehe *Schöne*, ZGR 2000, 86 (99).

bestimmungsgemäßen Gebrauchs die Abnutzung des Kaufgegenstandes erfassen.

Hierzu wird in der Gesetzesbegründung eindeutig ausgeführt: „Mit ‚Verschlechterung' ist [...] nicht die Abnutzung durch den bestimmungsgemäßen Gebrauch gemeint [...]."[319]

Eine Abnutzung tritt bei einer Sache ein, die einem physischen Gebrauch unterworfen ist (z. B. Verschleiß bei einem Kfz). Bei einem Unternehmen können durch die Fortführung der unternehmerischen Tätigkeit einzelne Maschinen oder Werkzeuge einer Abnutzung unterliegen. Das Unternehmen als am Zweck der Ertragserzielung ausgerichtete Einheit wird durch seinen bestimmungsgemäßen Gebrauch jedoch nicht wie eine Sache abgenutzt, sondern oftmals eher noch weiter ausgebaut. Daher wäre eine Verschlechterung allenfalls in Fällen der nachteiligen Veränderung der Sachsubstanz beim Unternehmen als Verschlechterung aufgrund des bestimmungsgemäßen Gebrauchs von einer Wertersatzpflicht ausgenommen, sofern diese allein auf der Fortführung der unternehmerischen Tätigkeit beruht.[320] Nur dann wäre eine Situation gegeben, die der Abnutzung einer Sache durch den bestimmungsgemäßen Gebrauch vergleichbar ist.

Dies vernachlässigend, wird beim Unternehmen eine auf dem bestimmungsgemäßen Gebrauch beruhende Verschlechterung angenommen, wenn sich darin das allgemeine unternehmerische Risiko verwirklicht.[321] Das allgemeine unternehmerische Risiko findet seine Realisierung vor allem in Verlusten durch Konjunkturrückgänge, Inflation oder Nachfrageverschiebungen[322] – also bei Umständen, die genauso auch beim Rückgewährgläubiger eingetreten wären und damit auf Zufall beruhen. Eine Zuweisung des Zufallsrisikos erfolgt im rücktrittsrechtlichen Rückabwicklungssystem jedoch erst auf Ebene von Abs. 3 (vgl. § 346 Abs. 3 S. 1 Nr. 2 und 3 BGB). Eine Risikozuweisung bereits auf Ebene von Abs. 2 vorzunehmen, wäre folglich systemwidrig.

Insgesamt ist bei einer Verschlechterung des Unternehmens aufgrund der Fortführung der unternehmerischen Tätigkeit, d. h. beim auf Gewinnerzielung

---

319 BT-Drs. 14/6040, S. 196.

320 Siehe dazu bereits § 5 A. II. 3.) a) aa).

321 Vgl. *Larisch*, Gewährleistungshaftung, S. 95.

322 *Kußmaul*, Betriebswirtschaftslehre für Einsteiger, S. 201.

gerichteten Einsatz von Arbeitskraft und Produktionsmitteln, der Tatbestand des § 346 Abs. 2 S. 1 Nr. 3 Alt. 1 BGB erfüllt. Dies gilt nicht bei einer nachteiligen Veränderung der Sachsubstanz beim Unternehmen, welche allein auf die Fortführung der unternehmerischen Tätigkeit zurückzuführen ist. Soweit die Verschlechterung auf einer Realisierung des unternehmerischen Risikos beruht, wird dies im Rahmen von § 346 Abs. 3 S. 1 Nr. 2 und 3 BGB relevant.[323]

dd) Zusammenfassung

Eine Verschlechterung i. S. d. § 346 Abs. 2 S. 1 Nr. 3 Alt. 1 BGB ist beim Unternehmen bei einer nachteiligen Veränderung von Assets in einem Ausmaß gegeben, welche eine Verschlechterung des gesamten Unternehmens darstellt. Eine Wertersatzpflicht nach § 346 Abs. 2 S. 1 Nr. 3 Alt. 1 BGB tritt aber auch bei einer Beeinträchtigung der Ertragsfähigkeit des Unternehmens ein. Damit sind Verluste grundsätzlich vom Rückgewährschuldner auszugleichen.

Eine aus dem Anwendungsbereich von § 346 Abs. 2 S. 1 Nr. 3 Alt. 1 BGB ausgenommene Verschlechterung aufgrund des bestimmungsgemäßen Gebrauchs kann beim Unternehmen aufgrund seiner besonderen Struktur nur in begrenzten Fällen angenommen werden.

b) Untergang

Auch hier muss bei der Anwendung der auf Sachen zugeschnittenen Vorschriften darauf geachtet werden, wann in Bezug auf das Unternehmen eine solche Situation eintritt, die mit dem Untergang einer Sache vergleichbar ist. Der Untergang einer Sache wird bei vollständiger Vernichtung der Sachsubstanz angenommen.[324] Folglich muss ermittelt werden, wann eine vollständige Vernichtung der Unternehmenssubstanz angenommen werden muss.

Von einem Untergang lässt sich bei Abschluss des Insolvenzverfahrens und Verwertung des Unternehmens sprechen.[325] Teilweise wird ein Untergang

---

323 Ähnlicher Gedanke findet sich bei *Jagersberger*, Die Haftung des Verkäufers beim Unternehmenskauf, S. 301.

324 *Gaier*, in: MüKo BGB, Band 3, § 346 Rn. 101; *Grüneberg*, in: Grüneberg BGB, § 346 Rn. 9.

325 *Rupietta*, Rückabwicklung unwirksamer Unternehmenskaufverträge, S. 204; zur Verwertung von Unternehmen in der Insolvenz siehe auch *Morshäuser/Falkner*, NZG 2010, 881 ff.

i. S. d. § 346 Abs. 2 S. 1 Nr. 3 Alt. 2 BGB auch bereits bei Insolvenzreife angenommen.[326] Dem ist zu widersprechen. Zu Beginn des Insolvenzverfahrens wird der Insolvenzverwalter versuchen, einen möglichst hohen Verwertungserlös für das Unternehmen zu erzielen und deshalb das Unternehmen auf den Veräußerer zurückzuübertragen oder an einen Dritten zu verkaufen.[327] Somit wird das Unternehmen noch als betriebsfähige Wirtschaftseinheit bestehen und weiterhin am Markt aktiv sein. Erst wenn eine Veräußerung im Ganzen misslingt, wird eine Zerschlagung und Veräußerung der einzelnen Vermögenswerte stattfinden, womit es zur Vernichtung der Unternehmenssubstanz kommt.

Der Insolvenzreife wird regelmäßig eine negative Veränderung der Ertragsfähigkeit vorangehen, womit in solchen Fällen eher eine Verschlechterung i. S. d. § 346 Abs. 2 S. 1 Nr. 2 Alt. 1 BGB gegeben sein dürfte.[328]

Der Untergang des Unternehmens dürfte jedenfalls bei der Ausschlachtung, also beim gesonderten Verkauf von einzelnen Bestandteilen des Anlage- und Umlaufvermögens, angenommen werden.[329] Gleiches dürfte auch bei Veräußerung eines einzigen Assets gegeben sein, wenn dies von immenser Bedeutung für das Unternehmen ist und damit die Betriebsgrundlage ausmacht. Denkbar wäre beispielsweise ein Start-up, welches das Patent für das einzige entwickelte Produkt veräußert.

Weiterhin zeichnet sich das wirtschaftliche Unternehmen gerade durch die unternehmerische Tätigkeit aus, also durch den auf Gewinnerzielung gerichteten Einsatz von Arbeitskraft und Produktionsmitteln.[330] Nun kann es dazu kommen, dass die Tätigkeit des Unternehmens – beispielsweise die Produktion von Gütern oder die Erbringung von Dienstleistungen – eingestellt wird. Wenn dies geschieht, ist die betriebsfähige Wirtschaftseinheit nicht mehr unternehmerisch tätig. Das gegenständliche Unternehmensvermögen und die Immaterialgüterpositionen werden nicht mehr zur Erreichung

---

326 So etwa *Thiessen*, Unternehmenskauf und BGB, S. 236.

327 *Keil*, Fehlerhafte Unternehmenskäufe, S. 160; *Rupietta*, Rückabwicklung unwirksamer Unternehmenskaufverträge, S. 204.

328 Dazu § 5 A. II. 3.) a) bb).

329 Vgl. dazu auch *Rupietta*, Rückabwicklung unwirksamer Unternehmenskaufverträge, S. 205; *Schöne*, ZGR 2000, 86 (99).

330 *Schöne*, ZGR 2000, 86 (99).

eines wirtschaftlichen Zwecks organisiert, sondern stehen beziehungslos nebeneinander. Ein Unternehmen nach dem hier maßgeblichen Verständnis besteht dann nicht mehr. Es ist untergegangen.[331]

Hierfür genügt eine kurzzeitige Einstellung der unternehmerischen Tätigkeit natürlich nicht. Vielmehr muss diese mit der Absicht der endgültigen Einstellung aufgegeben werden.[332]

Teilweise wird auch die Liquidation des Unternehmensträgers als Untergang i. S. d. § 346 Abs. 2 S. 1 Nr. 3 Alt. 2 BGB eingeordnet.[333] Hierzu muss wieder eine differenzierte Betrachtung erfolgen. Die Liquidation betrifft erst einmal nur eine Gesellschaft als Unternehmensträger.[334] Bei der Liquidation besteht die Gesellschaft als solche fort, nur der Gesellschaftszweck ändert sich und ist fortan auf Abwicklung gerichtet.[335] Eine Fortführung des Unternehmens ist auch in dieser Phase möglich.[336] Erst wenn es im Zuge der Liquidation zu einer Beendigung der unternehmerischen Tätigkeit oder einer Zerschlagung des Unternehmens kommt, etwa durch die Veräußerung der einzelnen Vermögensgegenstände, ist ein Untergang festzustellen.[337]

4.) Exkurs: Pflicht zur Beseitigung?

Im Kontext der Abgrenzung von Herausgabe in Natur und Wertersatz ist ebenfalls zu klären, inwieweit eine Beseitigungspflicht des Rückgewährschuldners anzunehmen ist, um die Rückgewähr zu ermöglichen.

Die überwiegende Ansicht nimmt bei einer Veräußerung eine Pflicht des Rückgewährschuldners an, die Sache zurückzuerwerben und eine ggf.

---

331 Vgl. dazu auch *Rupietta*, Rückabwicklung unwirksamer Unternehmenskaufverträge, S. 205 f.; *Schöne*, ZGR 2000, 86 (99).

332 Vgl. *Rupietta*, Rückabwicklung unwirksamer Unternehmenskaufverträge, S. 206; *Schöne*, ZGR 2000, 86 (99).

333 So *Thiessen*, Unternehmenskauf und BGB, S. 236.

334 Zur Trennung von Unternehmen und Unternehmensträger vgl. *K. Schmidt*, Handelsrecht Unternehmensrecht I, § 3 Rn. 44 ff.

335 Siehe nur *Arnold*, in: Henssler/Strohn, Gesellschaftsrecht, GmbHG § 65 Rn. 1; *Drescher*, in: Henssler/Strohn, Gesellschaftsrecht, AktG § 264 Rn. 3 ff.

336 *Rupietta*, Rückabwicklung unwirksamer Unternehmenskaufverträge, S. 206 f.; *Schöne*, ZGR 2000, 86 (100).

337 So auch *Rupietta*, Rückabwicklung unwirksamer Unternehmenskaufverträge, S. 206 f.; *Schöne*, ZGR 2000, 86 (100).

bestehende Belastung zu beseitigen.[338] Demnach wäre der Unternehmenskäufer verpflichtet, ein veräußertes Unternehmen zurückzuerwerben oder bei Belastung aller Assets bzw. eines herausragend wichtigen Assets, diese Belastung zu beseitigen.

Selbst wenn man mit der überwiegenden Ansicht eine Rückerwerbspflicht annähme, dürfte diese beim Rückgewährobjekt Unternehmen regelmäßig an der Hürde der Unmöglichkeit scheitern. Zum einen sind der Unternehmenskauf und dessen Abwicklung mit erheblichem Aufwand und Kosten verbunden.[339] Zum anderen hat der (Dritt-)Erwerber das Unternehmen mit aller Wahrscheinlichkeit schon nach seinen Vorstellungen ausgerichtet oder in ein bereits bestehendes Unternehmen integriert. Seine Verkaufsbereitschaft wird daher recht gering bzw. gar nicht vorhanden sein. Die Forderung an den Rückgewährschuldner, die Verkaufsbereitschaft durch einen entsprechend hohen Kaufpreis herzustellen, dürfte an der in diesem Zusammenhang maßgeblichen Zumutbarkeitsgrenze des § 275 Abs. 2 BGB scheitern.[340] Folglich spielt eine Rückerwerbspflicht bei der rücktrittsrechtlichen Rückabwicklung des Unternehmenskaufs faktisch keine Rolle.

Anders verhält es sich, wenn tatsächlich eine Belastung des Unternehmens i. S. d. § 346 Abs. 2 S. 1 Nr. 2 Var. 3 BGB gegeben ist.[341] Bei Annahme einer Beseitigungspflicht würde diese auch denjenigen treffen, der zur Rückgewähr eines Unternehmens verpflichtet ist.

Im Kern wird gegen die Annahme einer Beseitigungspflicht angeführt, dass sich diese dem Gesetz nicht entnehmen lasse, da sie weder vom Gesetzgeber ersichtlich gewollt noch teleologisch geboten sei.[342] Diese Betrachtungsweise lässt jedoch das Gesamtziel des Rücktrittsrechts außer Acht, die vor Vertragsschluss bestehende Rechtslage wieder herzustellen.[343] Es wird also auf die Herstellung eines Zustandes abgezielt, der sich im Wesentlichen am

---

338 BGH NJW 2009, 63 Rn. 16 ff.; BGH, NJW 2015, 3786, Rn. 19 ff; *Grüneberg*, in: Grüneberg BGB, § 346 Rn. 8a ff.; *Fries*, in: Handkommentar BGB, § 346 Rn. 14.

339 Siehe nur *Beisel*, in: Beisel/Klumpp, Der Unternehmenskauf, § 1 Rn. 55 ff.

340 Vgl. *Kaiser/Sittmann-Haury*, in: Staudinger BGB, § 346 Rn. 153.

341 Siehe dazu § 5 A. II. 2.) a).

342 So etwa *Gaier*, in: MüKo BGB, Band 3, § 346 Rn. 99; *Kaiser/Sittmann-Haury*, in: Staudinger BGB, § 346 Rn. 154.

343 Vgl. BT-Drs. 14/6040, S. 189.

negativen Interesse der Parteien orientiert.[344] Die primäre Rückgewährpflicht der empfangenen Leistung in Natur ist somit nicht auf die Herausgabe einer vorhandenen Bereicherung begrenzt, sondern enthält auch Beschaffungselemente.[345] Damit steht die Annahme einer Beseitigungspflicht bei Belastung des Unternehmens im Einklang mit dem Gesamtziel des Rücktrittsrechts.

Weiterhin ist zu beachten, dass im Rahmen der Rückgewährpflicht keine Pflichten auferlegt werden dürfen, die einer Schadensersatzverpflichtung gleichkommen.[346] Bei einer Verschlechterung des Unternehmens[347] kann deren Beseitigung durch Behebung der nachteiligen Substanzveränderung oder den vorgeschalteten Ausgleich von Verlusten nicht verlangt werden, da dies einer Naturalrestitution gleichkommen würde. Gleiches muss bei einer Umgestaltung bzw. Verarbeitung gelten. Diese ist nur bei einer tiefgreifenden Veränderung der das Unternehmen prägenden Elemente anzunehmen.[348] Eine Beseitigung solch tiefgreifender Veränderungen würde letztlich einer Naturalrestitution entsprechen.

Insgesamt ist somit eine grundsätzliche Beseitigungspflicht des Rückgewährschuldners anzunehmen, welche sich bei Rückgewähr des Unternehmens faktisch auf die Beseitigung von Belastungen begrenzen lässt.

5.) Umfang der Wertersatzpflicht

Im Rahmen der bisherigen Untersuchung konnten Maßstäbe herausgearbeitet werden, die eine Abgrenzung von Rückgewährpflicht und Pflicht zum Wertersatz im rücktrittsrechtlichen Rückabwicklungssystem ermöglichen. Wie die Rückgewähr des Rückgewährobjektes Unternehmen abzulaufen hat, wurde ebenfalls beleuchtet.[349]

Nun ist der Fokus darauf zu legen, was genau bei einer Wertersatzpflicht vom Rückgewährschuldner zu leisten ist. Es geht also um die Bestimmung des Umfangs des Wertersatzes, wenn es sich beim Rückgewährobjekt um ein wirtschaftliches Unternehmen handelt.

---

344 Vgl. BGH, NJW 2009, 63 Rn. 20.
345 Im Ergebnis so auch BGH, NJW 2009, 63 Rn. 20.
346 BGH, NJW 2009, 63 Rn. 23.
347 Siehe § 5 A. II. 3.) a).
348 Siehe § 5 A. II. 2.) b).
349 Siehe § 5 A. I. 1.).

Ausgangspunkt bilden auch hier wieder die gesetzlichen Vorschriften. Nach § 346 Abs. 2 S. 2 Hs. 1 BGB ist eine im Vertrag bestimmte Gegenleistung bei der Berechnung des Wertersatzes zugrunde zu legen. Der Umfang der Wertersatzpflicht richtet sich also nicht nach dem objektiven Wert des Rückgewährgegenstandes, sondern nach der vereinbarten Gegenleistung. Mit dieser Regelung will der Gesetzgeber das auf der Entgeltabrede des rückabzuwickelnden Vertrages beruhende Verhältnis von Leistung und Gegenleistung aufrechterhalten.[350]

Dies wird insbesondere in Fällen, in denen der Kaufpreis den objektiven Wert des Kaufgegenstands übersteigt, ohne dass dies in einem Mangel begründet ist, kritisch gesehen.[351] Deshalb wird eine teleologische Reduktion von § 346 Abs. 2 S. 2 Hs. 1 BGB und dazu der objektive Wert als Obergrenze des Wertersatzanspruches gefordert.[352] Gegen diese Ansicht spricht jedoch, dass sich in einem solchen Fall nur das vom Rückgewährschuldner mit Vertragsschluss übernommene allgemeine Lebensrisiko verwirklicht, ein schlechtes Geschäft abzuschließen.[353] Weiterhin soll das Rücktrittsrecht nach seiner Konzeption die privatautonom getroffene Entgeltabrede der Parteien unberührt lassen.[354] Folgerichtig gilt dann für den umgekehrten Fall, in dem der objektive Wert der Kaufsache weit über dem Kaufpreis liegt, dass hier ebenfalls nur Wertersatz in Höhe des Kaufpreises zu leisten ist.[355]

Handelt es sich jedoch um eine mangelhafte Leistung, soll nicht die volle Gegenleistung als Wertersatz geschuldet werden, sondern nur der nach den Grundsätzen für die Minderung (§§ 441 Abs. 3, 638 Abs. 3 BGB) berechnete Betrag.[356] Auch bei der Rückabwicklung eines Unternehmenskaufs ergebe sich der anzusetzende Wert, „[…] aus dem Unternehmenswert, orientiert an dem vereinbarten Kaufpreis unter Berücksichtigung des Mangels, zu ermitteln nach denselben Kriterien, wie sie für das Minderungsrecht nach § 441 BGB gelten."[357]

---

350 *Medicus/Lorenz*, Schuldrecht I, § 50 Rn. 14.

351 So etwa *Kaiser/Sittmann-Haury*, in: Staudinger BGB, § 346 Rn. 163.

352 *Kaiser/Sittmann-Haury*, in: Staudinger BGB, § 346 Rn. 163.

353 *Lobinger*, in: Soergel BGB, Band 5/3, § 346 Rn. 99.

354 BT-Drs. 14/6040, S. 196.

355 So auch BGH, NJW 2011, 3085 Rn. 4; *Lobinger*, in: Soergel BGB, Band 5/3, § 346 Rn. 99.

356 So die h. M. BGH, NJW 2011, 3085 Rn. 11; *Gaier*, in: MüKo BGB, Band 3, § 346 Rn. 107; *Kaiser*, in: Staudinger BGB, § 346 Rn. 161; *Jagersberger*, Die Haftung des Verkäufers beim Unternehmenskauf, S. 305 ff.; a. A. *Lobinger*, in: Soergel BGB, Band 5/3, § 346 Rn. 96.

357 *Büdenbender*, Grundlagen, S. 42.

Bei der Berechnung des Minderungsbetrages ist eine Verhältnisgleichung aufzustellen, in die der Kaufpreis, der Wert des fiktiven mangelfreien Kaufgegenstandes und dessen wirklicher Wert eingesetzt werden sollen.[358] Mithin muss eine Gleichung mit mehreren unbekannten Größen aufgestellt werden. Der Kaufpreis kann noch der Parteivereinbarung im Kaufvertrag entnommen werden. Der Wert des mangelfreien Kaufgegenstandes ist hingegen nicht bekannt. Der wirkliche Wert der mangelhaften Kaufsache ist ebenfalls grundsätzlich unbekannt.

Bei Massenartikeln lässt sich der Marktwert und damit der Wert der mangelfreien Kaufsache aufgrund der großen Menge austauschbarer Nachfrager relativ sicher bestimmen.[359] Das Unternehmen ist aber kein solcher Massenartikel, weshalb diese Aussage hierfür nicht zutrifft.[360]

In der Literatur wird diese in Bezug auf das Unternehmen bestehende Problematik allenfalls mit der wenig tiefgreifenden Aussage behandelt, dass bei der Bezifferung der Minderung dieselben Bewertungsmethoden angewendet werden müssen wie bei der Bestimmung des Kaufpreises.[361] Um der Komplexität des Themenbereiches der Unternehmensbewertung gerecht zu werden, soll es hier nicht bei einem solch oberflächlichen Hinweis verbleiben. Vielmehr muss eine Auseinandersetzung zur möglichst genauen Ermittlung der Werte für die angesprochene Verhältnisgleichung geführt werden. Ziel ist es, dadurch eine möglichst präzise Bestimmung des Umfangs des zu leistenden Wertersatzes bei rücktrittsrechtlicher Rückabwicklung eines Unternehmenskaufvertrages zu erreichen.

a) Allgemeines zum Unternehmenswert und zur Unternehmensbewertung

Zur Bestimmung des Unternehmenswertes existieren verschiedene Ansätze.[362] Diese können einmal in Verfahren der Einzelbewertung und der Gesamtbewertung unterteilt werden.[363]

---

358 *Thiessen*, Unternehmenskauf und BGB, S. 242 f.

359 *Thiessen*, Unternehmenskauf und BGB, S. 244.

360 *Thiessen*, Unternehmenskauf und BGB, S. 244.

361 So etwa *Beisel*, in: Beisel/Klumpp, Der Unternehmenskauf, § 16 Rn. 38; *Büdenbender*, Grundlagen, S. 40; *Maultzsch*, in: MüKo BGB, Band 4, § 453 Rn. 56.

362 Zur Vertiefung siehe nur *Böcking/Nowak*, in: Fleischer/Hüttemann, Rechtshandbuch Unternehmensbewertung, Rn. 4.1 ff.; *Wächter*, M&A Litigation, Rn. 11.7 ff.

363 *Schindler*, in: Beisel/Klumpp, Der Unternehmenskauf, § 3 Rn. 10.

Bei der Einzelbewertung errechnet sich der Unternehmenswert aus der Summe der Einzelwerte der zum Unternehmen gehörenden Wirtschaftsgüter.[364] Wird das Unternehmen fortgeführt, ergibt sich der Substanzwert und bei einer Zerschlagung des Unternehmens der Liquidationswert.[365]

Im Rahmen des Gesamtbewertungsverfahrens, wobei das Unternehmen als Einheit angesehen wird, ergibt sich der Unternehmenswert hingegen nicht aus einer Addition der Werte einzelner Wirtschaftsgüter.[366] Der Wert leitet sich vielmehr aus der Fähigkeit ab, zukünftig Erträge zu erzielen.[367]

Die Unternehmenssubstanz ist nur das Mittel, um den Zweck der Ertragserzielung zu erreichen.[368] Wenn man sich bei der Wertbestimmung ausschließlich an der Unternehmenssubstanz orientiert, hat man das Ausmaß der Zweckerreichung nicht im Blick.[369] Das wirtschaftliche Unternehmen zeichnet sich – auch gerade nach dem hier zugrunde gelegten Begriffsverständnis – dadurch aus, dass seine Vermögenswerte zur Erreichung eines wirtschaftlichen Zwecks organisiert werden. Die Fähigkeit, Erträge zu erzielen – also einen wirtschaftlichen Zweck zu erfüllen –, muss deshalb Anknüpfungspunkt für die Wertermittlung sein. Auch das Institut deutscher Wirtschaftsprüfer (IDW) hält ebenso wie die Rechtsprechung eine Ermittlung des Unternehmenswertes auf Basis der zukünftigen Überschüsse für geboten.[370]

Wenn sich der Unternehmenswert aus der Fähigkeit, Erträge zu erzielen, ergibt, wird wiederum eine Methode benötigt, mit der man die zukünftigen Erträge bestimmen kann. Hierzu existieren ebenfalls verschiedene Verfahren.[371] Durchgesetzt haben sich dabei das Ertragswert- und das Discounted-Cashflow-Verfahren (DCF).[372]

---

364 *Schindler*, in: Beisel/Klumpp, Der Unternehmenskauf, § 3 Rn. 10.
365 *Fleischer*, in: Fleischer/Hüttemann, Rechtshandbuch Unternehmensbewertung, Rn. 9.2.
366 *Schindler*, in: Beisel/Klumpp, Der Unternehmenskauf, § 3 Rn. 11.
367 *Schindler*, in: Beisel/Klumpp, Der Unternehmenskauf, § 3 Rn. 11.
368 *Wächter*, M&A Litigation, Rn. 11.15.
369 *Wächter*, M&A Litigation, Rn. 11.15.
370 IDW S 1 i. d. F. 2008, WPg Supplement 3/2008, 68 ff.; *Wächter*, M&A Litigation, Rn. 11.16 m. w. Nw.
371 *Schindler*, in: Beisel/Klumpp, Der Unternehmenskauf, § 3 Rn. 11 ff.
372 OLG Düsseldorf, ZIP 2013, 1816 (1817); *Lenckner/Müller*, in: Handbuch Unternehmenskauf, Rn. 3.58 ff.; *Wächter*, M&A Litigation, Rn. 11.19.

Weiterhin gilt für die Unternehmensbewertung das Stichtagsprinzip, wonach sich Unternehmenswerte auf einen bestimmten Stichtag (sog. Bewertungsstichtag) beziehen müssen.[373] Dieser Grundsatz der Unternehmensbewertung ergibt sich aus dem Umstand, dass sich Unternehmenswerte mit dem Zeitablauf verändern und damit keine festen Größen darstellen.[374]

Unternehmensbewertung ist nicht nur Grundlage wirtschaftlicher Entscheidungen, sondern wird zur Rechtsfrage, wenn eine Anwendung des Rechts die Feststellung von Unternehmenswerten erforderlich macht.[375] In einem solchen Fall sind gesetzliche Bewertungsvorgaben abzuleiten, was durch Auslegung und Berücksichtigung übergeordneter Wertungen des jeweiligen Teilrechtsgebiets zu erfolgen hat.[376]

b) Kaufpreis

Der Kaufpreis ist der Preis, auf den sich die Parteien beim Unternehmenskauf letztendlich einigen können.[377] Kaufpreis und Unternehmenswert sind nicht identisch, eine Gleichsetzung wird sogar als „[…] grober wirtschaftlicher Denkfehler […]“[378] gesehen.

Der Unternehmenswert ist subjektiv, d. h., das Unternehmen hat für den Veräußerer einen anderen Wert als für den Erwerber.[379] Für den Verkäufer ist der Wert des Unternehmens der Betrag, den er bei Fortführung nach seinem Konzept bereits in den Händen hält.[380] Für den Erwerber ist es hingegen der Betrag, den er bei Fortführung des Unternehmens nach seinen Vorstellungen und mit seinen Mitteln (vorhandene Strukturen, Investitionsmöglichkeiten

---

373 *Hüttemann/Meyer*, in: Fleischer/Hüttemann, Rechtshandbuch Unternehmensbewertung, Rn. 14.1.

374 *Hüttemann/Meyer*, in: Fleischer/Hüttemann, Rechtshandbuch Unternehmensbewertung, Rn. 14.1.

375 *Hüttemann*, in: Fleischer/Hüttemann, Rechtshandbuch Unternehmensbewertung, Rn. 1.5.

376 Vgl. *Hüttemann*, in: Fleischer/Hüttemann, Rechtshandbuch Unternehmensbewertung, Rn. 1.26.

377 *Holzapfel/Pöllath*, Unternehmenskauf in Recht und Praxis, Rn. 861.

378 *Wächter*, M&A Litigation, Rn. 11.80.

379 Vgl. nur *Holzapfel/Pöllath*, Unternehmenskauf in Recht und Praxis, Rn. 861; *Wächter*, M&A Litigation, Rn. 11. 79 ff.

380 *Wächter*, M&A Litigation, Rn. 11. 82.

etc.) erlangt.[381] Der Wert des Unternehmens dürfte für den Erwerber regelmäßig höher sein als für den Veräußerer.[382]

Bei der Preisfindung folgen die Parteien dann einer ganz simplen Logik: Der Käufer wird versuchen, möglichst wenig zu zahlen, wobei sein subjektiver Unternehmenswert die obere Grenze bildet.[383] Der Verkäufer wird hingegen versuchen, möglichst viel für das Unternehmen zu erhalten, wobei sein subjektiver Unternehmenswert die untere Grenze ist.[384] Hinter dieser Logik steht die Gewinnerzielungsabsicht der Parteien.[385] Ein Verkauf ist für den Veräußerer nur sinnvoll, wenn er dabei mehr erhält, als er weggibt. Gleichzeitig wird jemand nur ein Unternehmen kaufen, wenn er dadurch (zumindest aus seiner Sicht) mehr erhält, als er dafür bezahlt.

Der Kaufpreis ist dann der Betrag, auf den sich die Parteien am Ende ihrer Verhandlungen einigen können. Dieser wird irgendwo zwischen den jeweiligen Grenzpreisen liegen.[386]

Die Vertragsparteien sind nicht darauf beschränkt, einen festen Betrag für den Kaufpreis zu vereinbaren. Sie können sich auch nur auf Bewertungsregeln verständigen oder einen variablen Kaufpreis festlegen (sog. Earn-out-Klauseln).[387] Aber auch eine solche Gestaltung ist letztendlich nur ein Verhandlungsergebnis, wobei ebenfalls der dargestellten Logik gefolgt wird. Keine Partei würde einer solchen Vertragsgestaltung zustimmen, wenn dadurch der auf Grundlage des subjektiven Unternehmenswertes ermittelte Grenzpreis über- oder unterschritten wird. Das wäre mit der im Verhandlungsprozess maßgeblichen Motivation in Form der Gewinnerzielungsabsicht nicht vereinbar.

c) Zwischenergebnis

Sind am Unternehmen keine Mängel festzustellen, richtet sich der Umfang der Wertersatzpflicht gemäß § 346 Abs. 2 S. 2 Hs. 1 BGB nach dem vereinbarten

---

381 *Wächter,* M&A Litigation, Rn. 11. 83.

382 *Wächter,* M&A Litigation, Rn. 11. 82 ff.

383 *Döring/Brösel,* Einführung in die Betriebswirtschaftslehre, S. 511; *Wächter,* M&A Litigation, Rn. 11. 68 ff.

384 *Döring/Brösel,* Einführung in die Betriebswirtschaftslehre, S. 511; *Wächter,* M&A Litigation, Rn. 11. 68 ff.

385 Vertieft hierzu *Wächter,* M&A Litigation, Rn. 11. 85.

386 So auch *Beisel,* in: Beisel/Klumpp, Der Unternehmenskauf, § 11 Rn. 1 f.; *Rempp,* in: Handbuch Unternehmenskauf, Rn. 1.153; *Wollny,* DStR 2013, 2132 (2134).

387 Vertiefend *Holzapfel/Pöllath,* Unternehmenskauf in Recht und Praxis, Rn. 864 ff.

Kaufpreis. Dass gerade beim Unternehmen der Kaufpreis und der Unternehmenswert unterschiedliche Größen darstellen, vermag hieran nichts zu ändern.

Wie bereits angedeutet wurde, sieht das Gesetz für den Unternehmenskauf insbesondere im Rahmen des kaufrechtlichen Mängelgewährleistungsrechts eine Anwendung des rücktrittsrechtlichen Rückabwicklungssystems vor.[388] Sofern eine rücktrittsrechtliche Rückabwicklung relevant wird, dürfte man also nicht selten mit einer mangelhaften Leistung konfrontiert sein. Zur Bestimmung des Umfangs der Wertersatzpflicht ist dann eine Verhältnisgleichung nach den für die Minderung geltenden Grundsätzen aufzustellen.[389] Es ist somit zu klären, wie für das Rückgewährobjekt Unternehmen die dafür erforderlichen Werte ermittelt werden können.

d) Unternehmenswerte

Für die Bemessung der Wertersatzpflicht im Falle einer mangelhaften Leistung muss auf die im Minderungsrecht geltenden Bewertungsvorgaben zurückgegriffen werden.[390] Nach der gesetzlichen Grundkonzeption wird für die Berechnung nach § 441 Abs. 3 BGB der Wert der Sache im mangelfreien und im mangelhaften Zustand benötigt – also der objektive Verkehrswert, den die Sache in jedem der benannten Zustände auf einem entsprechenden Markt hätte.[391] Der gesetzlichen Bewertungsvorgabe folgend müsste somit der Verkehrswert des Unternehmens im mangelfreien und mangelhaften Zustand ermittelt werden.

Im Zusammenhang mit dem Begriff des Verkehrswertes existiert die Annahme, dass wirtschaftliche Unternehmen Unikate seien, für die kein Markt existiere und somit auch kein Verkehrswert bestimmt werden könne.[392] Dem kann nicht bedenkenlos gefolgt werden.

Der hier maßgebliche Begriff des Verkehrswerts stellt auf den Wert der Sache ab, den sie auf einem entsprechenden Markt hätte.[393] Damit liegt dem

388 Siehe § 5 A.

389 Siehe § 5 A. II. 5.).

390 Vgl. BGH, NJW 2011, 3085 Rn. 11; *Gaier*, in: MüKo BGB, Band 3, § 346 Rn. 107; *Kaiser/Sittmann-Haury*, in: Staudinger BGB, § 346 Rn. 161; *Büdenbender*, Grundlagen, S. 42.

391 BGHZ 168, 220 Rn. 39; *Stöber*, in: BeckOGK BGB, Stand: 01.01.2025, § 441 Rn. 63 ff.; *Weidenkaff*, in: Grüneberg BGB, § 441 Rn. 14.

392 *Wollny*, DStR 2013, 2132 (2133) m. w. Nw.; abweichend: BGHZ 168, 220 Rn. 39; *Barthel*, DB 1996, 149 ff.

393 Vgl. BGHZ 168, 220 Rn. 39; *Stöber*, in: BeckOGK BGB, Stand: 01.01.2025, § 441 Rn. 63 ff.; *Weidenkaff*, in: Grüneberg BGB, § 441 Rn. 14.

Verkehrswert eine marktorientierte Bewertung zugrunde. Auch in Bezug auf das Unternehmen existieren marktorientierte Bewertungsverfahren, die unter dem Oberbegriff des „Market-Approach"-Verfahrens zusammengefasst werden können.[394] Diese marktorientierten Bewertungsverfahren sind jedoch vorrangig für börsennotierte Unternehmen von Bedeutung, da für diese ein Markt existiert, dem Daten und Finanzinformationen für eine entsprechende Bewertung entnommen werden können.[395] Innerhalb der Market-Approach-Verfahren existieren zwar auch Ansätze, die bei der Wertfindung konkret auf Preise zurückgreifen, die bei Transaktionen von nicht öffentlich notierten Unternehmen realisiert wurden.[396] Hierbei bestehen aber erhebliche Schwierigkeiten in der Informationsbeschaffung. Zum einen werden dem Markt aufgrund der Interessen der Vertragsparteien oder vertraglich vereinbarter Schweigeklauseln häufig schon gar keine Preisinformationen zur Verfügung gestellt werden.[397] Zum anderen müssten die benötigten Vergleichspreise auch noch in engem zeitlichen Zusammenhang zur eigenen Bewertungssituation stehen.[398] Sofern man den nach dem Market-Approach-Verfahren ermittelten Unternehmenswert als Verkehrswert einordnen will, könnte dieses Verfahren somit vorrangig nur für börsennotierte Unternehmen genutzt werden. Doch selbst hier besteht das Problem, dass der Marktwert bei ineffizienten Kapitalmärkten durch nicht bewertungsrelevante, spekulative Faktoren beeinflusst und somit eine Divergenz zwischen Börsenpreis und Gegenstandswert der zukünftigen Erträge des Unternehmens erzeugt wird.[399] Das führt dazu, dass marktbasiert bestimmte Unternehmenswerte lediglich zu Plausibilitätskontrolle für ermittelte Unternehmenswerte herangezogen werden.[400]

Insgesamt wäre mit dem Market-Approach-Verfahren zwar ein marktorientiertes Bewertungsverfahren gegeben, dieses wäre aber allenfalls für börsennotierte Unternehmen nutzbar.[401] Soweit von der gesetzlichen Grund-

---

394 Vertiefend dazu *Lenckner/Müller*, in: Handbuch Unternehmenskauf, Rn. 3.175 ff.

395 Vgl. dazu *Lenckner/Müller*, in: Handbuch Unternehmenskauf, Rn. 3.178.

396 Sog. „Recent-Acquisition-Ansatz" oder „Vergleichstransaktionsmethode"; ausführlich dazu: *Lenckner/Müller*, in: Handbuch Unternehmenskauf, Rn. 3.202.

397 *Lenckner/Müller*, in: Handbuch Unternehmenskauf, Rn. 3.202.

398 Vgl. *Lenckner/Müller*, in: Handbuch Unternehmenskauf, Rn. 3.202.

399 *Lenckner/Müller*, in: Handbuch Unternehmenskauf, Rn. 3.175.

400 Vgl. *Lenckner/Müller*, in: Handbuch Unternehmenskauf, Rn. 3.176.

401 Im bereicherungsrechtlichen Kontext setzt die Rechtsprechung wohl den Ertragswert mit dem Verkehrswert gleich, obwohl es sich hierbei eigentlich nicht um ein marktorientiertes Bewertungsverfahren handelt, vgl. BGHZ, 168, 220 (Rn. 39).

konzeption eine marktorientierte Bewertung vorgegeben wird, kann diese für das wirtschaftliche Unternehmen nicht exakt umgesetzt werden.

Sofern die gesetzliche Bewertungsvorgabe aufgrund der Eigenart des Unternehmens nicht exakt umgesetzt werden kann, muss sich dieser aber jedenfalls angenähert werden. Beim Unternehmen kann eine solche Annäherung durch die Einnahme einer bestimmten Bewertungsperspektive erreicht werden. Auf diese kommt es bei der Bewertung von Unternehmen maßgeblich an.[402]

Die hier einzunehmende Bewertungsperspektive ist aus der gesetzlichen Vorgabe des Verkehrswertes abzuleiten. Der Verkehrswert einer Sache wird zum Teil mit ihrem objektiven Wert gleichgesetzt.[403] Dem kann man kritisch gegenüberstehen. Der Verkehrswert stellt die Werteinschätzung dar, welche die verkehrsbeteiligten Kreise der Sache entgegenbringen.[404] Damit legen die Marktteilnehmer den Verkehrswert fest, womit der Verkehrswert auch als subjektiver Wert bezeichnet werden könnte. Der Verkehrswert stellt aber insoweit eine Objektivierung dar, weil er der Sache einen (für den Markt) einheitlichen Wert gibt. Insgesamt muss hieraus die Einnahme einer objektiven Bewertungsperspektive, also die eines Dritten, abgeleitet werden. Eine Bewertung hat also nicht aus Käufer- oder Verkäufer-Perspektive, sondern aus der Perspektive eines Dritten zu erfolgen.

Maßgeblich ist somit der objektivierte Unternehmenswert, der ausgehend von bestimmten Annahmen über die Ziele eines typisierten gedachten Erwerbers ermittelt wird.[405]

aa) Exkurs: Notwendigkeit einer autonomen Bestimmung

Zusätzlich zur Einnahme einer objektiven Bewertungsperspektive kann nicht auf Unternehmenswerte zurückgegriffen werden, die von den Parteien ermittelt wurden. Bei der Entscheidung über unternehmenswertabhängige Rechtsfolgen geht es in erster Linie um Rechtsfragen.[406] Bei der Festlegung der Rechtsfolge handelt sich mithin um eine Erkenntnis- und Subsumtionsaufgabe, welche von einem Gericht oder Schiedsgericht selbstständig zu

---

402 Vgl. *Hüttemann*, in: Fleischer/Hüttemann, Rechtshandbuch Unternehmensbewertung, Rn. 1.6 ff.

403 So etwa *Rupietta*, Rückabwicklung unwirksamer Unternehmenskaufverträge, S. 220.

404 BGHZ 82, 299 (308).

405 Vertiefend zum objektivierten Unternehmenswert *Hüttemann*, in: Fleischer/Hüttemann, Rechtshandbuch Unternehmensbewertung Rn. 1.7.

406 So auch OLG Düsseldorf, ZIP 2013, 1816 (1817).

erfüllen ist.[407] Die Bestimmung des Unternehmenswertes hat im Falle einer rücktrittsrechtlichen Rückabwicklung also autonom durch das Gericht oder Schiedsgericht zu erfolgen. Dieser Aufgabe kann sich nicht durch die Nutzung eines Unternehmenswertes der Parteien entzogen werden. Dies ergibt sich schon daraus, dass ein Parteiwert durch eine Fehleinschätzung geprägt sein kann und sich dieser Fehler dann in der Entscheidung fortsetzen würde.[408]

bb) Unternehmenswert im mangelhaften Zustand

Um die erforderliche Verhältnisgleichung aufstellen zu können, muss der Wert des Unternehmens mit Defekt ermittelt werden. Es muss also der tatsächliche Wert des Unternehmens bestimmt werden. Von etwaigen Mängeln dürfen hier nur solche in die Wertbestimmung mit einbezogen werden, auf die sich die Geltendmachung der Gewährleistungsrechte stützt.[409]

Für die Berechnung des tatsächlichen Wertes soll der Verkehrswert im mangelhaften Zustand bei Vertragsschluss maßgeblich sein.[410] Veränderungen des Verkehrswertes oder Aufwendungen müssen folglich unbeachtet bleiben.[411] Nach den gewonnenen Erkenntnissen in Bezug auf den Verkehrswert müsste also der objektivierte Unternehmenswert im mangelhaften Zustand bei Vertragsschluss bestimmt werden. Bewertungsstichtag wäre damit der Tag des Vertragsschlusses. Bei der Bemessung dieses Wertes müssen Erkenntnisse, die bis zum Zeitpunkt der letzten mündlichen Verhandlung auftreten, berücksichtigt werden.[412] Der Informationsstichtag muss somit auf den Tag der letzten mündlichen Verhandlung angesetzt werden.

Eine Rückrechnung zur Wertbestimmung im Zeitpunkt des Vertragsschlusses wird schon bei gewöhnlichen Sachen als „kaum möglich“[413] angesehen. Auch für das Unternehmen wird eine exakte Bestimmung erhebliche Schwierigkeiten bereiten. Eine nach § 441 Abs. 3 S. 2 BGB zulässige Schätzung

---

407 Vgl. *Wächter,* M&A Litigation, Rn. 10.14 ff.
408 Vgl. *Wächter,* M&A Litigation, Rn. 10.17 f.
409 *Maultzsch,* in: MüKo BGB, Band 4, § 441 Rn. 15.
410 *Grunewald,* in: Erman, Handkommentar zum BGB, § 441 Rn. 6; *Westermann,* in: MüKo BGB, Band 4, § 441 Rn. 14.
411 *Stöber,* in: Ball, BeckOGK BGB, Stand: 01.01.2025, § 441 Rn. 66; *Westermann,* in: MüKo BGB, Band 4, § 441 Rn. 14.
412 BGH, BB 1971, 64 (65); *Maultzsch,* in: MüKo BGB, Band 4, § 441 Rn. 14.
413 *Maultzsch,* in: MüKo BGB, Band 4, § 441 Rn. 15.

wird deshalb regelmäßig nötig sein. Konzeptionell eignen sich sowohl das Ertragswert- als auch das DCF-Verfahren zur Ermittlung objektivierter Unternehmenswerte.[414] Da das Ertragswertverfahren vor allem von der Rechtsprechung und der Bewertungspraxis anerkannt ist, dürfte dieses wohl für eine Schätzung bevorzugt genutzt werden.[415]

cc) Unternehmenswert im mangelfreien Zustand

Um den Umfang des Wertersatzanspruches endgültig bestimmen zu können, muss auch der Wert des Unternehmens im mangelfreien Zustand zur Verfügung stehen. Hierbei handelt es sich um einen fiktiven Wert, da das Unternehmen gerade nicht mangelfrei ist.

Im Rahmen der Minderung ist der Verkehrswert maßgeblich, den die Sache im Zeitpunkt des Vertragsschlusses gehabt hätte, wenn sie mangelfrei gewesen wäre.[416] Im Hinblick auf Bewertungs- und Informationsstichtag gilt somit das Gleiche wie für den Wert im mangelhaften Zustand.[417]

Der Begriff des Verkehrswerts lässt sich nicht exakt auf Unternehmen anwenden.[418] Diesem Problem kann man auch nicht damit begegnen, dass man den gesuchten Wert mit dem Kaufpreis gleichsetzt,[419] denn der Kaufpreis ist vielmehr das Ergebnis eines Verhandlungsprozesses als die Bezifferung eines Unternehmenswertes.[420] Maßgeblich bleibt daher auch in diesem Zusammenhang letztlich ein objektivierter Unternehmenswert.

Um den Unternehmenswert im mangelfreien Zustand zu bestimmen, könnte man vom Wert des Unternehmens im mangelhaften Zustand ausgehen und dann anhand der Mangelbeseitigungskosten den Wert im mangelfreien Zustand ermitteln. Sichere Ergebnisse könnten aber auch mit einem solchen Vorgehen kaum erzielt werden, da die Mangelbeseitigungskosten nicht immer exakt die Unternehmenswertbeeinträchtigung widerspiegeln.

---

414 IDW S 1 i. d. F. 2008, WPg Supplement 3/2008, 68 (81).

415 Zur Anerkennung der Ertragswertmethode siehe IDW S 1 i. d. F. 2008, WPg Supplement 3/2008, 68 (81 ff.); *Wächter,* M&A Litigation, Rn. 11.18 m. w. Nw.

416 *Stöber,* in: BeckOGK BGB, Stand: 01.01.2025, § 441 Rn. 63 m. w. Nw.

417 Vgl. BGH, BB 1971, 64 (65); *Maultzsch,* in: MüKo BGB, Band 4, § 441 Rn. 15.

418 Vgl. § 5 A. II. 5.) d).

419 So *Canaris,* ZRP 2001, 329 (335); *Maier-Reimer,* Unternehmenskauf und neues Schuldrecht, S. 61 (81).

420 Siehe § 5 A. II. 5.) b).

Ergibt sich der Mangel bspw. aus einem fehlenden Asset (z. B. einer Produktionsmaschine), können die Auswirkungen auf den Wert des Gesamtunternehmens nur marginal sein, die Mangelbeseitigungskosten, welche in dem Beschaffungswert des Assets liegen, wären hingegen enorm.[421] Eine Ermittlung anhand der Mangelbeseitigungskosten würde somit keine zuverlässige Aussage über den Unternehmenswert im mangelfreien Zustand liefern.

Eine Schätzung dürfte folglich auch bei der Ermittlung des Unternehmenswertes im mangelfreien Zustand regelmäßig erforderlich sein.[422] Auch hierfür dürfte das Ertragswertverfahren nutzbar gemacht werden.

e) Ergebnis

Gelangt man zur Wertersatzpflicht des Rückgewährschuldners, so kommt es für die Bestimmung des Umfangs darauf an, ob es sich um eine mangelhafte Leistung handelt oder nicht. Bei einer mangelfreien Leistung richtet sich der Umfang des Wertersatzes nach dem vereinbarten Kaufpreis.

Ist das Unternehmen hingegen mangelhaft, so ist der Umfang des Wertersatzes anhand der für die Minderung maßgeblichen Berechnungsmethode zu bestimmen. Während der dafür erforderliche Kaufpreis noch der Parteivereinbarung entnommen werden kann, sind die weiteren hierfür benötigten Ausgangswerte aus Sicht eines objektiven Dritten zu ermitteln. Hierbei wird eine exakte Ermittlung der erforderlichen Werte kaum möglich sein, weshalb regelmäßig auf die gesetzlich vorgesehene Schätzung (§ 441 Abs. 3 S. 2 BGB, § 287 Abs. 2 ZPO) zugegriffen werden muss. Es ist zudem absehbar, dass im Rahmen dieser Schätzung das Ertragswertverfahren zur Anwendung gelangen dürfte.

6.) Wechselwirkung mit der Interessenlage der Parteien

Je nachdem, ob der Erwerber des Unternehmens oder der Veräußerer die Rückabwicklung verlangt, dürfte bei den Parteien regelmäßig eine bestimmte Interessenlage anzutreffen sein. Dementsprechend wird sich entweder der Erwerber oder der Veräußerer auf den Eintritt einer Wertersatzpflicht nach § 346 Abs. 2 BGB berufen wollen. Die daraus folgenden Auswirkungen auf

---

[421] Vgl. *Schindler*, in: Beisel/Klumpp, Der Unternehmenskauf, § 16 Rn. 38.

[422] Vgl. *Thiessen*, in: MüKo HGB, Band 1, Anh. § 25 HGB, Rn. 97; *Stöber*, in: BeckOGK BGB, Stand 01.01.2025, § 441 Rn. 67.

die Umsetzung der Rückabwicklung und insbesondere auf die Verteilung der Beweislast ist Gegenstand dieses Abschnitts.

a) Veräußerer verlangt die Rückabwicklung

Wenn der Veräußerer die Rückabwicklung des Unternehmenskaufs verlangt, wird der Erwerber regelmäßig daran interessiert sein, das Unternehmen nicht gegenständlich auf den Veräußerer zu übertragen, sondern das von ihm in der Zwischenzeit ausgerichtete und geprägte Unternehmen weiterzuführen. Der Erwerber kann sich dann darauf berufen, dass er das Unternehmen nicht zurückgeben kann und den Veräußerer auf Wertersatz verweisen. Dazu muss er die Tatsachen beweisen, welche eine Wertersatzpflicht nach § 346 Abs. 2 BGB auslösen.[423]

Hierbei kommt es nur darauf an, dass einer der Tatbestände des § 346 Abs. 2 S. 1 Nr. 1–3 BGB erfüllt ist. Ein weitergehender Schutz, welcher ein Behaltensinteresse des Rückgewährschuldners erfasst, ist im Rücktrittsfolgenrecht nicht angelegt.[424]

b) Erwerber verlangt die Rückabwicklung

Verlangt der Erwerber die Rückabwicklung, wird er dabei mit hoher Wahrscheinlichkeit von dem Interesse geleitet sein, sich des Unternehmens zu entledigen. Widerspricht dies den Interessen des Veräußerers, besteht für diesen ebenfalls die Möglichkeit, Wertersatz nach § 346 Abs. 2 BGB zu verlangen. Dann trifft entgegengesetzt ihn die Beweislast für die den Wertersatzanspruch auslösenden Umstände.[425]

7.) Entfall der Wertersatzpflicht nach § 346 Abs. 3 BGB

Der Rückgewährschuldner wird gemäß § 346 Abs. 3 BGB in bestimmten Fällen von der Wertersatzpflicht nach § 346 Abs. 2 BGB befreit. In diesem Abschnitt ist zu untersuchen, inwiefern die in § 346 Abs. 3 BGB angelegten, die Gefahrtragung steuernden Ausnahmetatbestände für die Rückabwicklung des Unternehmenskaufs von Relevanz sind. Es ist auch zu betrachten,

---

[423] Vgl. *Kaiser/Sittmann-Haury*, in: Staudinger BGB, § 346 Rn. 314.

[424] Dies wird durch *Kaiser* bestätigt, wonach kein Wertersatz analog § 346 Abs. 2 S. 1 Nr. 1 und 3 BGB geschuldet wird, wenn der Rückgewährschuldner die Rückgewähr verweigert, vgl. *Kaiser/Sittmann-Haury*, in: Staudinger BGB, § 346 Rn. 151.

[425] *Kaiser/Sittmann-Haury*, in: Staudinger BGB, § 346 Rn. 316.

inwiefern dadurch das rücktrittsrechtliche Rückabwicklungssystem in die Lage versetzt wird, die Rückabwicklung eines Unternehmenskaufvertrages in Anbetracht der gegebenen Besonderheiten zu bewältigen.

a) Entfall der Wertersatzpflicht gemäß § 346 Abs. 3 S. 1 Nr. 1 BGB

Sind beim Unternehmen tiefgreifende Veränderungen festgestellt worden, die eine Wertersatzpflicht nach § 346 Abs. 2 S. 1 Nr. 2 BGB auslösen, kann diese wieder entfallen, wenn sich der zum Rücktritt berechtigende Mangel erst während oder nach der Umgestaltung oder Verarbeitung zeigt (§ 346 Abs. 3 S. 1 Nr. 1 BGB).[426] Die Vorschrift des § 346 Abs. 3 S. 1 Nr. 1 BGB steht somit im engen Zusammenhang mit § 346 Abs. 2 Nr. 2 BGB. In zeitlicher Hinsicht entfällt die Wertersatzpflicht neben den Fällen, in denen sich der Mangel während der Umgestaltung des Gegenstandes gezeigt hat, auch dann, wenn der Mangel nach erfolgter Verarbeitung bzw. Umgestaltung offensichtlich wurde.[427] Der § 346 Abs. 3 S. 1 Nr. 1 BGB ist hingegen nicht einschlägig, wenn sich der Käufer nach Erlangung positiver Kenntnis von dem Mangel zur Umgestaltung des Gegenstandes entschließt.[428]

Für die rücktrittsrechtliche Rückabwicklung des Unternehmenskaufs wird der Vorschrift des § 346 Abs. 3 S. 1 Nr. 1 BGB eine erhebliche Bedeutung eingeräumt.[429] Begründet wird dies damit, dass durch den Käufer mit erforderlichen Integrationsmaßnahmen bereits im unmittelbaren Anschluss an die Übertragung des Unternehmens begonnen werde, dieser aber nur in den seltensten Fällen bereits zu diesem Zeitpunkt positive Kenntnis von etwaigen Unternehmensmängeln habe.[430] Insgesamt würden sich Unternehmensmängel bereits schon wegen der Komplexität des Kaufgegenstandes – insbesondere wenn sie auf fehlerhafte Bilanzkennzahlen zurückgehen – erst relativ spät, häufig erst im Zuge der nächsten turnusmäßigen Bilanzerstellung zeigen.[431]

Dem ist insoweit zuzustimmen, als dass sich die Unternehmensmängel erst relativ spät zeigen und dem Käufer dadurch im Zeitpunkt etwaiger Umgestaltungsmaßnahmen noch nicht positiv bekannt sein werden. Daraus

---

426 *Thiessen*, Unternehmenskauf und BGB, S. 236.
427 Vgl. *Jagersberger*, Die Haftung des Verkäufers beim Unternehmenskauf, S. 308.
428 *Jagersberger*, Die Haftung des Verkäufers beim Unternehmenskauf, S. 308 m. w. Nw.
429 Siehe nur *Jagersberger*, Die Haftung des Verkäufers beim Unternehmenskauf, S. 309.
430 *Jagersberger*, Die Haftung des Verkäufers beim Unternehmenskauf, S. 309.
431 *Jagersberger*, Die Haftung des Verkäufers beim Unternehmenskauf, S. 309.

kann der Schluss gezogen werden, dass der Unternehmenskäufer, den eine Wertersatzpflicht gemäß § 346 Abs. 2 S. 1 Nr. 2 BGB trifft, häufig nach § 346 Abs. 3 S. 1 Nr. 1 BGB von dieser befreit sein wird.

Dies darf jedoch nicht zu der Aussage verleiten, dass bei jeder rücktrittsrechtlichen Rückabwicklung eines Unternehmenskaufs letztlich eine Wertersatzpflicht nach § 346 Abs. 3 S. 1 Nr. 1 BGB entfallen wird.[432] Hierfür müssen erst einmal die Voraussetzungen des § 346 Abs. 2 S. 1 Nr. 2 BGB beim zurückzugewährenden Unternehmen vorliegen – also insbesondere tiefgreifende Veränderungen an den Elementen, die das Unternehmen maßgeblich prägen.[433]

b) Entfall der Wertersatzpflicht gemäß § 346 Abs. 3 S. 1 Nr. 2 BGB

Von seiner Ersatzpflicht nach § 346 Abs. 2 S. 1 Nr. 3 BGB wird der Käufer befreit, soweit der Verkäufer die Verschlechterung oder den Untergang zu vertreten hat (§ 346 Abs. 3 S. 1 Nr. 2 BGB). Der Terminus „vertreten" wird in diesem Fall untechnisch gebraucht, d. h., maßgebend ist hier nicht § 276 Abs. 1 BGB.[434]

Ein Entfall der Wertersatzpflicht nach § 346 Abs. 3 S. 1 Nr. 2 BGB wäre beispielsweise denkbar, wenn bei einem produzierenden Unternehmen die zur Produktion unbedingt notwendigen Maschinen schrottreif anstatt im geschuldeten funktionsfähigen Zustand übertragen werden und das Unternehmen sich daraufhin verschlechtert oder untergeht. Der Verkäufer kann dem Käufer dann nicht vorhalten, dass die Kunden dem Unternehmen wegen Missmanagement den Rücken gekehrt haben.[435] Vielmehr muss der Unternehmenskäufer dann gemäß § 346 Abs. 3 S. 1 Nr. 2 BGB von seiner Wertersatzpflicht befreit werden.

Der § 346 Abs. 3 S. 1 Nr. 2 BGB ist gleichfalls einschlägig, wenn die Verschlechterung oder Untergang beim Rückgewährgläubiger ebenfalls

---

432 Dies klingt an bei *Beisel*, in: Beisel/Klumpp, Der Unternehmenskauf, § 16 Rn. 45; *Münstermann*, Neues Schuldrecht am Beispiel des Unternehmenskaufs, S. 114.

433 Wie *Gaul* dem § 346 Abs. 3 S. 1 Nr. 3 BGB jegliche Relevanz abzusprechen geht hingegen auch zu weit, wie die vorangegangenen Schlussfolgerungen deutlich machen, vgl. dazu *Gaul*, ZHR 2002, 35 (57).

434 *Grüneberg*, in: Grüneberg BGB, § 346 Rn. 12; *Metzger*, in: Erman, Handkommentar zum BGB, § 346 Rn. 22; *Medicus/Lorenz*, Schuldrecht I, § 50 Rn. 18.

435 Vgl. dazu auch *Thiessen*, Unternehmenskauf und BGB, S. 237.

eingetreten wäre. Die Vorschrift befreit den Rückgewährschuldner jedoch nicht generell von der Wertersatzpflicht für Zufallsschäden.[436] Entscheidend ist, dass der Leistungsaustausch nicht ursächlich für die Verschlechterung oder den Untergang geworden ist.[437]

Man könnte hierunter etwas vorschnell die Fälle der Realisierung des allgemeinen unternehmerischen Risikos fassen.[438] Das allgemeine unternehmerische Risiko findet seine Realisierung vor allem in Verlusten durch Konjunkturrückgänge, Inflation oder Nachfrageverschiebungen.[439] Diese wirtschaftlichen Phänomene würden auch den Rückgewährgläubiger treffen, wenn er noch Inhaber des Unternehmens wäre. Um sich auf § 346 Abs. 3 S. 1 Nr. 3 BGB berufen zu können, müsste der Rückgewährschuldner jedoch darlegen und beweisen, dass die Verschlechterung oder Untergang des Unternehmens einzig und allein auf einer Verwirklichung des allgemeinen unternehmerischen Risikos beruht (und deshalb auch beim Rückgewährgläubiger eingetreten wäre) und nicht beispielsweise darauf, dass er nicht angemessen auf eine Nachfrageverschiebung durch Anpassung der Produktpalette reagiert hat.[440] Dies dürfte mitunter erhebliche Schwierigkeiten bereiten. Deshalb wird bei der Verwirklichung des allgemeinen unternehmerischen Risikos eher § 346 Abs. 3 S. 1 Nr. 3 BGB zur Anwendung gelangen.

Insofern verbleibt als anschauliches Beispiel die Situation, in welcher der Großteil des Fuhrparks eines Logistikunternehmens durch einen Blitzeinschlag schwer beschädigt wird. Hier kommt es zu einer Verschlechterung von Assets in einem Ausmaß, die der Verschlechterung des ganzen Unternehmens entspricht.[441] Diese Verschlechterung beruht auf „echtem Zufall“[442], womit die Wertersatzpflicht gemäß § 346 Abs. 3 S. 1 Nr. 2 BGB entfällt.

---

[436] *Kaiser/Sittmann-Haury*, in: Staudinger BGB, § 346 Rn. 198.

[437] *Metzger*, in: Erman, Handkommentar zum BGB, § 346 Rn. 24; *Schmidt*, in: BeckOK BGB, § 346 Rn. 64.

[438] So etwa *Thiessen*, der bei konjunkturellen Einflüssen eine Wertersatzpflicht entfallen lassen will, da diese unterschiedslos alle Marktteilnehmer treffen, vgl. *Thiessen*, Unternehmenskauf und BGB, S. 237; ähnlich auch *Jagersberger*, Die Haftung des Verkäufers beim Unternehmenskauf, S. 309.

[439] *Kußmaul*, Betriebswirtschaftslehre für Einsteiger, S. 201.

[440] Zur Beweislastverteilung im Rücktrittsfolgenrecht siehe *Gaier*, in: MüKo BGB, Band 3, § 346 Rn. 141.

[441] Siehe dazu auch § 5 A. II. 3.) a) aa).

[442] *Gaier*, in: MüKo BGB, Band 3, § 346 Rn. 117.

c) Entfall der Wertersatzpflicht gemäß § 346 Abs. 3 S. 1 Nr. 3 BGB

Nach § 346 Abs. 3 S. 1 Nr. 3 BGB schuldet der Rückgewährschuldner keinen Wertersatz, wenn er von einem gesetzlichen Rücktrittsrecht Gebrauch macht und sich der empfangene Gegenstand verschlechtert hat oder untergegangen ist, obwohl der Rückgewährschuldner diejenige Sorgfalt beobachtet hat, die er in eigenen Angelegenheiten anzuwenden pflegt.

Voraussetzung für die Anwendbarkeit der Privilegierung ist somit vorrangig die Ausübung eines gesetzlichen Rücktrittsrechts. Eine Anwendung der §§ 346 ff. BGB kommt beim Unternehmenskauf insbesondere nach Geltendmachung eines gesetzlichen Rücktrittsrechts vor allem im Rahmen des kaufrechtlichen Mangelgewährleistungsrechts in Betracht.[443] Zu einer Privilegierung des Rückgewährschuldners gemäß § 346 Abs. 3 S. 1 Nr. 3 BGB kann es grundsätzlich also auch beim Rückgewährobjekt Unternehmen kommen.

aa) Eigenübliche Sorgfalt

Weitere Voraussetzung für den Ausschlusstatbestand ist, dass der Rückgewährschuldner diejenige Sorgfalt beobachtet hat, die er in eigenen Angelegenheiten anzuwenden pflegt. In Anlehnung an § 277 BGB sollen hierbei die individuellen und persönlichen Eigenarten des Schuldners beachtet werden.[444] Es handelt sich um einen rein subjektiven Maßstab.

Durch § 277 BGB werden diesem subjektiven Maßstab jedoch in zweifacher Hinsicht Grenzen gesetzt. Zum einen gilt kein strengerer Maßstab als die normale Fahrlässigkeit (§ 276 Abs. 2 BGB).[445] Dies kommt insbesondere dem besonders sorgfältigen Rückgewährschuldner zugute, der dadurch nicht an seiner hohen eigenüblichen Sorgfalt gemessen wird, sondern daran, ob er die im Verkehr erforderliche Sorgfalt außer Acht gelassen hat.[446]

In anderer Richtung wird das Privileg durch grobe Fahrlässigkeit und Vorsatz begrenzt.[447] Die Grenze grober Fahrlässigkeit ist erreicht, wenn sich der

---

443 Vgl. dazu bereits schon unter § 5.

444 OLG Karlsruhe, NJW 2008, 925 (926); *Gaier,* in: MüKo BGB, Band 3, § 346 Rn. 124; *Kaiser/Sittmann-Haury,* in: Staudinger BGB, § 346 Rn. 211; *Metzger,* in: Erman, Handkommentar zum BGB, § 346 Rn. 30.

445 Vgl. *Kaiser/Sittmann-Haury,* in: Staudinger BGB, § 346 Rn. 213.

446 Vgl. *Kaiser/Sittmann-Haury,* in: Staudinger BGB, § 346 Rn. 213.

447 Vgl. *Gaier,* in: MüKo BGB, Band 3, § 346 Rn. 124 f.; *Kaiser,* in: Staudinger BGB, § 346 Rn. 213.

Rückgewährschuldner bei Wahrung seiner eigenen Interessen so nachlässig verhält, dass er „[...] selbst einfachste, ganz nahe liegende Überlegungen unterlässt, also das nicht beachtet, was im gegebenen Fall jedem hätte einleuchten müssen“[448].

bb) Verschlechterung

Eine Verschlechterung des Unternehmens ist einmal gegeben, wenn es zu einer Verschlechterung von Assets in einem Ausmaß kommt, die der Verschlechterung des ganzen Unternehmens entspricht.[449] Hat der Unternehmer hierbei die eigenübliche Sorgfalt beachtet, muss es zu einem Entfall der Wertersatzpflicht kommen.

Weiterhin kommt es bei einer nachteiligen Veränderung der Ertragsfähigkeit des Unternehmens zu einer Verschlechterung.[450] Fälle, in denen der Rückgewährschuldner die eigenübliche Sorgfalt beachtet hat und es trotzdem zu einer nachteiligen Veränderung der Ertragsfähigkeit kommt, werden regelmäßig eine Verwirklichung des allgemeinen unternehmerischen Risikos darstellen. Das allgemeine unternehmerische Risiko findet seine Realisierung vor allem in Verlusten durch Konjunkturrückgänge, Inflation oder Nachfrageverschiebungen.[451] Hat der Rückgewährschuldner bei der Reaktion auf diese ökonomischen Ereignisse die Sorgfalt in eigenen Angelegenheiten beachtet und kommt es trotzdem zu einer nachteiligen Veränderung der Ertragsfähigkeit, muss die Pflicht zur Leistung von Wertersatz entfallen. Verluste, die auf dem allgemeinen unternehmerischen Risiko beruhen, sind somit nicht vom Rückgewährschuldner auszugleichen, sondern werden dem Rückgewährgläubiger zugewiesen.

Tritt eine Verschlechterung aufgrund fehlerhafter unternehmerischer Entscheidungen ein, kommt es für eine Wertersatzpflicht darauf an, ob der Rückgewährschuldner die Sorgfalt in eigenen Angelegenheiten beachtet hat. Die Wertersatzpflicht entfällt damit nur, wenn die Grenze grober Fahrlässigkeit durch die fehlerhafte unternehmerische Entscheidung noch nicht überschritten worden ist.

---

[448] BGHZ 10, 14 (16); BGHZ 89, 153 (161).
[449] Siehe § 5 A. II. 3.) a) aa).
[450] § 5 A. II. 3.) a) bb).
[451] *Kußmaul*, Betriebswirtschaftslehre für Einsteiger, S. 201.

cc) Untergang

Zu einem Untergang i. S. d. § 346 Abs. 2 S. 1 Nr. 3 BGB kommt es bei Abschluss des Insolvenzverfahrens und Verwertung, Ausschlachtung oder der dauerhaften Einstellung der unternehmerischen Tätigkeit.[452]

Problematisch ist, dass diese Maßnahmen[453] an sich nur mit Wissen und Wollen des Rückgewährschuldners und somit vorsätzlich durchgeführt werden können. Damit würde ein Entfall der Wertersatzpflicht nach § 346 Abs. 3 S. 1 Nr. 3 BGB nicht in Betracht kommen.

Mit § 346 Abs. 3 S. 1 Nr. 3 BGB wollte der Gesetzgeber das Risiko des zufälligen Untergangs im Falle eines gesetzlichen Rücktrittsrechts dem Rückgewährgläubiger zuweisen.[454] Um nicht in Widerspruch zu diesem Anliegen zu geraten, muss beim Rückgewährobjekt Unternehmen daher der Gesamtkontext beachtet werden, der zum Untergang geführt hat. Kommt es bspw. durch einen Konjunkturrückgang – also zufällig – zu einer Einstellung der unternehmerischen Tätigkeit und hat der Rückgewährschuldner dabei die eigenübliche Sorgfalt beachtet, d. h., das getan, was jedem hätte einleuchten müssen (wie etwa geschäftliche Maßnahmen ergriffen, die weitere Anreize am Markt erzeugen und damit dem Konjunkturrückgang entgegenwirken), kann nicht nur isoliert die Einstellung der unternehmerischen Tätigkeit betrachtet werden. Erfolgt dies nicht, würde das Risiko eines zufälligen Untergangs – entgegen der gesetzgeberischen Intention – dem Rückgewährschuldner zugewiesen werden.

Umgekehrt kommt § 346 Abs. 3 S. 1 Nr. 3 BGB nicht zur Anwendung, wenn das Unternehmen aufgrund grob fahrlässiger Misswirtschaft in die Insolvenz gerät und verwertet wird.

dd) Haftung für das Verhalten Dritter

Zu klären ist ebenfalls, welche Auswirkungen das Verhalten Dritter auf die Anwendbarkeit der Privilegierung in § 346 Abs. 3 S. 1 Nr. 3 BGB hat, wenn also die Verschlechterung oder der Untergang auf eine Entscheidung oder das Verhalten eines Mitarbeiters zurückzuführen ist.

---

[452] § 5 A. II. 3.) b).

[453] Eine Ausnahme dürfte das Insolvenzverfahren bilden, wenn der Eröffnungsantrag gemäß §§ 13 Abs. 1 S. 2, 14 InsO vom Gläubiger gestellt wurde.

[454] Vgl. BT-Drs. 14/6040, S. 196.

Analog § 278 BGB hafte der Rückgewährschuldner für seine Erfüllungsgehilfen nach dem Maßstab des § 277 BGB, der an das eigenübliche Verhalten des Rücktrittsberechtigten, nicht aber an die Eigensorgfalt des Erfüllungsgehilfen anknüpfe.[455] Es kann somit für eine Wertersatzpflicht bei Untergang oder Verschlechterung entscheidend nur darauf ankommen, ob der Rückgewährschuldner bei Auswahl, Einsatz und Beaufsichtigung seiner Mitarbeiter die eigenübliche Sorgfalt beachtet hat. Dementsprechend haftet auch der Rückgewährschuldner, wenn der Untergang oder die Verschlechterung auf das Verhalten eines Angestellten beruhen sollte.

ee) Auswirkungen von Kenntnis und fahrlässiger Unkenntnis

Ferner werden die Auswirkung der Kenntnis bzw. der fahrlässigen Unkenntnis des Rücktrittsberechtigten über den Rücktrittsgrund auf die Privilegierung des § 346 Abs. 3 S. 1 Nr. 3 BGB diskutiert.[456] Eine Einschränkung der Privilegierung durch Kenntnis oder fahrlässige Unkenntnis vom Rücktrittsgrund entspricht nicht dem Wortlaut und Normzweck der Vorschrift.[457] Grund für die Privilegierung ist nicht die Unkenntnis vom Rücktrittsgrund, sondern der Umstand, dass der Rückgewährgläubiger nicht ordnungsgemäß geleistet hat.[458]

Verzögert der Rücktrittsberechtigte jedoch den Rücktritt oder die Durchführung aus strategischen Gründen, kann ihm der Einwand der missbräuchlichen Rechtsausübung (§ 242 BGB) entgegengehalten werden.[459] Eine eventuelle Erweiterung der Privilegierung auf ein vertragliches Rücktrittsrecht wird beim Unternehmenskauf aufgrund der gängigen Kautelarpraxis[460] kaum eine Rolle spielen, weshalb sich eine entsprechende Diskussion erübrigt.

---

455 *Kaiser/Sittmann-Haury*, in: Staudinger BGB, § 346 Rn. 211.

456 Streitstand z. B. bei *Lobinger*, in: Soergel BGB, Band 5/3, § 346 Rn. 129 ff.

457 *Grüneberg*, in: Grüneberg BGB, § 346 Rn. 13a f.; *Metzger*, in: Erman, Handkommentar BGB, § 346 Rn. 29.

458 BT-Drs. 14/6040, 196; *Grüneberg*, in: Grüneberg BGB, § 346 Rn. 13b; *Metzger*, in: Erman, Handkommentar BGB, § 346 Rn. 29.

459 *Metzger*, in: Erman, Handkommentar BGB, § 346 Rn. 29.

460 Vgl. *Holzapfel/Pöllath*, Unternehmenskauf in Recht und Praxis, Rn. 654; *Paefgen/Wallisch*, in: Bilanzgarantien, S. 210; *Pöllath*, in: FS Bezzenberger, S. 549 (559); *Thiessen*, Unternehmenskauf und BGB, S. 231; *Weber*, in: Handbuch Unternehmenskauf, Rn. 9.282; *Bisle*, DStR 2013, 364 (365 f.).

d) Zwischenergebnis

Die Privilegierung des Rückgewährschuldners nach § 346 Abs. 3 BGB ist beim Unternehmenskauf von grundsätzlicher Relevanz.[461] Weiterhin zeigt sich, dass die Gefahrtragungsregel in § 346 Abs. 3 BGB zur Bewältigung der Besonderheiten des Rückabwicklungsobjekts beiträgt. Der Besonderheit, dass Mängel aufgrund der Komplexität des Unternehmens erst spät erkannt werden können, wird durch § 346 Abs. 3 S. 1 Nr. 1 BGB Rechnung getragen.

Durch § 346 Abs. 3 S. 1 Nr. 2 BGB wird verhindert, dass der Unternehmensverkäufer das Risiko einer Verschlechterung oder des Untergangs, welches auf einer mangelhaften Leistung beruht, auf den Erwerber abwälzen kann.

Schließlich wird das allgemeine unternehmerische Risiko durch § 346 Abs. 3 S. 1 Nr. 3 BGB auf den Rückgewährgläubiger verlagert. Dieses Ergebnis findet seine Bestätigung bei Rückabwicklung der Unternehmenspacht. Hier haftet der Verpächter ebenfalls für Wertminderungen, die nicht auf einer Pflichtverletzung des Pächters beruhen.[462] Wenn dem Pächter, dem seine Rückübertragungsverpflichtung bewusst ist, nicht die Haftung für Wertminderungen aufgrund der Verwirklichung des allgemeinen unternehmerischen Risikos zugewiesen wird, kann das für den Rückgewährschuldner, der bei Vertragsschluss noch nichts von seiner Rückübertragungspflicht wusste, erst recht nicht gelten.

e) Herausgabe einer verbleibendenden Bereicherung gemäß § 346 Abs. 3 S. 2 BGB

Der Rückgewährschuldner muss bei einem Ausschluss der Wertersatzpflicht nach § 346 Abs. 3 S. 1 BGB eine verbleibende Bereicherung gemäß § 346 Abs. 3 S. 2 BGB herausgeben. Hierbei handelt es sich nach ganz herrschender Meinung um einen Verweis in das Bereicherungsrecht.[463] Die weiteren sich daraus ergebenden Pflichten des Rückgewährschuldners in Bezug auf die Herausgabe des Unternehmens, einer Wertersatzpflicht (§ 812 Abs. 2 BGB) oder dem Wegfall der Bereicherung (§ 818 Abs. 3 BGB) werden im Rahmen

---

[461] Nicht nachvollziehbar daher die Ansichten von *Gaul* und *Glagowski*, die § 346 Abs. 3 S. 1 BGB für den Unternehmenskauf jegliche Relevanz absprechen, vgl. *Gaul,* ZHR 2002, 36 (57) und *Glagowski,* Mängelgewährleistungsrecht beim Unternehmenskauf, S. 175.

[462] Siehe § 4 G. III.

[463] BT-Drs. 14/6040, S. 196; *Gaier,* in: MüKo BGB, Band 3, § 346 Rn. 126 m. w. Nw.

der Untersuchung des bereicherungsrechtlichen Rückabwicklungssystems behandelt.[464]

III. Nutzungen und Aufwendungen

Das Rückabwicklungssystem des Rücktrittfolgenrechts gewährt den Parteien wechselseitige Ansprüche auf die Herausgabe von Nutzungen (§ 346 Abs. 1 BGB) und den Ersatz von Verwendungen (§ 347 Abs. 2 BGB). Handelt es sich beim Rückgewährobjekt um ein wirtschaftliches Unternehmen, stellt sich die Frage, was unter dem Begriffspaar der Nutzungen und Verwendungen genau zu erfassen ist. Insbesondere ist zu klären, ob Gewinne als Nutzungen nach § 346 Abs. 1 BGB herauszugeben sind und für getätigte Investitionen gemäß § 347 Abs. 2 BGB Ersatz zu leisten ist. Für die Parteien ist es im Falle des Rücktritts von erheblicher Bedeutung, wem erwirtschaftete Gewinne zugeordnet werden und ob der Käufer Ersatz für getätigte Investitionen verlangen kann.

1.) Nutzungen

Gemäß § 346 Abs. 1 BGB hat der Rückgewährschuldner die empfangenen Leistungen zurückzugewähren und gezogene Nutzungen herauszugeben. Unter Nutzungen fallen nach § 100 BGB sowohl die Früchte einer Sache oder eines Rechts als auch die Gebrauchsvorteile der Sache oder des Rechts.

Bei einem Unternehmen, welches auf die Ausbeutung einer Erzeugnisse abwerfenden Sache oder eines Erträgnisse verschaffenden Rechts gerichtet ist (Bergwerk, Steinbruch usw.), könnte man die Früchte als Nutzungen des Unternehmens einordnen.[465] Das Eigentum am Grundstück, worauf sich der Steinbruch befindet, mag zwar zum Unternehmensvermögen gehören. Die Arbeitskräfte, welche die Steine herausbrechen, diese bearbeiten und dann weiterverkaufen, können Beschäftigte des Unternehmens sein. Letztlich bleiben die Steine aber vielmehr Erzeugnisse des Steinbruchs und sind nicht Erzeugnisse des Gesamtunternehmens. Wenn der Nutzungsbegriff unternehmenswirtschaftlich erfasst werden soll, kann die Betrachtung nicht bei der Gewinnung von körperlichen Gegenständen enden.

---

[464] Siehe § 9.

[465] So wohl *Ballerstedt*, in: FS Schilling, S. 296.

Grundlegend für das Unternehmen ist die Erreichung eines wirtschaftlichen Zwecks, also die Gewinnerzielung. Diese wird durch den Absatz der körperlichen Gegenstände am Markt erreicht.[466] Hierin werden weitere Teile des Unternehmens wie kaufmännisches Personal oder die eingerichtete Vertriebsorganisation einbezogen. An die Stelle der körperlichen Gegenstände tritt am Ende der erzielte Erlös. Bei einer Betrachtung des Unternehmens als am Markt operierende Gesamtheit sind die körperlichen Gegenstände damit nur eine Position im Wirtschaftskreislauf. Als Erzeugnis des Unternehmens i. S. d. § 99 BGB kann man sie hingegen nicht einordnen. Gleiches gilt für die Endprodukte eines produzierenden Unternehmens.[467] Diese sollen am Markt abgesetzt werden und bilden dadurch ebenfalls nur eine Position im Wirtschaftskreislauf.

Die bezeichneten Sachen sind somit als Einzelgegenstände und Vermögenswerte des Unternehmens bereits von der gegenständlichen Herausgabepflicht nach § 346 Abs. 1 BGB erfasst.[468] Als Unternehmensnutzungen könnten deshalb allenfalls die Unternehmenserträge bzw. Gewinne des Unternehmens eingeordnet werden.

a) Gewinne als Nutzungen des Unternehmens

Um zu bestimmen, ob erwirtschaftete Erträge bzw. Gewinne unter den Nutzungsbegriff des BGB zu fassen und damit nach § 346 Abs. 1 BGB herauszugeben sind, sollte vorerst das Verständnis des Begriffs Ertrag bzw. Gewinn geklärt werden.

Insbesondere im Handelsrecht knüpft das Gesetz an den Begriff des Gewinns an. Dies gilt bspw. für die Gewinnverteilung bei Handelsgesellschaften (§§ 120, 169 HGB) oder den Vorschriften zur Buchführung und Bilanzierung (§§ 238 ff. HGB und §§ 242 ff. HGB). Auch in § 721 BGB a. F. wird der Gewinnbegriff im Zusammenhang mit der Auflösung und in § 718 BGB n. F. für die Gewinnverteilung bei der GbR verwendet.

Trotz der Verwendung im Gesetz besteht ein einheitlicher Gewinnbegriff in Rechts- und Wirtschaftswissenschaft nicht.[469] Gemeinhin versteht man

---

466 Vgl. auch *Ballerstedt*, in: FS Schilling, 289 (296), der aber etwaige körperliche Gegenstände als Unternehmensnutzungen einordnet.

467 *Büdenbender*, Grundlagen, S. 45.

468 Vgl. dazu auch E. I. 2.).

469 Vgl. *Ballerstedt*, in: FS Schilling, 289 (294); *Rupietta*, Rückabwicklung unwirksamer Unternehmenskaufverträge, S. 233.

unter Gewinn den Überschuss der Erträge über die Aufwendungen.[470] An diesen allgemeinen Gewinnbegriff sollte für die hier zu behandelnde Problematik der Nutzungsherausgabe ebenfalls angeknüpft werden.[471]

aa) Entsprechende Einordnung der Gewinne als Nutzungen

Eine entsprechende Einordnung von Gewinnen als Nutzungen i. S. d. § 100 BGB ist weitgehend in der Literatur und auch von der Rechtsprechung anerkannt.[472]

Teilweise – insbesondere im bereicherungsrechtlichen Kontext – wird dem entgegengehalten, dass es sich bei entnommenen Gewinnen weder um Sach- oder Rechtsfrüchte noch um Gebrauchsvorteile handele.[473] Der Grund hierfür sei, dass entnommen Gewinne dem commodum ex negotiatione (Vorteile aus rechtsgeschäftlicher Tätigkeit oder rechtsgeschäftlicher Verwertung einer Sache) näher stünden, als Nutzungen.[474] Dieser Ansicht kann entgegengehalten werden, dass die Gewinne aus unternehmerischer Tätigkeit nicht durch die Verwertung des Unternehmens als Gesamtheit erzielt werden.[475] Das Unternehmen bleibt vielmehr in der Hand des Unternehmensträgers. Die Gewinne werden indes durch eine rechtsgeschäftliche Verwertung einzelner Vermögenswerte des Unternehmens, wie Produkte und Dienstleistungen, erzielt.

Zusätzlich wird gegen die Einordnung von Gewinnen als Nutzungen i. S. d. § 100 BGB vorgebracht, dass es sich nicht um Sach- und Rechtsfrüchte oder Gebrauchsvorteile einer Sache oder eines Rechts handele, da das wirtschaftliche Unternehmen weder eine Sache noch ein Recht sei.[476] Dieser

---

470 *Döring/Brösel*, Einführung in die Betriebswirtschaftslehre, S. 636 ff.; *Ballerstedt*, in: FS Schilling, 289 (294 f.).

471 So auch *Rupietta*, Rückabwicklung unwirksamer Unternehmenskaufverträge, S. 233 f.

472 BGHZ 63, 365 (367 ff.); BGH, NJW 1978, 1578; BGHZ 168, 220 Rn. 46; *Büdenbender*, Grundlagen, S. 44 f; *Rupietta*, Rückabwicklung unwirksamer Unternehmenskaufverträge, S. 237 ff.; *Schwintowski*, JZ 1987, 588 (592); *Thiessen*, Unternehmenskauf und BGB, S. 241.

473 *Canaris*, Handelsrecht, § 8 Rn. 60; *Larenz/Canaris*, SchuldR II, Band 2, § 72 II. 3. c).

474 *Canaris*, Handelsrecht, § 8 Rn. 60; *Larenz/Canaris*, SchuldR II, Band 2, § 72 II. 3. c).

475 So auch *Rupietta*, Rückabwicklung unwirksamer Unternehmenskaufverträge, S. 265.

476 Vgl. *Lorenz*, in: Staudinger BGB, § 818 Rn. 12; *Larenz/Canaris*, SchuldR II, Band 2, § 72 II. 3. c).

Einwand spricht aber nicht direkt gegen eine Einordnung der Gewinne als Nutzungen, sondern verdeutlicht lediglich, dass sorgfältig zu prüfen ist, ob die auf Sachen zugeschnittenen Vorschriften des BGB auf das Unternehmen angewendet werden können.[477]

Für eine Anwendung spricht vor allem die Interessenlage beim Unternehmenskauf. Das Rücktrittsfolgenrecht regelt als Rückabwicklungssystem im engeren Sinn die Zuordnung von Nutzungen.[478] Bei der Rückabwicklung des Unternehmenskaufs ist eine Zuordnung der wirtschaftlichen Vorteile für die Parteien von ebenso großer Bedeutung und damit in deren Interesse, wie wenn es sich beim Rückabwicklungsobjekt um eine Sache oder ein Recht handeln würde.[479] Um diese Zuordnung anhand eines gesetzlichen Rückabwicklungssystems zu ermöglichen und damit die Interessen der Parteien zu wahren, ist die entsprechende Einordnung von Gewinnen als Nutzungen i. S. d. § 100 BGB erforderlich.

bb) Entnahme

Eine Einordnung von Unternehmensgewinnen als herausgabepflichtige Nutzungen wird nur relevant, wenn diese dem Unternehmen entnommen worden sind. Verbleibt der Erlös aus umgesetzten Waren und Dienstleistungen im Unternehmen, wirken sich die Vorgänge nur innerhalb des Unternehmens aus und stellen normale wirtschaftliche Umschichtungsprozesse dar.[480] Es handelt sich dann lediglich um eine Verschiebung von Bilanzposten.[481] Im Unternehmen verbliebene Gewinne sind zudem bereits von der gegenständlichen Herausgabepflicht gemäß § 346 Abs. 1 BGB erfasst.

Die Bestimmung, ob Gewinne entnommen wurden, variiert nach Art des Rechtsträgers. Wird das Unternehmen von einer Gesellschaft betrieben, sind Gesellschaftsvermögen und Unternehmensvermögen identisch.[482] Bei einem Einzelunternehmer muss hingegen zwischen Privatvermögen und

---

[477] Vgl. *Büdenbender*, Grundlagen, S. 45.

[478] Siehe § 4 I. II.

[479] Vgl. *Rupietta*, Rückabwicklung unwirksamer Unternehmenskaufverträge, S. 239.

[480] *Büdenbender*, Grundlagen, S. 44 f.; *Rupietta*, Rückabwicklung unwirksamer Unternehmenskaufverträge, S. 234; *Thiessen*, Unternehmenskauf und BGB, S. 241.

[481] *Thiessen*, Unternehmenskauf und BGB, S. 241.

[482] *K. Schmidt*, Unternehmensrecht I, § 3 Rn. 49.

Unternehmensvermögen unterschieden werden.[483] Eine Entnahme von Gewinnen kann bei einem Einzelunternehmer somit problemlos festgestellt werden, wenn dieser die Gewinne in sein Privatvermögen überführt hat.

Fraglich ist hingegen, wann bei einer Gesellschaft eine Entnahme angenommen werden kann. Soll dies bereits der Fall sein, wenn Gewinne in Gewinnrücklagen der Gesellschaft einbehalten wurden (Thesaurierung)? Oder erst wenn eine Ausschüttung an die Gesellschafter erfolgte?

Aufgrund der Identität von Gesellschafts- und Unternehmensvermögen könnte man eine Entnahme von Gewinnen erst annehmen, wenn diese an die Gesellschafter ausgeschüttet worden sind. Eine solche Beurteilung ist jedoch nicht ganz unproblematisch.

Dies zeigt sich vor allem bei der Rückabwicklung eines Asset Deals, wenn es sich beim Käufer um eine Gesellschaft handelt. Aufgrund der Annahme einer fehlenden Entnahme bei einer Thesaurierung werden die Gewinne nicht als Nutzungen eingeordnet, womit sie nicht nach § 346 Abs. 1 S. 1 BGB herausverlangt werden können. Weiterhin wird durch die Rückabwicklung das Unternehmen als organisatorische Wirtschaftseinheit auf den Verkäufer zurückübertragen. Als Gewinnrücklagen verbleiben die erwirtschafteten Gewinne aber bei der Gesellschaft. Bei einer Einbehaltung der Gewinne in den Gewinnrücklagen könnten diese also weder als Nutzungen herausverlangt werden noch wären sie bei einer Rückgewähr des Unternehmens erfasst.

Anders verhält es sich bei der Rückabwicklung eines Share Deals nach den §§ 346 ff. BGB.[484] Hier muss das Unternehmen zusammen mit seinem Rechtsträger zurückgewährt werden. Folglich werden damit auch als Gewinnrücklagen einbehaltene Gewinne an den Rückgewährgläubiger zurückgewährt. Dieser Unterschied beruht jedoch nicht darauf, dass die thesaurierten Gewinne beim Share Deal grundsätzlich als Nutzungen eingeordnet werden. Vielmehr ergibt sich dieser aus dem Vollzug der Herausgabe, welche sich an den ursprünglichen Leistungen zu orientieren hat. In Bezug auf den Share Deal würde eine Einordnung der Thesaurierung als Nutzungsziehung dazu führen, dass einmal die in die Gewinnrücklage eingestellten Erlöse als Nutzungen herauszugeben wären und dazu auch noch solche Gewinne, die an die Gesellschafter ausgeschüttet worden sind. Dies würde den Eindruck erwecken, dass es bei einem Share Deal zu einem Doppelverkauf

[483] *K. Schmidt*, Unternehmensrecht I, § 3 Rn. 49.

[484] Ausführlich dazu § 5 B.

von Gesellschaftsanteilen und Unternehmen kommt.[485] Die Annahme eines solchen Doppelverkaufs ist jedoch nicht haltbar.[486]

Handelt es sich beim Rückgewährschuldner um eine Gesellschaft, sind eine Entnahme der Gewinne und damit eine Nutzungsziehung folglich erst bei einer Auskehrung der Gewinne anzunehmen. Das Problem einer übermäßigen Thesaurierung und eine damit unterbleibende Nutzungsziehung sind dann über § 347 Abs. 1 S. 1 BGB zu lösen.

b) Umfang der herauszugebenden Nutzungen

Entnommene Gewinne sind also als Nutzungen gemäß § 346 Abs. 1 BGB herauszugeben. Weiterführend ist zu klären, in welchem Umfang diese Herausgabe zu erfolgen hat.

Die Bestimmung des Umfangs stellt sich als unproblematisch dar, wenn der Erwerber des Unternehmens ordnungsgemäß wirtschaftet und das Nutzungspotenzial gleichmäßig ausgeschöpft hat. Entnommene Gewinne sind dann als tatsächlich gezogene Nutzungen in Natur herauszugeben, soweit sie noch vorhanden sind. Sind sie nicht mehr vorhanden, weil sie etwa anderweitig investiert worden sind, ist nach § 346 Abs. 2 BGB Wertersatz zu leisten.[487]

Problematisch gestaltet sich die Situation jedoch, wenn nicht ordnungsgemäß gewirtschaftet wurde und eine Nutzungsziehung unterblieb. Es ist fraglich, ob sich der Rückgewährgläubiger damit abfinden muss oder Wertersatz verlangen kann. Ebenso stellen sich Probleme ein, wenn der Erwerber besonders erfolgreich gewirtschaftet hat und dadurch Nutzungen in einem besonders großen Umfang ziehen konnte. Hier muss geklärt werden, ob die Nutzungen dem Rückgewährgläubiger dann insgesamt zustehen oder ob ein Teil beim Rückgewährschuldner verbleibt. Mit anderen Worten sind eine Unter- sowie eine Obergrenze zu ermitteln.

aa) Untergrenze

Im rücktrittsrechtlichen Rückabwicklungssystem wird die Untergrenze nach § 347 Abs. 1 S. 1 BGB bestimmt. Demnach ist der Rückgewährschuldner

---

485 Ein Doppelverkauf wurde in RGZ 98, 289 (291); RGZ 100, 200 (204) angenommen aber bereits von RGZ 120, 283 (287) wieder verworfen.

486 Siehe § 5 B. I.

487 *Metzger*, in: Erman, Handkommentar zum BGB, § 346 Rn. 31.

zum Wertersatz verpflichtet, wenn er Nutzungen entgegen den Grundsätzen einer ordnungsgemäßen Wirtschaft nicht zieht, obwohl ihm dies möglich wäre. Entscheidend ist hierbei der objektive Maßstab vernünftiger Wirtschaftsführung.[488]

Diese Vorschrift greift jedoch nur bei einem vertraglich vereinbarten Rücktrittsrecht ein. Eine solche vertragliche Regelung dürfte beim Unternehmenskauf kaum anzutreffen sein. Die rücktrittsrechtlichen Vorschriften dürften beim Unternehmenskauf vorrangig im Rahmen der kaufrechtlichen Gewährleistung Anwendung finden.[489]

Ist der Rückgewährschuldner Berechtigter eines gesetzlichen Rücktrittsrechts, wird die Haftung für nicht gezogene Nutzungen nach § 347 Abs. 1 S. 2 BGB gemildert.[490] Er hat dann hinsichtlich der Nutzungen nur für diejenige Sorgfalt einzustehen, die er in eigenen Angelegenheiten anzuwenden pflegt. Ob der Rückgewährschuldner dann für nicht gezogene Nutzungen Ersatz zu leisten hat, bestimmt sich nach seinen individuellen Eigenarten.[491] Damit gilt ein subjektiver Sorgfaltsmaßstab.[492] Dessen Grenze ist, in entsprechender Anwendung des § 277 BGB erst dann überschritten, wenn der Rückgewährschuldner sich nicht mehr so verhält, wie es ganz naheliegt und jedem einleuchtet.[493]

Somit dürfte eine Ersatzpflicht dann eintreten, wenn eine Erzielung von Erträgen ohne nachvollziehbaren Grund unterbleibt. Gleiches gilt, wenn zwar Erträge erzielt werden, diese aber weit hinter dem konkret Möglichen zurückbleiben.[494]

Eine Ersatzpflicht muss ferner auch eintreten, wenn zwar Erträge erzielt werden, die für eine Qualifizierung als Nutzungen erforderliche Entnahme aber ohne nachvollziehbaren Grund unterbleibt. Dies ist nicht der Fall, wenn Gewinne bspw. im Unternehmen belassen werden, um eine Unabhängigkeit

---

[488] *Gaier*, in: MüKo BGB, Band 3, § 347 Rn. 6.
[489] Siehe dazu bereits § 5.
[490] *Gaier*, in: MüKo BGB, Band 3, § 347 Rn. 10.
[491] *Gaier*, in: MüKo BGB, Band 3, § 347 Rn. 12.
[492] *Gaier*, in: MüKo BGB, Band 3, § 347 Rn. 12.
[493] *Gaier*, in: MüKo BGB, Band 3, § 347 Rn. 12.
[494] Abweichend *Kaiser*, in: Staudinger BGB, § 346 Rn. 20, wonach bei keinem oder geringen als den erwartbaren Gewinn trotzdem der übliche Pachtzins gezahlt werden soll, was mit § 347 Abs. 1 Satz 2 BGB wohl kaum vereinbar ist.

von Fremdkapital zu gewährleisten oder die Produktionskapazitäten zu erweitern. Dann wurde die Sorgfalt in eigenen Angelegenheiten gewahrt.

Ein bereits angesprochenes Problemfeld tut sich auf, wenn es sich beim Rückgewährschuldner um eine Gesellschaft handelt und ein übermäßig großer Teil der erwirtschafteten Gewinne als Gewinnrücklagen einbehalten werden.[495]

Da eine Gewinnausschüttung mit einer Entnahme von Gewinnen und damit einer Ziehung von Nutzung gleichzusetzen ist, kann es gemäß § 347 Abs. 1 BGB auch zum Wertersatz wegen nicht gezogener Nutzungen kommen, wenn eine Ausschüttung unterbleibt. Das Bestehen einer solchen Ersatzpflicht ist im Falle eines gesetzlichen Rücktrittsrechts dann nach dem dargelegten subjektiven Maßstab zu bestimmen. Es muss geprüft werden, ob die Thesaurierung nicht mehr dem entspricht, was ganz naheliegt und jedem einleuchtet. Freilich gestaltet sich diese Beurteilung besonders schwierig. Eine Einbehaltung der Gewinne kann der Selbstfinanzierung der Gesellschaft dienen, um diese unabhängiger von Fremdkapital zu machen oder um eine Eigenkapitalgrundlage für neue Geschäfte zu bilden.[496] Diese Gründe werden jedem einleuchten. Ob diese Motive tatsächlich ausschlaggebend waren oder nicht, dürfte aber nur schwer feststellbar sein. Eine Thesaurierung wird deshalb nur in Extremfällen nicht mehr dem entsprechen, was ganz naheliegt und jedem einleuchtet. Das dürfte anzunehmen sein, wenn die Gesellschaft vor Geld „aus allen Nähten platzt"[497] und damit die Grenzen des unternehmerischen Ermessens zweifelsfrei überschritten sind.[498]

In diesem Kontext ist zusätzlich zu bedenken, dass es nur zu einer übermäßigen Thesaurierung kommen wird, wenn keine Regelungen in Bezug auf die Gewinnausschüttung im Gesellschaftsvertrag aufgenommen wurden.[499] Weiterhin ist zu beachten, dass die Gesellschafter oder Aktionäre regelmäßig ein erhebliches Interesse an einer Gewinnausschüttung haben dürften und dementsprechend auf einen entsprechenden Beschluss hinwirken werden.

---

495 Dazu schon § 5 A. III. 1.) a) bb).

496 *Drygala/Staake/Szalai*, Kapitalgesellschaftsrecht, § 14 Rn. 26.

497 *Drygala/Staake/Szalai*, Kapitalgesellschaftsrecht, § 14 Rn. 26.

498 Auch Voraussetzung für die Treuwidrigkeit eines entsprechenden Ergebnisverwendungsbeschlusses nach *Drygala/Staake/Szalai*, Kapitalgesellschaftsrecht, § 14 Rn. 26.

499 Vgl. *Drygala/Staake/Szalai*, Kapitalgesellschaftsrecht, § 14 Rn. 26.

Insgesamt kann § 347 Abs. 1 BGB eine mittelbare Pflicht zur Nutzungsziehung entnommen werden. Durch den subjektiven Sorgfaltsmaßstab des § 347 Abs. 1 S. 2 BGB wird dem Rückgewährschuldner aber ein großer Entscheidungsspielraum zugestanden, wobei seine persönlichen Eigenarten zu beachten sind.

Ein strengerer Maßstab kann erst angesetzt werden, wenn der Rückgewährschuldner Kenntnis vom Rücktrittsgrund erlangt. Dann kann es zu einer Ersatzpflicht für nicht gezogene Nutzungen nach §§ 280 Abs. 1, 241 Abs. 2 BGB kommen.[500] Hier ergibt sich der Maßstab für die Pflicht zur Nutzungsziehung aus den Regeln einer ordnungsgemäßen Wirtschaft (§ 347 Abs. 1 S. 1 BGB).[501] Die Geltung dieses Maßstabs endet erst mit der Rücktrittserklärung.[502]

bb) Obergrenze

Die Eigenschaft des Unternehmens als Mittel zur Ertragserzielung macht zudem eine Begrenzung der Nutzungsherausgabe „nach oben" erforderlich. Insbesondere wenn der Rückgewährschuldner besonders erfolgreich gewirtschaftet hat, fragt sich, ob er die gezogenen Nutzungen insgesamt an den Rückgewährgläubiger herausgeben muss oder ob diese bei ihm verbleiben können.

Die Notwendigkeit einer entsprechenden Begrenzung ergibt sich außerdem aus den Dispositionen der Parteien des Unternehmenskaufvertrages bei Vertragsschluss. Bei Vertragsschluss entscheidet sich der Verkäufer dazu, das Nutzungspotenzial des Unternehmens zu verlieren.[503] Der Käufer trifft spiegelbildlich die Entscheidung, dieses Nutzungspotenzial in sein Vermögen aufzunehmen.[504] Die Parteien disponieren folglich nur bis zur Höhe des Nutzungspotenzials, welches in dem Unternehmen gegenständlich angelegt ist. Wird im Rahmen der Rückabwicklung diese Entscheidung rückgängig gemacht, kann hiervon nur das erfasst sein, was auch Gegenstand der Entscheidung bei Vertragsabschluss war.

---

500 *Kaiser*, in: Staudinger BGB, § 347 Rn. 20; *Metzger*, in: Erman, Handkommentar zum BGB, § 347 Rn. 5.

501 Vertiefend hierzu: *Kaiser*, in: Staudinger BGB, § 347 Rn. 21.

502 *Kaiser*, in: Staudinger BGB, § 347 Rn. 20.

503 Vgl. *Rupietta*, Rückabwicklung unwirksamer Unternehmenskaufverträge, S. 249.

504 Vgl. *Rupietta*, Rückabwicklung unwirksamer Unternehmenskaufverträge, S. 249.

Passend dazu differenziert die Rechtsprechung danach, ob der erzielte Gewinn auf den gegenständlichen Bereich des Unternehmens zurückzuführen ist oder ob die Gewinnerzielung auf den persönlichen Leistungen und Fähigkeiten des Unternehmers beruht.[505] Soweit die erzielten Gewinne einem der beiden Faktoren nicht eindeutig zugeordnet werden können, soll der jeweilige Anteil durch Schätzung nach § 287 Abs. 2 ZPO ermittelt werden.[506]

Dass eine zuverlässige Abgrenzung erhebliche Schwierigkeiten bereitet, drängt sich geradezu auf. Deshalb wird beim bereicherungsrechtlichen Rückabwicklungssystem der Ansatz verfolgt, nur die bei ordnungsgemäßer Wirtschaft zu ziehenden Nutzungen der Herausgabepflicht zu unterwerfen.[507] Demnach ist die Nutzungsziehung, die über das Maß einer ordnungsgemäßen Wirtschaft hinausgeht, auf besondere persönliche Fähigkeiten oder besonderen Einsatz des Unternehmers zurückzuführen und somit nicht herausgabepflichtig.[508] Dem ist im Grundsatz zuzustimmen. Wer ein Unternehmen ordnungsgemäß bewirtschaftet, nutzt das gegenständlich im Unternehmen angelegte Nutzungspotenzial voll aus. Werden darüber hinaus Gewinne generiert, kann dies nur auf den persönlichen Einsatz und die Fähigkeiten des Rückgewährschuldners zurückzuführen sein. Zudem kann damit ein Ausgleich dafür herbeigeführt werden, dass Wertsteigerungen grundsätzlich dem Rückgewährgläubiger zugutekommen. Eine Wertsteigerung des Unternehmens wird sich häufig in der verstärkten Generierung von Gewinnen manifestieren.

Um den Maßstab der ordnungsgemäßen Wirtschaft weiter zu konkretisieren und dadurch die Zuweisung der entnommenen Gewinne weiter zu präzisieren, bietet es sich an, den Maßstab der Sorgfalt eines ordentlichen Geschäftsmannes bzw. eines ordentlichen und gewissenhaften Geschäftsleiters heranzuziehen.

Dieser Sorgfaltsmaßstab ist – in verschiedenen Formulierungen – in den § 43 Abs. 1 GmbHG und § 93 Abs. 1 S. 1 AktG zu finden.[509] Er umfasst insbesondere die Pflicht zur ordnungsgemäßen Unternehmensleitung, wobei

505 BGH, NJW 1978, 1578; BGHZ 168, 220 Rn. 46.

506 BGH, NJW 1978, 1578; BGHZ 168, 220 Rn. 48.

507 *Rupietta,* Rückabwicklung unwirksamer Unternehmenskaufverträge, S. 249 ff.

508 *Rupietta,* Rückabwicklung unwirksamer Unternehmenskaufverträge, S. 249 f.

509 Diese unterschiedlichen Formulierungen sind aber gleichzusetzen, siehe *Altmeppen,* in: Altmeppen, GmbHG, § 43 Rn. 3.

ein gerichtlich nicht überprüfbarer Ermessensspielraum zugebilligt wird (Business Judgment Rule).[510] Der Maßstab richtet sich u. a. nach der Art und Größe des Unternehmens und nach dem durch aktuelle konjunkturelle Entwicklungen beeinflussten wirtschaftlichen Umfeld.[511] Damit wird zum einen ein objektiver Mindeststandard festgelegt, zum andern aber der Individualität eines jeden Unternehmens und dem Einfluss des Marktes Rechnung getragen. Mit der Einräumung eines Ermessensspielraums werden außerdem die Besonderheiten unternehmerischer Entscheidungsfindung beachtet.

Ein ordentlicher und gewissenhafter Geschäftsleiter wird das gegenständliche Nutzungspotenzial des Unternehmens unter Beachtung des aktuellen Marktgeschehens voll ausschöpfen. Werden Gewinne generiert und entnommen und damit Nutzungen gezogen, die über dem liegen, was ein ordentlicher Geschäftsmann gezogen hätte, geht die Nutzungsziehung über das Maß einer ordnungsgemäßen Wirtschaftsführung hinaus. Diese Nutzungen bzw. Gewinne beruhen auf den besonderen persönlichen Fähigkeiten des Rückgewährschuldners und sind dann nicht mehr von der Herausgabepflicht des § 346 Abs. 1 BGB erfasst.

Diesem Ansatz könnte man die Bedenken entgegenhalten, dass es sich bei der Sorgfalt eines ordentlichen Geschäftsmannes um einen Verschuldensmaßstab handelt.[512] Das gesamte Rücktrittsfolgenrecht ist hingegen verschuldensunabhängig ausgestaltet.[513] Mit dem hier gewählten Ansatz wird aber nicht das Ziel verfolgt, dem Rückgewährschuldner bestimmte Pflichten aufzuerlegen, bei deren Verletzung eine Ersatzpflicht ausgelöst wird. Vielmehr soll die in § 346 Abs. 1 BGB angelegte Zuordnung von Nutzungen angesichts der Besonderheiten des Rückgewährobjektes Unternehmen weiter konkretisiert werden. Hierfür werden die zur Sorgfalt eines ordentlichen Geschäftsmannes entwickelten Grundsätze herangezogen.

cc) Zwischenergebnis

Im rücktrittsrechtlichen Rückabwicklungssystem können Unregelmäßigkeiten bei der Nutzungsziehungsziehung durch die ermittelten Ober- und

---

510 *Kleindiek*, in: Lutter/Hommelhoff, GmbHG, § 43 Rn. 12 ff.

511 *Hölters*, in: Hölters, Aktiengesetz, § 93 Rn. 24.

512 Vgl. *Ziemons*, in: Michalski GmbHG, § 43 Rn. 408.

513 Vgl. *Schall*, in: BeckOGK BGB, Stand: 01.08.2024, § 346 Rn. 326.

Untergrenzen reguliert werden. Ein Unterlassen der Nutzungsziehung kann – unter Beachtung des § 347 Abs. 1 S. 2 BGB – nicht auf den Rückgewährgläubiger abgewälzt werden, es kommt vielmehr zu einer Wertersatzpflicht. Durch den subjektiven Sorgfaltsmaßstab kann der Rückgewährschuldner bei der Nutzungsziehung aber einen großen Entscheidungsspielraum nutzen.

Übersteigen die entnommenen Gewinne und damit die gezogenen Nutzungen dem, was dem Maß einer ordnungsgemäßen Wirtschaft entspricht, stehen diese dem Rückgewährschuldner zu. Wann das Maß einer ordnungsgemäßen Wirtschaft überschritten ist, kann anhand der Sorgfalt eines ordentlichen und gewissenhaften Geschäftsleiters bestimmt werden.

c) Wertmäßige Erfassung

Nachdem es gelungen ist, den Anspruch auf Nutzungsherausgabe beim Unternehmen inhaltlich auszufüllen und zu begrenzen, muss weiterhin geklärt werden, wie der Anspruch auf Nutzungsherausgabe wertmäßig zu erfassen ist.

Hat der Rückgewährschuldner dem Unternehmen Gewinne entnommen, sind diese noch in seinem Vermögen vorhanden und klar als solche identifizierbar, müssen sie nach § 346 Abs. 1 BGB herausgegeben werden. Diese Konstellation wird aber nur in den seltensten Fällen anzutreffen sein. Vielmehr werden die Gewinne nicht mehr im Vermögen des Schuldners vorhanden bzw. klar identifizierbar sein, womit Wertersatz geschuldet wird. Hierbei kann, sofern die Nutzungsüberlassung nicht ausnahmsweise als Hauptleistung vertraglich geschuldet wurde, nicht auf § 346 Abs. 2 S. 2 BGB und damit die vertraglich vereinbarte Gegenleistung zurückgegriffen werden.[514] Maßgeblich sind vielmehr die objektiven Wertverhältnisse.[515]

Des Weiteren kann es auch dazu kommen, dass bestimmt werden muss, welcher Anteil am Gewinn dem Rückgewährschuldner zusteht. Dann muss der Wert der Nutzungen bestimmt werden, die im Rahmen ordnungsgemäßer Wirtschaft gezogen worden sind. Eine wertmäßige Erfassung ist also unerlässlich.

Eine wertmäßige Erfassung durch die zeitanteilige lineare Wertminderung, wie sie für Gegenstände des Alltags vorgesehen ist, scheidet beim

---

[514] Vgl. *Jagersberger*, Die Haftung des Verkäufers beim Unternehmenskauf, S. 311 f.
[515] *Jagersberger*, Die Haftung des Verkäufers beim Unternehmenskauf, S. 312.

Unternehmen grundsätzlich aus, da dieses keiner messbaren Abnutzung unterliegt und sein Wert mit Zeitablauf häufig eher ansteigt.[516]

Deshalb solle der Wert anhand der „[...] fiktiven Miete oder Pacht für einen gleichartigen Gegenstand [...]“[517] berechnet werden.[518] Ein solches Vorgehen mag für Branchen, in denen eine Verpachtung von Unternehmen üblich ist, aufgrund einfach verfügbarer Vergleichswerte sinnvoll und kostengünstig sein.[519] In Branchen, wo dies nicht der Fall ist, ist eine entsprechende Wertermittlung mangels Vergleichswerte hingegen kaum zu bewältigen.[520]

Es muss vielmehr ein Ansatzpunkt gewählt werden, mit dem die individuelle Fähigkeit eines Unternehmens, Erträge zu erwirtschaften, objektiv beziffert werden kann. Dieser Ansatz liegt im objektivierten Ertragswert des Unternehmens.[521]

Hierbei geht es nicht um die Bewertung des Unternehmens, sondern um die wertmäßige Erfassung erzielbarer Erträge. Deshalb darf nicht der nach der Ertragswertmethode berechnete Unternehmenswert herangezogen werden, welcher sich aus dem Ertragswert des betriebsnotwendigen Vermögens und dem Liquidationswert (bzw. Ertragswert) des nicht betriebsnotwendigen Vermögens ergibt.[522] Maßgeblich ist vielmehr der isolierte objektivierte Ertragswert für den Zeitraum, in dem der Rückgewährschuldner das Unternehmen tatsächlich genutzt hat.[523] Es geht also um den im Rahmen des Ertragswertverfahrens ermittelten Zukunftsgewinn, der den „normalen“ Erfolg bei „normaler“ Unternehmerleistung abbilden soll.[524]

---

[516] Vgl. hierzu nur *Gaier*, in: MüKo BGB, Band 3, § 346 Rn. 85; *Metzger*, in: Erman, Handkommentar zum BGB, § 346 Rn. 33 f.

[517] *Metzger*, in: Erman, Handkommentar zum BGB, § 346 Rn. 34.

[518] Vgl. hierzu *Gaier*, in: MüKo BGB, Band 3, § 346 Rn. 86; *Metzger*, in: Erman, Handkommentar zum BGB, Rn. 34 m. w. Nw.

[519] *Keil*, Fehlerhafte Unternehmenskäufe, S. 231; *Rupietta*, Rückabwicklung unwirksamer Unternehmenskaufverträge, S. 249.

[520] Vgl. *Rupietta*, Rückabwicklung unwirksamer Unternehmenskaufverträge, S. 249.

[521] So auch *Thiessen*, in: MüKo HGB, Band 1, Anh. § 25, Rn. 50; *K. Schmidt*, Unternehmensrecht I, § 5 Rn. 82; *Rupietta*, Rückabwicklung unwirksamer Unternehmenskaufverträge, S. 266 f.; *Schwintowski*, JZ 1987, 588 (593).

[522] Zur Ertragswertmethode *Böcking/Nowak*, in: Fleischer/Hüttemann, Rechtshandbuch Unternehmensbewertung, Rn. 4.30 ff.

[523] Vgl. *Rupietta*, Rückabwicklung unwirksamer Unternehmenskaufverträge, S. 267.

[524] Vgl. *Döring/Brösel*, Einführung in die Betriebswirtschaftslehre, S. 520.

Dafür müssen die finanziellen Ergebnisse des Unternehmens in den letzten Jahren kritisch betrachtet werden.[525] Diese „Vergangenheitsanalyse“[526] muss den Zeitraum erfassen, in dem der Rückgewährschuldner das Unternehmen noch nicht genutzt hat. Im Idealfall liefert die Vergangenheitsanalyse verschiedene Faktoren, wie die bereinigten finanziellen Ergebnisse der letzten Jahre, die wesentlichen Einflussgrößen für die zukünftige Ertragsentwicklung und Faktoren, die den zukünftigen Unternehmenserfolg nachhaltig beeinflussen können.[527] Zusätzlich muss für eine objektivierte Prognose der zukünftigen Erträge das Unternehmenskonzept beachtet werden, welches im Betrachtungszeitraum der Vergangenheitsanalyse bestanden hat.[528]

Auf Grundlage dieser Werte können die zukünftig zu erzielenden Erträge bestimmt werden, welche noch auf die Zeit der tatsächlichen Nutzung durch den Rückgewährschuldner umgerechnet werden müssen.[529] So kann der Wert der Nutzungen ermittelt werden, die im Rahmen ordnungsgemäßer Wirtschaft gezogen werden konnten und damit auf dem gegenständlichen Bereich des Unternehmens beruhen.

d) Zusammenfassung

Bei der Rückabwicklung eines Unternehmenskaufvertrags auf Basis des Rücktrittsfolgenrechts sind die entnommenen Gewinne als Nutzungen des Unternehmens herauszugeben.

Ein Unterlassen der Nutzungsziehung oder eine nur sehr geringe Nutzungsziehung entgegen den bestehenden Möglichkeiten wird durch die von § 347 Abs. 1 BGB festgelegte Untergrenze reguliert. Der Rückgewährgläubiger kann nur solche Nutzungen heraus bzw. ersetzt verlangen, die auf dem gegenständlichen Bereich des Unternehmens beruhen. Um eine zuverlässige Zuordnung der Gewinne zu ermöglichen, kann auf den Maßstab der Sorgfalt

---

525 *Böckin/Nowak*, in: Fleischer/Hüttemann, Rechtshandbuch Unternehmensbewertung, Rn. 4.37.

526 *Böckin/Nowak*, in: Fleischer/Hüttemann, Rechtshandbuch Unternehmensbewertung, Rn. 4.37.

527 *Böckin/Nowak*, in: Fleischer/Hüttemann, Rechtshandbuch Unternehmensbewertung, Rn. 4.37.

528 *Böckin/Nowak*, in: Fleischer/Hüttemann, Rechtshandbuch Unternehmensbewertung, Rn. 4.40.

529 Vgl. *Rupietta*, Rückabwicklung unwirksamer Unternehmenskaufverträge, S. 267.

eines ordentlichen und gewissenhaften Geschäftsleiters zurückgegriffen werden. Liegen die entnommenen Gewinne über dem, was ein ordentlicher und gewissenhafter Geschäftsleiter dem Unternehmen entnommen hätte, müssen sie beim Rückgewährschuldner verbleiben.

Die wertmäßige Erfassung der herauszugebenden bzw. zu ersetzenden Nutzungen erfolgt anhand des objektivierten Ertragswertes.

2.) Ersatz der Gewinnungskosten (§ 102 BGB)

Nach § 102 BGB kann derjenige, der Früchte gezogen hat und diese herausgeben muss, unter bestimmten Umständen Ersatz für seine Gewinnungskosten verlangen. Im Hinblick auf die Rückabwicklung des Unternehmenskaufs wird der Vorschrift zum Teil das Potenzial zugeschrieben, dem Rückgewährschuldner eine Gegenrechnung zu ermöglichen, in der verschiedene Kostenpositionen von Produktionskosten bis zu hin zu Fremdkapitalkosten eingestellt werden sollen.[530]

Demnach sind als Kosten der Fruchtgewinnung, „[...] nicht nur die unmittelbaren Produktions-, Absatz- oder Werbungskosten zu beachten, sondern es gehören dazu auch Gemeinkosten, z. B. Ausgaben, die der Bereicherungsschuldner für Marktanalysen oder die Abwehr wettbewerbswidriger Angriffe der Konkurrenz gehabt hat. [...] Auch Fremd- oder Eigenkapitalkosten gehören [...] zu den Kosten i.S. des § 102."[531]

Ob man dem § 102 BGB im Rahmen der Rückabwicklung des Unternehmenskaufs solch eine ausgeprägte Bedeutung beimessen will, hängt entscheidend von dem Verständnis des Gewinnbegriffes und folglich dem Nutzungsbegriff ab. Nach dem hier verwendeten allgemeinen Verständnis wird unter Gewinn der Überschuss der Erträge über die Aufwendungen gefasst. Greift man zur näheren Betrachtung auf ein betriebswirtschaftliches Verständnis zurück, sind unter den zur Ermittlung des Gewinns abzuziehenden Aufwendungen bereits Positionen wie Personalaufwand, Materialaufwand oder Energieaufwand zu berücksichtigen.[532] Würden solche im

530 So *Ballerstedt*, in: FS Schilling, 289 (298); ansatzweise auch *Lorenz*, in: Staudinger BGB, § 818 Rn. 12.

531 *Ballerstedt*, in: FS Schilling, 289 (298).

532 Vgl. *Döring/Brösel*, Einführung in die Betriebswirtschaftslehre, S. 637.

Zusammenhang zum Kerngeschäft stehenden Kosten nochmals im Rahmen von § 102 BGB beachtet werden, könnte der Rückgewährschuldner diese doppelt in Abzug bringen. Ein solcher Vorteil wäre nicht zu rechtfertigen.

Etwas anderes gilt im Hinblick auf den Einsatz von Faktoren des Unternehmers. Betriebswirtschaftlich handelt es sich bei entgangenen Erträgen aufgrund des Einsatzes von Faktoren des Unternehmers, wie bspw. bei Arbeitskraft, Eigenkapital und Räumlichkeiten um Zusatzkosten, die im Aufwand nicht berücksichtigt sind.[533] Somit müssen diese Positionen gesondert in Abzug gebracht werden. Da diese durch die entgangenen Erträge erzeugten Zusatzkosten nicht eindeutig im Rahmen des Aufwendungsersatzes[534] erfasst werden können, sollten kalkulatorische Eigenkapitalzinsen, ein kalkulatorischer Unternehmerlohn und eine kalkulatorische Miete im Rahmen von § 102 BGB beachtet werden, sofern diese Zusatzkosten tatsächlich angefallen sind. Soweit diese einer ordnungsmäßigen Wirtschaft entsprechen und den Wert des Gewinns nicht übersteigen, können sie in eine Gegenrechnung zum Nutzungsherausgabeanspruch eingestellt werden. Das gilt aber nur, soweit diese Positionen nicht schon im Rahmen der wertmäßigen Erfassung der herauszugebenden Nutzungen berücksichtigt worden sind.

3.) Aufwendungen

Nach § 347 Abs. 2 S. 1 BGB kann der Rückgewährschuldner Ersatz für notwendige Verwendungen verlangen. Sonstige Aufwendungen kann er gemäß § 347 Abs. 2 S. 2 BGB ebenfalls ersetzt verlangen, wenn der Rückgewährgläubiger durch diese bereichert ist.

Der Begriff der Aufwendungen wird weiter gefasst als der Verwendungsbegriff.[535] Verwendungen sind lediglich ein Unterfall der Aufwendungen.[536]

Hier ist wieder sorgfältig zu prüfen, wie die auf Sachen zugeschnittene Vorschrift des § 347 Abs. 2 BGB auf den Unternehmenskauf anzuwenden ist.[537]

---

533 *Döring/Brösel*, Einführung in die Betriebswirtschaftslehre, S. 640.
534 Siehe zum Aufwendungsersatz § 5 A. III. 3.).
535 *Gaier*, in: MüKo BGB, Band 3, § 347 Rn. 21.
536 *Gaier*, in: MüKo BGB, Band 3, § 347 Rn. 21.
537 Vgl. *Büdenbender*, Grundlagen, S. 45.

a) Aufwendungsbegriff

Ebenso wie bei den Nutzungen muss vorerst geklärt werden, was vom Begriff der Aufwendungen bzw. Verwendungen erfasst wird, wenn es sich beim Rückgewährobjekt um ein wirtschaftliches Unternehmen handelt.

Aufwendungen auf das Unternehmen können nur angenommen werden, wenn dem Unternehmen Bar- oder Sachmittel zugeführt werden, die ihm selbst nicht entnommen wurden.[538] Werden hingegen Mittel zugeführt, welche aus dem Unternehmen selbst stammen, handelt es sich lediglich um eine Verschiebung von Bilanzposten. Im Ergebnis werden dann nur Positionen im Wirtschaftskreislauf des Unternehmens ausgetauscht und verschoben, womit solche Vorgänge nicht als Tätigung von Aufwendungen eingeordnet werden können.[539]

Eine Parallele zum Verständnis des Nutzungsbegriffs wird deutlich, wo die Herauslösung von Gewinnen aus dem unternehmensinternen Wirtschaftskreislauf ebenfalls Voraussetzung für die Einordnung als Nutzungen ist.[540] Für die Einordnung von Investitionsmitteln als Aufwendungen ist folglich deren Herkunft entscheidend.

Die Tätigung von Vermögensaufwendung wird vor allem dann stattfinden, wenn das Unternehmen seine Ertragsfähigkeit zu verlieren droht und Maßnahmen nötig werden, um dieses Szenario abzuwenden. Außerdem wird es zu einer Durchführung von Investitionen kommen, wenn die Ertragsfähigkeit durch bestimmte Maßnahmen gesteigert werden soll. Zusammenfassend kann es zu einer Zuführung von Bar- oder Sachmittel zur Aufrechterhaltung oder Ertragssteigerung des Unternehmens kommen.[541]

Weiterhin wird der Rückgewährschuldner versuchen wollen, die Kosten für die Vertragsvorbereitung und -durchführung sowie die Kosten für die Rückabwicklung ersetzt zu bekommen.[542]

---

538 So auch *Rupietta*, Rückabwicklung unwirksamer Unternehmenskaufverträge, S. 282; *Büdenbender*, Grundlagen, S. 45; *Thiessen*, Unternehmenskauf und BGB, S. 241.

539 Abweichend *Ballerstedt*, im: FS Schilling, 298 (301 f.).

540 Siehe § 5 A. III. 1.) a) bb).

541 Siehe dazu auch *Rupietta*, Rückabwicklung unwirksamer Unternehmenskaufverträge, S. 271.

542 Ähnliche Abzugsposten bei *Rupietta*, Rückabwicklung unwirksamer Unternehmenskaufverträge, S. 289 ff.

Beim Rückgewährobjekt Unternehmen fragt sich damit, ob eine Einordnung dieser Positionen in die gesetzliche Konzeption möglich ist.

b) Notwendige Verwendungen

Nach § 347 Abs. 2 BGB kann der Rückgewährschuldner den Ersatz der notwendigen Verwendungen verlangen, wenn er den Gegenstand zurückgibt, Wertersatz leistet oder die Wertersatzpflicht nach § 346 Abs. 3 Nr. 1 oder 2 BGB ausgeschlossen ist. Der Rückgewährschuldner hat also unmittelbar einen Anspruch auf den Ersatz notwendiger Verwendungen.[543]

Verwendungen sind solche Vermögensaufwendungen, die der zurückzugebenden Sache zugutekommen.[544] Notwendig sind einmal Verwendungen, die der Erhaltung, Verbesserung oder Wiederherstellung der Sache und nicht ausschließlich den Sonderzwecken des Rückgewährschuldners dienen („notwendig, weil substanzerhaltend“[545]).[546] Dazu sind auch solche Verwendungen notwendig, ohne die der Leistungsgegenstand nicht genutzt werden kann („notwendig, weil nutzungsermöglichend“[547]).[548] Maßgeblich ist, ob dem Rückgewährgläubiger Aufwendungen erspart gebliebenen sind, die er aufgrund des Zustands der Sache und deren Bewirtschaftung hätte übernehmen müssen, wenn er Besitzer (und Eigentümer) der Sache geblieben wäre.[549] Notwendige Verwendungen sind auch dann zu ersetzen, wenn sie erfolglos sind oder der Wert der Sache nicht dauerhaft gesteigert wird.[550]

aa) Sachändernde Verwendungen

Vermögensaufwendungen, welche die Sache grundlegend verändern, werden von der Rechtsprechung nicht als Verwendungen erfasst (sog. „sachändernde Verwendungen“[551] oder „Umgestaltungsaufwendungen“[552]).[553]

---

543 *Gaier*, in: MüKo BGB, Band 3, § 347 Rn. 14.
544 *Kaiser*, in: Staudinger BGB, § 347 Rn. 24.
545 *Kaiser*, in: Staudinger BGB, § 347 Rn. 26.
546 *Kaiser*, in: Staudinger BGB, § 347 Rn. 26.
547 *Kaiser*, in: Staudinger BGB, § 347 Rn. 29.
548 *Gaier*, in: MüKo BGB, Band 3, § 347 Rn. 19; *Kaiser*, in: Staudinger BGB, § 347 Rn. 29.
549 *Gaier*, in: MüKo BGB, Band 3, § 347 Rn. 19; *Kaiser*, in: Staudinger BGB, § 347 Rn. 26.
550 *Gaier*, in: MüKo BGB, Band 3, § 347 Rn. 19; *Kaiser*, in: Staudinger BGB, § 347 Rn. 23.
551 *Kaiser*, in: Staudinger BGB, § 347 Rn. 24.
552 *Gaier*, in: MüKo BGB, Band 3, § 347 Rn. 18.
553 BGHZ 10, 171 (177 ff.); BGHZ 41, 157 (160 ff.).

Diese Rechtsprechung, welche sich insbesondere mit der Errichtung von Gebäuden auf unbebauten Grundstücken zu beschäftigen hatte, sieht eine grundlegende Veränderung als gegeben an, wenn die Sache fortan für einen anderen Zweck genutzt wird, welchem sie bis dahin nicht diente.[554] Somit ist die Änderung des Nutzungszwecks das maßgebliche Kriterium für die Annahme einer grundlegenden Veränderung.

Bezieht man dies auf die Rückabwicklung eines Unternehmenskaufvertrages, würde es auf die Änderung des Nutzungszwecks und nicht auf einen Identitätswechsel des Unternehmens ankommen.

Der Zweck, für den das wirtschaftliche Unternehmen genutzt wird, ist stets die Ertragserzielung.[555] Dem Unternehmen werden Vermögenswerte zugeführt, um seine Ertragsfähigkeit und damit seinen Nutzungszweck zu erhalten oder noch effektiver erreichen zu können. Selbst wenn es zu Umgestaltungen oder Veränderungen am Unternehmen kommt, bleibt der Nutzungszweck gleich. „Sachändernde Verwendung"[556] oder „Umgestaltungsaufwendungen"[557] nach dem Verständnis der Rechtsprechung kommen beim Unternehmen somit nicht vor.

bb) Notwendigkeit

Eine Notwendigkeit von Verwendungen für dem Erhalt der Sachsubstanz („notwendig, weil substanzerhaltend"[558]) kommt beim Unternehmen nicht in Betracht, da hier eine der Sachsubstanz vergleichbare einheitlich körperliche Substanz fehlt.[559] Indes sind aber solche Verwendungen notwendig, ohne die der Leistungsgegenstand nicht genutzt werden kann („notwendig, weil nutzungsermöglichend"[560]).[561]

Hierbei ist umstritten, ob ein objektiver Maßstab der üblichen Nutzung oder der Maßstab vertragsgemäßer Nutzung herangezogen werden soll.[562]

---

554 BGHZ 10, 171 (178); BGHZ 41, 157 (160 ff.).

555 Vgl. *Weber*, in: Handbuch Unternehmenskauf, Rn. 9.83; *Larisch*, Gewährleistungshaftung, S. 95.

556 *Kaiser*, in: Staudinger BGB, § 347 Rn. 24.

557 *Gaier*, in: MüKo BGB, Band 3, § 347 Rn. 19.

558 *Kaiser*, in: Staudinger BGB, § 347 Rn. 26.

559 Vgl. § 2 A.

560 *Kaiser*, in: Staudinger BGB, § 347 Rn. 29.

561 *Gaier*, in: MüKo BGB, Band 3, § 347 Rn. 19; *Kaiser*, in: Staudinger BGB, § 347 Rn. 29.

562 Überblick zum Streitstand bei *Kaiser*, in: Staudinger BGB, § 347 Rn. 29 ff.

Bei einem wirtschaftlichen Unternehmen besteht sowohl die übliche Nutzung als auch die vertragsgemäße Nutzung in der Erzielung von Erträgen. Verwendungen zur Aufrechterhaltung des Unternehmens sind somit als notwendig einzuordnen, da ohne sie das Unternehmen seine Ertragsfähigkeit einbüßt und folglich nicht mehr genutzt werden kann.[563] Als notwendige Verwendungen sind solche Mittel auch ersatzfähig, wenn sie ihr Ziel letztlich nicht erreicht haben.

Damit ist aber noch nicht geklärt, wie Bar- und Sachmittel einzuordnen sind, welche dem Unternehmen zugeführt worden sind, um die Ertragserzielung zu steigern, das Unternehmen also weiterentwickeln oder ausbauen sollen. Teilweise werden diese ebenfalls als notwendige Verwendungen eingeordnet, da die Gewinnerzielung immer vertragsgemäß sei.[564] Außerdem könnte man diese Investitionen als ein Äquivalent zur Verbesserung einer Sache sehen.

Dem muss jedoch entgegengehalten werden, dass die Ertragserzielung die übliche Nutzung und regelmäßig auch die vertraglich vereinbarte Nutzung darstellt, die Steigerung der Ertragsfähigkeit hingegen nicht. Auch ohne eine Zuführung von Mitteln zur Steigerung der Ertragsfähigkeit kann das Unternehmen Erträge erzielen und damit genutzt werden. Deshalb hätte der Rückgewährgläubiger Investitionen zur Ertragssteigerung auch nicht zwingend übernehmen müssen, wenn er das Unternehmen nicht übertragen hätte. Alle Vermögenswerte, die nicht mehr aufgewendet werden, um die Ertragsfähigkeit des Unternehmens zu erhalten, sondern zu steigern, sind folglich nicht notwendig.

c) Sonstige Aufwendungen

Gemäß § 347 Abs. 2 S. 2 BGB kann der Rückgewährschuldner auch den Ersatz anderer Aufwendungen verlangen, soweit der Rückgewährgläubiger dadurch bereichert ist. Im Unterschied zu den Verwendungen müssen die sonstigen Aufwendungen dem Leistungsgegenstand nicht zugutekommen und müssen auch nicht dessen Erhaltung, Verbesserung oder Wiederherstellung dienen.[565]

---

563 So auch *Kaiser*, in: Staudinger BGB, § 347 Rn. 33.

564 *Kaiser*, in: Staudinger BGB, § 347 Rn. 33.

565 *Gaier*, in: MüKo BGB, Band 3, § 347 Rn. 22.

Somit könnte ein Ersatz für die Investitionen zur Ertragssteigerung des Unternehmens nach § 347 Abs. 2 S. 2 BGB verlangt werden. Weitere Voraussetzung ist jedoch, dass die Aufwendungen zu einer Bereicherung des Rückgewährgläubigers geführt haben.

Eine Bereicherung ist einmal dann gegeben, wenn sich der Wert des Leistungsgegenstandes im Zeitpunkt der Rückgewähr durch die Aufwendungen gesteigert hat.[566] Zusätzlich liegt eine Bereicherung vor, wenn der Rückgewährschuldner durch die Aufwendungen höhere Nutzungen aus dem Leistungsgegenstand ziehen konnte, was sich durch eine Erhöhung des Nutzungsherausgabeanspruchs ausdrückt.[567] In Bezug auf das Unternehmen wäre also eine mögliche Wertsteigerung zu prüfen. Bei der Zuführung von Mitteln zur Ertragssteigerung des Unternehmens wird sich die Bereicherung jedoch eher durch die erhöhte Entnahme von Gewinnen und den damit erhöhten Nutzungsherausgabeanspruch manifestieren.[568]

Der Rückgewährgläubiger muss dem Rückgewährschuldner seine Aufwendungen nur ersetzen, wenn er davon profitiert. Hat der Rückgewährschuldner in das Unternehmen investiert, um seine Ertragsfähigkeit zu steigern, ohne dass sein Einsatz aber zu einem Erfolg geführt hat, so kann er seine nutzlosen Aufwendungen auch nicht auf die andere Partei abwälzen. Der Rückgewährschuldner trägt somit das Risiko seiner unternehmerischen Entscheidungen zur Erweiterung oder Ausbau des Unternehmens.

Dieses Ergebnis ist auch deshalb gerechtfertigt, weil der Rückgewährschuldner – jedenfalls bis zur Kenntnis des Rücktrittsgrundes – entsprechend einem Eigentümer – im Umgang mit dem Unternehmen völlig frei sein muss.[569] Im Umkehrschluss muss er dann auch das Risiko fehlerhafter unternehmerischer Entscheidungen selbst tragen, sofern die Investition zur Steigerung der Ertragsfähigkeit erfolgt.[570]

Vertragskosten sind dem Rückgewährschuldner ebenfalls zu ersetzen, soweit tatsächlich herausgabepflichtige Nutzungen erwirtschaftet worden

---

[566] *Gaier*, in: MüKo BGB, Band 3, § 347 Rn. 23; *Kaiser*, in: Staudinger BGB, § 347 Rn. 49.

[567] *Gaier*, in: MüKo BGB, Band 3, § 347 Rn. 23; *Kaiser*, in: Staudinger BGB, § 347 Rn. 52.

[568] Die Frage einer Wertsteigerung aus Sicht des Rückgewährgläubigers und die damit verbundenen Probleme stellen sich hier damit nicht.

[569] Ähnlich *Jagersberger*, Die Haftung des Verkäufers beim Unternehmenskauf, S. 318.

[570] Ähnlich *Jagersberger*, Die Haftung des Verkäufers beim Unternehmenskauf, S. 318.

sind und damit eine Bereicherung gegeben ist.[571] Hierzu zählen insbesondere Vertragsvorbereitungs- und Durchführungskosten, soweit diese erforderlich sind, um den Leistungsgegenstand nutzen zu können.[572] Beim wirtschaftlichen Unternehmen könnte damit Ersatz für Anwaltskosten, die für die Vorbereitung und Durchführung des Unternehmenskaufs anfallen, verlangt werden. Voraussetzung bleibt jedoch die Generierung und Entnahme von Gewinnen und damit die Ziehung von Nutzungen.

Rückgewährkosten sind hingegen nicht zu ersetzen, da sie den Rückgewährgläubiger nicht bereichern.[573]

d) Verbindlichkeiten

Bei Rückabwicklung des Asset Deals ist weiterhin zu untersuchen, wie das rücktrittsrechtliche Rückabwicklungssystem mit Verbindlichkeiten umgeht. Da hier keine Rückübertragung des Rechtsträgers stattfindet, gehen auch die Verbindlichkeiten nicht automatisch auf den Rückgewährgläubiger über. Soweit der Rückgewährschuldner bereits bestehende Verbindlichkeiten des Unternehmens übernommen hatte, muss er hiervon freigestellt werden.[574] Wurden diese Verbindlichkeiten bereits beglichen, kann der Rückgewährschuldner hierfür gemäß § 347 Abs. 2 BGB Ersatz verlangen.[575] Der Ersatzanspruch bestimmt sich dann nach der Einordnung in die dargestellte Systematik des § 347 Abs. 2 BGB.

Es kommt also darauf an, ob die beglichenen Verbindlichkeiten als notwendige Verwendungen oder sonstige Aufwendungen einzuordnen sind. Des Weiteren kann nur Ersatz verlangt werden, wenn die Verbindlichkeiten nicht mit Mitteln aus dem Unternehmen beglichen wurden. Dies ergibt sich aus dem hier zugrunde gelegten Verständnis des Aufwendungsbegriffs.[576] Wurden die Verbindlichkeiten mit Mitteln aus dem Unternehmen beglichen, dürfte sich dies zudem in einer Verringerung des Unternehmensvermögens widerspiegeln. Da der Rückgewährgläubiger bereits hiermit belastet ist, wäre eine zusätzliche Ausgleichspflicht nicht zu begründen.

---

[571] *Gaier*, in: MüKo BGB, Band 3, § 347 Rn. 22; Kaiser, in: Staudinger BGB, § 347 Rn. 54.
[572] *Kaiser*, in: Staudinger BGB, § 347 Rn. 54.
[573] *Kaiser*, in: Staudinger BGB, § 347 Rn. 56.
[574] *Thiessen*, in: MüKo HGB, Band 1, Anh. § 25 Rn. 93.
[575] Vgl. *Thiessen*, in: MüKo HGB, Band 1, Anh. § 25 Rn. 93.
[576] Siehe § 5 A. III. 3. a).

Für neu begründete Verbindlichkeiten haftet der Rückgewährschuldner unmittelbar. Richtigerweise wird in Bezug auf diese Verbindlichkeiten eine Anwendung von § 347 Abs. 2 BGB befürwortet.[577] Der Rückgewährgläubiger profitiert durch die korrespondierenden Ansprüche von den eingegangenen Verbindlichkeiten und sollte deshalb auch ersatzpflichtig sein.[578] Weiterhin spricht das wesentliche Ziel des rücktrittsrechtlichen Rückabwicklungssystems, wonach die vor Vertragsschluss bestehende Rechtslage wieder hergestellt werden solle, ebenfalls für eine solche Ersatzpflicht.[579]

e) Verbot doppelter Berücksichtigung

Bei der Bestimmung der Verwendungs- und Aufwendungsersatzansprüche ist zu beachten, dass eine doppelte Berücksichtigung dieser Ansprüche nicht möglich ist.[580] Dies gilt insbesondere, wenn Aufwendungen bereits bei der Ermittlung des Nutzungsersatzanspruches als Abzugsposten berücksichtigt worden sind.[581]

Die wertmäßige Erfassung des Nutzungsherausgabeanspruches erfolgt durch die Ermittlung des objektivierten Ertragswerts für den Zeitraum der Nutzung durch den Rückgewährschuldner. [582] Im Rahmen der dabei angestellten Prognose des zukünftigen Ertrages werden die Investitionskosten bereits einbezogen.[583] Sollten hiervon Aufwendungen erfasst sein, die auch tatsächlich getätigt worden sind, können sie nicht noch einmal auf Grundlage von § 347 Abs. 2 S. 1 BGB oder § 347 Abs. 2 S. 2 BGB ersetzt verlangt werden.

f) Zusammenfassung

Aufwendungen sind beim Rückgewährgegenstand Unternehmen nur anzunehmen, wenn dem Unternehmen Bar- oder Sachmittel zugeführt worden, die nicht aus dem Unternehmen selbst stammen. Investitionen zur

---

[577] Vgl. *Thiessen,* in: MüKo HGB, Band 1, Anh. § 25 Rn. 93.

[578] So auch *Thiessen,* in: MüKo HGB, Band 1, Anh. § 25 Rn. 93.

[579] Ähnlich *Thiessen,* in: MüKo HGB, Band 1, Anh. § 25 Rn. 93; zur Zielsetzung der §§ 346 ff. BGB siehe BT-Drs. 14/6040, 189.

[580] *Gaier,* MüKo BGB, Band 3, § 347 Rn. 15.

[581] *Gaier,* MüKo BGB, Band 3, § 347 Rn. 15.

[582] Siehe § 5 A. III. 1.) c).

[583] Vgl. dazu *Böcking/Nowak,* in: Fleischer/Hüttemann, Rechtshandbuch Unternehmensbewertung, Rn. 4.40.

Aufrechterhaltung des Unternehmens können als notwendige Verwendungen nach § 347 Abs. 2 S. 1 BGB ersetzt verlangt werden. Mittel, die zur Ertragssteigerung des Unternehmens aufgewendet worden sind, können als sonstige Aufwendungen nach § 347 Abs. 2 S. 2 BGB ersatzfähig sein, wenn der Rückgewährgläubiger durch diese bereichert ist. Sofern der Rückgewährschuldner Wertsteigerungen des Unternehmens erzeugt hat, können diese somit ausgeglichen werden.

Auch Vertragskosten können einem Ersatzanspruch nach § 347 Abs. 2 S. 2 BGB unterfallen. Die Kosten der Rückabwicklung sind hingegen nicht Gegenstand eines Ersatzanspruches nach § 347 Abs. 2 S. 2 BGB.

Bei der Geltendmachung der Ansprüche nach § 347 Abs. 2 BGB muss das Verbot einer doppelten Berücksichtigung beachtet werden. Wurden Investitionen bereits bei der Bestimmung des Nutzungsherausgabeanspruches berücksichtigt, können diese nicht noch zusätzlich gemäß § 347 Abs. 2 BGB ersetzt verlangt werden.

IV. Erfüllung Zug um Zug

Bei der rücktrittsrechtlichen Rückabwicklung des Unternehmenskaufs steht den bereits näher beschriebenen Ansprüchen des Unternehmensverkäufers der Anspruch des Unternehmenskäufers auf Rückgewähr des Kaufpreises einschließlich erwirtschafteter Zinsen gegenüber.[584] Dieser Anspruch ergibt sich ebenfalls aus § 346 BGB. Wurden keine Zinsen erwirtschaftet, kann unter den Voraussetzungen des § 347 Abs. 1 BGB Ersatz verlangt werden.[585]

Die Vorschrift des § 348 BGB regelt das Verhältnis der beiderseitigen Verpflichtungen aus dem Abwicklungsverhältnis.[586] Es werden sämtliche Ansprüche im Rückgewährverhältnis erfasst (Rückgewährpflichten, Verpflichtung zur Nutzungsherausgabe, Wertersatzpflicht, Ersatz für nicht gezogene Nutzungen, Schadensersatz sowie Verwendungs- und Aufwendungsersatz).[587] Die beiderseitigen Verpflichtungen sind Zug um Zug zu erfüllen. Eine automatische Saldierung der gegenseitigen Ansprüche findet nicht statt, sie stehen sich vielmehr selbstständig gegenüber.[588] Es ist jedoch – vorbehaltlich

---

[584] *Thiessen*, in: MüKo HGB, Band 1, Anh. § 25 Rn. 93.
[585] *Thiessen*, in: MüKo HGB, Band 1, Anh. § 25 Rn. 93.
[586] *Gaier*, in: MüKo BGB, Band 3, § 348 Rn. 1.
[587] *Gaier*, in: MüKo BGB, Band 3, § 348 Rn. 1.
[588] *Gaier*, in: MüKo BGB, Band 3, § 348 Rn. 4.

eines Aufrechnungsverbotes – von einer Aufrechnung auszugehen, wenn der Rückgewährgläubiger bei Zahlungsansprüchen eine Verurteilung Zug um Zug beantragt.[589]

In Bezug auf die rücktrittsrechtliche Rückabwicklung des Unternehmenskaufs werden teilweise die Bedenken geäußert, dass diese aufgrund der regelmäßig eintretenden Wertersatzpflicht und der dann stattfindenden Aufrechnung zu einer besonderen Form der Minderung verkommt.[590] Die vorangegangene Untersuchung hat jedoch gezeigt, dass eine Wertersatzpflicht nur bei bestimmten Voraussetzungen eintritt, womit diese keinesfalls den Regelfall darstellt.[591]

B. Anwendung der §§ 346 ff. BGB nach Vollzug eines Share Deals

Die Ausgestaltung des Unternehmenskaufs kann auch in Form des Share Deals erfolgen.[592] Es ist deshalb zu untersuchen, wie diese Ausgestaltungsform des Unternehmenskaufs vom rücktrittsrechtlichen Rückabwicklungssystem bewältigt wird.

I. Anknüpfungspunkt

Beim Share Deal kommt es zum Verkauf von Gesellschaftsanteilen. Es handelt sich also um einen Rechtskauf.[593] In Bezug auf die Rückabwicklung eines Share Deals nach den §§ 346 ff. BGB stellt sich vor allem für die Konkretisierung der Rückgewährpflichten und auch zur Bestimmung einer Wertersatzpflicht die Frage, woran hier angeknüpft werden muss. Man könnte entweder nur den erworbenen Anteil oder zusätzlich auch das von der Gesellschaft betriebene Unternehmen als Anknüpfungspunkt qualifizieren.

Die Problematik in Bezug auf den passenden Anknüpfungspunkt tritt auch bei der Anwendung des Sachmängelgewährleistungsrechts (§§ 434 ff.

---

589 *Gaier*, in: MüKo BGB, Band 3, § 348 Rn. 4 m. w. Nw.

590 Vgl. *Glagowski*, Mängelgewährleistung beim Unternehmenskauf, S. 176 f.; *Gaul*, ZHR 2002, 35 (56).

591 Vgl. § 5 A. II.

592 Siehe § 3. A. II.

593 *Thiessen*, in: MüKo HGB, Band 1, Anh. § 25 Rn. 111; *Beisel*, in: Beisel/Klumpp, Der Unternehmenskauf, § 16 Rn. 22.

BGB) auf den Share Deal auf. Hier wird die Frage diskutiert, ob und wann bei einem Share Deal Mängel an den Wirtschaftsgütern des von der Gesellschaft betriebenen Unternehmens geltend gemacht werden können.[594]

Gegen die Anknüpfung an Mängel der einzelnen Wirtschaftsgüter des Unternehmens und die Herleitung von Rechten hieraus wird eingewandt, dass Kaufgegenstand die Anteile seien und nicht das Unternehmen selbst.[595] Ein Verkauf der Wirtschaftsgüter wird letztendlich nur fingiert und dem Käufer werden dadurch Rechte zugeordnet, die er eigentlich gar nicht hat.

Überträgt man diese Wertungen auf die Anwendung der §§ 346 ff. BGB, müsste der Fokus bei der Rückabwicklung einzig auf die Anteile gelegt werden. Beispielsweise müssten ausschließlich die aus den Anteilen gezogenen Nutzungen gemäß § 346 Abs. 1 BGB herausgegeben werden. Auch für die Bestimmung einer möglicherweise eintretenden Wertersatzpflicht nach § 346 Abs. 2 S. 1 Nr. 2 BGB dürften nur die Anteile als „empfangener Gegenstand" betrachtet werden. Umgestaltungen am Unternehmen wären hingegen von der Betrachtung ausgenommen.

Im Kontext der Gewährleistungsproblematik wird für eine Anknüpfung an Mängel der Assets angeführt, dass die erworbenen Gesellschaftsanteile nicht um ihrer selbst Willen existierten, sondern eine Beteiligung an dem Unternehmen verkörperten, auf welches es infolgedessen auch gewährleistungsrechtlich primär ankomme.[596] Die Anteile verkörpern jedoch nach dem hier maßgeblichen Verständnis nicht eine Beteiligung am Unternehmen selbst, sondern eine Beteiligung oder Mitgliedschaft an dem Rechtsträger des Unternehmens.

Ein weiterer (subjektiver) Ansatz hält es für maßgeblich, ob sich die Parteien auf den Kauf von Anteilen an einem in bestimmter Art beschaffenen Unternehmen geeinigt haben bzw. sich bei ihrer Einigung von bestimmten Eigenschaften des Unternehmens haben leiten lassen.[597] Eine Haftung für Mängel am Unternehmen soll demnach dadurch begründet werden, dass bestimmte Eigenschaften des Unternehmens durch eine entsprechende

---

594 Vgl. hierzu nur *Beisel*, in: Beisel/Klumpp, Der Unternehmenskauf, § 16 Rn. 22 ff.; *Larisch*, Gewährleistungshaftung, S. 189 ff.

595 So etwa *Faust*, in: BeckOK BGB, § 453 Rn. 22; *Eidenmüller*, ZGS 2002, 290 (294); *Huber*, AcP 202 (2002), 179 (229 ff.).

596 *Thiessen*, in: MüKo HGB, Band 1, Anh. § 25 Rn. 113.

597 Vgl. *Larisch*, Gewährleistungshaftung, S. 193 ff.

Beschaffenheitsvereinbarung zur geschuldeten Beschaffenheit der Beteiligungsrechte werden.[598] Damit komme es auch nicht auf den Umfang der veräußerten Beteiligungsrechte an.[599] Sollten entsprechende Beschaffenheitsvereinbarungen zu ermitteln sein (§§ 133, 157 BGB), führt eine Divergenz zwischen Soll- und Ist-Beschaffenheit gemäß §§ 434 Abs. 1 und 2, 437 BGB zur Anwendung der Mängelgewährleistungsrechte. Kommt es infolgedessen zu einer Anwendung der §§ 346 ff. BGB, muss folglich auch an das Unternehmen angeknüpft werden.[600] Kernproblem ist jedoch, dass mit diesem Ansatz keine einheitliche Lösung für die Gestaltungsform des Share Deals gefunden werden kann, da nicht bei jedem Verkauf von Beteiligungsrechten solche Beschaffenheitsvereinbarungen vorliegen bzw. ermittelt werden können.

Um dem entgegenzuwirken, wird vorgeschlagen, dass dem Kaufpreis und dessen Berechnung eine besondere Bedeutung beizumessen.[601] Haben sich die Parteien bei der Kaufpreisberechnung von bestimmten Unternehmenseigenschaften leiten lassen, sei es in der Regel gerechtfertigt, hinsichtlich dieser Unternehmenseigenschaften eine stillschweigende Beschaffenheitsvereinbarung anzunehmen.[602] Der vereinbarte Kaufpreis stellt jedoch ein Verhandlungsergebnis dar.[603] Bei der Berechnung haben sich die Parteien von subjektiven Unternehmenswerten leiten lassen. Dem einen Konsens hinsichtlich bestimmter Eigenschaften zu entnehmen, der so weit geht, dass der Verkäufer für das Bestehen dieser Eigenschaften haften solle, ist wohl kaum möglich.

Für eine Geltendmachung von Mängeln der Assets spricht eher, dass der Share Deal einem Asset Deal wirtschaftlich gleichsteht, womit auch beide Gestaltungsformen gewährleistungsrechtlich gleich behandelt werden müssen.[604] Andernfalls würde es von der Wahl der Übertragungsform abhängen, ob der Verkäufer für Unternehmensmängel haften muss oder nicht. Weiterhin kommt es bei einem Share Deal auch nach Vorstellung der Parteien zu

---

598 Vgl. *Larisch*, Gewährleistungshaftung, S. 193 ff.
599 *Larisch*, Gewährleistungshaftung, S. 194.
600 *Larisch*, Gewährleistungshaftung, S. 197 f.
601 *Larisch*, Gewährleistungshaftung, S. 196 f.
602 *Larisch*, Gewährleistungshaftung, S. 196 f.
603 Siehe § 5 A. II. 5.) b).
604 Vgl. BGH, NJW 2019, 145 (147 Rn. 23); RGZ 120, 283 (287 ff.); RGZ 122, 379 (381); *Korch*, JuS 2018, 521 (523 f.).

einem Kauf des Unternehmens selbst.[605] Rechtstechnisch ist der Share Deal ein Rechtskauf, bei wertender juristischer Betrachtung handelt es sich aber um einen Kauf des Unternehmens selbst und ist daher wie ein Asset Deal zu behandeln.[606] Dies setzt natürlich voraus, dass überhaupt ein Unternehmenskauf in Form des Share Deals vorliegt. Das hängt insbesondere von der Größe des erworbenen Anteils und dem Willen der Parteien ab.[607]

Wenn beim Share Deal gewährleistungsrechtlich auch an das Unternehmen angeknüpft wird, muss dies für das Rücktrittsfolgenrecht ebenfalls gelten,[608] insbesondere wenn dies über das Gewährleistungsrecht zur Anwendung gelangt (§§ 437 Nr. 2, 440, 323, 326 Abs. 5, 346 BGB). Bei einem vertraglichen Rücktrittsrecht muss die vertragliche Gestaltung genau betrachtet und bei Bestimmung der Anknüpfungspunkte berücksichtigt werden.

II. Rückgewähr und Vollzug der Herausgabe

Auch beim Share Deal findet bei einer Anwendung der §§ 346 ff. BGB die Umwandlung des ursprünglichen Schuldverhältnisses in ein Rückgewährschuldverhältnis statt.[609] Nach § 346 Abs. 1 BGB sind vorrangig die empfangenen Leistungen zurückzugewähren. Die Art und Weise der Rückgewähr hat sich an der empfangenen Leistung zu orientieren.[610]

Beim Unternehmenskauf in Form des Share Deals ist der Wille der Parteien auf die Übertragung des von der Gesellschaft betriebenen Unternehmens gerichtet.[611] Da dies nur durch die Übertragung der Shares in einem bestimmten Umfang erfolgen kann, ist der Vereinbarung eines Shares Deals gleichzeitig der Wille der Parteien zu entnehmen, die übertragenen Beteiligungsrechte als Einheit zu behandeln. Dieser Wille muss auch bei der Rückabwicklung berücksichtigt werden.

Der Share Deal wird durch die Abtretung der Gesellschaftsanteile des Unternehmensträgers vollzogen.[612] Somit hat die Rückgewähr durch die

---

605 Vgl. BGH NJW 2019, 145 (147 Rn. 23).
606 BGH, NJW 2019, 145 (147 Rn. 23); *Fischer*, DStR 2004, 276 (280).
607 Siehe § 3 A. II.
608 So auch für eine Rückabwicklung nach Bereicherungsrecht *Kersting*, JZ 2008, 714 (716).
609 Siehe dazu bereits § 4 A.
610 Dazu bereits § 5 A. I. 1.).
611 § 3 A. II.
612 Vgl. *Weber*, in: Handbuch Unternehmenskauf, Rn. 9.81.

Rückabtretung der übertragenen Beteiligungsrechte zu erfolgen. Auch beim Share Deal wird die Unternehmensrückübertragung mit umgekehrten Parteirollen und somit „spiegelbildlich“[613] zur Übertragung vollzogen.

Der Leistungsgegenstand muss in seinem ursprünglichen Zustand zurückübertragen werden.[614] Dies dürfte in Bezug auf die Shares recht unproblematisch sein. Das von der Gesellschaft betriebene Unternehmen wird mittelbar durch die Rückübertragung der Anteile ebenfalls an den Rückgewährgläubiger zurückgewährt. Und zwar faktisch in dem Zustand, in dem es sich im Zeitpunkt der Rückgewähr befindet. Zu etwaigen Veränderungen am Unternehmen, die durch die Teilnahme am gewöhnlichen Marktgeschehen eingetreten sind, kann auf die beim Asset Deal gewonnenen Erkenntnisse verwiesen werden.[615] Diese Veränderungen führen nicht zu einem den Übergang von der Rückgewähr zum Wertersatz rechtfertigenden Identitätswechsel. Veränderungen am Unternehmen, die nicht auf der normalen Teilnahme am Markt beruhen, werden in Hinblick auf eine Wertersatzpflicht nach § 346 Abs. 2 BGB relevant.

Da bestehende Rechtsverhältnisse mit dem Rechtsträger auf den Rückgewährgläubiger übergehen, ergeben sich in Bezug auf die Arbeitsverhältnisse und andere bestehenden Vertragsverhältnisse keine Schwierigkeiten. Sofern die Unterlassung von Wettbewerb keine Handlung darstellt, welche die Unmöglichkeit der Rückgewähr beseitigt, kann auch beim Share Deal ein Wettbewerbsverbot angenommen werden.[616]

III. Wertersatz

Es bleibt zu beleuchten, unter welchen Umständen bei einer Anwendung der §§ 346 ff. BGB nach erfolgtem Share Deal eine Wertersatzpflicht nach § 346 Abs. 2 BGB eintritt. Gemäß § 346 Abs. 2 BGB tritt die Wertersatzpflicht immer nur ein, „soweit“ die Voraussetzungen der jeweiligen Ziffer erfüllt sind, wodurch eine differenzierte Betrachtung nach dem Umfang der Veränderung möglich ist.[617] Wie bereits verdeutlicht wurde, sind die veräußerten Shares entsprechend dem Willen der Parteien als Einheit zu

---

613 *Thiessen*, in: MüKo HGB, Band 1, Anh. § 25 Rn. 92.

614 Siehe dazu § 5 A. I. 1.).

615 Siehe § 5 A. I. 2.).

616 Siehe dazu § 5 A. I. 1.) a).

617 *Thiessen*, Unternehmenskauf und BGB, S. 236.

behandeln, womit dieser Begriff bei Rückabwicklung des Share Deals nur eingeschränkte Bedeutung erlangt.

1.) Wertersatzpflicht nach § 346 Abs. 2 S. 1 Nr. 1 BGB

Auch beim Share Deal ist eine Rückgewähr nicht „nach Natur des Erlangten ausgeschlossen". Bei den Beteiligungsrechten handelt es sich zwar um Rechte und damit um unkörperliche Gegenstände, diese können aber rückabgetreten werden. Damit ist deren Rückgewähr nicht ihrer Natur nach ausgeschlossen.

2.) Wertersatzpflicht nach § 346 Abs. 2 S. 1 Nr. 2 BGB

Eine Wertersatzpflicht nach § 346 Abs. 2 S. 1 Nr. 2 Var. 1 BGB wegen Verbrauch des empfangenen Gegenstandes spielt – ebenso wie beim Asset Deal – keine Rolle. Ein bestimmungsgemäßer Verzehr der Sachsubstanz kommt weder in Bezug auf die Anteile noch in Bezug auf das Unternehmen in Betracht.[618]

Bei einer Veräußerung gemäß § 346 Abs. 2 S. 1 Nr. 2 Var. 2 BGB kommt es auf eine Veräußerung des Leistungsgegenstandes an.[619] Leistungsgegenstand sind beim Share Deal die Beteiligungsrechte in dem Umfang, der einen Share Deal als Unternehmenskauf qualifiziert.[620] Wird nur ein Teil der Anteile veräußert, entspricht dies folglich nicht einer Veräußerung des Leistungsgegenstandes. Hier muss eher eine Verarbeitung bzw. Umgestaltung angenommen werden.[621]

Die im Wege des Share Deals übertragenen Anteile können mit Rechten Dritter belastet worden sein. Dafür kommt ein Pfandrecht nach § 1273 BGB oder ein Nießbrauch nach § 1068 BGB in Betracht. Somit wäre eine Belastung i. S. d.

§ 346 Abs. 2 S. 1 Nr. 2 Var. 3 BGB gegeben, was zu einer Wertersatzpflicht führt. Gleiches gilt bei einer Zwangsvollstreckung in den Gesellschaftsanteil nach §§ 857, 829 ZPO.

Weiterhin kann es nach dem Vollzug des Share Deals zu Änderungen gekommen sein, die Auswirkungen auf die Rückgewähr haben. Der Gesellschaftsvertrag könnte beispielsweise dahin gehend geändert worden sein, dass

---

618 Siehe § 5 A. II. 2.) a).

619 Vgl. *Gaier*, in: MüKo BGB, Band 3, § 346 Rn. 98.

620 Vgl. § 3 A. II.

621 Vertiefend dazu § 5 B. III. 2.) a) bb).

die Übertragbarkeit der Beteiligungsrechte generell ausgeschlossen ist.[622] Die Abtretung der Beteiligungsrechte kann auch an bestimmte Voraussetzungen geknüpft werden, wozu insbesondere die Genehmigung der Gesellschaft gehört (§ 68 II AktG, § 15 Abs. 5 GmbHG). Auch der rechtliche Inhalt der Beteiligungsrechte kann geändert worden sein. Dies ist bei einer Reduzierung des Umfangs der Gesellschaftsanteile, einer Änderung der Höhe der Gewinnbeteiligung, einer Veränderung des Umfangs des Stimmrechts sowie bei geänderten Entnahme- oder Sonderrechten der Fall.[623] Auch eine Kapitalerhöhung kann stattgefunden haben. Hier kommt es zu einem „Verwässerungseffekt“[624], d. h., dass durch die Ausgabe neuer Geschäftsanteile die bisherigen Geschäftsanteile einen geringen Anteil am Stammkapital repräsentieren.[625] Werden die neuen Anteile von Dritten übernommen, führt dies zu einer Verringerung der bisherigen Stimmmacht und der Gewinnbeteiligung.[626]

Es ist zu untersuchen, ob die beschriebenen Konstellationen in das System des § 346 Abs. 2 S. 1 BGB eingeordnet werden können und das rücktrittsrechtliche Rückabwicklungssystem somit in der Lage ist, die Rückabwicklung eines Unternehmenskaufvertrages in der Ausgestaltung als Share Deal zu gewährleisten.

Die in § 346 Abs. 2 S. 1 Nr. 2 und 3 BGB aufgeführten Fallgruppen dürfen nicht abschließend verstanden werden.[627] Hier kommt vielmehr der allgemeine Rechtsgedanke zum Ausdruck, dass den Rückgewährschuldner die Verpflichtung zum Wertersatz trifft, wenn ihm die Rückgewähr der empfangenen Leistung unmöglich ist.[628] Durch eine Analogie können Fälle gelöst werden, die in den § 346 Abs. 2 S. 1 Nr. 2 und 3 BGB nicht geregelt sind.[629]

---

[622] Bei der AG ist ein genereller Ausschluss jedoch nicht möglich, vgl. *Mayer/Albrecht vom Kolke*, in: Hölters, Aktiengesetz, § 68 Rn. 17.

[623] Vgl. *Larisch*, Gewährleistungshaftung, S. 187.

[624] *Drygala/Staake/Szalai*, Kapitalgesellschaftsrecht, § 15 Rn. 13.

[625] *Drygala/Staake/Szalai*, Kapitalgesellschaftsrecht, § 15 Rn. 13 und § 25 Rn. 14.

[626] *Drygala/Staake/Szalai*, Kapitalgesellschaftsrecht, § 15 Rn. 13 und § 25 Rn. 14.

[627] BGH, NJW 2008, 2028 Rn. 22; BGH, NJW 2009, 63 Rn. 18; *Gaier*, in: MüKo BGB, Band 3, § 346 Rn. 104; *Grüneberg*, in: Grüneberg BGB, § 346 Rn. 7; *Medicus/Lorenz*, Schuldrecht I, § 50 Rn. 19.

[628] BGH, NJW 2008, 2028 Rn. 22; BGH, NJW 2009, 63 Rn. 18; *Gaier*, in: MüKo BGB, Band 3, § 346 Rn. 104; *Grüneberg*, in: Grüneberg BGB, § 346 Rn. 7; *Medicus/Lorenz*, Schuldrecht I, § 50 Rn. 19.

[629] *Gaier*, in: MüKo BGB, Band 3, § 346 Rn. 104; *Lobinger*, in: Soergel BGB, Band 5/3, § 346 Rn. 91.

a) Änderungen in Hinblick auf die Übertragbarkeit der Shares

Wird bei einer Änderung des Gesellschaftsvertrages die Übertragbarkeit der Gesellschaftsanteile gänzlich ausgeschlossen, ist die Rückgewähr für den Rückgewährschuldner unmöglich, weil er nicht mehr über seine Beteiligungsrechte verfügen kann. Es besteht somit die gleiche Interessenlage wie bei einer Veräußerung oder Belastung. In diesen Fällen muss in Analogie zu § 346 Abs. 2 S. 1 Nr. 2 BGB eine Wertersatzpflicht angenommen werden.

Wird die Übertragbarkeit an die Zustimmung der übrigen Gesellschafter geknüpft, könnte man bereits hierin (unabhängig von einer verweigerten oder erteilten Zustimmung) eine Situation sehen, in welcher der Rückgewährschuldner zur Rückgewähr außerstande ist.[630]

Bei einer entsprechenden Regelung im Gesellschaftsvertrag ist die Zustimmung Wirksamkeitsvoraussetzung für die Abtretung.[631] Bis zur Erteilung der Genehmigung ist die Abtretung schwebend unwirksam, erst mit Verweigerung der Genehmigung wird die Erfüllung der Abtretungsverpflichtung unmöglich.[632] Somit ist der Rückgewährschuldner erst mit der Verweigerung der Genehmigung zur Rückgewähr außerstande. Erst dann besteht eine vergleichbare Interessenlage wie bei einer Veräußerung bzw. Belastung und damit eine Wertersatzpflicht in Analogie zu § 346 Abs. 2 S. 1 Nr. 2 BGB.

Für diese Sichtweise spricht auch der Umstand, dass bei Personengesellschaften die Gesellschaftsanteile kraft Gesetzes vinkuliert sind.[633] Würde man lediglich aufgrund der Vinkulierung analog § 346 Abs. 2 S. 1 Nr. 2 BGB eine Wertersatzpflicht annehmen, würde diese bei Personengesellschaften immer eintreten. Dieses Ergebnis würde jedoch im Widerspruch zum Regel-Ausnahme-Verhältnis von Rückgewähr und Wertersatzpflicht stehen.[634] Insgesamt kann eine vergleichbare Interessenlage zur Veräußerung bzw. Belastung erst bei einer Verweigerung der Zustimmung angenommen werden.

Weiterhin sollte man in Bezug auf Kapitalgesellschaften bedenken, dass der Rückgewährschuldner als Unternehmenskäufer über eine satzungsändernde

---

630 Vgl. *Grüneberg*, in: Grüneberg BGB, § 346 Rn. 8a, der bereits eine Veräußerung annimmt, wenn der schuldrechtliche Vertrag die Rückgewähr verhindert.

631 *Drygala/Staake/Szalai*, Kapitalgesellschaftsrecht, § 12 Rn. 28.

632 *Drygala/Staake/Szalai*, Kapitalgesellschaftsrecht, § 12 Rn. 30.

633 *Schulte/Hushahn*, in: Münchener Handbuch des GesR, Band 1, § 10 Rn. 113 und § 73 Rn. 1.

634 Siehe dazu auch § 5 A. I. 2.) a).

Mehrheit verfügen wird. Bestehende Zustimmungserfordernisse könnten dann beseitigt werden.[635]

b) Änderung des rechtlichen Inhalts der Shares

Bei einer Inhaltsänderung der Beteiligungsrechte können diese nicht mehr so zurückgewährt werden, wie sie empfangen wurden. Damit besteht grundsätzlich erst einmal die gleiche Interessenlage wie bei einer Verarbeitung oder Umgestaltung. In solchen Fällen ist in Analogie zu § 346 Abs. 2 S. 1 Nr. 2 BGB eine Wertersatzpflicht gegeben.[636]

In diesem Kontext ist insbesondere die Reduzierung der erworbenen Beteiligungsrechte von Bedeutung. Wird im Rahmen des Share Deals ein Gesellschaftsanteil veräußert, kann ein Teil von diesem auf einen Dritten übertragen werden.[637] Die vorangegangene Teilung führt zu einer proportionalen Verteilung der Rechte und Pflichten auf die neu gebildeten Anteile.[638] Damit kommt es zu einer Inhaltsänderung des vorher bestehenden Beteiligungsrechts.

Weiterhin besteht die Möglichkeit, beim Share Deal mehrere Gesellschaftsanteile zu erwerben und einen Teil hiervon später auf einen Dritten zu übertragen.[639] Hier führt nicht die Inhaltsänderung der Beteiligungsrechte zur gleichen Interessenlage wie bei einer Verarbeitung bzw. Umgestaltung, sondern die Behandlung der insgesamt erworbenen Beteiligungsrechte als Einheit.[640]

Sind hingegen nur einzelne durch die Anteile vermittelte Rechte betroffen, wie bei einer Änderung der Höhe der Gewinnbeteiligung, einer Veränderung des Umfangs des Stimmrechts oder bei Änderung der Entnahme- oder Sonderrechte, ist eine andere Beurteilung erforderlich. Es wurde bereits deutlich, dass für die Annahme einer Wertersatzpflicht die Veränderung des Rückgewährobjekts eine gewisse Intensität aufweisen muss.[641] Während

---

635 Zur Beseitigungspflicht siehe § 5 B. III. 5.).

636 So auch *Gaier*, in: MüKo BGB, Band 3, § 346 Rn. 104; *Lobinger*, in: Soergel BGB, Band 5/3, § 346 Rn. 91.

637 Vgl. *Römermann/Passarge*, in: Römermann, Münchener Anwaltshandbuch GmbH-Recht, § 14 Rn. 3; *Schulte/Hushan*, in: Münchener Handbuch des GesR, Band 1, § 10 Rn. 114.

638 *Altmeppen*, in: Altmeppen, GmbHG, § 46 Rn. 30.

639 Dies kommt insbesondere bei Aktien aufgrund ihrer Unteilbarkeit in Betracht, vgl. *Sailer-Coceani*, in: Münchener Handbuch des GesR, Band 4, § 12 Rn. 18.

640 Siehe § 5 B. II.

641 Vgl. § 5 A. II. 2.) b).

bei einer Teilung der Gesellschaftsanteile die vermittelten Rechte insgesamt reduziert werden und damit die erforderliche Intensität angenommen werden muss, kann diese bei Änderung einzelner vermittelter Rechte kaum erreicht werden. Folglich ist die Begründung einer Analogie zu § 346 Abs. 2 S. 1 Nr. 2 BGB in solchen Fällen nicht möglich.

c) Kapitalerhöhung

Bei einer Kapitalerhöhung kommt es zu einem „Verwässerungseffekt"[642]. Das bedeutet, dass durch die Ausgabe neuer Geschäftsanteile die bisherigen Geschäftsanteile einen geringen Anteil am Stammkapital repräsentieren.[643] Werden die neuen Anteile von Dritten übernommen, geht mit der Kapitalerhöhung eine Verringerung der bisherigen Stimmmacht und der Gewinnbeteiligung einher.[644]

Die Kapitalerhöhung hat jedoch keine direkten Auswirkungen auf die bereits bestehenden Gesellschaftsanteile. Der „Verwässerungseffekt"[645] führt nur mittelbar zu einer Verringerung der bisherigen Stimmmacht und Gewinnbeteiligung. An sich kommt es aber zu keiner Veränderung des rechtlichen Inhalts der Shares.

Zugleich kommt es aber zu einer Veränderung der Beteiligungsverhältnisse an der Gesellschaft. Wenn der Rückgewährschuldner dadurch nicht mehr Inhaber von Beteiligungsrechten in dem Umfang ist, der den Share Deal als Unternehmenskauf qualifizierte, kann er den Leistungsgegenstand im Ergebnis nicht mehr in seinem ursprünglichen Zustand zurückgewähren. Die dann bestehende Interessenlage ist mit der bei Umgestaltung einer Sache vergleichbar. Analog § 346 Abs. 2 S. 1 Nr. 2 BGB ist dann eine Wertersatzpflicht anzunehmen.

d) Rechtsformwechsel

Bei einem bloßen Rechtsformwechsel erfolgt hingegen keine Veränderung der Beteiligungsrechte.[646] Es ändert sich lediglich die Vermögens- und Verbands-

---

642 *Drygala/Staake/Szalai*, Kapitalgesellschaftsrecht, § 15 Rn. 13.
643 *Drygala/Staake/Szalai*, Kapitalgesellschaftsrecht, § 15 Rn. 13 und § 25 Rn. 14.
644 *Drygala/Staake/Szalai*, Kapitalgesellschaftsrecht, § 15 Rn. 13 und § 25 Rn. 14.
645 *Drygala/Staake/Szalai*, Kapitalgesellschaftsrecht, § 15 Rn. 13.
646 Vgl. OLG Jena, BB 2002, 2296 (2297).

ordnung, der Rechtsträger und das Vermögen bleiben aber identisch.[647] Eine analoge Anwendung von § 346 Abs. 2 S. 1 Nr. 2 BGB ist hier nicht möglich.

3.) Wertersatzpflicht nach § 346 Abs. 2 S. 1 Nr. 3 BGB

Eine Verschlechterung der Beteiligungsrechte i. S. d. § 346 Abs. 2 S. 1 Nr. 3 BGB wäre bei einer Situation gegeben, die der nachteiligen Veränderung der Sachsubstanz oder Beeinträchtigung der Funktionstauglichkeit einer Sache entspricht.[648] Ein Recht als unkörperlicher Gegenstand hat kein der Sachsubstanz entsprechendes Äquivalent. Eine Verschlechterung kommt somit in dieser Ausgestaltung nicht in Frage.

Eine Insolvenz oder Liquidation der Gesellschaft führt ebenfalls nicht zu einer Verschlechterung der Anteile, da diese im Rahmen der Abwicklung ihre Funktion als Vermittler mitgliedschaftlicher Rechte behalten. Hier wird regelmäßig eher eine Verschlechterung des Unternehmens anzunehmen sein.[649]

Anders verhält es sich beim Untergang. In Bezug auf die Liquidation wurde bereits deutlich gemacht, dass die Gesellschaft hier noch mit verändertem Gesellschaftszweck fortbesteht und auch das Unternehmen noch weiterhin betrieben werden kann.[650] Eine Vollbeendigung tritt hingegen erst mit Beendigung der Liquidation und ggf. der Löschung im Register ein.[651] Erst hier ist ein Untergang der Shares gegeben. Dabei wird es aber mit hoher Wahrscheinlichkeit vorher zu einer Einstellung der unternehmerischen Tätigkeit oder einer Zerschlagung des Unternehmens kommen. Somit dürfte regelmäßig zuerst ein Untergang des Unternehmens gegeben sein, was zu einer Wertersatzpflicht nach § 346 Abs. 2 S. 1 Nr. 3 Alt. 2 BGB führt.[652]

Ein Untergang der Shares ist hingegen bei einer Einziehung anzunehmen.[653] Eine Einziehung setzt eine entsprechende Regelung im Gesellschaftsvertrag sowie einen Beschluss der Gesellschafterversammlung voraus.[654] Der Rückgewährschuldner hält nach einem Share Deal sämtliche oder nahezu

---

647 Vgl. OLG Jena, BB 2002, 2296 (2297); *Wiedemann*, GesellschaftsR I, S. 157.
648 Vgl. *Gaier*, in: MüKo BGB, Band 3, § 346 Rn. 101.
649 Siehe § 5 A. II. 3.) a).
650 Siehe § 5 A. II. 3.) b).
651 *K. Schmidt*, Gesellschaftsrecht, § 11 V 3. b).
652 Vgl. § 5 A. II. 3.) b).
653 *Drygala/Staake/Szalai*, Kapitalgesellschaftsrecht, § 12 Rn. 59 f.
654 *Drygala/Staake/Szalai*, Kapitalgesellschaftsrecht, § 12 Rn. 57.

sämtliche Anteile an der Gesellschaft. Damit eröffnet sich ihm die Möglichkeit zur Änderung des Gesellschaftsvertrages. Zudem könnte er aufgrund der Mehrheitsverhältnisse auf eine entsprechende Beschlussfassung in der Gesellschafterversammlung hinwirken, was eine Einziehung der Anteile relativ selten machen dürfte.

4.) Betrachtung des Unternehmens

Nach den gewonnenen Erkenntnissen ist auch das von der Gesellschaft betriebene Unternehmen in die Betrachtung der Rückabwicklung einzubeziehen.[655] Ob dieser Umstand zu einer Wertersatzpflicht nach § 346 Abs. 2 S. 1 Nr. 1–3 BGB führt, kann nach den Grundsätzen ermittelt werden, die für den Asset Deal entwickelt wurden.[656]

5.) Exkurs: Pflicht zur Beseitigung?

Der Share Deal gestaltet sich in seinem Vollzug wesentlich einfacher, ist aber als Unternehmenskauf ebenfalls mit erheblichem Aufwand und Kosten verbunden.[657] Eine Rückerwerbspflicht wird deshalb regelmäßig aus den gleichen Gründen wie beim Asset Deal abgelehnt werden müssen.[658]

In Anlehnung an die Ausführungen zum Asset Deal ist beim Share Deal ebenfalls eine Beseitigungspflicht bei Belastung der Anteile anzunehmen.[659]

Weiterhin ist eine Beseitigungspflicht hinsichtlich der im Rahmen einer möglichen analogen Anwendung von § 346 Abs. 2 S. 1 Nr. 2 und 3 BGB behandelten Konstellationen zu untersuchen. Eine Änderung im Hinblick auf die Übertragbarkeit der Shares wird mit einer Veräußerung oder Belastung gleichgesetzt.[660] Da der Rückgewährschuldner hier regelmäßig über eine satzungsändernde Mehrheit verfügen wird, dürfte eine Beseitigung der gesellschaftsvertraglichen Vinkulierung weder an § 275 BGB scheitern noch als Naturalrestitution eingeordnet werden. Deshalb muss in diesen Fällen eine Beseitigungspflicht hinsichtlich der Vinkulierung angenommen werden.

---

655 Siehe § 5 B. I.

656 Siehe § 5 A. II.

657 Siehe nur *Beisel,* in: Beisel/Klumpp, Der Unternehmenskauf, § 1 Rn. 55 ff., wonach die verschiedenen Phasen unabhängig von der Übertragungsform gelten.

658 Vgl. § 5 A. II. 4.).

659 Siehe dazu § 5 A. II. 4.).

660 § 5 B. III. 2.) a) aa).

Unter der Änderung des rechtlichen Inhalts der Shares wird vor allem die Teilung und Übertragung eines Anteils auf einen Dritten oder die Veräußerung eines Teils der insgesamt erworbenen Anteile erfasst.[661] Hierbei ist die gleiche Interessenlage wie bei einer Verarbeitung oder Umgestaltung festzustellen. Indes sind hier nicht so tiefgreifende Veränderungen der prägenden Elemente des Unternehmens gegeben, dass eine Beseitigung einer Naturalrestitution gleichkäme. Den Rückgewährschuldner trifft deshalb grundsätzlich eine Rückerwerbspflicht. Hierbei ist wiederum die Grenze der Unmöglichkeit bzw. des § 275 Abs. 2 BGB zu beachten.

Anderes gilt in Bezug auf die Beseitigung einer Kapitalerhöhung.[662] Müsste diese rückgängig gemacht werden, würde man unzulässigerweise in die Nähe einer Naturalrestitution gelangen. Eine Beseitigungspflicht würde gegen Grundprinzipien des Rücktrittsfolgenrechts verstoßen und kann folglich nicht angenommen werden.

6.) Umfang der Wertersatzpflicht

Auch beim Share Deal ist zur Bestimmung des Umfangs der Wertersatzpflicht nach § 346 Abs. 2 S. 2 BGB die im Vertrag bestimmte Gegenleistung zugrunde zu legen.[663] Maßgeblich ist folglich auch hier der vereinbarte Kaufpreis.[664]

In Bezug zu den sonstigen Problemkreisen – insbesondere zum Umfang der Wertersatzpflicht bei einer mangelhaften Leistung und der dann zu ermittelnden Unternehmenswerte – gelten die zum Asset Deal erzielten Erkenntnisse gleichermaßen.[665] Die zur Bestimmung des Umfangs der Wertersatzpflicht maßgeblichen Bewertungsvorgaben sind dem Gesetz zu entnehmen und gelten damit unabhängig von der Ausgestaltung der Transaktion als Asset Deal oder Share Deal. Maßgeblich ist somit neben dem Kaufpreis der objektivierte Unternehmenswert im mangelhaften und mangelfreien Zustand.

Der objektivierte Wert des Unternehmensanteils entspricht dem quotalen Wertanteil am objektivierten Gesamtwert des Unternehmens.[666] Basierend

---

661 § 5 B. III. 2.) a) bb).
662 § 5. B. III. 2.) a) cc).
663 So auch *Jagersberger*, Die Haftung des Verkäufers beim Unternehmenskauf, S. 319.
664 Vertiefend hierzu § 5 A. II. 5.).
665 Siehe § 5 A. II. 5.) d).
666 Vgl. IDW S 1 i. d. F. 2008, WPg Supplement 2008, 68 (71).

darauf, wie hoch der erworbene Anteil am Unternehmen war, muss folglich der quotale Wertanteil am objektivierten Gesamtwert des Unternehmens im mangelhaften und mangelfreien Zustand ermittelt werden. Dies dürfte beim Share Deal genau oder nahezu dem Gesamtwert des Unternehmens im jeweiligen Zustand entsprechen. Insoweit hat die Gestaltungsform des Unternehmenskaufs keine Auswirkungen.

7.) Entfall der Wertersatzpflicht nach § 346 Abs. 3 BGB

Die Pflicht zum Wertersatz kann auch beim Share Deal entfallen, wenn einer der Tatbestände des § 346 Abs. 3 BGB erfüllt ist. Die Gesamtbetrachtung von Shares und Unternehmen im Rücktrittsfolgenrecht muss konsequenterweise auch bei Anwendung von § 346 Abs. 3 BGB durchgehalten werden.

Daraus folgt für die Anwendung von § 346 Abs. 3 S. 1 Nr. 1 BGB, dass es auch zu einem Entfall der Wertersatzpflicht kommt, wenn der zum Rücktritt berechtigende Mangel im Unternehmen liegt und eine Umgestaltung der Shares stattgefunden hat.

Des Weiteren hat sich bereits gezeigt, dass es tendenziell eher zu einer Verschlechterung oder zum Untergang des Unternehmens als zu einer Verschlechterung oder zum Untergang der Shares kommen wird.[667] Für einen Entfall der Wertersatzpflicht nach § 346 Abs. 3 S. 1 Nr. 2 und 3 BGB ist beim Share Deal daher regelmäßig auf die Bedingungen abzustellen, die für den Entfall der Wertersatzpflicht in Bezug auf das Unternehmen herausgearbeitet werden konnten.

IV. Nutzungen und Aufwendungen

Beim Share Deal sind gezogene Nutzungen ebenfalls gemäß § 346 Abs. 1 BGB herauszugeben. Der Rückgewährschuldner kann auch hier unter den Voraussetzungen des § 347 Abs. 2 BGB getätigte Aufwendungen ersetzt verlangen.

1.) Nutzungen

Als Nutzungen sind in entsprechender Anwendung von § 100 BGB die Unternehmensgewinne einzuordnen.[668] Beim Share Deal kann eine Entnahme von

---

[667] Vgl. § 5 B. III. 3.).
[668] § 5 A. III. 1.) a).

Gewinnen und damit eine Nutzungsziehung nur angenommen werden, wenn Gewinne an die Gesellschafter ausgeschüttet wurden.[669] Dieser Umstand beruht auf der Identität von Gesellschafts- und Unternehmensvermögen und den sich daraus ergebenden Folgeproblemen.[670]

Des Weiteren kann es dazu kommen, dass nach Vollzug eines Share Deals nicht ordnungsgemäß gewirtschaftet wurde und dadurch eine Nutzungsziehung gänzlich unterblieben oder hinter dem Möglichen zurückgeblieben ist. In solchen Fällen kann der Rückgewährgläubiger gemäß § 347 Abs. 1 BGB Wertersatz verlangen. Hierbei gelten dieselben Voraussetzungen wie beim Asset Deal, worauf insoweit verwiesen werden kann.[671]

Probleme, die mit der Thesaurierung von Gewinnen und der daraus resultierenden Ausnahme vom Nutzungsbegriff zusammenhängen, stellen sich beim Share Deal nicht in der gleichen Intensität. Aufgrund der Rückübertragung des Rechtsträgers werden auch in die Rücklagen eingestellte Gewinne auf den Rückgewährgläubiger zurückübertragen. Thesaurierte Gewinne sind bei Rückabwicklung eines Share Deals von der gegenständlichen Herausgabepflicht erfasst. Ist eine gegenständliche Rückgewähr nicht möglich und kommt es zur Wertersatzpflicht, müssen die thesaurierten Gewinne bei Bestimmung des Umfangs der Wertersatzpflicht entsprechend berücksichtigt werden.

Weiterhin sind auch beim Share Deal nur solche Nutzungen herauszugeben oder zu ersetzen, die auf dem gegenständlichen Bereich des Unternehmens beruhen. Nutzungen, die aufgrund der persönlichen Fähigkeiten und Eigenschaften des Unternehmers gezogen worden sind, sind hingegen bei diesem zu belassen.

Diese Erwägungen basieren auf den grundlegenden Dispositionen der Parteien bei Vertragsschluss, wonach nur das gegenständlich im Unternehmen angelegte Nutzungspotenzial verloren bzw. in das eigene Vermögen aufgenommen werden soll.[672] Diese Entscheidung wird auch beim Share Deal

---

669 Ähnlicher Ansatz bei *Jagersberger*, Die Haftung des Verkäufers beim Unternehmenskauf, S. 319.

670 Vertiefend § 5 A. III. 1.) a) bb).

671 § 5 A. III. 1.) b) aa).

672 *Rupietta*, Rückabwicklung unwirksamer Unternehmenskaufverträge, S. 249; siehe auch § 5 A. III. 1.) b) bb).

getroffen, weshalb die Aussagen zur „Obergrenze" der Nutzungsherausgabe uneingeschränkt übertragen werden können.[673]

Auch die Erkenntnisse zur wertmäßigen Erfassung sind auf die Rückabwicklung des Share Deals zu übertragen.[674] Diese hat ebenfalls auf Grundlage des objektivierten Ertragswertes zu erfolgen.

2.) Aufwendungen

Hinsichtlich des Rückabwicklungsobjektes Unternehmen sind Aufwendungen anzunehmen, wenn diesem „von außen" Bar- oder Sachmittel zugeführt wurden.[675]

Notwendige Verwendungen, d. h. solche, die der Erhaltung der Ertragsfähigkeit des Unternehmens dienen, sind nach § 347 Abs. 2 S. 1 BGB zu ersetzen.[676]

Sonstige Aufwendungen, wozu beim Unternehmen grundsätzlich der Einsatz von Mitteln zur Ertragssteigerung zählt, sind gemäß § 347 Abs. 2 S. 2 BGB zu ersetzen, soweit der Rückgewährgläubiger durch diese bereichert ist.[677]

Beim Share Deal ist der Rechtsträger Leistungsgegenstand. Folglich sind auch Vermögensaufwendungen, die auf den Rechtsträger getätigt werden, als notwendige Verwendungen oder sonstige Aufwendungen gemäß § 347 Abs. 2 BGB zu ersetzen.[678]

V. Erfüllung Zug um Zug

Hinsichtlich der Anwendbarkeit und Auswirkungen des § 348 BGB ergeben sich beim Share Deal keine Abweichungen.[679] Auch hier stehen sich die Ansprüche des Unternehmensverkäufers in Bezug auf das Unternehmen und der Anspruch des Unternehmenskäufers auf Rückgewähr des Kaufpreises einschließlich erwirtschafteter Zinsen gegenüber. Nach § 348 BGB sind die

---

673 Siehe dazu § 5 A. III. 1.) b) bb).

674 Siehe § 5 A. III. 1.) c).

675 Siehe § 5 A. III. 3.) a); so auch *Rupietta*, Rückabwicklung unwirksamer Unternehmenskaufverträge, S. 282; *Büdenbender*, Grundlagen, S. 45; *Thiessen*, Unternehmenskauf und BGB, S. 241.

676 § 5 A. III. 3.) b) bb).

677 § 5 A. III. 3.) c).

678 So auch *Thiessen*, in: MüKo HGB, Band 1, Anh. § 25 Rn. 92.

679 Vertiefend dazu § 5 A. IV.

beschriebenen Verpflichtungen Zug um Zug zu erfüllen. Die gegenseitigen Ansprüche werden nicht automatisch saldiert.[680] Sofern es sich aber um Zahlungsansprüche handelt, wird von einer Aufrechnung ausgegangen, wenn eine entsprechende Klage auf die Verurteilung Zug um Zug gerichtet ist.[681]

C. Schadensersatz bei Leistungsstörungen im Rückgewährverhältnis

Gemäß § 346 Abs. 4 BGB kann der Gläubiger wegen Verletzung einer Pflicht aus § 346 Abs. 1 BGB nach Maßgabe der §§ 280 bis 283 BGB Schadensersatz verlangen.

Wird ab Erklärung des Rücktritts eine Pflicht aus dem Rückgewährschuldverhältnis schuldhaft verletzt, kann demgemäß nach den §§ 280 ff. BGB Schadensersatz verlangt werden.[682]

Insbesondere für den Unternehmenserwerber folgt hieraus, dass er ab dem Zeitpunkt der Rücktrittserklärung besonders sorgsam mit dem Unternehmen umgehen sollte, um sich keiner Schadensersatzpflicht auszusetzen. Dies darf den Unternehmenserwerber jedoch nicht dazu verleiten, die unternehmerische Tätigkeit komplett einzustellen, um bspw. eine durch mögliche Fehlentscheidungen hervorgerufene Verschlechterung zu verhindern. Während eine kurzzeitige Einstellung der unternehmerischen Tätigkeit unschädlich ist, würde die Absicht der endgültigen Einstellung zum Untergang des Unternehmens führen.[683] Da dieser dann vorsätzlich herbeigeführt worden wäre, würde ein Anspruch auf Schadensersatz entstehen.

Sofern der Unternehmenserwerber nach Erklärung des Rücktritts eine gegenständliche Herausgabe abwenden möchte, könnten Maßnahmen ergriffen werden, die bspw. zu einem Identitätswechsel des Unternehmens führen. Bei einem solchen Vorgehen muss bedacht werden, dass dann neben Wertersatz auch Schadensersatz zu leisten wäre.[684] Im Einzelfall wäre abzuwägen,

---

680 *Gaier*, in: MüKo BGB, Band 3, § 348 Rn. 4.

681 *Gaier*, in: MüKo BGB, Band 3, § 348 Rn. 4 m. w. Nw.

682 Siehe vertiefend dazu etwa *Gaier*, in: MüKo BGB, Band 3, § 346 Rn. 127 ff.

683 Siehe § 5 A. II. 3. b).

684 Zum Nebeneinander von Wertersatz und Schadensersatz vgl. *Metzger*, in: Erman, Handkommentar zum BGB, § 346 Rn. 38.

ob dies in Kauf zu nehmen ist, wenn z. B. die Fortführung des Unternehmens wirtschaftlich äußerst erfolgversprechend wäre.

Kennt der Rückgewährschuldner die tatsächlichen Voraussetzungen des Rücktrittsrechts oder müsste er diese kennen, könnte zudem die schuldhafte Verletzung von Rücksichtnahmepflichten eine Schadensersatzpflicht auslösen.[685] Offensichtlich risikoreiche Geschäfte, die dem Unternehmen schaden könnten, sollten dann besser vermieden werden.

Ferner sollte der Unternehmenserwerber geschäftliche Vorgänge und Entscheidungen möglichst genau dokumentieren, um eine Exkulpation nach § 280 Abs. 1 S. 2 BGB zu erleichtern.

D. Praktikabilität der Rückabwicklung eines Unternehmenskaufvertrages nach den §§ 346 ff. BGB

Die bisherige Untersuchung hat sich mit der Anwendung des rücktrittsrechtlichen Rückabwicklungssystems auf den Unternehmenskauf in seiner Ausgestaltung als Asset Deal und Share Deal beschäftigt. Nun gilt es eine Auseinandersetzung zur Frage der Praktikabilität einer Rückabwicklung nach dem Rücktrittsfolgenrecht zu führen. Hierzu muss vor allem die Vertragspraxis und Interessenlage beim Unternehmenskauf in den Fokus genommen werden.

I. Bedenken gegen eine Rückabwicklung

Insbesondere in der Vertragspraxis werden zahlreiche Bedenken gegen eine Rückabwicklung des Unternehmenskaufs geäußert. Unter M&A-Praktikern sei die Rückabwicklung als unakzeptables „No-Go" verpönt.[686]

Als Grund für die Bedenken werden allem voran die regelmäßig eintretenden Veränderungen des Unternehmens angeführt.[687] Hieraus würden sich bei einer Rückabwicklung tatsächliche und wirtschaftliche Probleme ergeben.

---

685 Vertiefend dazu *Gaier*, in: MüKo BGB, Band 3, § 346 Rn. 130 ff.; *Metzger*, in: Erman, Handkommentar zum BGB, § 346 Rn. 41.

686 *Paefgen/Wallisch*, in: Bilanzgarantien, S. 210.

687 Vgl. *v. Hoyenberg*, in: MVHdB, Band 2, Wirtschaftsrecht I, I. 5 Anm. 85; *Holzapfel/Pöllath*, Unternehmenskauf in Recht und Praxis, Rn. 654; *Thiessen*, in: MüKo HGB, Band 1, Anh. § 25, Rn. 90; *Weber*, in: Handbuch Unternehmenskauf, Rn. 9.369; *Bisle*, DStR 2013, 364 (366); *Thiessen*, Unternehmenskauf und BGB, S. 230 f.

Der Käufer treffe oft unmittelbar nach dem Unternehmensübergang geschäftliche Maßnahmen zur Integration des Zielunternehmens und dessen Neuausrichtung, welche nur unter materiellen und immateriellen Einbußen rückgängig zu machen seien.[688] Hinzu trete die Problematik, dass sich einige Wirtschaftsgüter oder Rechtspositionen (z. B. Kundenstamm) gar nicht rückübertragen ließen.[689] Weiterhin könne es sein, dass der Rückgewährgläubiger nun gar nicht mehr in der Lage sei, das Unternehmen selbst weiterzuführen.[690] Zudem bringe die Rückübertragung gewisse „Übertragungsverluste" mit sich.[691] Bei wirtschaftlicher Betrachtung komme noch das Risiko einer Schwächung der Stellung am Markt hinzu, welche durch einen mit einem ständigen Inhaberwechsel verbundenen Vertrauensverlust von Kunden und Kreditgebern hervorgerufen werden könne.[692]

Damit sei die Rückgängigmachung des Unternehmenskaufs für den Käufer problematisch und für den Verkäufer sehr belastend.[693] Insgesamt liege die Rückgängigmachung eines Unternehmenskaufs weder im Interesse des Käufers noch des Verkäufers.[694] Die mit der Rückabwicklung des Kaufvertrages verbundenen Schwierigkeiten würden außerdem dazu führen, dass ein Rücktritt des Käufers als unpraktikabel einzustufen sei.[695]

Weitere Bedenken ergeben sich nicht aus den Problemen einer Rückgewähr des Unternehmens, sondern aus anderen Vorgaben des Rücktrittsfolgenrechts. Als problematisch wird insbesondere der Entfall der Wertersatzpflicht gemäß § 346 Abs. 3 S. 1 Nr. 1 BGB eingestuft.[696] Bei einem Unternehmenskauf werde sich der Mangel häufig erst während der Umgestaltung zeigen, weshalb ein Entfall der Wertersatzpflicht damit zur Regel werde.[697]

---

688 *Weber*, in: Handbuch Unternehmenskauf, Rn. 9.369.

689 *Holzapfel/Pöllath*, Unternehmenskauf in Recht und Praxis, Rn. 715; *Weber*, in: Handbuch Unternehmenskauf, Rn. 9.369.

690 *Holzapfel/Pöllath*, Unternehmenskauf in Recht und Praxis, Rn. 654; *Münstermann*, Neues Schuldrecht am Beispiel des Unternehmenskaufs, S. 101 f.

691 *Holzapfel/Pöllath*, Unternehmenskauf in Recht und Praxis, Rn. 716.

692 *Glagowski*, Mängelgewährleistung beim Unternehmenskauf, S. 173.

693 *Weber*, in: Handbuch Unternehmenskauf, Rn. 9.369.

694 Vgl. *Weber*, in: Handbuch Unternehmenskauf, Rn. 9.369.

695 *Holzapfel/Pöllath*, Unternehmenskauf in Recht und Praxis, Rn. 654.

696 So etwa *Beisel*, in: Beisel/Klumpp, Der Unternehmenskauf, § 16 Rn. 45; *Münstermann*, Neues Schuldrecht am Beispiel des Unternehmenskaufs, S. 113.

697 *Beisel*, in: Beisel/Klumpp, Der Unternehmenskauf, § 16 Rn. 45; *Münstermann*, Neues Schuldrecht am Beispiel des Unternehmenskaufs, S. 114.

II. Lösungsansätze

Zur Lösung der aufgezeigten Probleme sind verschiedene Vorschläge auszumachen. Hierbei sind zwei Hauptströmungen erkennbar. Ein „vertraglicher Ansatz“ versucht, den aufgeführten Bedenken im Wege der Vertragsgestaltung zu begegnen. Ein „normativer Ansatz“ versucht, eine Lösung durch eine mehr oder weniger starke Modifikation des Rücktritts- und Rücktrittsfolgenrechts zu erreichen.

1.) Vertraglicher Ansatz

a) Umfassender Ausschluss

Die in einer Rückabwicklung gesehenen Probleme und der deshalb angenommene Widerspruch zu den Interessen der Vertragsparteien führen dazu, dass ein vertraglicher Ausschluss der Rechte auf Rückgängigmachung des Vertrages und damit insbesondere des Rücktrittsrechts empfohlen wird.[698] Diese Empfehlung fügt sich in die gängige Praxis bei der Gestaltung von Unternehmenskaufverträgen ein, ein vertragliches Gewährleistungsregime zu schaffen und die gesetzlichen Gewährleistungsansprüche auszuschließen.[699]

Der empfohlene Ausschluss bezieht sich vor allem auf die Zeit nach dem Vollzug des Vertrages.[700] Für den Zeitraum zwischen Vertragsschluss und dinglichem Vollzug wird die Einräumung eines Rücktrittsrechts auf Seiten des Käufers als durchaus sinnvoll angesehen.[701] Dadurch soll sich der Käufer vom Vertrag lösen können, sofern bestimmte Umstände eintreten bzw. nicht eintreten, die ein Festhalten am Vertrag unzumutbar machen.[702]

---

698 *Holzapfel/Pöllath*, Unternehmenskauf in Recht und Praxis, Rn. 654; *Paefgen/Wallisch*, in: Bilanzgarantien, S. 210; *Schulz*, in: Handbuch Unternehmenskauf, Rn. 9.267 *Pöllath*, in: FS Bezzenberger, S. 549 (559); *Glagowski*, Mängelgewährleistungsrecht beim Unternehmenskauf, S. 173; *Thiessen*, Unternehmenskauf und BGB, S. 231; *Bisle*, DStR 2013, 364 (365 f.); *Gaul*, ZHR 2002, 35 (56).

699 Vgl. *Holzapfel/Pöllath*, Unternehmenskauf in Recht und Praxis, Rn. 668; *K. Schmidt*, Unternehmensrecht I, § 5 Rn. 45; *Schulz/Weber*, in: Handbuch Unternehmenskauf, Rn. 9.282; *Korch*, JuS 2018, 521 (525).

700 *Beisel*, in: Beisel/Klumpp, Der Unternehmenskauf, § 16 Rn. 116; *Holzapfel/Pöllath*, Unternehmenskauf in Recht und Praxis, Rn. 654; *Bisle*, DStR 2013, 364 (366).

701 *Beisel*, in: Beisel/Klumpp, Der Unternehmenskauf, § 16 Rn. 116; *Bisle*, DStR 2013, 364 (366).

702 *Beisel*, in: Beisel/Klumpp, Der Unternehmenskauf, § 16 Rn. 116; *Bisle*, DStR 2013, 364 (366).

In diesem Zusammenhang kommt es oftmals zur Aufnahme von Material-Adverse-Change-Klauseln (sog. MAC-Klauseln). Diese können dem Käufer ein Rücktrittsrecht bei einer gravierenden nachteiligen Veränderung der wirtschaftlichen Lage der Zielgesellschaft gewähren.[703] Es ist offensichtlich, dass die zuvor beschriebenen Probleme vor dem dinglichen Vollzug nicht eintreten.

b) Beibehaltung bei genauer vertraglicher Ausgestaltung

Abweichend vom generellen Rücktrittsausschluss wird auch die Beibehaltung einer Rücktrittsmöglichkeit bei einer genauen vertraglichen Festlegung von Voraussetzungen und Rechtsfolgen empfohlen.[704] In schwerwiegenden Fällen müsse der Rücktritt möglich bleiben.[705] Hierzu gehören beispielsweise, „[...] nicht behebbare Rechtsmängel beim Beteiligungskauf, Fehlen oder plötzlicher Verlust betriebsnotwendiger Wirtschaftsgüter beim Asset Deal, drohende Insolvenz oder die überraschende Realisierung von bisher nicht bekannten oder vergeblich ausgeschlossenen Haftungsrisiken.“[706]

Die Fälle, in denen ein Rücktrittsrecht eingreift, sollten dabei genau definiert werden, wobei ggf. auch ein Verschulden des Verkäufers zur Voraussetzung gemacht werden kann.[707] Weiterhin sollte die Frist zur Ausübung des Rücktrittsrechts so kurz wie möglich gehalten werden, da sich eine Rückabwicklung mit zunehmender Entfernung vom Übergangsstichtag immer schwieriger gestalten wird.[708]

Auch die Rechtsfolgen müssen bei einer solchen vertraglichen Gestaltung modifiziert werden, wobei einige Grundsätze beachtet werden sollten.

Grundsätzlich sollte dem Verkäufer die Pflicht auferlegt werden, dem Käufer allen Aufwand ersetzen, welcher durch Abschluss, Durchführung und Rückabwicklung des Unternehmenskaufvertrages entstanden ist.[709] Diese Ersatzpflicht solle aber nicht eintreten, wenn der Aufwand mit Mitteln

---

[703] *Bisle*, DStR 2013, 364 (366).

[704] So etwa *Beisel*, in: Beisel/Klumpp, Der Unternehmenskauf, § 16 Rn. 118 ff.

[705] *Beisel*, in: Beisel/Klumpp, Der Unternehmenskauf, § 16 Rn. 118.; *v. Hoyenberg*, in: MVHdB, Band 2, Wirtschaftsrecht I, I. 5 Anm. 85; *Korch*, JuS 2018, 521 (524).

[706] *Beisel*, in: Beisel/Klumpp, Der Unternehmenskauf, § 16 Rn. 11; ähnlich auch *v. Hoyenberg*, in: MVHdB, Band 2, Wirtschaftsrecht I, I. 5 Anm. 85.

[707] *Beisel*, in: Beisel/Klumpp, Der Unternehmenskauf, § 16 Rn. 118.

[708] *V. Hoyenberg*, in: MVHdB, Band 2, Wirtschaftsrecht I, I. 5 Anm. 85; *Korch*, JuS 2018, 521 (524).

[709] *Beisel*, in: Beisel/Klumpp, Der Unternehmenskauf, § 16 Rn. 125.

aus dem Unternehmen ausgeglichen wurde, da der Verkäufer dann bereits mit einer Wertminderung des Unternehmens belastet sei.[710] Zu dem zu ersetzenden Aufwand können insbesondere auch Investitionen des Käufers gezählt werden, welche dieser zur Fortführung des Unternehmens getätigt hat (z. B. Umgestaltungsaufwendungen, Finanzierungsaufwand, Berater- und Vertragskosten).[711]

Weiterhin sollte eine Ersatzpflicht des Käufers für Nachteile festgelegt werden, die sich auf das Vermögen des Unternehmens auswirken und von diesem zu vertreten sind.[712] Außerdem solle der Käufer Nutzungen ersetzen, die er aus dem Unternehmen bis zum Rücktritt erzielen konnte.[713]

Neben der Aufnahme einer Regelung zum Rücktrittsrecht und der explizit auf diesem Rücktrittsrecht basierenden Rückabwicklung wird auch die Regelung einiger Modalitäten der Rückabwicklung im Allgemeinen empfohlen.[714]

Die erste Ausgestaltungsform soll dabei offensichtlich die Etablierung eines Rücktrittsrechts als Rechtsbehelf für bestimmte Fallkonstellationen bei gleichzeitiger Festlegung der Rechtsfolgen bezwecken. Dagegen betrifft die Regelung einiger Modalitäten der Rückabwicklung im Allgemeinen vor allem Verträge, in denen ein Ausschluss der Rückabwicklung aufgenommen wurde. Die Regelung einiger Modalitäten der Rückabwicklung im Allgemeinen soll dabei wohl eher als eine Art Auffangregelung dienen, um die Probleme einer Rückabwicklung zu bewältigen, falls der vertragliche Ausschluss nicht greift.[715] Für diesen Fall soll insbesondere die Zuweisung von Nutzungen und Verlusten vertraglich festgelegt werden.[716] Am sinnvollsten wird dabei eine Regelung gesehen, wonach derjenige etwaige Verluste und Kosten tragen solle, der sich für die Rückabwicklung entscheide.[717] Eine Ausnahme soll hingegen gelten, wenn der andere Teil die Rückabwicklung schuldhaft veranlasst hat.[718]

---

710 *Beisel*, in: Beisel/Klumpp, Der Unternehmenskauf, § 16 Rn. 125.
711 *Beisel*, in: Beisel/Klumpp, Der Unternehmenskauf, § 16 Rn. 125.
712 *Beisel*, in: Beisel/Klumpp, Der Unternehmenskauf, § 16 Rn. 126.
713 *Beisel*, in: Beisel/Klumpp, Der Unternehmenskauf, § 16 Rn. 126.
714 So etwa *Holzapfel/Pöllath*, Unternehmenskauf in Recht und Praxis, Rn. 716.
715 Vgl. *Holzapfel/Pöllath*, Unternehmenskauf in Recht und Praxis, Rn. 716.
716 *Holzapfel/Pöllath*, Unternehmenskauf in Recht und Praxis, Rn. 716.
717 *Holzapfel/Pöllath*, Unternehmenskauf in Recht und Praxis, Rn. 716.
718 *Holzapfel/Pöllath*, Unternehmenskauf in Recht und Praxis, Rn. 716.

Zusammenfassend kann festgestellt werden, dass im vertraglichen Ansatz keine einheitliche Gestaltungsempfehlung zu finden ist. Schwerpunktmäßig wird der Ausschluss einer Rückgängigmachung des Unternehmenskaufvertrages nahegelegt.[719] Ein „vorsichtiger Vertrag“[720] kann aber einige Modalitäten einer nicht zu verhindernden Rückabwicklung regeln. Für klar definierte Fälle soll ein Rücktritt zusammen mit einer vertraglich ausgestalteten Rückabwicklung sogar als „letzte Rettungsmaßnahme“[721] in das vertragliche Gewährleistungsregime aufgenommen werden.[722]

c) Zwischenergebnis

Insgesamt ist in der Gestaltungspraxis die Tendenz zu erkennen, eine Rückabwicklung möglichst zu vermeiden bzw. wenn überhaupt nur als „letzte Rettungsmaßnahme“[723] bei einer genauen vertraglichen Ausgestaltung zuzulassen. Es wird zu prüfen sein, ob diese Tendenz unter Beachtung der Ergebnisse, welche die Untersuchung der Anwendung der §§ 346 ff. BGB auf den Unternehmenskauf in seinen Ausgestaltungsformen geliefert hat, bestätigt werden kann.

2.) Normativer Ansatz

Ein weiterer Ansatz versucht, die in einer Rückabwicklung gesehenen Probleme durch eine entsprechende Auslegung und Anwendung des Rücktritts- und Rücktrittsfolgenrechts zu lösen.[724]

a) Ausschluss des Rücktrittsrechts mittels § 323 Abs. 5 S. 2 BGB

Teilweise wird versucht, eine begrenzte Anwendbarkeit des Rücktrittsfolgenrechts durch eine „unternehmensspezifische“[725] Auslegung des § 323 Abs. 5

---

[719] So etwa *Holzapfel/Pöllath*, Unternehmenskauf in Recht und Praxis, Rn. 654; *Paefgen/Wallisch*, in: Bilanzgarantien, S. 210; *Schulz*, in: Handbuch Unternehmenskauf, Rn. 9.267; *Pöllath*, in: FS Bezzenberger, S. 549 (559); *Thiessen*, Unternehmenskauf und BGB, S. 231; *Bisle*, DStR 2013, 364 (365 f.).

[720] *Holzapfel/Pöllath*, Unternehmenskauf in Recht und Praxis, Rn. 716.

[721] *Beisel*, in: Beisel/Klumpp, Der Unternehmenskauf, § 16 Rn. 117.

[722] So *Beisel*, in: Beisel/Klumpp, Der Unternehmenskauf, § 16 Rn. 117 ff.

[723] *Beisel*, in: Beisel/Klumpp, Der Unternehmenskauf, § 16 Rn. 117.

[724] So etwa *Thiessen*, in: MüKo HGB, Band 1, Anh. § 25 Rn. 90; *Büdenbender*, Grundlagen, S. 40 ff.; *Münstermann*, Neues Schuldrecht am Beispiel des Unternehmenskaufs, S. 104 ff.

[725] *Büdenbender*, Grundlagen, S. 43.

S. 2 BGB zu erreichen. Voraussetzung dafür ist, dass dem Käufer überhaupt ein Rücktrittsrecht gemäß § 323 BGB zusteht.

Nach § 323 Abs. 5 S. 2 BGB ist der Rücktritt ausgeschlossen, wenn die Pflichtverletzung des Schuldners (Verkäufers) unerheblich ist. Beim Unternehmenskauf liege die Pflichtverletzung in der Lieferung eines mangelhaften Unternehmens.[726] Die Pflichtverletzung sei demnach unerheblich, wenn das Unternehmen die mit dem Erwerb verbundene Zielsetzung vollständig erreichen könne.[727] Dabei trete an die Stelle der trotz Mangel noch bestehenden Funktionsfähigkeit einer Sache die Möglichkeit, mit dem Unternehmen eine vergleichbare Marktposition zu bewahren oder auch durch Ausbau zu erreichen und wirtschaftliche Ergebnisse zu erzielen, wie dies bei der Veräußerung des Unternehmens ohne Mangel möglich wäre.[728] Solange dies der Fall ist, sei der Mangel unerheblich und der Rücktritt nach § 323 Abs. 5 S. 2 BGB ausgeschlossen.

Außerdem gelte, dass wenn sich der Mangel des Unternehmens wirtschaftlich ohne Weiteres ausgleichen ließe, dieser für die Positionierung auf dem Markt keine Rolle spielen solle, weshalb § 323 Abs. 5 S. 2 BGB dann gleichfalls eingreifen solle.[729]

b) § 346 Abs. 2 S. 1 Nr. 2 BGB als passendes Instrument

Zudem wird vor allem die Wertersatzpflicht gemäß § 346 Abs. 2 S. 1 Nr. 2 BGB als passendes Instrument gesehen, um die als besonders problematisch eingestufte Rückgewähr des Unternehmens zu vermeiden.[730] Hier geht man sogar so weit und macht die Anwendung von § 346 Abs. 2 S. 1 Nr. 2 BGB vom „[…] Gewicht der Bedenken gegen die Rückabwicklung […]“[731] abhängig.[732] So soll der Anwendungsbereich der Vorschrift wohl beliebig ausgeweitet werden, um eine Rückgewähr des Unternehmens zugunsten einer Wertersatzpflicht zu vermeiden.

---

726 *Büdenbender,* Grundlagen, S. 42.
727 *Büdenbender,* Grundlagen, S. 43.
728 *Büdenbender,* Grundlagen, S. 43.
729 *Büdenbender,* Grundlagen, S. 43.
730 So etwa *Thiessen,* in: MüKo HGB, Band 1, Anh. § 25 Rn. 90; *Büdenbender,* Grundlagen, S. 42 f.; *Münstermann,* Neues Schuldrecht am Beispiel des Unternehmenskaufs, S. 126; *Thiessen,* Unternehmenskauf und BGB, S. 232.
731 *Thiessen,* in: MüKo HGB, Band 1, Anh. § 25 Rn. 90.
732 Vgl. *Thiessen,* in: MüKo HGB, Band 1, Anh. § 25 Rn. 90.

c) Modifizierende Auslegung von § 346 Abs. 2 S. 1 Nr. 2 BGB

Die Wertersatzregelung des § 346 Abs. 2 S. 1 Nr. 2 BGB wird zwar grundsätzlich als sachgerechte Lösung für die Rückabwicklung eines Unternehmenskaufs gesehen, zugleich wird aber auch eine modifizierte Auslegung dieser Vorschrift gefordert, um die technische Umsetzung eines Rücktritts vom Unternehmenskaufvertrag angemessen zu gestalten.[733]

Dieser Einschätzung liegt der Gedanke zugrunde, eine Verarbeitung oder Umgestaltung gemäß § 346 Abs. 2 S. 1 Nr. 2 BGB nach den für § 950 BGB geltenden Grundsätzen zu bestimmen.[734] Demnach wären nur in Ausnahmefällen die Voraussetzungen des § 346 Abs. 2 S. 1 Nr. 2 BGB erfüllt, womit auch eine entsprechende Wertersatzpflicht die Ausnahme bilden würde.[735] Dies hätte dann wiederum eine häufige Konfrontation mit den Problemen zur Folge, die bei der Rückgewähr des Unternehmens auftreten.[736]

Um dieses Problem zu lösen, wird eine rein auf der Bewertung der Zumutbarkeit einer Rücknahmeverpflichtung für den Verkäufer und einer Wertersatzpflicht für den Käufer basierenden Vorgehensweise vorgeschlagen, wobei die in Bezug auf § 950 BGB aufgestellten Grundsätze keine Rolle spielen sollen.[737] Je nachdem, zu wessen Gunsten diese Zumutbarkeitsbewertung ausfällt, soll im zu entscheidenden Einzelfall entweder Rückgewähr nach § 346 Abs. 1 BGB oder Wertersatz gemäß § 346 Abs. 2 S. 1 Nr. 2 BGB zu leisten sein.[738]

Begründet wird dieser Ansatz mit einer „Normzweckdivergenz"[739] von § 346 Abs. 2 S. 1 Nr. 2 BGB und § 950 BGB. Bei § 346 Abs. 2 S. 1 Nr. 2 BGB handele es sich in erste Linie um eine Gefahrtragungsregelung.[740] Weiterhin diene die Vorschrift einem Interessenausgleich zwischen Verkäufer und Käufer.[741] Die Vorschrift des § 950 BGB bezwecke hingegen die eindeutige Zuweisung von dinglichen Rechten im Interesse der Rechtssicherheit.[742]

---

[733] *Münstermann,* Neues Schuldrecht am Beispiel des Unternehmenskaufs, S. 106 ff.
[734] *Münstermann,* Neues Schuldrecht am Beispiel des Unternehmenskaufs, S. 106 f.
[735] *Münstermann,* Neues Schuldrecht am Beispiel des Unternehmenskaufs, S. 106 f.
[736] Vgl. *Münstermann,* Neues Schuldrecht am Beispiel des Unternehmenskaufs, S. 108.
[737] So *Münstermann,* Neues Schuldrecht am Beispiel des Unternehmenskaufs, S. 108 f.
[738] Vgl. *Münstermann,* Neues Schuldrecht am Beispiel des Unternehmenskaufs, S. 109.
[739] *Münstermann,* Neues Schuldrecht am Beispiel des Unternehmenskaufs, S. 108.
[740] *Münstermann,* Neues Schuldrecht am Beispiel des Unternehmenskaufs, S. 108.
[741] *Münstermann,* Neues Schuldrecht am Beispiel des Unternehmenskaufs, S. 108.
[742] *Münstermann,* Neues Schuldrecht am Beispiel des Unternehmenskaufs, S. 109.

Ein weiterer Ansatz mündet ebenfalls in einer Zumutbarkeitsbewertung, basiert jedoch auf einer anderen dogmatischen Grundannahme. Demnach soll sich die Zulässigkeit einer Zumutbarkeitsbewertung aus einer „Modifikation des § 346 Abs. 2 S. 1 Nr. 2 BGB“[743] ergeben. Eine solche Modifikation sei zulässig, da es sich bei der Anwendung der §§ 346 ff. BGB auf den Unternehmenskauf lediglich um eine analoge Anwendung handele, was eine Modifikation auf Rechtsfolgenseite ermögliche.[744]

Während die zu § 950 BGB aufgestellten Kriterien für den reinen Sachkauf durchaus zutreffend sind, gilt beim Unternehmenskauf die Besonderheit, dass eine Rückabwicklung bereits nach kurzer Zeit für den Verkäufer wirtschaftlich nachteilig ist.[745] Deshalb dürfe eine strenge, an § 950 BGB orientierte Relevanzschwelle hier nicht gefordert werden.[746] Stattdessen müsse in jedem Einzelfall ermittelt werden, ob eine Rückgewähr nur unter erheblichen Schwierigkeiten möglich sei, wobei die Interessen der Vertragsparteien in ein angemessenes Verhältnis zu bringen seien.[747]

d) Teleologische Reduktion von § 346 Abs. 3 S. 1 Nr. 1 BGB

Es wurde bereits angedeutet, dass in der häufigen Anwendbarkeit von § 346 Abs. 3 S. 1 Nr. 1 BGB ebenfalls ein Problem im Zusammenhang mit der Rückabwicklung eines Unternehmenskaufvertrages gesehen wird.[748] Sofern die Vorschrift anwendbar ist, müsste der Käufer weder das Unternehmen zurückübertragen noch Wertersatz leisten. Gemäß § 346 Abs. 3 S. 2 BGB müsste er lediglich eine verbleibende Bereicherung herausgeben.[749] Um diesem Problem zu begegnen, solle § 346 Abs. 3 S. 1 Nr. BGB teleologisch „auf Null“[750] reduziert werden.[751]

[743] *Münstermann*, Neues Schuldrecht am Beispiel des Unternehmenskaufs, S. 109.
[744] *Münstermann*, Neues Schuldrecht am Beispiel des Unternehmenskaufs, S. 109.
[745] *Münstermann*, Neues Schuldrecht am Beispiel des Unternehmenskaufs, S. 109 f.
[746] *Münstermann*, Neues Schuldrecht am Beispiel des Unternehmenskaufs, S. 110.
[747] *Münstermann*, Neues Schuldrecht am Beispiel des Unternehmenskaufs, S. 110.
[748] Siehe § 5 A. II. 7.) a).
[749] Siehe dazu auch § 5 A. II. 7.) e).
[750] *Münstermann*, Neues Schuldrecht und Unternehmenskauf, S. 114.
[751] Siehe dazu § 5 A. II. 7.) a).

e) Zwischenergebnis

Auch im normativen Ansatz wird – ähnlich wie im vertraglichen Ansatz – zum Teil bereits am Rücktrittsrecht und nicht erst am Rücktrittsfolgenrecht angeknüpft. Innerhalb der gesetzlichen Möglichkeiten soll ein Rücktrittsrecht in Bezug auf den Unternehmenskauf ausgeschlossen werden, um gar nicht erst zu einer Anwendung des Rücktrittsfolgenrechts zu gelangen.

Eine weitere Strömung versucht, das Rücktrittsfolgenrecht so zu modifizieren, dass aus ihrer Sicht sachgerechte Ergebnisse für die Rückabwicklung des Unternehmenskaufs erzielt werden können.

III. Das rücktrittsrechtliche Rückabwicklungssystem zwischen Praktikabilität und Interessenausgleich

Auf Basis der zuvor gewonnen Erkenntnisse über die Anwendung des Rücktrittsfolgenrechts auf den Unternehmenskauf in seinen verschiedenen Ausgestaltungsformen muss nun eine Auseinandersetzung mit den Bedenken gegen eine Rückabwicklung nach den §§ 346 ff. BGB und den dazu entwickelten Lösungsansätzen geführt werden.

1.) Zu den Bedenken gegen eine Rückabwicklung

Die geäußerten Bedenken richten sich im Kern vor allem gegen eine Rückgewähr des Unternehmens, welche wiederum aufgrund der regelmäßig eintretenden Veränderungen und der dadurch erzeugten Schwierigkeiten so kritisch gesehen wird.[752]

Der Eintritt von Veränderungen ergibt sich bereits aus der das Unternehmen kennzeichnenden Grundeigenschaft der Dynamik[753] und kann nicht abgestritten werden. Es muss jedoch auch beachtet werden, dass die Intensität der Veränderungen variiert. Wird ein Unternehmen lediglich wie bisher fortgeführt, treten auch nur die auf der gewöhnlichen Marktteilnahme beruhenden Veränderungen ein. Zugleich ist der Unternehmenskauf aber häufig durch die Erzeugung von Synergien, Diversifikation oder der betrieblichen Abrundung motiviert.[754] Eine einfache Fortführung des Unternehmens wie

---

752 Siehe § 5 D. I.
753 Vgl. § 2 A. II.
754 Vgl. *Beisel,* in: Beisel/Klumpp, Der Unternehmenskauf, § 1 Rn. 8.

bisher dürfte da die Ausnahme und eine Veränderung durch Integrationsmaßnahmen des Erwerbers eher die Regel bilden.[755]

Selbst bei einer Fortführung des Unternehmens ohne intensive Veränderungen durch den Erwerber verbleiben bei einer Rückgewähr Probleme wie die beschriebenen „Übertragungsverluste"[756]. Weiterhin werden die Übertragungs- und Rückübertragungsvorgänge mit hoher Wahrscheinlichkeit einen Vertrauensverlust bei Kunden und Lieferanten auslösen und damit dem Unternehmen und seiner Stellung am Markt schaden.[757] Die gehäuften Inhaberwechsel dürften auch bei (potenziellen) Investoren nicht gerade positive Reaktionen hervorrufen.

Natürlich kann es auch dazu kommen, dass der Rückgewährgläubiger gar nicht mehr in der Lage oder Willens ist, das Unternehmen selbst weiterzuführen, weil er seine unternehmerische Tätigkeit selbst komplett neu ausgerichtet oder sogar eingestellt hat. Auch kann die Rückübertragung einiger Wirtschaftsgüter erhebliche Probleme mit sich bringen oder sogar unmöglich sein.

Es zeigt sich also, dass insbesondere eine Rückgewähr des Unternehmens durchaus mit tatsächlichen und wirtschaftlichen Problemen einhergeht. Auch wenn diese nicht allein auf die Veränderungen des Unternehmens gestützt werden können, müssen aufgrund dieser Probleme die Bedenken gegen eine Rückabwicklung des Unternehmenskaufvertrages insoweit geteilt werden.

2.) Auswirkungen der Untersuchungsergebnisse

Nachdem die Bedenken gegen eine Rückabwicklung eines Unternehmenskaufvertrages allgemein sowie speziell bei Anwendung des rücktrittsrechtlichen Rückabwicklungssystems und die dazu bereits entwickelten Lösungsansätze verdeutlicht wurden, muss ein Bezug zu den hier erzielten Untersuchungsergebnissen hergestellt werden.

Es ist zu beleuchten, welche Auswirkungen die bei Untersuchung der Anwendung des rücktrittsrechtlichen Rückabwicklungssystems auf den Asset

---

755 Zu Post-Merger-Integration-Maßnahmen siehe vertiefend *Billing/Flötotto*, in: Handbuch Unternehmenskauf, Rn. 2.19 ff.

756 *Holzapfel/Pöllath*, Unternehmenskauf in Recht und Praxis, Rn. 716.

757 Vgl. *Glagowski*, Mängelgewährleistung beim Unternehmenskauf, S. 173.

Deal und Share Deal gewonnen Erkenntnisse in der Auseinandersetzung mit den festgestellten Bedenken und Lösungsansätzen haben.

In Bezug auf die als besonders problematisch eingestufte Rückgewähr wurde insbesondere herausgearbeitet, dass die aufgrund der gewöhnlichen Teilnahme am Marktgeschehen eintretenden Veränderungen des Unternehmens keine Wertersatzpflicht auslösen. Es zeigt sich, dass eine Wertersatzpflicht gemäß § 346 Abs. 2 Satz 1 BGB nur bei Veränderungen mit einer gewissen Intensität angenommen werden kann.[758] Dies gilt für Asset Deal und Share Deal gleichermaßen, wobei beim Share Deal aufgrund des größeren Betrachtungsspektrums (Anteile und Unternehmen als Anknüpfungspunkt)[759] die Wahrscheinlichkeit einer Wertersatzpflicht etwas höher liegt.

Auch wenn bestimmte Voraussetzungen von einiger Intensität für den Eintritt einer Wertersatzpflicht vorliegen müssen, kann nicht davon ausgegangen werden, dass die besonders problematische Rückgewähr des Unternehmens nicht eintreten wird. Die damit im Zusammenhang stehenden Bedenken können daher durch die erzielten Erkenntnisse nicht ausgeräumt werden.

Der Einwand, dass vom Käufer getroffene Maßnahmen zur Integration des Zielunternehmens und dessen Neuausrichtung nur unter materiellen und immateriellen Einbußen rückgängig zu machen seien, kann indes widerlegt werden.[760] Grundsätzlich kann zwar eine Beseitigungspflicht angenommen werden, diese beschränkt sich bei rücktrittsrechtlicher Rückabwicklung des Unternehmenskaufs aber faktisch auf die Beseitigung von Belastungen.[761] Veränderungen aufgrund von Integrationsmaßnahmen vermögen – wenn überhaupt – eine Wertersatzpflicht auszulösen.

Zugleich hat die angestellte Untersuchung auch gezeigt, dass das rücktrittsrechtliche Rückabwicklungssystem in der Lage ist, die Besonderheiten des wirtschaftlichen Unternehmens zu bewältigen.

Die Komplexität des Unternehmens bereitet bei einer Rückgewährpflicht gemäß § 346 Abs. 1 BGB wegen der gebotenen Orientierung an der ursprünglichen Übertragung keine Probleme.[762] Kommt es zu einer Wertersatzpflicht,

---

758 Siehe § 5 A. II. 2.).

759 § 5 B. I.

760 Zum Einwand siehe *Weber*, in: Handbuch Unternehmenskauf, Rn. 9.369.

761 § 5 A. II. 4.).

762 Vertiefend hierzu § 5 A. I. und § 5 B. II.

kann mit der Komplexität aufgrund einer unternehmensspezifischen Bestimmung des Wertersatzes grundsätzlich ebenfalls sachgerecht umgegangen werden.[763]

Auch die das Unternehmen prägende Besonderheit der Dynamik kann vom Rückabwicklungssystem der §§ 346 ff. BGB gehandhabt werden. Dies leistet das Rücktrittsfolgenrecht durch die in ihm angelegte Abgrenzung von Rückgewähr- und Wertersatzpflicht, wobei Veränderungen, die auf der dem Unternehmen immanenten Dynamik beruhen, grundsätzlich nicht zu einer Wertersatzpflicht führen.[764]

Die Eigenschaft des Unternehmens als soziales Gebilde wird bei einer Rückabwicklung vom rücktrittsrechtlichen Rückabwicklungssystem ebenfalls berücksichtigt. Durch die Anwendbarkeit von § 613a BGB werden die Interessen der Arbeitnehmer gewahrt.[765] Bestehende Verbindlichkeiten finden durch Aufwendungsersatzanspruch gemäß § 347 Abs. 2 BGB Berücksichtigung, was den Gläubigern zugutekommt.[766] Und auch die Interessen der Vertragspartner finden Beachtung, wenn deren Zustimmung zur Übertragung der Verträge eingeholt werden muss. Bei Rückabwicklung des Share Deals gehen die Rechtsbeziehungen zu Dritten automatisch auf den Rückgewährgläubiger über, da hier der Rechtsträger ebenfalls von der Rückabwicklung erfasst wird. Aus Sicht der mit dem Unternehmen in einer Rechtsbeziehung stehenden Dritten kann dies natürlich negativ sein, wenn sie mit der Person des Rückgewährgläubigers nicht einverstanden sind. Hier werden ihre Interessen nicht so stark berücksichtigt wie bei Rückabwicklung des Asset Deals. Der Umstand, dass mitunter zahlreiche Rechtsbeziehung zu verschiedenen Rechtssubjekten bestehen, kann vom rücktrittsrechtlichen Rückabwicklungssystem jedoch insgesamt bewältigt werden.

Weiterhin muss auch beachtet werden, dass das rücktrittsrechtliche Rückabwicklungssystem durchaus in der Lage ist, in einigen Punkten des Rückabwicklungsprozesses interessengerechte Lösungen zu liefern. Beispielsweise werden die auf dem gegenständlichen Bereich des Unternehmens beruhenden Nutzungen dem Rückgewährgläubiger zugewiesen.[767] Dies ist

---

763 Vertiefend hierzu § 5 A. II. 5.) und § 5 B. III. 6.).

764 Vgl. § 5. A. II. 2.) b) ff).

765 Siehe § 5 A. I. 1.) b).

766 Siehe § 5 A. III. 3.) d).

767 Siehe § 5 A. III. 1.).

interessengerecht, wie die gleichlautende Gestaltungsempfehlung im vertraglichen Ansatz deutlich macht.[768] Auch der Vorschlag, dass der Verkäufer die Aufwendungen des Käufers auf das Unternehmen zu ersetzen hat, welche nicht mit Mitteln aus dem Unternehmen getätigt oder ausgeglichen wurden, ist bereits im rücktrittsrechtlichen Rückabwicklungssystem angelegt. Investitionen fallen überhaupt erst unter den Begriff der Aufwendungen, sofern es sich um Bar- und Sachmittel handelt, die nicht aus dem Unternehmen selbst stammen.[769]

Weiterhin wird empfohlen, den Rückgewährschuldner für alle nachteiligen Veränderungen des Unternehmens haften zu lassen, die er zu vertreten hat.[770] Dem nähert sich die gesetzliche Konzeption im Ergebnis an, indem die Wertersatzpflicht für eine Verschlechterung oder den Untergang des Unternehmens entfällt, wenn der Rückgewährschuldner die Sorgfalt in eigenen Angelegenheiten beobachtet hat.[771]

Insgesamt hat die Untersuchung der Anwendung der §§ 346 ff. BGB auf den Unternehmenskauf in seinen Ausgestaltungsformen gezeigt, dass dieses Rückabwicklungssystem durchaus in der Lage ist, die Rückabwicklung eines Unternehmenskaufvertrages in Anbetracht der Besonderheiten des wirtschaftlichen Unternehmens zu bewältigen. Zusätzlich ist die gesetzliche Konzeption in einigen Punkten sogar in der Lage, interessengerechte Lösungen zu erzeugen.

Diese Feststellungen ändern jedoch nichts an dem Umstand, dass die Rückgewähr des Unternehmens aufgrund der bestimmten Voraussetzungen für eine Wertersatzpflicht nicht die absolute Ausnahme bilden wird.[772] Dies dürfte den Interessen der Parteien regelmäßig widersprechen.

Der Rückgewährgläubiger wird das Unternehmen oft gar nicht mehr weiterführen wollen. Sollte dies bspw. wegen einer hervorragenden Marktposition doch der Fall sein, wird der Rückgewährschuldner das profitable Unternehmen nicht herausgeben wollen. Und selbst wenn eine Herausgabe erfolgt, wird der mit hoher Wahrscheinlichkeit eintretende Vertrauensverlust

---

768 Vgl. *Beisel*, in: Beisel/Klumpp, Der Unternehmenskauf, § 16 Rn. 126; *Holzapfel/Pöllath*, Unternehmenskauf in Recht und Praxis, Rn. 716.

769 Vertiefend dazu § 5 A. III. 3.).

770 *Beisel*, in: Beisel/Klumpp, Der Unternehmenskauf, § 16 Rn. 126.

771 § 5 A. II. 7.) c).

772 A. A. *Jagersberger*, Die Haftung des Verkäufers beim Unternehmenskauf, S. 321.

bei Kunden, Lieferanten und Investoren nicht im Interesse des Rückgewährgläubigers liegen.

Das rücktrittsrechtliche Rückabwicklungssystem deshalb aber insgesamt als unpraktikabel zu bezeichnen, greift zu weit, da es grundsätzlich in der Lage ist, die Rückabwicklung eines Unternehmenskaufvertrages auch in Anbetracht der Besonderheiten des wirtschaftlichen Unternehmens zu bewältigen. Vielmehr wird die gesetzliche Grundkonzeption vor allem mit der Rückgewähr lediglich nicht immer zu Ergebnissen führen, die den Interessen der Parteien entsprechen.

IV. Vertragsgestaltung auf Basis unternehmensspezifischer Auslegung

Auch wenn das rücktrittsrechtliche Rückabwicklungssystem in seiner Anwendung auf den Unternehmenskaufvertrag nicht als unpraktikabel beschrieben werden kann, wurde deutlich, dass die Bedenken gegen eine rücktrittsrechtliche Rückabwicklung eines Unternehmenskaufvertrages zum Teil durchaus gerechtfertigt sind. Selbst bei einer – wie hier vorgenommenen – unternehmensspezifischen, teils wohl auch modifizierenden Auslegung der §§ 346 ff. BGB, kann das rücktrittsrechtliche Rückabwicklungssystem in seiner Anwendung auf einen Unternehmenskaufvertrag nicht immer zu interessengerechten Lösungen führen. Wesentlicher Grund hierfür ist die reale Gefahr einer Rückgewähr des Unternehmens.

Eine abweichende Auslegung des § 346 BGB kann hierfür keine passende Lösung bieten. Mit der hier bereits vorgenommenen unternehmensspezifischen Auslegung des Rücktrittsfolgenrechts wurde der mögliche Modifizierungsspielraum voll ausgenutzt.

Insbesondere wurden zur Anwendbarkeit von § 346 Abs. 2 S. 1 Nr. 2 BGB unternehmensspezifische Kriterien entwickelt, womit sich der Eintritt einer Wertersatzpflicht ermitteln lässt.[773] Eine weitere Modifikation von § 346 Abs. 2 S. 2 Nr. 1 BGB, die in eine Zumutbarkeitsbewertung mündet, kann der gesetzlichen Ausgestaltung nicht entnommen werden.[774] Die Vorschrift ist Ausdruck des allgemeinen Rechtsgedankens, wonach den Rückgewährschuldner die Verpflichtung zum Wertersatz trifft, wenn ihm die Rückgewähr

---

[773] Siehe § 5 A. II. 2.) und § 5 B. III. 2.)

[774] Siehe zu diesem Ansatz § 5 D. II. 2.) c).

der empfangenen Leistung unmöglich ist.[775] Folglich ist es für die Anwendung von § 346 Abs. 2 S. 1 Nr. 2 BGB allein entscheidend, ob dem Rückgewährschuldner die Rückgewähr der empfangenen Leistung unmöglich ist oder nicht. Eine Modifikation kann nur so weit gehen, dass die dafür erforderlichen Kriterien bestimmt werden.[776] Im Rahmen von § 346 Abs. 2 S. 1 Nr. 2 BGB eine Abwägung anhand von Zumutbarkeitsgesichtspunkten vorzunehmen, findet im Gesetz jedoch keine Stütze.[777]

Somit muss die Lösung in einer entsprechenden vertraglichen Gestaltung gesucht werden. Den angeführten Problemen lässt sich durch eine vertragliche Ausgestaltung der gegenständlichen Rückgewähr nicht begegnen, da die Schwächung der Marktposition und Vertrauensverlust bei Geschäftspartnern stets mit hoher Wahrscheinlichkeit zu erwarten ist, egal wie die gegenständliche Rückgewähr auch ausgestaltet wird.

Sofern ein Rücktrittsrecht mit rücktrittsrechtlicher Rückabwicklung als Rechtsbehelf in den Unternehmenskaufvertrag aufgenommen werden soll, sollte bei der Vertragsgestaltung der Fokus darauf gelegt werden, dass möglichst genau vereinbart wird, unter welchen individuellen Voraussetzungen die gegenständliche Herausgabe durch eine Wertersatzpflicht ersetzt werden soll. Sollten die gesetzlichen Voraussetzungen mit ihrer bestimmten Intensität nach der Interessenlage der Parteien zu hohe Hürden bilden, müssen diese angepasst werden. Das muss zwingend anhand der individuellen Eigenarten des vertragsgegenständlichen Unternehmens erfolgen. Zudem könnte ggf. der Entfall der Wertersatzpflicht nach § 346 Abs. 3 S. 1 Nr. 1 BGB abbedungen werden, falls die Parteien einen dann nach § 346 Abs. 3 S. 2 BGB entstehenden Bereicherungsausgleich vermeiden möchten.

Da das rücktrittsrechtliche Rückabwicklungssystem ansonsten durchaus zu interessengerechten Ergebnissen gelangt, ist ein vertraglicher Regelungsbedarf im Hinblick auf die Rechtsfolgen nur gegeben, soweit die Vertragsparteien aus individuellen Gründen von den gesetzlichen Vorgaben abweichen

---

[775] Vgl. BGH, NJW 2008, 2028 Rn. 22; BGH, NJW 2009, 63 Rn. 18; *Gaier*, in: MüKo BGB, Band 3, § 346 Rn. 101; *Grüneberg*, in: Grüneberg BGB, § 346 Rn. 7; *Medicus/Lorenz*, Schuldrecht I, § 50 Rn. 19.

[776] Das wird auch dadurch deutlich, dass die in § 346 Abs. 2 S. 1 Nr. 2 BGB aufgezählten Fallgruppen nicht abschließen sind, vgl. § 5 B. II. 2.) a).

[777] A. A. *Münstermann*, Neues Schuldrecht am Beispiel des Unternehmenskaufs, S. 106 ff.

möchten.[778] Beispielsweise könnten die Rückabwicklungskosten noch zusätzlich unter die ersatzfähigen Aufwendungen gefasst werden. Zudem muss bei Ausgestaltung der Rechtsfolgen beachtet werden, dass § 346 Abs. 3 S. 1 Nr. 3 BGB und § 347 Abs. 1 S. 2 BGB im Fall eines vertraglichen Rücktrittsrechts keine Anwendung finden.

778 Die teilweisen interessengerechten Ergebnisse haben sich unter § 5 D. III. 2.) gezeigt.

Rückabwicklung nach § 281 Abs. 5 i. V. m. §§ 346–348 BGB

Eine Rückabwicklung des Unternehmenskaufvertrages sieht das Gesetz auch beim sog. großen Schadenersatz vor, welcher bei erheblichen Unternehmensmängeln verlangt werden kann (§§ 437 Nr. 3, 440, 280, 281 Abs. 1, 5 i. V. m. §§ 346 ff. BGB).[779] Für nicht behebbare Mängel verweisen die §§ 437 Nr. 3, 283 S. 2 BGB ebenfalls auf § 281 Abs. 5 BGB. Gleiches erfolgt für anfänglich nicht behebbare Mängel nach §§ 437 Nr. 3, 311a Abs. 2 S. 2 BGB.

Die Vorschrift des § 281 Abs. 5 BGB verweist für die Rückforderung des vom Schuldner Geleisteten auf die §§ 346–348 BGB. Da die Vorschrift für ihren Anwendungsbereich eine Rückabwicklung aus sich heraus anordnet, sich für die nähere Ausgestaltung aber des rücktrittsrechtlichen Rückabwicklungssystems bedient, handelt es sich nach dem hiesigen Verständnis um ein Rückabwicklungssystem im weiteren Sinn.[780]

Die Untersuchung in diesem Abschnitt muss sich somit darauf konzentrieren, ob und in welchem Ausmaß sich bei einer Rückabwicklung nach § 281 Abs. 5 i. V. m. §§ 346–348 BGB Unterschiede zu einer Rückabwicklung des Unternehmenskaufs bei Anwendung des rücktrittsrechtlichen Rückabwicklungssystems unabhängig von § 281 Abs. 5 BGB ergeben.

---

779 Vgl. *Paefgen/Wallisch*, in: Bilanzgarantien, S. 210.

780 Vertiefend dazu § 4 I. I.

A. Umfassender Verweis in das Rücktrittsfolgenrecht

Beim Schadensersatz statt der ganzen Leistung entfällt die Leistungspflicht vollständig und der Schuldner hat statt der Leistung nunmehr Schadensersatz zu leisten.[781] Soweit der Schuldner die ihm obliegende Leistung bereits erbracht hat, muss er diese zurückverlangen können, wofür § 281 Abs. 5 BGB dem Schuldner einen eigenständigen Anspruch auf Rückgewähr nach den §§ 346–348 BGB gewährt.[782]

Teilweise wurde dazu die Ansicht vertreten, dass § 281 Abs. 5 BGB mit seinem Verweis nur auf die Rückgewähr der Primärleistung gemäß § 346 Abs. 1 BGB Bezug nehme.[783] Dem wird jedoch weitgehend eine Absage erteilt und ein vollumfänglicher Verweis in die §§ 346–348 BGB angenommen.[784]

Handelt es sich bei der Leistung des Schuldners um die Übertragung eines wirtschaftlichen Unternehmens, kann also insoweit auf die bereits erzielten Erkenntnisse zur Rückabwicklung nach den §§ 346 ff. BGB verwiesen werden.[785]

B. Besonderheiten

Rechtliche Besonderheiten, die sich in Abweichung zu einer Anwendung des rücktrittsrechtlichen Rückabwicklungssystems außerhalb von § 281 Abs. 5 BGB ergeben, finden sich im Verhältnis von Nutzungsherausgabeanspruch und Nutzungsausfallschaden sowie in der Erfüllung der Pflichten aus dem Rückabwicklungsverhältnis.

I. Nutzungsherausgabeanspruch und Nutzungsausfallschaden

Eine Besonderheit, die sich bei der Anwendung von § 281 Abs. 5 BGB ergibt, ist das Verhältnis von Nutzungsherausgabeanspruch und Nutzungsausfallschaden bei Schlechtlieferung.[786]

---

[781] Vgl. *Kaiser*, in: Staudinger BGB, 281 Rn. E 1.

[782] Vgl. BGH, NJW 2017, 3438 Rn. 20; *Kaiser*, in: Staudinger BGB, 281 Rn. E 1.

[783] *Gsell*, JZ 2004, 643 (646).

[784] So etwa BT-Drs. 16/6040, 141; BGH, NJW 2017, 3438 Rn. 20; *Kaiser*, ZfPW 2015, 129 (144 f.).

[785] So auch *Büdenbender*, Grundlagen, S. 45 f.; *Münstermann*, Neues Schuldrecht am Beispiel des Unternehmenskaufs, S. 143; siehe § 5.

[786] Allgemein hierzu *Kaiser*, ZfPW 2015, 129 (129 ff.).

Verlangt der Unternehmenskäufer wegen einer Schlechtleistung Schadensersatz statt der Leistung und fordert der Verkäufer das von ihm geleistete Unternehmen zurück, muss der Käufer die aus dem Unternehmen gezogenen Nutzungen, d. h. die entnommenen Gewinne, herausgeben.[787] Dem Erwerber kann jedoch durch die mangelhafte Leistung auch ein Nutzungsausfallschaden entstanden sein. Dieser kann darauf beruhen, dass der Käufer das Unternehmen überhaupt nicht nutzen und deshalb keine Erträge erzielen konnte.[788] Der Mangel kann auch nur zur Beeinträchtigung des Gebrauchs führen.[789] Letztlich kann das Unternehmen mangelhaft sein, dieser Mangel kann aber gar keine Auswirkungen auf die Ertragsfähigkeit des Unternehmens haben.

Für die aufgeführten Fallgruppen stellt sich jeweils die Frage, wie sich die Pflicht zur Nutzungsherausgabe und ein ggf. vorliegender Nutzungsausfallschaden zueinander verhalten und aufeinander wirken. Vorab sollte dafür das grundsätzliche Verhältnis von Nutzungsherausgabe und Nutzungsausfallschaden geklärt werden.

1.) Grundsätzliches Verhältnis von Nutzungsherausgabe und Nutzungsausfallschaden bei Anwendung von § 281 Abs. 5 i. V. m. §§ 346–348 BGB

Es wird deutlich, dass zwei Normenkomplexe mit unterschiedlicher Zielsetzung nebeneinander anwendbar sind. Die Vorschriften des Rücktrittsfolgenrechts, welche auf Rückabwicklung gerichtet sind, einerseits und die Vorschriften über den Schadensersatz andererseits. Diese zielen darauf ab, den Gläubiger vermögensmäßig so zu stellen, wie er bei ordnungsgemäßer Erfüllung durch den Schuldner stünde.[790] Deshalb ist zu klären, ob die Vorschriften des Rücktrittsfolgenrechts den Anspruch des Gläubigers auf Schadensersatz begrenzen oder umgekehrt die Vorschriften über Schadensersatz den rücktrittsrechtlichen Anspruch des Schuldners überlagern.[791]

In diesem Kontext wird eine teleologische Reduktion von § 281 Abs. 5 BGB vorgeschlagen, wodurch nur die Rückgewähr der Kaufsache geschuldet

---

787 Vertiefend § 5 A. III. 1.) und § 5 B. IV. 1.).

788 Vgl. zu den allgemeinen Fallgruppen auch *Kaiser*, ZfPW 2015, 129 (129 ff.).

789 *Kaiser*, ZfPW 2015, 129 (130).

790 BGH, NJW 2017, 3438 Rn. 20.

791 Vgl. BGH, NJW 2017, 3438 Rn. 20.

werden soll und insbesondere Nutzungen vom Anwendungsbereich des § 281 Abs. 5 BGB ausgenommen werden.[792] Eine solche Auslegung widerspricht jedoch dem Willen des Gesetzgebers, welcher den Ausgleich von Nutzungen bei Anwendung von § 281 Abs. 5 BGB gerade dem Rücktrittsfolgenrecht unterstellen wollte.[793]

Die Rechtsprechung nimmt eine Überlagerung der §§ 346–348 BGB durch die Vorschriften zum Schadensersatz und ein Nacheinander von Rücktritts- und Schadensersatzrecht an.[794] Somit hat der Käufer die Nutzungen, die er bis zum Verlangen von Schadensersatz statt der ganzen Leistung gezogen hat, herauszugeben bzw. Wertersatz zu leisten und kann erst ab diesem Zeitpunkt seinen Nutzungsausfallschaden ersetzt verlangen.[795]

Gegen die Lösung des BGH wird mit Recht eingewandt, dass der Käufer, wenn er die mangelhafte Sache von vornherein nicht hätte nutzen können, bereits im Zeitpunkt der Fälligkeit Ersatz für den Nutzungsausfall hätte verlangen können.[796] Durch die Pflicht zur Nutzungsherausgabe bzw. zum Wertersatz wird dem Käufer die Möglichkeit zur Nutzung der Kaufsache rückwirkend wieder entzogen.[797]

Erhält der Käufer ein von vornherein nicht lebensfähiges Unternehmen, mit dem keine Erträge erzielt werden können, kann er ab dem Zeitpunkt der Fälligkeit seinen Nutzungsausfallschaden ersetzt verlangen. Er steht damit deutlich besser als derjenige, der ein erworbenes Unternehmen ganz oder auch nur teilweise nutzen konnte. Nach der Lösung der Rechtsprechung muss dieser nämlich die Nutzungen herausgeben, welche er bis zu seinem Schadensersatzverlangen gezogen hat. Die Rechtfertigung einer solchen Ungleichbehandlung erschließt sich nicht.

Folglich muss eine Gleichstellung des Käufers, welcher bereits gezogene Nutzungen herausgeben oder ersetzen muss, mit demjenigen erreicht werden, welcher die Sache von vornherein gar nicht nutzen konnte. Dies wird dadurch bezweckt, dass gemäß §§ 281 Abs. 5, 346 Abs. 1 bzw. § 346 Abs. 2 BGB der Kaufgegenstand und die gezogenen Nutzungen vom Käufer vollständig

---

792 *Gsell*, JZ 2004, 643 (646).

793 Vgl. BT-Drs. 14/6040, 141.

794 BGH, NJW 2017, 3438 Rn. 20 m. w. Nw.

795 BGH, NJW 2017, 3438 Rn. 20; BGH, NJW 2008, 911 Rn. 10; *Kaiser*, ZfPW 2015, 129 (141 ff.); *Schwab*, JuS 2018, 708 (710).

796 *Kaiser*, ZfPW 2015, 129 (144 ff.); *Schwab*, JuS 2018, 708 (710).

797 *Kaiser*, ZfPW 2015, 129 (144).

herauszugeben sind.[798] Damit steht dieser so, als hätte er die Kaufsache nie erhalten und auch nie genutzt.[799] Anschließend kann er gemäß §§ 437 Abs. 3 Nr. 3, 280 Abs. 1, 280 Abs. 3, 281 BGB den entstandenen Schaden ab Lieferung der mangelhaften Sache ersetzt verlangen.[800] Somit fordert der Käufer schadensrechtlich den Ersatz der Nutzungen, die er bei ordnungsgemäßer Leistung erhalten hätte.[801]

Wertmäßig sind die herauszugebenden Nutzungen dann – entsprechend einer direkten Anwendung der §§ 346 ff. BGB – anhand des objektiven Ertragswertes zu bestimmen.[802] Hinsichtlich der Berechnung des Nutzungsausfallschadens muss auf die Rechtsprechung zur Nutzungsentschädigung bei gewerblich genutzten Leistungsgegenständen zurückgegriffen werden. Demnach bestimmt sich der Schadenersatz nach dem entgangenen Gewinn (§ 252 BGB).[803]

Deckt sich der Anspruch auf Herausgabe oder Ersatz der gezogenen Nutzungen mit dem Anspruch auf Ersatz des entgangenen Gewinns führt eine Aufrechnung dazu, dass der Käufer im Ergebnis die gezogenen Nutzungen behalten kann und zugleich vom Verkäufer nichts erhält.[804]

2.) Vollständiger Nutzungsausfall des Unternehmens

Ist das Unternehmen mit einem so schwerwiegenden Mangel behaftet, dass es gar nicht zur Ertragserzielung eingesetzt werden kann, ist der Käufer auch nicht zu der Herausgabe oder dem Wertersatz von Nutzungen verpflichtet. Richtigerweise gilt für den Käufer, „[...] [was] er nicht gezogen hat, kann er nicht herausgeben“[805].

Zusätzlich muss beachtet werden, dass in dieser Konstellation auch keine Pflicht zum Ersatz nicht gezogener Nutzungen gemäß §§ 281 Abs. 5, 347 Abs. 1 BGB in Betracht kommt.[806] Eine Entnahme von Gewinnen und damit eine Nutzungsziehung sind von vornherein nicht möglich gewesen.

---

798 *Kaiser*, ZfPW 2015, 129 (145 f.).

799 *Kaiser*, ZfPW 2015, 129 (145 f.).

800 *Kaiser*, ZfPW 2015, 129 (145 f.); *Schwab*, JuS 2018, 708 (710).

801 *Kaiser*, ZfPW 2015, 129 (145 f.).

802 Siehe § 5 A. III. 1.) c).

803 Vgl. BGH, ZfBR 2019, 258 Rn. 11 ff.

804 Im Ergebnis so auch *Kaiser*, ZfPW 2015, 129 (149).

805 *Kaiser*, ZfPW 2015, 129 (139).

806 *Kaiser*, ZfPW 2015, 129 (139).

Entgeht dem Käufer durch die mangelhafte Lieferung ein Gewinn und verlangt er Schadensersatz statt der Leistung, erhält er seinen Betriebs- oder Nutzungsausfallschaden in Form des entgangenen Gewinns über §§ 437 Nr. 3, 280 Abs. 1, 280 Abs. 3, 281, 252 BGB ersetzt.[807]

3.) Teilnutzungsausfall des Unternehmens

Schränkt der Mangel die Gebrauchstauglichkeit der Kaufsache ein, schuldet der Käufer die Herausgabe der gezogenen Nutzungen bzw. Wertersatz.[808] Bei der Berechnung des Wertersatzes müssen dann die Auswirkungen des Mangels auf die Ertragsfähigkeit des Unternehmens berücksichtigt werden.

Unterbleibt eine Ziehung von Nutzungen jedoch aus Gründen, die nicht auf den Mangel zurückzuführen sind, kann unter den Voraussetzungen von § 347 Abs. 1 BGB Ersatz verlangt werden.[809]

Erwirtschaftet der Unternehmenskäufer wegen des Mangels geringere Erträge, als er bei Übertragung eines mangelfreien Unternehmens erzielt hätte, bleiben die tatsächlich gezogenen Nutzungen hinter den Nutzungen zurück, die bei ordnungsgemäßer Leistung erzielt worden wären.[810] Die bei ordnungsgemäßer Leistung zu ziehenden Nutzungen kann der Käufer – nach Ersatz der teilweise gezogenen Nutzungen – im Rahmen des gesamten entgangenen Gewinns gemäß §§ 437 Nr. 3, 280 Abs. 1, 280 Abs. 3, 281, 252 BGB ersetzt verlangen.[811] Übersteigt der Anspruch auf Ersatz des entgangenen Gewinns den Anspruch auf Nutzungsherausgabe, kann der Käufer nach erklärter Aufrechnung im Ergebnis die teilweise gezogenen Nutzungen behalten und erhält zusätzlich noch den Differenzbetrag.[812]

4.) Vollständige Nutzbarkeit trotz Mangel

Ist das Unternehmen trotz eines Mangels vollständig nutzbar, hat der Käufer bei Anwendung von § 281 Abs. 5 BGB die gezogenen Nutzungen vollständig herauszugeben bzw. Wertersatz zu leisten und kann anschließend den durch die Nichtleistung entstandenen Schaden ab Lieferung der mangelhaften

---

807 *Kaiser*, ZfPW 2015, 129 (137).
808 *Kaiser*, ZfPW 2015, 129 (152).
809 Siehe hierzu auch § 5 A. III. 1.) b).
810 Vgl. *Kaiser*, ZfPW 2015, 129 (153).
811 Vgl. *Kaiser*, ZfPW 2015, 129 (153).
812 Vgl. *Kaiser*, ZfPW 2015, 129 (153).

Sache ersetzt verlangen. Der Schaden wird in dieser Konstellation dadurch begründet, dass dem Käufer durch die Pflicht zur Nutzungsherausgabe bzw. -ersatz die gezogenen Nutzungen genommen werden.[813] Damit soll es aber nicht zu einer schadensrechtlichen Kompensation der Nutzungsherausgabepflicht kommen.[814] Vielmehr erhält der Käufer durch den Schadensersatz nur die Nutzungen ersetzt, die er bei ordnungsgemäßer Leistung gezogen hätte.[815]

Decken sich der Nutzungsherausgabeanspruch und der Anspruch auf entgangenen Gewinn der Höhe nach, kommt es nach erklärter Aufrechnung dazu, dass der Käufer nichts herausgeben muss, aber gleichzeitig auch nichts erhält.[816] Im Ergebnis kann der Unternehmenskäufer die erzielten Gewinne dann also behalten.

5.) Verwendungs- und Aufwendungsersatz

Kommt es über § 281 Abs. 5 BGB zur Anwendung des § 347 Abs. 2 BGB, wird die Pflicht zum Verwendungs- und Aufwendungsersatz durch den Schadensersatzanspruch „neutralisiert“[817].

Der Käufer verlangt über den Schadensersatz statt der Leistung so gestellt zu werden, wie er bei ordnungsgemäßer Leistung stünde.[818] Die Kosten, welche zur Erhaltung der Ertragsfähigkeit und der Ertragssteigerung aufgewendet worden sind, hätte der Unternehmenskäufer auch bei ordnungsgemäßer Leistung aufwenden müssen, um das Unternehmen nutzen zu können. Es handelt sich um sog. „Sowiesokosten“[819]. Dass der Käufer über den rücktrittsrechtlichen Ersatzanspruch mehr erhält als über den Schadensersatzanspruch, würde dem schadensrechtlichen Bereicherungsverbot zuwiderlaufen.[820] Es hat deshalb eine Verrechnung im Wege des Vorteilsausgleichs zu erfolgen.[821]

---

813 *Kaiser*, ZfPW 2015, 129 (146).
814 Vgl. *Kaiser*, ZfPW 2015, 129 (146).
815 Siehe § 6 B. I. 1.).
816 So auch *Kaiser*, ZfPW 2015, 129 (149).
817 *Kaiser*, ZfPW 2015, 129 (149).
818 *Kaiser*, ZfPW 2015, 129 (149 f.).
819 *Kaiser*, ZfPW 2015, 129 (149 f.).
820 *Kaiser*, ZfPW 2015, 129 (149 f.).
821 *Kaiser*, ZfPW 2015, 129 (150).

II. Erfüllung Zug um Zug

Ein weiterer Unterschied zeigt sich in den sich gegenüberstehenden Leistungen, welche gemäß § 348 BGB Zug um Zug zu erfüllen sind. Hier muss der Schuldner des Schadensersatzanspruches, der die Rückforderung des Geleisteten nach § 281 Abs. 5 BGB verlangt, die ihm obliegende Schadensersatzleistung Zug um Zug anbieten.[822]

C. Auswirkungen der Besonderheiten

Bei Anwendung dieses Rückabwicklungssystems im weiteren Sinne können besondere Auswirkungen auf die Rückabwicklung des Unternehmenskaufvertrages festgestellt werden.

Der umfassende Verweis auf das rücktrittsrechtliche Rückabwicklungssystem führt im Hinblick auf die Primärleistung dazu, dass es nicht zu abweichenden Ergebnissen kommt. In Bezug auf die Nebenansprüche, also die Nutzungsherausgabe- und Aufwendungsersatzansprüche, gilt dies hingegen nicht.

Auch wenn die grundsätzliche Zuordnung der auf dem gegenständlichen Bereich des Unternehmens beruhenden und entnommenen Gewinne zum Unternehmensveräußerer aufrechterhalten bleibt, wird der Unternehmenskäufer bei Eintritt einer der Fallgruppen entsprechenden Situation die entnommenen Gewinne unter Umständen behalten können.

Dieses Ergebnis ist Folge des Verhältnisses der rücktrittsrechtlichen Ansprüche des Schuldners und des Anspruchs des Gläubigers auf Schadensersatz.

Im Ergebnis führt die Anordnung der rücktrittsrechtlichen Rückabwicklung durch § 281 Abs. 5 BGB – insbesondere bei vollständiger Nutzbarkeit des Unternehmens trotz Mangels – dazu, dass die Zuweisung von Nutzungen und Aufwendungen umgekehrt wird. Gewinne verbleiben beim Unternehmenskäufer, zugleich hat dieser aber auch die getätigten Investitionen zu tragen.

D. Zusammenfassung

Bei einer Rückabwicklung des Unternehmenskaufs nach § 281 Abs. 5 i. V. m. §§ 346–348 BGB kann es unter gewissen Umständen im Ergebnis zu einer

[822] *Kaiser*, in: Staudinger BGB, § 346 Rn. E 4.

abweichenden Zuordnung der Nutzungen und Aufwendungen kommen. Im Hinblick auf die Primärleistung bestehen jedoch keine Unterschiede zur Rückabwicklung nach dem rücktrittsrechtlichen Rückabwicklungssystem.[823]

Insgesamt kann für dieses Rückabwicklungssystem im weiteren Sinne ebenfalls die Aussage getroffen werden, dass es in der Lage ist, die Rückabwicklung eines Unternehmenskaufvertrages auch in Anbetracht der Besonderheiten des wirtschaftlichen Unternehmens zu bewältigen. Die Begründung hierfür liegt im umfassenden Verweis in das rücktrittsrechtliche Rückabwicklungssystem.

Auch die umgekehrte Zuordnung von Nutzungen und Aufwendungen vermag keine abweichende Beurteilung zu begründen. Die abweichende Zuordnung steht zum einen in keinem Zusammenhang mit den Besonderheiten des wirtschaftlichen Unternehmens. Zum anderen kann es dem Unternehmenserwerber durchaus zugemutet werden, seine Aufwendungen selbst zu tragen, wenn zugleich die Nutzungen bei ihm verbleiben.

---

823 Im Ergebnis so auch *Büdenbender*, Grundlagen, S. 45 f.; *Münstermann*, Neues Schuldrecht am Beispiel des Unternehmenskaufs, S. 143.

Rückabwicklung nach § 313 Abs. 3 S. 1 i. V. m. §§ 346 ff. BGB

Die Vorschrift des § 313 BGB erlaubt bei einer Störung der Geschäftsgrundlage die Änderung oder Aufhebung eines Vertrages.[824] Auch wenn die Anwendung von § 313 BGB aufgrund seiner bisher eingeschränkten Tauglichkeit für die M&A-Praxis ohne Bedeutung geblieben ist, wird der Vorschrift für Zeiten mit einer instabilen politischen und makro-ökonomischen Lage und einem gehäuften Auftreten von sog. „Black Swans“[825] ein gewisses Potenzial als Instrument zum Angriff auf einen Unternehmenskaufvertrag zugeschrieben.[826]

Kommt es gemäß § 313 Abs. 3 S. 1 BGB zu einer Aufhebung des Vertrages, richtet sich die Rückabwicklung nach den §§ 346 ff. BGB.[827] Der in der Vergangenheit vertretene Ansatz, wonach sich die Rückabwicklung nach Bereicherungsrecht richten solle, ist damit weitgehend verworfen.[828]

Das Rücktrittsfolgenrecht soll – mit Ausnahme von § § 346 Abs. 3 S. 1 Nr. 3 BGB – vollumfänglich anwendbar sein.[829] Als Grund für die Ausnahme von § 346 Abs. 3 S. 1 Nr. 3 BGB von der Anwendung wird angeführt, dass der Gesetzgeber bei einem gesetzlichen Rücktrittsrecht von einer Pflichtverletzung

---

824 *Finkenauer*, in: MüKo BGB, Band 3, § 313 Rn. 1.

825 *Wächter*, M&A Litigation, Rn. 2. 181.

826 Vertiefend dazu *Wächter*, M&A Litigation, Rn. 2. 181 ff.

827 *Böttcher*, in: Erman, Handkommentar zum BGB, § 313 Rn. 44b; *Finkenauer*, in: MüKo BGB, Band 3, § 313 Rn. 110; *Grüneberg*, in: Grüneberg BGB, § 313 Rn. 42; *Teichmann*, in: Soergel BGB, Band 5/1a, § 313, Rn. 144.

828 So noch BGHZ 109, 139 (144).

829 *Böttcher*, in: Erman, Handkommentar zum BGB, § 313 Rn. 44b; *Finkenauer*, in: MüKo BGB, Band 3, § 313 Rn. 110; *Grüneberg*, in: Grüneberg BGB, § 313 Rn. 42; *Teichmann*, in: Soergel BGB, Band 5/1a, § 313, Rn. 144.

des Rücktrittsgegners ausgehe, dieser bei Anwendung von § 313 Abs. 3 S. 1 BGB aber keinen zurechenbaren Anlass zum Rücktritt gesetzt habe, womit auch § 346 Abs. 3 S. 1 Nr. 3 BGB regelmäßig nicht anwendbar sein solle.[830] Mit Blick auf die Gesetzesbegründung muss dieser Ansicht gefolgt werden.[831] Demgemäß erfolgt der Rücktritt auf Grundlage eines gesetzlichen Rücktrittsrechts deshalb, weil der Verkäufer seine Pflichten nicht vollständig erfüllt hat.[832] Wer nicht ordnungsgemäß geleistet habe, dürfe nicht darauf vertrauen, dass der Gefahrübergang auf den anderen Teil endgültig sei.[833]

Für die Rückabwicklung des Unternehmenskaufvertrages bedeutet dies, dass sich der Rückgewährschuldner bei einer Verschlechterung des Unternehmens nicht darauf berufen kann, dass er die Sorgfalt in eigenen Angelegenheiten beachtet habe und deshalb von der Wertersatzpflicht befreit sei. Gleiches gilt bei einem Untergang des Unternehmens.

Für die Rückabwicklung des Unternehmenskaufvertrages führt die Anwendung von § 346 Abs. 3 S. 1 Nr. 3 BGB außerdem dazu, dass das Risiko der Verwirklichung des allgemeinen unternehmerischen Risikos grundsätzlich dem Rückgewährgläubiger zugewiesen wird.[834] Gelangt das rücktrittsrechtliche Rückabwicklungssystem über § 313 Abs. 3 S. 1 BGB zur Anwendung, muss hingegen der Rückgewährschuldner die Gefahr der Verwirklichung des allgemeinen unternehmerischen Risikos tragen.

Bei einer Störung der Geschäftsgrundlage führt die Anwendung von § 313 Abs. 3 S. 1 BGB zu einer Rückabwicklung des Unternehmenskaufvertrages nach dem rücktrittsrechtlichen Rückabwicklungssystem. Aufgrund der nahezu vollumfänglichen Anwendbarkeit der §§ 346 ff. BGB kann auf die dort erzielten Erkenntnisse verwiesen werden.[835] Die wesentliche Auswirkung auf die Rückabwicklung liegt in der Verlagerung des allgemeinen unternehmerischen Risikos auf den Unternehmenskäufer, die durch die Nichtanwendbarkeit von § 346 Abs. 3 S. 1 Nr. 3 BGB erzeugt wird.

---

[830] *Böttcher*, in: Erman, Handkommentar zum BGB, § 313 Rn. 44b; *Teichmann*, in: Soergel BGB, Band 5/1a, § 313, Rn. 144; *Kamanabrou*, NJW 2003, 30 (31); mit abweichender Begründung *Grüneberg*, in: Grüneberg BGB, § 313 Rn. 42.

[831] Siehe BT-Drs. 14/6040, S. 196.

[832] Vgl. BT-Drs. 14/6040, S. 196.

[833] BT-Drs. 14/6040, S. 196.

[834] Siehe § 5 A. II. 7.) c) bb).

[835] Siehe § 5.

Rückabwicklung als Rechtsfolge von Schadensersatz aus culpa in contrahendo (c.i.c.)

Macht der Unternehmenskäufer einen Schadensersatzanspruch aus c.i.c (§§ 280 Abs. 1 S. 1, 241 Abs. 2, 311 Abs. 2, 249 BGB) geltend, kann es ebenfalls zu einer Rückabwicklung des Unternehmenskaufvertrages kommen.[836]

Dabei kommen vor allem Konstellationen in Betracht, die eine Aufklärungspflichtverletzung zum Gegenstand haben. Ein klassisches Beispiel bildet der Fall, in welchem dem Käufer zur Ermittlung des Kaufpreises fehlerhafte oder unvollständige Daten vom Verkäufer zur Verfügung gestellt wurden.[837]

Die Rechtsfolge des Anspruchs aus §§ 280 Abs. 1 Satz 1, 241 Abs. 2, 311 Abs. 2 BGB richtet sich nach den für die Rechtsfolgen von Schadensersatzansprüchen geltenden allgemeinen Regeln.[838] Gemäß § 249 Abs. 1 Satz 1 BGB wird somit grundsätzlich Naturalrestitution geschuldet. Der zum Schadensersatz Verpflichtete hat den Zustand herzustellen, der bestehen würde, wenn der zum Ersatz verpflichtende Umstand nicht eingetreten wäre. Es kommt darauf an, den Geschädigten wirtschaftlich möglichst so zu stellen, wie er ohne das schadensstiftende Ereignis stünde.[839] Dieser Zustand kann, sofern der Käufer am Vertrag festhält, dadurch erreicht werden, dass der zum Schadensersatz Verpflichtete einen Ausgleich in Geld leistet. Die Grundlage dafür bietet die Vermutung, wonach der Käufer bei pflichtgemäßer Aufklärung den Vertrag jedenfalls nicht zu denselben Konditionen abgeschlossen hätte.[840]

---

836 Vgl. *Paefgen/Wallisch*, in: Bilanzgarantien, S. 208 f.; *Kersting*, JZ 2008, 714.

837 Siehe nur BGH, NJW 2001, 2163; OLG München, BeckRS 2006, 9207; *Kersting*, JZ 2008, 714 (715 ff.).

838 Siehe nur *Grüneberg*, in: Grüneberg BGB, § 311 Rn. 54; *Kersting*, JZ 2008, 714 (715).

839 BGH, NJW-RR 2015, 275 Rn. 25.

840 BGHZ 124, 151 (159 f.); *Kersting*, JZ 2008, 714 (716) m. w. Nw.

Wäre der Käufer vom Verkäufer pflichtgemäß aufgeklärt worden, hätte er den Vertrag nur zu besseren Konditionen abgeschlossen oder auf den Vertragsschluss ganz verzichtet. Dementsprechend besteht eine Alternative, den Zustand herzustellen, der bestehen würde, wenn der zum Ersatz verpflichtende Umstand nicht eingetreten wäre, darin, den vertragslosen Zustand wiederherzustellen. Insofern steht dem Käufer ein Wahlrecht zu.[841]

Verlangt der Geschädigte die Herstellung des vertragslosen Zustandes, muss ein Zustand erreicht werden, der dieser hypothetischen Situation wirtschaftlich gleichwertig ist. Dies kann nur durch Rückgängigmachung des Vertrages erreicht werden.[842] Es kommt zu einer Rückabwicklungssituation, die durch ein Rückabwicklungssystem koordiniert werden muss.

Geht man davon aus, dass der Vertragsaufhebungsanspruch dadurch verwirklicht wird, dass der Käufer die Abgabe einer Willenserklärung zu einem entsprechenden Aufhebungsvertrag (§ 311 Abs. 1 BGB) verlangen kann, könnte man auf das bereicherungsrechtliche Rückabwicklungssystem oder die §§ 346–348 BGB zurückgreifen.[843] Unterstellt man den Abschluss eines Aufhebungsvertrages als Grundlage für die Rückabwicklung, muss die Ausgestaltung derselben auch anhand der Wirkungen des Aufhebungsvertrages bestimmt werden. Entsprechend dem Grundsatz der Privatautonomie besteht für die Parteien selbstverständlich die Möglichkeit, die Ausgestaltung der Rückabwicklung im Aufhebungsvertrag festzulegen. Die Rückabwicklung bestimmt sich dann vorrangig nach dieser ausdrücklichen oder konkludenten vertraglichen Abrede.[844]

Mangelt es an einer solchen Abrede, könnte man die §§ 346 ff. BGB für anwendbar halten.[845] Dies damit zu begründen, dass beim Aufhebungsvertrag die Rückabwicklung ebenso wie bei Ausübung des vertraglich vereinbarten

---

[841] Siehe BGH, NJW 2001, 2163 (2165); *Kindl*, in: Erman Handkommentar zum BGB, Band 1, § 311 Rn. 29; *Nickel*, Rechtsfolgen c. i. c., S. 172; Kersting, JZ 2008, 714 (716).

[842] Im Ergebnis so auch BGH, NJW 2001, 2163 (2165).

[843] So etwa *Nickel*, Rechtsfolgen c. i. c., S. 172 f. und *Gernhuber*, Erfüllung, S. 399 für eine Anwendung der §§ 346–348 BGB und *Kersting*, JZ 2008, 714 (716) für einen Rückgriff auf das Bereicherungsrecht.

[844] *Emmerich*, in: MüKo BGB, Band 3, § 311 Rn. 21; *Herresthal*, in: BeckOGK BGB, Stand: 15.10.2024, § 311 Rn. 172; *Schlüter*, in: MüKo BGB, Band 3, § 397 Rn. 18.

[845] So etwa BGH, NJW-RR 1996, 336 (337); *Emmerich*, in: MüKo BGB, Band 3, § 311 Rn. 21; *Herresthal*, in: BeckOGK BGB, Stand: 15.10.2024, § 311 Rn. 172; *Gernhuber*, Erfüllung, S. 399; *Nickel*, Rechtsfolgen c. i. c., S. 173.

Rücktrittsrechts auf dem Willen beider Parteien beruht, passt hier jedoch nicht.[846] Die Entstehung des Aufhebungsvertrages und die daraus resultierende Rückabwicklung beruht vielmehr auf dem Willen des Geschädigten. Der Abschluss des Aufhebungsvertrages wird von diesem auf Grundlage seines Schadensersatzanspruches aus c.i.c. gefordert.

Der Rückgriff auf das rücktrittsrechtliche Rückabwicklungssystem ergibt sich vielmehr aus der Abgrenzung zu einer bereicherungsrechtlichen Rückabwicklung. Der Aufhebungsvertrag führt zu einem Wegfall der vertraglichen Hauptleistungspflichten, lässt jedoch nicht den Rechtsgrund für die Leistung entfallen.[847] Somit wäre ein Rückgriff auf das rücktrittsrechtliche Rückabwicklungssystem geboten.[848]

Hierbei vermag bereits die Grundannahme, wonach die Rückabwicklung auf dem Abschluss eines Aufhebungsvertrages beruht, nicht zu überzeugen. Bei dieser Annahme handelt es sich um eine rechtliche Konstruktion, die im Gesetz keine Stütze findet.

Vielmehr ergibt sich die Pflicht zur Rückabwicklung allein aus § 249 Abs. 1 BGB und nicht mittelbar aus der Pflicht zum Abschluss eines Aufhebungsvertrages. Folglich kann die Rückabwicklung auch nur von den §§ 249 ff. BGB bestimmt werden. Auch die Rechtsprechung orientiert sich allein an den für die Rechtsfolgen von Schadensersatzansprüchen geltenden allgemeinen Regeln.[849] So ist die Rechtsprechung im Falle eines Share Deals von einer Rückübertragungspflicht der Anteile und des Kaufpreises sowie einer Ersatzpflicht für die vom Käufer getätigten Aufwendungen im Zusammenhang mit dem Erwerb der Anteile ausgegangen, ohne hierfür explizit auf ein anderes Rückabwicklungssystem zurückzugreifen.[850]

Die für Rechtsfolgen von Schadensersatzansprüchen geltenden allgemeinen Regeln (§§ 249 ff. BGB) bestimmen Art, Inhalt und Umfang der Schadensersatzleistung, ihr Gegenstand ist die Haftungsausfüllung.[851] Die Vorschriften sind nicht speziell darauf ausgerichtet, gegenseitig erbrachte

---

846 Diese Begründung findet sich bei *Herresthal*, in: BeckOGK BGB, Stand: 15.10.2024, § 311 Rn. 171.

847 Vgl. BGH, NJW-RR 1996, 336 (337); *Gernhuber*, Erfüllung, S. 399.

848 A. A. *Schlüter*, in: MüKo BGB, Band 3, § 397 Rn. 18.

849 Siehe nur BGH, NJW 2001, 2163 (2165); BGH, NJW-RR 2015, 275 Rn. 25.

850 Vgl. BGH, NJW 2001, 2163 (2165); OLG München, NZG 2021, 423 (428).

851 Vgl. *Grüneberg*, in: Grüneberg BGB, Vorb. v. § 249 Rn. 1.

Leistungen rückabzuwickeln oder Vermögensverschiebungen rückgängig zu machen. Das Schadensrecht des BGB basiert auf dem Ausgleichsgedanken.[852]

Aus § 249 Abs. 1 BGB kann noch die allgemeine Pflicht zur Rückübertragung des Unternehmens und des Kaufpreises sowie die Ersatzpflicht für die vom Käufer getätigten Aufwendungen im Zusammenhang mit dem Erwerb des Unternehmens abgeleitet werden. Gemäß § 251 Abs. 1 BGB hätte eine Entschädigung in Geld zu erfolgen, soweit die Herstellung nicht möglich ist. Dies ist dann der Fall, wenn eine dem hypothetischen Zustand ohne Vertragsschluss wirtschaftlich gleichwertige Situation nicht hergestellt werden kann. Ob dies noch möglich ist, wenn das Unternehmen Veränderungen aufgrund von durchgeführten Integrationsmaßnahmen erfahren hat, dürfte fraglich sein. Ein erhebliches Streitpotenzial wäre die Folge. Es wird deutlich, dass eine durch die §§ 249 ff. BGB gesteuerte Rückabwicklung bereits in Bezug auf die dem Unternehmen innewohnende Dynamik an ihre Grenzen stößt. Für den Umgang mit zwischenzeitlich erzielten Gewinnen liefern die für Rechtsfolgen von Schadensersatzansprüchen geltenden allgemeinen Regeln keine Anhaltspunkte. Eine Lösung könnte hierbei allenfalls die im Schadensrecht vorzunehmende Vorteilsausgleichung bieten.[853] Ein adäquater Kausalzusammenhang zwischen dem schädigenden Ereignis in Form des Vertragsschlusses und den erzielten Gewinnen als Vorteil dürfte festzustellen sein. Hätte der geschädigte Unternehmenskäufer den Vertrag nicht abgeschlossen und dadurch das Unternehmen erhalten, wären auch die Gewinne nicht erzielt worden. Ferner muss die Anrechnung des Vorteils dem Zweck des Schadensersatzes entsprechen, d. h., sie darf den Geschädigten nicht unzumutbar belasten und den Schädiger nicht unbillig begünstigen.[854] Mit diesem Grundsatz könnte man Gewinne, die nicht auf dem gegenständlichen Bereich des Unternehmens beruhen, von der schadensrechtlichen Vorteilsausgleichung ausnehmen. Müssten solche Gewinne aufgrund der Vorteilsausgleichung herausgegeben werden, würde dies eine unzumutbare Belastung des Geschädigten und zugleich eine unbillige Begünstigung des Schädigers bedeuten. In diesem Kontext muss aber zugegeben werden, dass

---

852 *Grüneberg*, in: Grüneberg BGB, Vorb. v. § 249 Rn. 1.

853 Siehe etwa *Oetker*, in: MüKo BGB, Band 2, § 249 Rn. 228 mit allgemeinen Ausführungen zur Vorteilsausgleichung im Schadensrecht.

854 BGH, NJW 2006, 499; *Grüneberg*, in: Grüneberg BGB, Vorb. v. § 249 Rn. 68.

die zur Bestimmung des Vorteilsausgleichs verwandten Begriffe (Zweck des Schadensersatzes, Zumutbarkeit, Billigkeit) wenig aussagekräftig sind.[855] Eine derart ausdifferenzierte Zuordnung erzielter Gewinne, wie sie etwa im rücktrittsrechtlichen Rückabwicklungssystem möglich ist, kann so nicht einmal mit annähernder Rechtssicherheit erfolgen.[856]

Insgesamt wird deutlich, dass eine durch die für Rechtsfolgen von Schadensersatzansprüchen geltenden allgemeinen Regeln koordinierte Rückabwicklung kaum in der Lage ist, die komplexe Rückabwicklungssituation bei Rückabwicklung eines Unternehmenskaufvertrages zu bewältigen. Interessengerechte Ergebnisse können so nicht erzielt werden. Der Grund hierfür ist bereits darin zu finden, dass die §§ 249 ff. BGB nicht speziell auf die Rückabwicklung gegenseitig erbrachter Leistungen oder Rückgängigmachung erfolgter Vermögensverschiebungen zugeschnitten sind.

---

855 So auch *Grüneberg*, in: Grüneberg BGB, Vorb. v. § 249 Rn. 68.

856 Für das Rücktrittsfolgenrecht siehe § 5 A. III. 1.), wo sogar eine unterbliebene oder entgegen den bestehenden Möglichkeiten zurückbleibende Nutzungsziehung reguliert werden kann.

Rückabwicklung nach Bereicherungsrecht

Während eine Rückabwicklung des Unternehmenskaufs nach den §§ 346 ff. BGB zumeist nur beiläufig im Zusammenhang mit der Anwendung des Sachmängelgewährleistungsrechts auf den Unternehmenskaufvertrag behandelt wird, erfährt die bereicherungsrechtliche Rückabwicklung häufiger eine gesonderte und intensivere Behandlung.[857] Dies mag auch daran liegen, dass eine bereicherungsrechtliche Rückabwicklung bei Ausgestaltung des Unternehmenskaufvertrages nicht einfach abbedungen werden kann, um so die Wahrscheinlichkeit der Anwendung zu minimieren. Aus der größeren Wahrscheinlichkeit der Anwendung folgt fast automatisch eine höhere Relevanz.

Weiterhin haben die wenigen gerichtlichen Entscheidungen, die sich mit der Rückabwicklung eines Unternehmenskaufvertrages auseinandersetzen, fast ausschließlich eine bereicherungsrechtliche Rückabwicklung zum Gegenstand und beschäftigen sich nur in äußerster Ausnahme mit dem Rücktrittsfolgenrecht.[858]

Als Rückabwicklungssystem im engeren Sinn bezieht sich das bereicherungsrechtliche Rückabwicklungssystem direkt auf die Rückabwicklung und gestaltet diese aus. Hier soll umfassend untersucht werden, inwiefern das bereicherungsrechtliche Rückabwicklungssystem in der Lage ist, die

---

857 Siehe nur *Ballerstedt,* in: FS Schilling, S. 289 ff.; *Keil,* Fehlerhafte Unternehmenskäufe, S. 1 ff.; *Rupietta,* Rückabwicklung unwirksamer Unternehmenskaufverträge, S. 1 ff.; Schöne, ZGR 2000, 86 ff.; *Schwintowski*, JZ 1987, 588 ff.

858 Siehe nur BGHZ 7, 208 ff.; BGH, NJW-RR 1991, 1002 ff.; BGHZ 126, 105 ff.; BGHZ 168, 220 ff.

Rückabwicklung eines Unternehmenskaufvertrages in Anbetracht der Besonderheiten des wirtschaftlichen Unternehmens zu bewältigen.

Für eine Untersuchung der Anwendung ergeben sich vier schwerpunktmäßige Problemkreise. Eingangs muss geklärt werden, ob und wie das Unternehmen als Bereicherungsgegenstand in das bereicherungsrechtliche Rückabwicklungssystem eingeordnet werden kann. Dann ist die Grenze zwischen Herausgabe des Unternehmens in Natur und der Leistung von Wertersatz zu bestimmen. Einen weiteren Schwerpunkt bildet die Fragestellung, wie die Gefahrtragung bei einer Rückabwicklung nach Bereicherungsrecht zwischen den Parteien des Unternehmenskaufvertrages aufgeteilt werden muss. Schließlich ist zu klären, welcher Umgang mit Nutzungen und Aufwendungen durch das bereicherungsrechtliche Rückabwicklungssystem vorgegeben wird.

Diese Problemkreise sind für die verschiedenen Ausgestaltungsformen des Unternehmenskaufs, d. h. den Asset Deal und den Share Deal, zu betrachten.

A. Bereicherungsrechtliche Rückabwicklung des Asset Deals

Hier soll die Anwendung des bereicherungsrechtlichen Rückabwicklungssystems auf den Unternehmenskauf in seiner Ausgestaltung als Asset Deal in den Fokus genommen werden.

I. Das Unternehmen als Bereicherungsgegenstand

Die Gründe, die zu einer Unwirksamkeit des Unternehmenskaufvertrages und damit zur Anwendung des Bereicherungsrechts führen, können vielfältig sein.[859] Die Rückabwicklung erfolgt dann stets im Wege der Leistungskondiktion i. S. d. § 812 Abs. 1 S. 1 Alt. 1 BGB.[860]

Der Verkäufer verschafft dem Käufer beim Asset Deal die zum Unternehmen gehörenden Sachen, Rechte und sonstigen Vermögenswerte sowie die

859 Vgl. hierzu nur die bestehende Judikatur, wo es bspw. aufgrund einer fehlenden vormundschaftlichen Genehmigung (BGHZ 7, 208 ff.), einen Verstoß gegen das Kartellverbot (BGH, NJW-RR 1991, 1002 ff.), einer unerkannten Geschäftsunfähigkeit (BGHZ 126, 105 ff.) oder Sittenwidrigkeit des Vertrages (BGHZ 168, 220 ff.) zur Anwendung des Bereicherungsrechts kam.

860 *Keil*, Fehlerhafte Unternehmenskäufe, S. 214; *Schöne*, ZGR 2000, 86 (89).

Leitungsmacht über das Unternehmen, um damit seine Verbindlichkeit aus dem Unternehmenskaufvertrag zu erfüllen.[861] Damit ist eine bewusste und zweckgerichtete Vermehrung fremden Vermögens gegeben, was indes eine Leistung gemäß § 812 Abs. 1 S. 1 Alt. 1 BGB ausmacht.[862]

Aus § 812 Abs. 1 S. 1 Alt. 1 BGB folgt die primäre Verpflichtung des Kondiktionsschuldners, das erlangte Etwas herauszugeben. Der Bereicherungsanspruch ist somit auf den bestimmten Gegenstand fixiert, welcher konkret durch den bereichernden Vorgang erlangt wurde.[863] Beim Asset Deal müsste also das Unternehmen zurückübertragen werden, sofern es als Gegenstand im bereicherungsrechtlichen Sinne eingeordnet werden kann. Diese Einordnung könnte jedoch an der besonderen Struktur des Unternehmens als einer am Zweck der Ertragserzielung ausgerichteten Einheit von Sachen, Rechten und sonstigen Wirtschaftsgütern scheitern.

Der Vollzug des Asset Deals durch Übertragung der verschiedenen Einzelgegenstände wird zum Anlass genommen, das Unternehmen als Einheit gerade nicht als Bereicherungsgegenstand anzusehen.[864] Vielmehr seien nur die Einzelgegenstände geleistet worden und damit erlangt.[865]

Dieser Betrachtungsweise steht die in Literatur und Rechtsprechung weitgehend gefestigte Ansicht entgegen, wonach ein Unternehmen als Wirtschaftseinheit Gegenstand einer bereicherungsrechtlichen Rückabwicklung sein kann.[866] Kernpunkt der dazu angeführten Argumentation ist, dass die bei Erfüllung des Vertrages gewollte Einheitsbehandlung auch bei der Rückabwicklung gewahrt bleiben müsse.[867] Dies ergebe sich aus der spiegelbildlichen Betrachtung von unwirksamen Verpflichtungsgeschäft und bereicherungsrechtlicher Rückabwicklung.[868]

---

861 *Keil*, Fehlerhafte Unternehmenskäufe, S. 214.

862 *Lorenz*, in: Staudinger BGB, § 812, Rn. 4.

863 *Lorenz*, in: Staudinger BGB, § 812, Rn. 65; *Schöne*, ZGR 2000, 86 (89).

864 *Bodenbenner*, MDR 2007, 1056 (1058 f.).

865 *Bodenbenner*, MDR 2007, 1056 (1059).

866 Vgl. BGHZ 168, 220 Rn. 21; *K. Schmidt*, Unternehmensrecht I, § 5 Rn. 77; *Keil*, Fehlerhafte Unternehmenskäufe, 219; *Rupietta*, Rückabwicklung unwirksamer Unternehmenskaufverträge, S. 61 f.; *Ballerstedt*, in: FS Schilling, 289 (292 ff.); *Schöne*, ZGR 2000, 86 (92); *Schwintowski*, JZ 1987, 588 (588).

867 BGHZ 168, 220 Rn. 21.

868 *K. Schmidt*, Unternehmensrecht I, § 5 Rn. 77; *Ballerstedt*, in: FS Schilling, 289 (294); *Schöne*, ZGR 2000, 86 (92); *Schwintowski*, JZ 1987, 588 (588).

Der Begriff der „Spiegelbildlichkeit" wurde im Kontext der bereicherungsrechtlichen Rückabwicklung unwirksamer Unternehmenskaufverträge prägend von Ballerstedt verwendet.[869] Eine Verwendung des Begriffs der Spiegelbildlichkeit ist zutreffend. Die damit zum Ausdruck gebrachte Orientierung am ursprünglichen Verpflichtungsgeschäft stellt eine Umsetzung des allgemeinen bereicherungsrechtlichen Grundgedankens dar, wonach alles Gegenstand der Leistungskondiktion sein kann, was nach dem Parteiwillen Gegenstand des Austauschs bzw. des Verpflichtungsgeschäfts ist.[870]

Beim Asset Deal ist das Unternehmen als Wirtschaftseinheit nach dem Parteiwillen Gegenstand des Austauschs, der vor allem durch Übertragung der Einzelgegenstände vollzogen wird.[871] Sieht man hingegen ausschließlich die Einzelgegenstände und nicht das Unternehmen als Wirtschaftseinheit als geleistet und damit als erlangtes Etwas an, wird die bereicherungsrechtlich gebotene Orientierung am rückabzuwickelnden Verpflichtungsgeschäft und dem dort niedergelegten Parteiwillen missachtet.

Die spiegelbildliche Betrachtung von Unternehmenskaufvertrag und bereicherungsrechtlicher Rückabwicklung und die daraus folgende Einordnung des Unternehmens als Bereicherungsgegenstand sind aufgrund der Übereinstimmung mit bereicherungsrechtlichen Grundgedanken geboten.[872]

1.) Herausgabe und Vollzug der Herausgabe

Nach § 812 Abs. 1 S. 1 Alt. 1 BGB hat der Bereicherungsschuldner dem Bereicherungsgläubiger grundsätzlich das erlangte Etwas herauszugeben. Bei der Herausgabe treffen den Kondiktionsschuldner spiegelbildlich die gleichen Pflichten wie bei Erfüllung des Unternehmenskaufvertrages.[873]

Somit müssen die einzelnen Assets unter Beachtung der für sie jeweils geltenden sachenrechtlichen Vorschriften und des Bestimmtheitsgrundsatzes auf den Kondiktionsgläubiger übertragen werden.

---

[869] Siehe *Ballerstedt,* in: FS Schilling, 289 (294);

[870] Vgl. *Lorenz,* in: Staudinger BGB, § 812 Rn. 65; *Retzlaff,* in: Grüneberg BGB, § 812 Rn. 4; *Caemmerer,* in: FS Rabel, S. 333 (348).

[871] Vgl. § 3 A. I.

[872] Anders *Bodenbenner,* MDR 2007, 1056 (1058 f.).

[873] *K. Schmidt,* Unternehmensrecht I, § 5 Rn. 77; *Rupietta,* Rückabwicklung unwirksamer Unternehmenskaufverträge, S. 74.

Wie aber auch der Asset Deal nicht alleine durch die Übertragung der Assets erfüllt wird, muss auch bei der Rückübertragung der Kondiktionsgläubiger in die Lage versetzt werden, das Unternehmen als solches weiterzuführen.[874] Hierfür kann es beispielsweise erforderlich sein, vorhandenes Know-how zu vermitteln oder Betriebsgeheimnisse zu offenbaren.[875] Weiterhin muss für die Übertragung von Vertragsverhältnissen ggf. die Zustimmung der Vertragspartner eingeholt werden.

a) Wettbewerbsverbot

Bei der bereicherungsrechtlichen Rückabwicklung stellt sich ebenfalls die Frage, welche weiteren Pflichten den Kondiktionsschuldner neben der bereits beschriebenen Herausgabe in Natur treffen. Insbesondere ist zu klären, ob den Kondiktionsschuldner die Pflicht trifft, Wettbewerb ggü. dem Kondiktionsgläubiger zu unterlassen.

Teilweise wird ein Wettbewerbsverbot angenommen, welches dem Kondiktionsgläubiger den (Wieder-)Eintritt in die Marktstellung des Unternehmens ermöglichen solle.[876] Dem liegt die Überlegung zugrunde, dass eine Verwertung der rechtsgrundlos erworbenen Kundenbeziehungen und des Know-how verhindert werden müsse.[877] Weiterhin könne man die Pflicht zur Unterlassung von Wettbewerb aus der spiegelbildlichen Betrachtung von Unternehmenskauf und Rückabwicklung herleiten, da beim Vollzug des Unternehmenskaufvertrages regelmäßig ein Wettbewerbsverbot angenommen wird.[878]

Die Rechtsprechung hat sich im Zusammenhang mit der bereicherungsrechtlichen Herausgabe eines Kundenstammes mit der Frage des Wettbewerbsverbotes auseinandergesetzt.[879] Ausgehend von dem bereicherungsrechtlichen Grundsatz, wonach beim Kondiktionsschuldner nicht mehr abgeschöpft werden dürfe als die eingetretene und noch vorhandene Vermögensmehrung, wurde einem Wettbewerbsverbot hierbei eine Absage erteilt.[880]

---

874 BGH, NJW 2002, 1042 (1043); siehe auch § 3 A. I.

875 Vgl. § 3 A. I.

876 *Rupietta*, Rückabwicklung unwirksamer Unternehmenskaufverträge, S. 75 f.

877 *Rupietta*, Rückabwicklung unwirksamer Unternehmenskaufverträge, S. 75.

878 *Rupietta*, Rückabwicklung unwirksamer Unternehmenskaufverträge, S. 75; zum Wettbewerbsverbot beim Unternehmenskauf siehe auch § 3 A. I.

879 BGH, NJW-RR 1991, 1002 (1004 f.); BGHZ 168, 220 Rn. 27 ff.

880 BGHZ 168, 220 Rn. 27.

Dem Kondiktionsschuldner stand es vor dem Unternehmenskaufvertrag frei, beliebig zum später erworbenen Unternehmen in Konkurrenz zu treten. Diese eindeutig schon vor dem Bereicherungsvorgang bestehende und damit nicht erlangte Möglichkeit würde bei Annahme eines Wettbewerbsverbotes über die eigentliche Bereicherung hinaus entzogen werden.[881]

Bei den vom BGH entschiedenen Konstellationen handelte es sich einmal um die Herausgabe eines Mandantenstammes einer Steuerberatungspraxis, wobei der Kondiktionsschuldner die erworbenen Mandate aufgrund seiner persönlichen Tätigkeit in eigene umwandeln konnte.[882] In der anderen Entscheidung wurde der Kundenstamm in den bereits bestehenden Kundenstamm des Erwerbers integriert.[883] Gemein war beiden Konstellationen, dass die Kunden einen Wechsel auf den Kondiktionsgläubiger nicht von sich aus vollziehen wollten und eine Herausgabe in Natur deshalb unmöglich war.[884] Der Pflicht zur Einstellung des Wettbewerbs, womit ein Wechsel des Kundenstammes erreicht worden wäre, wurde verneint, weil der Bereicherungsschuldner nicht zu solchen Maßnahmen verpflichtet werden kann, welche eine unmöglich gewordene Herausgabe in Natur wieder möglich machen.[885] Prägend für die Entscheidungen ist, dass das Wettbewerbsverbot das Mittel zur Ermöglichung der Herausgabe in Natur nach vorherigem Eintritt der Unmöglichkeit gewesen ist. Unter Beachtung des sich aus der Abschöpfungsfunktion und dem Umkehrschluss aus § 818 Abs. 2 BGB ergebenden Grundsatzes, wonach der Kondiktionsschuldner bei Unmöglichkeit der Herausgabe in Natur keine Maßnahmen schuldet, welche die Herausgabe in Natur wieder ermöglichen, ist es richtig, in diesen Konstellationen ein Wettbewerbsverbot zu verneinen.

Demgemäß könnte ein Wettbewerbsverbot allenfalls in Fällen angenommen werden, in denen es automatisch zu einem Übergang des Kundenstammes auf den Bereicherungsgläubiger kommt. Dann stellt die Unterlassung von Wettbewerb keine Maßnahme mehr dar, die erforderlich ist, um die eingetretene Unmöglichkeit zu beseitigen. Um die spiegelbildliche Betrachtung von Unternehmenskauf und Rückabwicklung konsequent durchzuhalten,

---

881 Vgl. BGHZ 168, 220 Rn. 27; *Keil,* Fehlerhafte Unternehmenskäufe, S. 219.
882 Vgl. BGHZ 168, 220 Rn. 28 f.
883 Vgl. BGH, NJW-RR 1991, 1002 ff.
884 BGH, NJW 1991, 1002 (1004 f.); BGHZ 168, 220 Rn. 27 ff.
885 BGHZ 168, 220 Rn. 27.

muss es dem Kondiktionsschuldner dann untersagt sein, weiterhin in Konkurrenz zum Kondiktionsgläubiger zu treten. Durch den Bereicherungsvorgang wurde die Möglichkeit erlangt, die Kundenbeziehungen und das Know-how des erworbenen Unternehmens zu nutzen. Da diese erlangten Möglichkeiten durch das Wettbewerbsverbot wieder abgeschöpft werden, erfolgt auch keine Abschöpfung über die eigentliche Bereicherung hinaus.

Insgesamt entscheidet sich also nach der genauen Sachverhaltskonstellation, welche bereicherungsrechtlichen Grundsätze zum Tragen kommen und ob ein Wettbewerbsverbot anzunehmen ist oder nicht.

b) Arbeitsverhältnisse

Beim Unternehmenskauf gehen mit dem Unternehmen auch die Arbeitsverhältnisse über. Nach § 613a BGB tritt der neue Inhaber in die Rechte und Pflichten aus den im Zeitpunkt des Übergangs bestehenden Arbeitsverhältnissen ein. Es fragt sich, ob und inwieweit die Vorschrift des § 613a BGB zur Anwendung gelangt, wenn das erworbene Unternehmen zum Kondiktionsgegenstand wird.

Entscheidend ist, ob im Rahmen des bereicherungsrechtlichen Rückabwicklungssystems die Vorschrift des § 613a BGB ebenfalls zulasten des Bereicherungsgläubigers Anwendung findet.

Die bereicherungsrechtliche Rückabwicklung soll die Rückübertragung des Unternehmens als Einheit auf den ursprünglichen Veräußerer bezwecken. Somit liegt auch hier das für einen Betriebsübergang i. S. d. § 613a BGB maßgebliche Merkmal der „ [...] tats. Übernahme der arbeitstechnischen Organisations- und Leitungsmacht [...]“[886] vor. Daher ist § 613a BGB auch zu Lasten des Kondiktionsgläubigers anwendbar.[887]

Aus der grundsätzlichen Anwendbarkeit von § 613a BGB folgt, dass sowohl Bereicherungsschuldner als auch Bereicherungsgläubiger gleichermaßen die Pflicht trifft, die Arbeitgeber über den Betriebsübergang gemäß § 613a Abs. 5 BGB zu informieren.[888] Weiterhin ist aus der grundsätzlichen Anwend-

886 *Edenfeld/Bieder,* in: Erman, Handkommentar zum BGB, § 613a Rn. 30 f.; *Preis,* in: Erfurter Kommentar zum ArbR, § 613a Rn. 59 m. w. Nw.

887 So auch *Edenfeld/Bieder,* in: Erman, Handkommentar zum BGB, § 613a Rn. 31; *Lieb/Jacobs,* Arbeitsrecht, Rn. 310.

888 Vertiefend zur Informationspflicht *Preis,* in: Erfurter Kommentar zum ArbR, § 613a Rn. 85 ff.

barkeit auch ein Widerspruchsrecht der Arbeitnehmer gemäß § 613a Abs. 6 BGB abzuleiten.[889]

2.) Zustand

Für das bereicherungsrechtliche Rückabwicklungssystem ist sowohl in der Rechtsprechung als auch in der Literatur anerkannt, dass der Kondiktionsschuldner das Unternehmen in dem Zustand herauszugeben hat, in dem es sich im Zeitpunkt der Herausgabe befindet.[890]

Veränderungen der Vermögenswerte, die aufgrund des gewöhnlichen Betriebsablaufs eingetreten sind, ändern daran grundsätzlich nichts.[891] Diese Einschätzung ist zutreffend. Es konnte bereits herausgearbeitet werden, dass im Zuge des gewöhnlichen Geschäftsablaufs zwar gewisse Veränderungen eintreten, diese aber nicht so stark sind, dass zwischen dem übertragenen und im Zeitpunkt der Rückabwicklung bestehenden Unternehmen keine Identität mehr besteht.[892] Eine für die Annahme einer Wertersatzpflicht gemäß § 818 Abs. 2 BGB erforderliche Unmöglichkeit der Herausgabe kann daher erst recht nicht angenommen werden.[893]

In welchen Konstellationen die Veränderungen der Vermögenswerte ein solches Ausmaß angenommen haben, dass die Herausgabe in Natur unmöglich geworden ist, wird im Rahmen der Anwendung von § 818 Abs. 2 BGB zu klären sein.

Ferner ergibt sich daraus, dass so etwaige Wertsteigerungen des Unternehmens grundsätzlich dem Bereicherungsgläubiger zugutekommen.

3.) Zeitpunkt

Bei Durchführung einer bereicherungsrechtlichen Rückabwicklung empfiehlt sich bezüglich der Rückübertragung der Vermögenswerte ebenso die Festlegung eines Übergangsstichtages.[894]

---

889 So auch *Rupietta*, Rückabwicklung unwirksamer Unternehmenskaufverträge, S. 82.

890 BGHZ 168, 220 Rn. 21; *Thiessen*, in: MüKo HGB, Band 1, Anh. § 25 Rn. 43.

891 BGHZ 168, 220 Rn. 21; *Lorenz*, in: Staudinger BGB, § 818 Rn. 21; *Thiessen*, in: MüKo HGB, Band 1, Anh. § 25 Rn. 43; vgl. zu möglichen Veränderungen auch § 5 A. I. 2.) a).

892 Vgl. § 5 A. I. 2.).

893 Eine Unmöglichkeit der Herausgabe aufgrund der Beschaffenheit des Erlangten braucht ebenfalls nicht diskutiert zu werden, da hiermit unkörperliche Leistungen wie Dienstleistungen erfasst werden sollen, siehe nur *Retzlaff*, in: Grüneberg BGB, § 818 Rn. 18.

894 So auch *Rupietta*, Rückabwicklung unwirksamer Unternehmenskaufverträge, S. 83; vgl. dazu bereits § 5 A. I. 3.).

II. Wertersatz nach § 818 Abs. 2 BGB aufgrund der Unmöglichkeit der Herausgabe

Nach § 818 Abs. 2 BGB hat der Kondiktionsschuldner den Wert des Erlangten zu ersetzen, wenn die Herausgabe wegen der Beschaffenheit des Erlangten nicht möglich ist oder er aus einem anderen Grund zur Herausgabe außerstande ist. Die Vorschrift stellt im bereicherungsrechtlichen Rückabwicklungssystem die „Stellschraube" zwischen Herausgabe in Natur und Wertersatzpflicht dar.[895] Damit diese Vorschrift auch beim Bereicherungsobjekt Unternehmen ihre Abgrenzungsfunktion erfüllen kann, müssen auf Basis der gesetzlichen Konzeption und ihrer Wertungen Kriterien herausgearbeitet werden, mit denen sich die Grenze zwischen Herausgabe in Natur und Wertersatz bestimmen lässt.

1.) Konsequente Betrachtung des Unternehmens als Einheit

Als Grundsatz und Ausgangspunkt soll festgehalten werden, dass die Behandlung und Betrachtung des Unternehmens als Einheit auch bei der Abgrenzung von Herausgabe in Natur und Wertersatz beachtet werden muss.[896] Es kommt also darauf an, ob die Herausgabe des Unternehmens als Einheit unmöglich i. S. d. § 818 Abs. 2 BGB ist. Wie bereits dargelegt werden konnte, muss aufgrund der Orientierung am unwirksamen Verpflichtungsgeschäft die dort zugrunde liegende Behandlung des Unternehmens als Einheit beachtet werden.[897] Wenn dies für die Einordnung des Unternehmens als Bereicherungsgegenstand gilt, muss diese Betrachtungsweise auch bei der Abgrenzung von Sach- und Wertkondiktion konsequent durchgehalten werden. Auch die Ausgestaltung von § 818 Abs. 2 BGB stützt diese Auffassung, da hier auf die Herausgabe des Erlangten und damit den Bereicherungsgegenstand abgestellt wird.

2.) Abgrenzungsmaßstab

Die Ermittlung des Abgrenzungsmaßstabes muss anhand der gesetzlichen Ausgestaltung also anhand des Begriffs der Unmöglichkeit erfolgen.[898]

---

895 Ähnlich wie § 346 Abs. 2 BGB im Rücktrittsfolgenrecht.

896 So auch BGHZ 168, 220 Rn. 22; *Keil*, Fehlerhafte Unternehmenskäufe, S. 241; *Rupietta*, Rückabwicklung unwirksamer Unternehmenskaufverträge, S. 184 f.; a. A. *Bodenbenner*, MDR 2007, 1056 (1058 f.).

897 Siehe § 9. A. I.

898 Ähnlich *Rupietta*, Rückabwicklung unwirksamer Unternehmenskaufverträge, S. 166; *Schwintowski*, JZ 1987, 588 (589).

„Unmöglichkeit" bzw. „Außerstandesein" i. S. d. § 818 Abs. 2 BGB erfasst sowohl die objektive als auch die subjektive Unmöglichkeit.[899] Als Beispiele werden hierfür die Veräußerung, der Untergang, der Verbrauch sowie die untrennbare Vermischung oder Verarbeitung der Sache genannt.[900] Wie schon beim rücktrittsrechtlichen Rückabwicklungssystem müssen diese abstrakten Kriterien auf das Bereicherungsobjekt Unternehmen angewendet werden.

a) Objektive Unmöglichkeit

Die objektive Unmöglichkeit der Herausgabe kommt bei einer physischen Zerstörung des Kondiktionsgegenstandes, einer Verschlechterung sowie bei einer Veränderung in Betracht.

aa) Physische Zerstörung des Kondiktionsgegenstandes

Objektive Unmöglichkeit wird im bereicherungsrechtlichen Rückabwicklungssystem insbesondere bei einer physischen Zerstörung des Kondiktionsgegenstandes angenommen.[901] Dieses Verständnis entspricht dem Untergangsbegriff des § 346 Abs. 2 S. 1 Nr. 3 Alt. 2 BGB.[902] Die dazu in Bezug auf das wirtschaftliche Unternehmen gewonnen Erkenntnisse können folglich übernommen werden.

Eine Wertersatzpflicht wegen objektiver Unmöglichkeit der gegenständlichen Herausgabe tritt also bei Abschluss des Insolvenzverfahrens und Verwertung des Unternehmens, bei Ausschlachtung und der endgültigen Einstellung der unternehmerischen Tätigkeit ein.[903] In diesen Konstellationen muss von einer vollständigen Vernichtung der Unternehmenssubstanz ausgegangen werden, was einer physischen Zerstörung des Kondiktionsgegenstandes entspricht.

---

[899] *Buck-Heeb*, in: Erman, Handkommentar zum BGB, § 818 Rn. 15; *Lorenz*, in: Staudinger BGB, § 818 Rn. 21; *Retzlaff*, Grüneberg BGB, § 818 Rn. 18.

[900] *Buck-Heeb*, in: Erman, Handkommentar zum BGB, § 818 Rn. 15; *Retzlaff*, in: Grüneberg BGB, § 818 Rn. 18; *Keil*, Fehlerhafte Unternehmenskäufe, S. 237.

[901] *Rupietta*, Rückabwicklung unwirksamer Unternehmenskaufverträge, S. 204; *Schöne*, ZGR 2000, 86 (98).

[902] Siehe § 5 A. II. 3.) b).

[903] Siehe § 5 A. II. 3.) b); so auch *Rupietta*, Rückabwicklung unwirksamer Unternehmenskaufverträge, S. 204 ff.; *Schöne*, ZGR 2000, 86 (98 ff.).

bb) Verschlechterung

Eine Verschlechterung des Unternehmens wird ebenfalls bereits auf Ebene des § 818 Abs. 2 BGB diskutiert.[904] Demnach sei es zwingend erforderlich, bei einer Verschlechterung eine Wertersatzpflicht nach § 818 Abs. 2 BGB anzunehmen, um Wertungswidersprüche zum rücktrittsrechtlichen Rückabwicklungssystem zu vermeiden, wo eine Verschlechterung ebenfalls auf Ebene des Wertersatzes von § 346 Abs. 2 S. 1 Nr. 3 BGB behandelt wird.[905] Somit müssten Fälle in denen es zu einer nachteiligen Veränderung eines oder mehrerer Assets in einem Ausmaß kommt, die der nachteiligen Veränderung des gesamten Unternehmens entspricht oder in denen eine Beeinträchtigung der Funktionstauglichkeit des Unternehmens gegeben ist, der Unmöglichkeit gleichgestellt werden.[906]

In bereicherungsrechtlicher Hinsicht ist problematisch, dass bei einer Verschlechterung des Unternehmens stets ein Fall der Teilunmöglichkeit vorliegt. Das Unternehmen hat sich zwar verschlechtert, kann aber immer noch in dem verschlechterten Zustand als Wirtschaftseinheit herausgegeben werden.

Die Teilunmöglichkeit der Herausgabe ist in § 818 Abs. 2 BGB der völligen Unmöglichkeit nicht ausdrücklich gleichgestellt worden.[907] Aufgrund der gesetzlichen Ausgestaltung kann auch keine Gleichstellung von Teilunmöglichkeit und vollständiger Unmöglichkeit erzeugt werden.[908] Somit kann der Bereicherungsschuldner bei Verschlechterung des Unternehmens nicht ausschließlich Wertersatz verlangen. Vielmehr muss das Unternehmen in seinem gegenwärtigen Zustand herausgegeben und ergänzend Wertersatz geleistet werden.

Dieses Ergebnis beruht nicht auf dem Umstand, dass in Bezug auf rechtlich selbstständige Gegenstände, d. h. einzelne Assets, völlige Unmöglichkeit eingetreten ist. Auch bei bereicherungsrechtlicher Rückabwicklung muss das Unternehmen als Einheit erfasst werden. Dem würde die isolierte Betrachtung einzelner Assets zur Bestimmung der Unmöglichkeit widersprechen.

---

[904] Vgl. etwa *Canaris*, Handelsrecht, § 8 Rn. 55.
[905] So auch *Canaris*, Handelsrecht, § 8 Rn. 55.
[906] Vgl. zu den Fallgruppen § 5 A. II. 3.) a).
[907] *Schwab*, in: MüKo BGB, Band 7, § 818 Rn. 54.
[908] So auch die h. L., siehe nur *Buck-Heeb*, in: Erman, Handkommentar zum BGB, § 818 Rn. 15; *Lorenz*, in: Staudinger BGB, § 818 Rn. 22; *Schwab*, in: MüKo BGB, Band 7, § 818 Rn. 54.

Die Pflicht zur Herausgabe des Unternehmens im gegenwärtigen Zustand bei gleichzeitiger Verpflichtung zur Leistung von Wertersatz ergibt sich vielmehr aus dem Normzweck von § 818 Abs. 2 BGB.

Demnach soll der bereicherungsrechtliche Wertersatzanspruch die Unfähigkeit des Bereicherungsschuldners ausgleichen, den im Bereicherungsgegenstand verkörperten wirtschaftlichen Wert- der ihm einst zugeflossen war- herauszugeben.[909] Bei einer Verschlechterung des Unternehmens ist der Bereicherungsschuldner nicht mehr in der Lage, den ihm einst zugeflossenen und im Unternehmen verkörperten wirtschaftlichen Wert vollständig herauszugeben. Daher muss im Umfang der Verschlechterung Wertersatz geleistet werden.

cc) Veränderungen des Kondiktionsgegenstandes

Auch die Veränderung des Kondiktionsgegenstandes wird im Kontext der objektiven Unmöglichkeit behandelt.[910] Hierbei ist es stark einzelfallabhängig, ob die Veränderung einer Sache oder Sachgesamtheit Unmöglichkeit verursacht.[911]

In nahezu allen in der Literatur geführten Auseinandersetzungen mit der bereicherungsrechtlichen Rückabwicklung eines Unternehmenskaufvertrages bildet die Abgrenzung von Herausgabe in Natur und Wertersatz aufgrund von Veränderungen des Unternehmens einen Schwerpunkt.[912] Angesichts der dem Unternehmen immanenten Dynamik und den damit verbundenen Veränderungen verwundert dies natürlich nicht. Für ein Kondiktionsobjekt, bei dem Veränderungen gerade in seiner Natur liegen, bereitet die Abgrenzung, wann Veränderungen eine gegenständliche Herausgabe unmöglich machen, erhebliche Probleme.[913]

---

909 Vgl. *Schwab*, in: MüKo BGB, Band 7, § 818 Rn. 55.

910 Vgl. *Buck-Heeb*, in: Erman, Handkommentar zum BGB, § 818 Rn. 15; *Canaris*, Handelsrecht, § 8 Rn. 54.

911 *Buck-Heeb*, in: Erman, Handkommentar zum BGB, § 818 Rn. 15.

912 Siehe nur *Lorenz*, in: Staudinger BGB, § 818 Rn. 21; *Schwab*, in: MüKo BGB, Band 7, § 818 Rn. 64; *Thiessen*, in: MüKo HGB, Band 1, Anh. § 25 Rn. 44 ff.; *Keil*, Fehlerhafte Unternehmenskäufe, S. 237 ff.; *Rupietta*, Rückabwicklung unwirksamer Unternehmenskaufverträge, S. 165 ff.; *Schwintowski*, JZ 1987, 588 (589 ff.); *Schöne*, ZGR 2000, 86 (97 ff.).

913 So auch schon beim Rücktrittsfolgenrecht, siehe § 5 A. II. 2.) b).

aaa) Typische Lösungsansätze

In der Literatur wird oft der Versuch unternommen, dem Gesetz eine Wertung dahin gehend zu entnehmen, wem das umgestaltete Unternehmen grundsätzlich zuzuordnen ist.[914] Dabei wird dann auf Wertungen anderer Vorschriften, wie den §§ 950, 352 a. F., 2018 ff. BGB, zurückgegriffen.[915]

Aufgrund der bereicherungsrechtlichen Systematik ist diese Diskussion obsolet. Ist dem Bereicherungsschuldner die Herausgabe des Erlangten unmöglich, hat er gemäß § 818 Abs. 2 BGB Wertersatz zu leisten. Der Wertersatzanspruch ist gegenüber dem Herausgabeanspruch subsidiär, ein Wahlrecht zwischen beiden Ansprüchen besteht nicht.[916] Das Bereicherungsrecht legt also eindeutig fest, dass bei Unmöglichkeit der Herausgabe der Kondiktionsgegenstand beim Bereicherungsschuldner zu verbleiben hat.

Damit stellt sich nur noch die Frage, „ob" eine für § 818 Abs. 2 BGB relevante Veränderung des Kondiktionsgegenstandes eingetreten ist. Die Frage der grundsätzlichen Zuweisung des veränderten Gegenstandes entscheidet das Bereicherungsrecht allerdings bereits aus sich heraus.

Um eine Abgrenzung zwischen gegenständlicher Herausgabe und Wertersatz bei Veränderungen vorzunehmen, wird zumeist zunächst an die Rechtsprechung zur Bebauung eines rechtsgrundlos erlangten Grundstücks angeknüpft.[917] Dazu hat das Reichsgericht anfänglich darauf abgestellt, ob der wirtschaftliche Charakter bzw. der allgemeine Funktionszusammenhang des Grundstücks erhalten bleibt.[918] Nach Ansicht des BGH sei aber vielmehr das Wertverhältnis zwischen Grundstück und errichteten Gebäuden maßgeblich.[919] Als maßgebliches Kriterium für die Annahme einer im Rahmen von § 818 Abs. 2 BGB relevanten Veränderung wird letztlich der Begriff

---

914 So etwa *Keil*, Fehlerhafte Unternehmenskäufe, S. 240; *Rupietta*, Rückabwicklung unwirksamer Unternehmenskaufverträge, S. 169 ff.; *Schwintowski*, JZ 1987, 588 (589 f.).

915 Vgl. *Rupietta*, Rückabwicklung unwirksamer Unternehmenskaufverträge, S. 169 ff.; *Schwintowski*, JZ 1987, S. 588 (589 f.).

916 *Buck-Heeb*, in: Erman, Handkommentar zum BGB, § 818 Rn. 4; *Lorenz*, in: Staudinger BGB, § 818 Rn. 21.

917 So etwa *Keil*, Fehlerhafte Unternehmenskäufe, S. 237 ff.; *Rupietta*, Rückabwicklung unwirksamer Unternehmenskaufverträge, S. 167; *Schöne*, ZGR 2000, 86 (102).

918 RGZ 133, 293 (294 f.).

919 BGH, NJW 1981, 2687 (2688).

des „Identitätswechsels“ genutzt, der teils mehr und teils weniger inhaltlich ausgefüllt wird.[920]

Diese typischen Lösungsansätze können jedoch nicht zu befriedigenden Ergebnissen führen.

bbb) Identitätswechsel als maßgebliches Kriterium

Der Ansatz für einen adäquaten Maßstab sollte vorrangig in der zur bereicherungsrechtlichen Rückabwicklung eines Unternehmenskaufs ergangenen Rechtsprechung gesucht werden. Ein Rückgriff auf die Rechtsprechung zur Veränderung eines rechtsgrundlos erlangten Grundstücks hilft kaum weiter. Grundstück und Unternehmen sind bereits aufgrund der unterschiedlich stark ausgeprägten Neigung zur Veränderung nur schwer vergleichbar.

Die zur bereicherungsrechtlichen Rückabwicklung eines Unternehmenskaufvertrages ergangene Rechtsprechung befasst sich jedoch nur mit dem konkreten Fall der Wertersatzpflicht aufgrund unmöglicher Rückübertragung eines Kundenstamms[921], oder lässt die Frage nach einem Abgrenzungsmaßstab offen.[922] Einen tauglichen Ansatzpunkt sucht man also auch hier vergeblich. Somit muss an die gesetzlichen Vorgaben und damit an § 818 Abs. 2 BGB angeknüpft werden.

Im Kern geht es darum, zu bestimmen wann die Veränderungen des Unternehmens so weitreichend sind, dass die Herausgabe des Kondiktionsgegenstandes unmöglich ist. Zur begrifflichen Erfassung dieses Zustands eignet sich der Begriff des „Identitätswechsels“. Dieser Begriff knüpft an die Identität – also die das Unternehmen prägenden Elemente und Strukturen – an. Und genau bei einem Austausch oder einer Änderung dieser prägenden Elemente und Strukturen ist das ursprünglich übertragene Unternehmen nicht mehr mit dem herauszugebenden Unternehmen vergleichbar. Dann ist eine Herausgabe des erlangten Etwas unmöglich.[923] Um den an sich nur umschreibenden Begriff des Identitätswechsels weiter

---

920 Vgl. BGHZ 168, 220 Rn. 33; *Lorenz*, in: Staudinger BGB, § 818 Rn. 21; *Keil*, Fehlerhafte Unternehmenskäufe, S. 242; *Rupietta*, Rückabwicklung unwirksamer Unternehmenskaufverträge, S. 186; *Schwintowski*, JZ 1987, 588 (590); *Schöne*, ZGR 2000, 86 (103).

921 BGH, NJW-RR 1991, 1002 (1004).

922 BGHZ 168, 220 (236 Rn. 33).

923 So auch *Rupietta*, Rückabwicklung unwirksamer Unternehmenskaufverträge, S. 186; *Schöne*, ZGR 2000, 86 (103).

zu konkretisieren, muss dieser mit unternehmensspezifischen Wertungen ausgefüllt werden.[924]

Der Begriff des Identitätswechsels bzw. der Identitätsänderung wurde bereits bei Anwendung des rücktrittsrechtlichen Rückabwicklungssystems auf den Unternehmenskauf als Abgrenzungskriterium genutzt.[925] Dort konnte bereits eine weitere Konkretisierung des Begriffs anhand des hier zugrunde liegenden Unternehmensbegriffs stattfinden. Die Identität des Unternehmens wird durch das gegenständliche Unternehmensvermögen, die Immaterialgüterpositionen und die Außenbeziehungen in ihrer Organisation zur Erreichung eines wirtschaftlichen Zwecks ausgebildet. Eine Identitätsänderung ist folglich auch vorrangig anhand einer Veränderung dieser Wesensmerkmale zu bestimmen.[926]

Die Konkretisierung beruht nicht auf rücktrittsrechtlichen Erwägungen, sondern auf den für diese Untersuchung einheitlichen Unternehmensbegriff. Somit kann diese Konkretisierung auch für das bereicherungsrechtliche Rückabwicklungssystem übernommen werden. Eine Wertersatzpflicht wegen Veränderung des Unternehmens ergibt sich demgemäß bei tiefgreifender Veränderung der das Unternehmen prägenden Elemente und ist immer dort abzulehnen, wo die Veränderung auf der unternehmensimmanenten Dynamik beruht.[927] Auch die zum rücktrittsrechtlichen Rückabwicklungssystem in den Blick genommenen Fallgruppen wurden auf einen maßgeblichen Identitätswechsel hin untersucht. Die dazu gewonnenen Ergebnisse gelten somit auch für das bereicherungsrechtliche Rückabwicklungssystem.[928]

Folglich kann bei Erhaltungs- und Modernisierungsmaßnahmen kein Identitätswechsel und damit keine Wertersatzpflicht nach § 818 Abs. 2 BGB angenommen werden. Bei Veränderungen in der Unternehmensorganisation gilt, dass sich diese zumeist auf den Unternehmensträger beziehen oder Ausfluss der unternehmensimmanenten Dynamik sind und somit keinen Identitätswechsel begründen. Eine Sonderstellung nimmt hierbei die

---

924 So schon *Rupietta*, Rückabwicklung unwirksamer Unternehmenskaufverträge, S. 186; *Schwintowski*, JZ 1987, 588 (590); *Schöne*, ZGR 2000, 86 (104).
925 Siehe § 5 A. II. 2.) b).
926 § 5 A. II. 2.) b) bb).
927 § 5 A. II. 2.) b) ff).
928 Siehe dazu insgesamt § 5 A. 2.) II. b).

Namensänderung ein, welche unter Umständen eine Identitätsänderung ausmachen kann.

Da die das Unternehmen prägenden Elemente am Tätigkeitsbereich des Unternehmens ausgerichtet sind, folgen aus der Änderung des Tätigkeitsbereichs auch regelmäßig eine Änderung der prägenden Elemente und damit ein Identitätswechsel. Eine Ausnahme bildet hierbei jedoch eine Ausweitung der unternehmerischen Tätigkeit innerhalb des bisherigen Tätigkeitsbereichs. Die dem Unternehmen immanente Dynamik ist auch auf die Erschließung neuer Märkte und neuer Produkte gerichtet.[929]

Eine Konzernierung oder der Abschluss eines Unternehmensvertrages führen grundsätzlich nicht zu einem Identitätswechsel und somit auch nicht zu einer Wertersatzpflicht gemäß § 818 Abs. 2 BGB. Beim Zusammenschluss des erworbenen Unternehmens mit einem weiteren Unternehmen kommt es für die Annahme eines Identitätswechsels schließlich darauf an, ob eine Trennung der Vermögensmassen noch möglich ist oder nicht.

Insgesamt ergibt sich in Bezug auf die Veränderung des Unternehmens ein Gleichlauf zwischen dem rücktritts- und bereicherungsrechtlichen Rückabwicklungssystem.[930] Dieser Gleichlauf beruht auf Verwendung des gleichen – anhand des Unternehmensbegriffes ausgestalteten – Abgrenzungsmaßstabs in Form des Identitätswechsels.

b) Subjektive Unmöglichkeit

Vom Unmöglichkeitsbegriff des § 818 Abs. 2 BGB wird neben der objektiven auch die subjektive Unmöglichkeit oder das Unvermögen des Bereicherungsschuldners zur Herausgabe erfasst.[931] Hierunter fällt insbesondere die Veräußerung des Unternehmens.[932] Aus der konsequenten Betrachtung des Unternehmens als Einheit ergibt sich, dass eine Veräußerung jedenfalls bei Abschluss eines erneuten Unternehmenskaufvertrages angenommen werden muss. Werden hingegen nur einzelne Assets veräußert, ist je nach Umfang

---

[929] Vgl. *Rupietta*, Rückabwicklung unwirksamer Unternehmenskaufverträge, S. 189; *Schöne*, ZGR 2000, 86 (106 f.).

[930] Ähnliches Ergebnis auch bei *Canaris*, Handelsrecht, § 8 IV. 2.) a).

[931] Vgl. *Buck-Heeb*, in: Erman, Handkommentar zum BGB, § 818 Rn. 15; *Lorenz*, in: Staudinger BGB, § 818 Rn. 21; *Retzlaff*, in: Grüneberg BGB, § 818 Rn. 18.

[932] *Rupietta*, Rückabwicklung unwirksamer Unternehmenskaufverträge, S. 207; *Schöne*, ZGR 2000, 86 (101).

und Bedeutung für das Unternehmen entweder eine Veränderung oder ein Untergang anzunehmen.[933]

c) Exkurs: Pflicht zur Beseitigung?

Im Bereicherungsausgleich darf vom rechtsgrundlosen Erwerber eines Unternehmens nicht mehr abgeschöpft werden, als die eingetretene und noch vorhandene Bereicherung.[934] Deshalb trifft ihn keine Pflicht, Maßnahmen zu ergreifen, die ihm eine einmal unmöglich gewordene Herausgabe wieder möglich machen.[935]

Die Annahme einer Beseitigungspflicht würde somit im Widerspruch zu einem wesentlichen bereicherungsrechtlichen Grundgedanken stehen. Der rechtsgrundlose Unternehmenserwerber muss daher nach Eintritt der Wertersatzpflicht keine Maßnahmen ergreifen, um die Herausgabe in Natur zu ermöglichen.

3.) Zusammenfassung

Unter konsequenter Fortführung der Betrachtung des Unternehmens als Einheit lässt sich anhand des Unmöglichkeitsbegriffes in § 818 Abs. 2 BGB die Abgrenzung zwischen Herausgabe in Natur und Wertersatz erreichen. Dieser abstrakte Maßstab kann im Wege einer unternehmensspezifischen Auslegung konkretisiert und so für die bereicherungsrechtliche Rückabwicklung des Unternehmenskaufs nutzbar gemacht werden.

4.) Umfang der Wertersatzpflicht

Nach § 818 Abs. 2 BGB hat der Kondiktionsschuldner den Wert des Erlangten zu ersetzen, wenn ihm die Herausgabe unmöglich ist. Ob die Bestimmung des zu ersetzenden Werts anhand von objektiven Kriterien oder nach subjektiven, auf die Bedeutung im Empfängervermögen abstellenden Maßstäben zu erfolgen hat, ist umstritten.[936]

---

933 Siehe dazu § 9 A. II. 2.) a) aa).

934 BGHZ 168, 220 Rn. 27.

935 BGHZ 168, 220 Rn. 27.

936 Zum Streitstand siehe *Buck-Heeb*, in: Erman, Handkommentar zum BGB, § 818 Rn. 16 ff.

Nach der ständigen Rechtsprechung und der herrschenden Lehre ist der Wert nach objektiven Kriterien zu bestimmen.[937] Ein subjektiver Ansatz vermengt unzulässig das Erlangte bzw. dessen Wert mit der Bereicherung.[938] Die Wertersatzpflicht in § 818 Abs. 2 BGB knüpft schon nach ihrem Wortlaut an dem Erlangten und nicht an der Bereicherung an.[939] Eine subjektive Wertbestimmung, die auf die konkrete Bedeutung des Erlangten im Empfängervermögen abstellt, hat jedoch nur die Bereicherung des Kondiktionsschuldners im Blick und ist damit dogmatisch nicht haltbar.[940]

Zu ersetzen ist deshalb der objektive Verkehrswert, d. h. der Betrag, den ein Dritter am Markt für den Kondiktionsgegenstand zu zahlen bereit wäre.[941] Sofern es sich beim Kondiktionsobjekt um ein wirtschaftliches Unternehmen handelt, greifen Rechtsprechung und Literatur regelmäßig auf die Ertragswertmethode zur Bestimmung dieses Wertes zurück.[942] Damit scheint der nach der Ertragswertmethode bestimmte Unternehmenswert als objektiver Verkehrswert des Unternehmens verstanden zu werden. Das verwundert, stellt der Verkehrswert doch auf den Wert einer Sache ab, den sie auf einem entsprechenden Markt hätte, und basiert somit auf einer marktorientierten Bewertung.[943] Somit müsste der Verkehrswert doch eher durch ein marktorientiertes Bewertungsverfahren – wie etwa das Market-Approach-Verfahren – ermittelt werden.[944]

Es kann nur vermutet werden, dass auf die Ertragswertmethode zurückgegriffen wurde, weil es sich hierbei um ein von der Rechtsprechung und auch

---

937 So etwa BGHZ 55, 128 (135); BGHZ 168, 220 (239 Rn. 39); *Lorenz,* in: Staudinger BGB, § 818 Rn. 26; *Schwab,* in: MüKo BGB, Band 7, § 818 Rn. 83 f.

938 *Schwab,* in: MüKo BGB, Band 7, § 818 Rn. 84; *Larenz/Canaris,* SchuldR II, Band 2, § 72 III 2.) d); *Schöne,* ZGR 2000, 86 (108).

939 So auch *Schwab,* in: MüKo BGB, Band 7, § 818 Rn. 84; *Larenz/Canaris,* SchuldR II, Band 2, § 72 III 2.) d); *Schöne,* ZGR 2000, 86 (108).

940 Ähnlich *Schöne,* ZGR 2000, 86 (108); vgl. zur Kritik am subjektiven Wertbegriff ausführlich *Schwab,* in: MüKo BGB, Band 7, § 818 Rn. 84; *Larenz/Canaris,* SchuldR II, Band 2, § 72 III 2.) d).

941 BGHZ 168, 220 Rn. 39; *Retzlaff,* in: Grüneberg BGB, § 818 Rn. 19.

942 BGHZ 168, 220 Rn. 39 ff.; OLG Düsseldorf, WM 1990, 1282 (1283); *Keil,* Fehlerhafte Unternehmenskäufe, S. 249 f; *Rupietta,* Rückabwicklung unwirksamer Unternehmenskaufverträge, S. 221 f.; *Schöne,* ZGR 2000, 86 (108).

943 Siehe dazu bereits § 5 A. II. 5.) d).

944 Vertiefend dazu § 5 A. II. 5.) d).

der Bewertungspraxis anerkanntes Verfahren handelt.[945] Aufgrund der bereits herausgearbeiteten nur eingeschränkten Nutzbarkeit des Market-Approach-Verfahrens ist zur Annäherung der gesetzlichen Bewertungsvorgabe die Ermittlung des objektivierten Unternehmenswertes maßgeblich.[946] Konzeptionell eignet sich das Ertragswertverfahren zur Ermittlung des objektivierten Unternehmenswertes.[947] Es ist somit zutreffend, das Ertragswertverfahren zur Bestimmung des Umfangs der Wertersatzpflicht bei bereicherungsrechtlicher Rückabwicklung des Unternehmenskaufs zu nutzen.

Des Weiteren sollen zur Bestimmung des Umfangs der Wertersatzpflicht vorrangig bereits tatsächlich erzielte Erträge beachtet werden und künftige Ertragsaussichten nur bei hinreichend sicheren Anhaltspunkten Berücksichtigung finden, um den Kondiktionsschuldner nicht für etwas haften zu lassen, was er möglicherweise gar nicht erhält.[948] In Anbetracht der bereicherungsrechtlichen Prinzipien ist auch diese Bewertungsvorgabe zustimmungswürdig. Insofern eine sachverständige Durchführung des Ertragswertverfahrens stattfindet, dürften die künftigen Ertragsaussichten jedoch unter hinreichend sicheren Anhaltspunkten ermittelt werden.[949]

Ein weiterer bereicherungsrechtlicher Meinungsstreit wird um die Bestimmung des maßgeblichen Zeitpunktes der Wertberechnung geführt.[950] In der Literatur und Rechtsprechung, die sich explizit mit der bereicherungsrechtlichen Rückabwicklung des Unternehmenskaufs auseinandersetzen, ist dieser Streit ebenso mit ähnlichen Positionen und Argumenten anzutreffen. Demnach sei grundsätzlich der Zeitpunkt maßgeblich, in dem das Unternehmen rechtsgrundlos erlangt und damit der Bereicherungsanspruch entstanden sei.[951] Entsteht der Wertersatzanspruch jedoch erst später, wie beispielsweise

---

945 Zur Anerkennung der Ertragswertmethode siehe IDW S 1 i. d. F. 2008, WPg Supplement 3/2008, 68 (81 ff.); *Wächter*, M&A Litigation, Rn. 11.18 m. w. Nw.

946 Dazu auch schon § 5 A. II. 5.) d).

947 IDW S 1 i. d. F. 2008, WPg Supplement 3/2008, 68 (81).

948 BGHZ 168, 220 (239 Rn. 39); *Keil*, Fehlerhafte Unternehmenskäufe, S. 249 f.; *Rupietta*, Rückabwicklung unwirksamer Unternehmenskaufverträge, S. 221 f.; *Schöne*, ZGR 2000, 86 (108).

949 Die Bewertung nach IDW S 1 i. d. F. 2008 zielt auf eine Bestimmung anhand konkreter Anhaltspunkte ab, vgl. WPg Supplement 2008, 68 (87).

950 Zum Streitstand siehe *Schwab*, MüKo BGB, Band 7, § 818 Rn. 120.

951 BGHZ 168, 220 Rn. 36; *Schöne*, ZGR 2000, 86 (108 f.).

im Fall des Identitätswechsels, soll genau dieser Zeitpunkt maßgeblich sein.[952] Aus dogmatischer Sicht ist diese Lösung richtig.

Bis zum Eintritt des Identitätswechsels ist der Kondiktionsschuldner zur Herausgabe in Natur verpflichtet, womit auch Wertsteigerungen des Unternehmens herauszugeben gewesen wären.[953] Würde man zur Berechnung des Wertersatzes auf den Zeitpunkt der Erlangung des Unternehmens abstellen, müsste der Kondiktionsschuldner etwaige Wertsteigerungen jedoch nicht ersetzen, womit eine bereicherungsrechtlich nicht begründbare Besserstellung bei Unmöglichkeit der Herausgabe gegeben wäre.[954] Zugleich müsste der Kondiktionsschuldner bei einer Wertminderung mehr ersetzen, als er durch den Bereicherungsvorgang erlangt hat.[955]

In bewertungstechnischer Hinsicht geht es hierbei um die Bestimmung des Bewertungsstichtages. Dabei muss beachtet werden, dass der Identitätswechsel oder Untergang des Unternehmens mitunter das Ergebnis eines zeitlich gestreckten Prozesses darstellen kann. Zur Festlegung des Bewertungsstichtages muss deshalb möglichst genau ermittelt werden, wann die Unmöglichkeit der Herausgabe eingetreten ist.

5.) Wechselwirkung mit der Interessenlage der Parteien

Aufgrund der im Falle einer Rückabwicklung bestehenden Interessenlage wird sich entweder der Erwerber oder der Veräußerer auf den Eintritt einer Wertersatzpflicht nach § 818 Abs. 2 BGB berufen wollen. Hieraus können sich Auswirkungen auf die Umsetzung der Rückabwicklung und Verteilung der Beweislast ergeben.

a) Veräußerer verlangt die Rückabwicklung

Wie bereits zum rücktrittsrechtlichen Rückabwicklungssystem deutlich gemacht werden konnte, wird der Erwerber in dieser Konstellation

---

[952] BGHZ 168, 220 Rn. 36; *Keil*, Fehlerhafte Unternehmenskäufe, S. 248 f.; *Rupietta*, Rückabwicklung unwirksamer Unternehmenskaufverträge, S. 225 ff.; *Schöne*, ZGR 2000, 86 (108 f.). *Schwintowski*, JZ 1987, 588 (591).

[953] BGHZ 168, 220 Rn. 37; *Keil*, Fehlerhafte Unternehmenskäufe, S. 248 f.; *Rupietta*, Rückabwicklung unwirksamer Unternehmenskaufverträge, S. 225 ff.; *Schwintowski*, JZ 1987, 588 (591).

[954] Ähnlich BGHZ 168, 220 Rn. 37 f.; *Rupietta*, Rückabwicklung unwirksamer Unternehmenskaufverträge, S. 226.

[955] Vgl. *Keil*, Fehlerhafte Unternehmenskäufe, S. 249; *Rupietta*, Rückabwicklung unwirksamer Unternehmenskaufverträge, S. 226; *Schwintowski*, JZ 1987, 588 (591).

regelmäßig daran interessiert sein, das Unternehmen nicht gegenständlich auf den Veräußerer zu übertragen, sondern das Unternehmen weiterzuführen. Der Erwerber kann sich dann auf die Unmöglichkeit der Herausgabe berufen und den Veräußerer auf Wertersatz verweisen. Die Beweislast für die Unmöglichkeit der Herausgabe liegt beim Erwerber.[956]

Es kommt dabei ausschließlich darauf an, ob die Unmöglichkeit der Herausgabe des Unternehmens nach den dargelegten Grundsätzen eingetreten ist. Die Vorschrift des § 818 Abs. 2 BGB schützt den Bereicherungsgläubiger, ein Behaltensinteresse des Bereicherungsschuldners ist bei Anwendung der Vorschrift hingegen nicht zu beachten.[957]

b) Erwerber verlangt die Rückabwicklung

Es ist zu klären, ob der Veräußerer in diesen Fällen eine gegenständliche Rückabwicklung mit dem Verweis auf die Wertersatzpflicht verhindern kann, wenn er einer gegenständliche Herausgabe und damit einer Rücknahme des Unternehmens entgehen möchte. Konkret wird es hierbei darum gehen, ob sich der Veräußerer auf einen Identitätswechsel berufen kann.

Dagegen wird eingewandt, dass hierdurch der Unmöglichkeitsbegriff je nach Anspruchssituation unterschiedlich definiert werden würde.[958] Weiterhin lasse sich ein bereicherungsrechtlicher Schutz davor, ein „anderes“ Unternehmen zurückzunehmen, nicht herleiten.[959]

Die vorangegangene Untersuchung hat gezeigt, dass die Unmöglichkeit aufgrund von Veränderungen des Unternehmens auf Basis von objektiven Kriterien, zusammengefasst unter dem Begriff des Identitätswechsels, unabhängig von der Sichtweise der Parteien und einzig orientiert am hier zugrunde gelegten Unternehmensbegriff ermittelt werden muss.[960] Die Bedenken, dass es zu einer anspruchssituationsbedingten Definition des Unmöglichkeitsbegriffs kommt, sind somit ausgeräumt.

Nimmt man die Befugnis des Veräußerers an, sich auf einen Identitätswechsel des Unternehmens zu berufen, wird dadurch auch kein bereicherungsrechtlich nicht gegebener Schutz davor hergeleitet, ein anderes Unternehmen

---

[956] *Lorenz*, in: Staudinger BGB, § 818 Rn. 32.

[957] *Lorenz*, in: Staudinger BGB, § 818 Rn. 21; *Thiessen*, in: MüKo HGB, Band 1, Anh. § 25 Rn. 45.

[958] *Thiessen*, in: MüKo HGB, Band 1, Anh. § 25 Rn. 46.

[959] *Thiessen*, in: MüKo HGB, Band 1, Anh. § 25 Rn. 46.

[960] Vgl. § 9 A. II. 2.) a) cc) bbb).

zurückzunehmen. Der Identitätswechsel ist ein anhand objektiver Kriterien feststellbarer Umstand, der eine Unmöglichkeit i. S. d. § 818 Abs. 2 BGB darstellt bzw. dieser gleichzustellen ist und eine Wertersatzpflicht auslöst. Die Wertersatzpflicht ist in § 818 Abs. 2 BGB angelegt. Eine Berufung des Veräußerers hierauf stellt folglich keine Erweiterung des bereicherungsrechtlichen Schutzes dar. Es ist nicht ersichtlich, warum dem Veräußerer bei einem Identitätswechsel des Unternehmens die Berufung hierauf versagt werden soll.

Beruft sich der Veräußerer auf einen Identitätswechsel, trifft ihn hierfür die Beweislast.

III. Entreicherung (§ 818 Abs. 3 BGB)

Gemäß § 818 Abs. 3 BGB ist die Verpflichtung zur Herausgabe oder zum Wertersatz ausgeschlossen, soweit der Empfänger nicht mehr bereichert ist. Der Entreicherungseinwand schützt den Kondiktionsschuldner davor, über die Herausgabe des Erlangten oder den Wertersatz hinausgehende Vermögenseinbußen zu erleiden.[961] Er stellt ein Korrektiv für die verschuldensunabhängige Herausgabe- bzw. Wertersatzpflicht und als Vertrauensschutz eine Privilegierung des redlichen und unverklagten Kondiktionsschuldners dar.[962]

Zu einer Entreicherung kann es etwa bei einer Verschlechterung bzw. einem ersatzlosen Untergang des Erlangten kommen oder wenn das übrige Vermögen in Folge des rechtsgrundlosen Erwerbs geschmälert ist.[963]

Es ist zu untersuchen, inwiefern beim Bereicherungsobjekt Unternehmen der Entreicherungseinwand zum Tragen kommt. Zugleich ist in den Fokus zu nehmen, ob und wie der Entreicherungseinwand dazu beiträgt, die Rückabwicklung des Unternehmenskaufvertrages in Anbetracht der gegebenen Besonderheiten zu bewältigen.

Weiterhin handelt es sich beim Unternehmenskaufvertrag um einen gegenseitigen Vertrag. Insbesondere bei Anwendung von § 818 Abs. 3 BGB beinhaltet die bereicherungsrechtliche Rückabwicklung gegenseitiger Verträge dogmatischen Streitstoff. Hiermit muss sich diese Untersuchung ebenfalls auseinandersetzen und unternehmensspezifische Lösungen erarbeiten.

---

961 Vgl. *Staake,* Gesetzliche Schuldverhältnisse, § 6 Rn. 31.
962 Vgl. *Staake,* Gesetzliche Schuldverhältnisse, § 6 Rn. 33.
963 Vgl. *Staake,* Gesetzliche Schuldverhältnisse, § 6 Rn. 32.

1.) Entreicherung beim Bereicherungsobjekt Unternehmen

Die Betrachtung muss auf zwei Ebenen stattfinden. Auf der ersten Ebene werden die Konstellationen bei bereicherungsrechtlicher Rückabwicklung eines Unternehmenskaufvertrages erfasst, in denen sich der Bereicherungsschuldner gemäß § 818 Abs. 3 BGB auf Entreicherung berufen kann. Auf der zweiten Ebene wird sodann die Wirkung des Entreicherungseinwandes auf die bereicherungsrechtliche Rückabwicklung des Unternehmenskaufvertrages als gegenseitigen Vertrag in den Blick genommen.

a) Ersatzloser Wegfall des Unternehmens

Der Kondiktionsschuldner ist entreichert, wenn der Kondiktionsgegenstand ersatzlos weggefallen ist und ihm trotz Wegfall des Erlangten kein wirtschaftlicher Vorteil zugeflossen ist.[964]

Der Wegfall des wirtschaftlichen Unternehmens ist bei den verschiedenen Untergangskonstellationen zu beobachten. Ein Untergang ist bei Abschluss des Insolvenzverfahrens und Verwertung, bei Ausschlachtung oder endgültiger Einstellung der unternehmerischen Tätigkeit gegeben.

Bei Abschluss des Insolvenzverfahrens, Verwertung sowie der Verteilung des Erlöses an die Gläubiger ist das Unternehmen ersatzlos weggefallen und dem Unternehmenskäufer kein wirtschaftlicher Vorteil zugeflossen. Eine Entreicherung ist mithin gegeben.

Kommt es zu einer Ausschlachtung, ist danach zu differenzieren, ob dem Kondiktionsschuldner im Zuge der Veräußerung der einzelnen Assets ein wirtschaftlicher Vorteil zugeflossen ist.

Bei Einstellung der unternehmerischen Tätigkeit sind die Assets noch im Vermögen vorhanden, was als Widerspruch zur Annahme eines ersatzlosen Wegfalls gewertet werden könnte. Maßgeblich ist jedoch, dass das Unternehmen als am Zweck der Ertragserzielung ausgerichtete Einheit mit Einstellung der unternehmerischen Tätigkeit aufhört zu existieren.[965] Wenn dem Kondiktionsschuldner im Zuge dessen kein wirtschaftlicher Vorteil zugeflossen ist, ist ein ersatzloser Wegfall des Unternehmens eingetreten.[966]

---

964 *Staake*, Gesetzliche Schuldverhältnisse, § 6 Rn. 35.

965 Vertiefende Ausführungen dazu unter § 5 A. II. 3.) b).

966 Bestätigt wird diese Auffassung durch BGHZ 126, 105, wo eine Entreicherung bei Einstellung des Geschäftsbetriebs bei noch vorhandenem Inventar und Warenvorräten angenommen wurde.

Bei einer Veräußerung des Unternehmens ist der Kaufpreis als wirtschaftlicher Vorteil zu berücksichtigen.

b) Aufwendungen

Als bereicherungsmindernde Vermögensnachteile können insbesondere Aufwendungen auf den Bereicherungsgegenstand eingeordnet werden.[967] Nach dem hier verwendeten unternehmensspezifischen Aufwendungsbegriff wird die Zuführung von Bar- und Sachmitteln erfasst, die nicht aus dem Unternehmen selbst stammen.[968]

aa) Investitionen

Im Kontext der Aufwendungen werden insbesondere Investitionen zur Aufrechterhaltung der Ertragsfähigkeit des Unternehmens und der Ertragssteigerung behandelt.[969] Im Rahmen von § 818 Abs. 3 BGB sind Verwendungen abzugsfähig, egal ob diese nützlich oder notwendig waren und ob der Wert des Bereicherungsgegenstandes überhaupt oder dauernd erhöht worden ist.[970] Damit ist eine Begrenzung der Abzugsfähigkeit von Aufwendungen nach den im rücktrittsrechtlichen Rückabwicklungssystem geltenden Maßstäben grundsätzlich nicht möglich.

Daraus würde eigentlich folgen, dass das Investitionsrisiko im bereicherungsrechtlichen Rückabwicklungssystem vollständig auf den Unternehmensveräußerer abgewälzt werden könnte. Sogar das Risiko eines Fehlschlags völlig unwirtschaftlicher Investitionen müsste dieser tragen. Schon aus allgemeinen Gerechtigkeitserwägungen fragt sich deshalb, ob und wie eine Begrenzung der Abzugsfähigkeit im Bereicherungsausgleich zu erfolgen hat.

In diesem Kontext wird der Ansatz verfolgt, Aufwendungen nur dann als abziehbar anzusehen sind, wenn sie im inneren Zusammenhang mit den

---

967 BGHZ 168, 220 Rn. 44; *Lorenz*, in: Staudinger BGB, § 818 Rn. 37; *Wendehorst*, in: BeckOK BGB, § 818 Rn. 71 ff.; *Staake*, Gesetzliche Schuldverhältnisse, § 6 Rn. 45.

968 Siehe dazu § 5 A. III. 3.) a); a. A. *Ballerstedt*, in: FS Schilling, S. 289 (302).

969 So auch schon unter § 5 A. III. 3.); ähnlich auch *Rupietta*, Rückabwicklung unwirksamer Unternehmenskaufverträge, S. 271.

970 *Lorenz*, in: Staudinger BGB, § 818 Rn. 37; *Schwab*, in: MüKo BGB, Band 7, § 818 Rn. 163; *Larenz/Canaris*, SchuldR II, Band 2, § 73 I 2. d).

durch die Nutzung des Bereicherungsgegenstandes gezogenen Vorteilen stehen.[971] Dieser innere Zusammenhang wird insbesondere auch bei Investitionen angenommen.[972]

Vor allem am Kondiktionsobjekt Unternehmen zeigt sich, dass die Annahme einer Wechselwirkung von Nutzungen und Aufwendungen zutreffend ist. In das Unternehmen wird vorrangig investiert, um dessen Ertragsfähigkeit zu erhalten oder zu steigern. Aufwendungen werden somit getätigt, um Gewinne und damit Nutzungen zu erzielen.

Eine Begrenzung der Abzugsfähigkeit von Investitionen lässt sich dadurch aber gerade nicht herleiten. Aus dem beim Unternehmen gegebenen besonders engen Zusammenhang von Aufwendungen und Nutzungen ergibt sich vielmehr die Schlussfolgerung, dass eine Abzugsfähigkeit von Investitionen nicht begrenzt werden kann. Zugleich kann es aber auch dazu kommen, dass getätigte Investitionen ihren Zweck nicht erfüllen. Wenn sich die Aufwendungen dann nicht in den Nutzungen widerspiegeln, muss entschieden werden, unter welchen Voraussetzungen diese nach § 818 Abs. 3 BGB in Abzug gebracht werden können. Es geht also um die Zuweisung des Risikos fehlgeschlagener Investitionsentscheidungen.[973]

Eine im Unternehmenskaufvertrag festgelegte Risikoverteilung kann hierfür nicht herangezogen werden.[974] Zum Bereicherungsausgleich kommt es aufgrund der Nichtigkeit des Grundgeschäfts in Form des Unternehmenskaufvertrages, womit auch die dort vorgenommene Risikoverteilung als nichtig betrachtet werden muss. Es ist deshalb durchaus zutreffend, an den inneren Zusammenhang zwischen Aufwendungen und Nutzungen anzuknüpfen. Dies wird dadurch bestärkt, dass der Ausgleich korrespondierender Vorteile und Nachteile einen allgemeinen Grundsatz darstellt, welcher eine verbindliche Risikoverteilung zwischen den Parteien vornehmen kann.[975] Werden durch die Investitionen keine Gewinne erzielt, fehlt es an den Vorteilen, womit auch keine Korrespondenz zwischen Nachteilen (Investitionen)

---

971 BGH, NJW 1998, 264 (265); *Lorenz,* in: Staudinger BGB, § 818 Rn. 37.

972 Vgl. BGH, WM 2000, 1064 (1067).

973 So auch *Keil,* Fehlerhafte Unternehmenskäufe, S. 263; *Rupietta,* Rückabwicklung unwirksamer Unternehmenskaufverträge, S. 284.

974 Dafür aber *Keil,* Fehlerhafte Unternehmenskäufe, S. 263.

975 So auch *Wendehorst,* in: BeckOK BGB, § 818 Rn. 69.

und Vorteilen (Gewinne) gegeben ist. Das Investitionsrisiko müsste somit dem Bereicherungsschuldner zugewiesen und eine Abzugsfähigkeit der Investitionen verneint werden. In Bezug auf das Bereicherungsobjekt Unternehmen erweist sich dieser Faktor allein aber als unzureichend. Dies zeigt sich deutlich bei langfristig angelegten Investitionen, denen zum Zeitpunkt der Rückabwicklung noch keine Erträge gegenüber stehen, wie bspw. bei Investitionen in den Bereich der Forschung und Entwicklung.

Hier könnte allenfalls eine Korrespondenz mit zukünftig zu erzielenden Vorteilen fingiert werden. Bei einer Unternehmenswertermittlung anhand zukünftiger Erträge würde dieser Umstand sogar bei der Prognose künftiger finanzieller Überschüsse Beachtung finden.[976] Da die Wertermittlung im bereicherungsrechtlichen Rückabwicklungssystem[977] jedoch vorrangig auf den bereits erzielten Erträgen basiert, kann die Problematik nicht durch die Unternehmenswertbestimmung gelöst werden.

Man könnte deshalb danach differenzieren, ob bei der Investition die Sorgfalt eines ordnungsgemäß handelnden Geschäftsmannes beachtet wurde und dann einen Abzug der Aufwendungen zulassen.[978] Diesen Maßstab kann man als unternehmensspezifisches Kriterium sehen. Letztlich kann es aber nicht auf beliebige Kriterien ankommen.[979] Die Lösung ist vielmehr anhand bereicherungsrechtlicher Kriterien zu entwickeln.

Hierzu gehört der Grundsatz, wonach der Gesetzgeber den redlichen Bereicherungsschuldner nicht schlechter als andere Herausgabeschuldner stellen wollte.[980] Dies eröffnet die Möglichkeit des Vergleichs mit dem rücktrittsrechtlichen Rückabwicklungssystems und damit den Rückgriff auf die Wertungen von § 347 Abs. 2 BGB.[981] Investitionen zur Aufrechterhaltung der Ertragsfähigkeit des Unternehmens sind als notwendige Verwendungen i. S. d. § 347 Abs. 2 S. 1 BGB zu ersetzen, unabhängig davon, ob sie ihr Ziel erreichen oder nicht.[982] Um nicht unter diesen „Mindeststandard“[983] zu

---

976 Vgl. IDW S 1 i. d. F. 2008, WPg Supplement 3/2008, 68 Rn. 104.
977 Siehe § 9 A. II. 4.).
978 So *Rupietta*, Rückabwicklung unwirksamer Unternehmenskaufverträge, S. 284 f.
979 *Wendehorst*, in: BeckOK BGB, § 818 Rn. 69.
980 *Wendehorst*, in: BeckOK BGB, § 818 Rn. 70.
981 Vgl. *Wendehorst*, in: BeckOK BGB, § 818 Rn. 70.
982 Siehe § 5 A. III. 3.) b).
983 *Wendehorst*, in: BeckOK BGB, § 818 Rn. 70.

geraten, müssen diese Aufwendungen auch im Rahmen von § 818 Abs. 3 BGB abzugsfähig sein.

Weiterhin sind nach § 347 Abs. 2 S. 2 BGB alle weiteren Aufwendungen zu ersetzen, soweit der Gläubiger durch diese bereichert wird. Unter Beachtung von § 347 Abs. 2 S. 2 BGB können somit auch Investitionen zur Ertragssteigerung im Rahmen von § 818 Abs. 3 BGB in Abzug gebracht werden, denen noch keine Erträge gegenüberstehen, den Kondiktionsgläubiger aber bereichern. Dies würde jedoch auf die Notwendigkeit einer Werterhöhung im Zeitpunkt der Rückabwicklung hinauslaufen, was im Widerspruch zu dem Grundsatz steht, wonach eine Abzugsfähigkeit nicht von einer Werterhöhung des Bereicherungsgegenstandes abhängig ist.[984]

Die Begründung liegt deshalb vielmehr darin, dass der Bereicherungsschuldner auch solche Vermögensdispositionen nach § 818 Abs. 3 BGB geltend machen kann, die er im Vertrauen auf die Rechtsbeständigkeit des Erwerbs gemacht hat, sodass die spätere Rückgewähr einen Nachteil bringen würde.[985] Demnach wäre eine Beachtung von Investitionen, denen noch keine Gewinne gegenüberstehen, im Rahmen des § 818 Abs. 3 BGB möglich. Die Zuführung langfristig angelegter Investitionen indiziert nämlich gerade das Vertrauen in die Rechtsbeständigkeit des Erwerbs. Zudem müsste der Bereicherungsschuldner andernfalls das Unternehmen mit den zugeführten Investitionen herausgeben und würde somit mehr verlieren, als er durch den Bereicherungsvorgang erlangt hat. Dies würde dem Schutzzweck von § 818 Abs. 3 BGB entgegenstehen, den redlichen Kondiktionsschuldner davor zu bewahren, einen über die Bereicherung hinausgehenden Vermögensnachteil zu erleiden.

Insgesamt müssen damit auch Investitionen zur Ertragssteigerung des Unternehmens selbst dann abzugsfähig sein, wenn ihnen noch keine Erträge gegenüberstehen. Die daraus folgende Überwälzung des Investitionsrisikos auf den Bereicherungsgläubiger ist durch den Schutzzweck von § 818 Abs. 3 BGB gerechtfertigt. Zugleich wird dadurch ein Ausgleich für Wertsteigerungen des Unternehmens erzeugt, die grundsätzlich dem Kondiktionsgläubiger zugutekommen.

---

984 Zum angesprochenen Grundsatz vgl. *Lorenz*, in: Staudinger BGB, § 818 Rn. 37; *Schwab*, in: MüKo BGB, Band 7, § 818 Rn. 163; *Larenz/Canaris*, SchuldR II, Band 2, § 73 I 2. d).

985 BGH, NJW 1996, 3409 (3412); *Lorenz*, in: Staudinger BGB, § 818 Rn. 38.

Im Ergebnis kann eine Abzugsfähigkeit nur hinsichtlich eindeutig fehlgeschlagener Investitionen zur Steigerung der Ertragsfähigkeit versagt werden.

bb) Erwerbskosten

Zu den abzugsfähigen Kosten sollen außerdem die üblichen Erwerbskosten zählen.[986]

Für die Bestimmung der abzugsfähigen Erwerbskosten kommt es entscheidend darauf an, wer nach den für das fehlgeschlagene Geschäft geltenden Vorschriften oder nach dem Willen der Vertragsschließenden das Entreicherungsrisiko tragen sollte.[987] Demnach sind insbesondere Kosten für die Erwerbsfinanzierung und Kosten des Vertragsschlusses von einer Abzugsfähigkeit ausgenommen.[988]

Für den Unternehmenskäufer folgt daraus, dass Kosten, welche bis zum Signing aufgewendet wurden (Kosten für Due Diligence, Ausarbeitung von Vertragsentwürfen, Kosten der Unternehmensbewertung im Zuge der Kaufpreisfindung, Finanzierungskosten usw.), nicht in Abzug gebracht werden können. Hierbei handelt es sich um Kosten, die den Vertragsschluss vorbereiten sollten. Wenn Kosten des Vertragsschlusses nicht in Abzug gebracht werden können, muss dies für die vorbereitenden Kosten erst recht gelten.

Kosten im Zusammenhang mit der Übertragung des Unternehmens (Closing) können in Abzug gebracht werden. Das geht insbesondere aus den Wertungen der §§ 446, 448 Abs. 1 BGB hervor.

cc) Verbindlichkeiten

Bereicherungsmindernd sollten außerdem die mit dem Unternehmen übernommenen und beglichenen Verbindlichkeiten berücksichtigt werden. Soweit diese noch nicht beglichen worden sind, muss vom Bereicherungsgläubiger Freistellung verlangt werden können.[989] Außerdem sollten auch neu begründete Verbindlichkeiten bereicherungsmindern geltend gemacht werden können. Hierbei handelt es sich letztlich um Vermögensdispositionen,

---

986 *Lorenz*, in: Staudinger BGB, § 818 Rn. 37; *Schwab*, in: MüKo BGB, Band 7, § 818 Rn. 156 m. w. Nw.

987 BGHZ 116, 252 (256); BGH, NJW 2010, 2873 Rn. 21; *Retzlaff*, in: Grüneberg BGB, § 818 Rn. 33.

988 BGHZ 116, 252 (256 f.); im Ergebnis auch *Lorenz*, in: Staudinger BGB, § 818 Rn. 37.

989 *Thiessen*, in: MüKo HGB, Band 1, Anh. § 25 Rn. 47.

die im Vertrauen auf die Rechtsbeständigkeit des Erwerbs gemacht wurden und somit im Rahmen von § 818 Abs. 3 BGB zu berücksichtigen sind.

dd) Rückabwicklungskosten

Nach zutreffender Ansicht können die Rückabwicklungskosten nicht in Abzug gebracht werden, weil der Bereicherungsschuldner im Zeitpunkt der Rückabwicklung bereits verschärft haftet und damit die allgemeinen Vorschriften vorrangig gelten.[990]

ee) Aufwendung bei gegenständlicher Herausgabe

Wird nicht Wertersatz, sondern die Herausgabe des Unternehmens geschuldet, ist ein Abzug der Aufwendungen im Rahmen des § 818 Abs. 3 BGB nicht möglich. Hierzu ist anerkannt, dass der Bereicherungsschuldner die Herausgabe nur Zug um Zug gegen Erstattung der Aufwendungen schuldet.[991]

c) Verschlechterung

Kommt es zu einer Verschlechterung des Unternehmens, wird grundsätzlich – anteilig – Wertersatz gemäß § 818 Abs. 2 BGB geschuldet.[992]

Auf Ebene des § 818 Abs. 3 BGB wird dem Bereicherungsschuldner dann bei einer Verschlechterung des Kondiktionsgegenstandes die Berufung auf den Wegfall der Bereicherung gestattet.[993] Der Entreicherungseinwand wird aber teilweise auf Fälle begrenzt, in denen die Verschlechterung nicht auf einem Umstand beruht, der dem Bereicherungsschuldner zuzurechnen ist.[994] Inwiefern eine Verschlechterung dem Bereicherungsschuldner zugerechnet werden kann, ist letztlich eine Frage der Gefahrtragung. Die Thematik der Gefahrtragung ist Gegenstand der bereicherungsrechtlichen Behandlung des Unternehmenskaufvertrages als gegenseitigen Vertrag und wird dort vertieft behandelt.

---

990 So auch *Wendehorst*, in: BeckOK BGB, § 818 Rn. 77; a. A. *Schwab*, in: MüKo BGB, Band 7, § 818 Rn. 179; zur verschärften Bereicherungshaftung siehe § 9 C.

991 BGH, NJW 1980, 1789 (1790); *Canaris*, Handelsrecht, § 8 Rn. 59.

992 Siehe § 9 A. II. 2.) a) bb).

993 Vgl. *Schwab*, in: MüKo BGB, Band 7, § 818 Rn. 243; *Rupietta*, Rückabwicklung unwirksamer Unternehmenskaufverträge, S. 227.

994 So *Rupietta*, Rückabwicklung unwirksamer Unternehmenskaufverträge, S. 227.

2.) Unternehmenskaufvertrag als gegenseitiger Vertrag im bereicherungsrechtlichen Rückabwicklungssystem

Die bereicherungsrechtliche Rückabwicklung gegenseitiger Verträge ist in den §§ 812 ff. BGB nicht geregelt.[995] Grundsätzlich würde daraus folgen, dass jedem Vertragspartner ein selbstständiger Bereicherungsanspruch hinsichtlich des jeweils Geleisteten zustehen würde (Standpunkt der sog. Zweikondiktionentheorie).[996] Probleme bereitet diese Ansicht bei einem ersatzlosen Untergang oder Verschlechterung einer Leistung. Dann wäre der Bereicherungsanspruch desjenigen, dessen Leistung beim Vertragspartner weggefallen ist, gemäß § 818 Abs. 3 BGB ausgeschlossen. Er müsste aber trotzdem die bei ihm noch vorhandene Leistung herausgeben.

Für den Unternehmenskauf würde dies bedeuten, dass sich der Käufer, bei dem das Unternehmen ersatzlos untergegangen ist, auf § 818 Abs. 3 BGB berufen und zugleich den vollständigen Kaufpreis beim Verkäufer kondizieren könnte.

Man ist sich heute weitgehend darüber einig, dass es nicht bei der dadurch hervorgerufenen einseitigen Zuweisung der Gefahr des zufälligen Untergangs und der zufälligen Verschlechterung zu demjenigen, dessen Leistung beim anderen Vertragsteil weggefallen ist, bleiben kann.[997]

Die Entwicklung einer passenden Lösung, d. h. einer gerechten Gefahrtragungsregel, hat zur Entstehung eines erheblichen Meinungsspektrums geführt.

a) Saldotheorie der Rechtsprechung

Schon das Reichsgericht begründete in seiner Rechtsprechung die Grundlage für die Saldotheorie, wonach bei Bestimmung des Bereicherungsanspruchs auch die erbrachte Gegenleistung beachtet werden muss.[998] Nach aktueller Rechtsprechung des BGH „[…] besteht zwischen den Parteien eines gescheiterten Austauschvertrags ein umfassendes Abwicklungsschuldverhältnis, in dem die beiderseitigen Leistungen zu verrechnen sind. Demzufolge wäre durch Vergleich der infolge des Bereicherungsvorgangs verursachten Vor- und

---

995 Vgl. nur *Schwab*, in: MüKo BGB, Band 7, § 818 Rn. 241; a. A. *Rupietta*, Rückabwicklung unwirksamer Unternehmenskaufverträge, S. 125 f.

996 *Schwab*, in MüKo BGB, Band 7, § 818 Rn. 241 m. w. Nw.

997 Vgl. nur *Schwab*, in MüKo BGB, Band 7, § 818 Rn. 241.

998 Grundlegend RGZ 54, 137 (141).

Nachteile zu ermitteln, für welchen Beteiligten sich ein Überschuss ergibt; dieser Vertragsteil wäre dann Gläubiger eines einheitlichen, von vornherein durch Abzug des ihm zugeflossenen Vorteils beschränkten Anspruchs [...]"[999].

Auch der Entreicherungseinwand (§ 818 Abs. 3 BGB) einer Partei wird von der Saldotheorie beachtet. Demnach sei der Wert der Entreicherung vom eigenen Bereicherungsanspruch abzuziehen.[1000] Damit wird das Risiko des Untergangs oder der Verschlechterung auf den Bereicherungsschuldner verlagert.

Für den Unternehmenskauf bedeutet dies, dass grundsätzlich der Unternehmenskäufer die Gefahr des Untergangs oder der Verschlechterung des Unternehmens tragen würde.[1001] Er könnte sich bei einem ersatzlosen Untergang oder einer Verschlechterung auf Entreicherung berufen, müsste aber zugleich den Wert der Entreicherung von seinem eigenen Bereicherungsanspruch abziehen – und zwar selbst dann, wenn der Untergang oder die Verschlechterung auf Zufall beruht.

Die Saldotheorie führt somit zum gegenteiligen Ergebnis der Zweikondiktionentheorie. In bestimmten Konstellationen hat die Saldotheorie Einschränkungen erfahren (bspw. bei beschränkt geschäftsfähigen Bereicherungsgläubigern oder arglistig getäuschten Käufern).[1002]

b) Alternativen zur Saldotheorie

Schon wegen der Komplexität und Dynamik des Unternehmens können verschiedenste Ursachen zu einem Untergang oder Verschlechterung führen. Bereits aufgrund der Verwirklichung des allgemeinen unternehmerischen Risikos[1003] besteht zudem eine deutliche Gefahr des zufallsbedingten Untergangs oder einer Verschlechterung. Die Saldotheorie, welche grundsätzlich dem rechtsgrundlosen Unternehmenserwerber die Gefahr des Untergangs oder der Verschlechterung des Unternehmens zuweisen würde, kann hier somit kaum zu passenden Ergebnissen führen. Die Entwicklung einer unternehmensspezifischen Gefahrtragungsordnung für die bereicherungsrechtliche

---

999 BGH, NJW 2005, 884 (887) m. w. Nw.

1000 BGH, NJW 1995, 454 (455); *Staake*, Gesetzliche Schuldverhältnisse, § 6 Rn. 64; *Hoffmann*, Jura 1997, 416 (417).

1001 So auch *Keil*, Fehlerhafte Unternehmenskäufe, S. 253.

1002 Für einen Überblick siehe *Schwab*, in MüKo BGB, Band 7, § 818 Rn. 248 f.

1003 Vertiefend dazu bereits § 5 A. II. 7.) c) bb).

Rückabwicklung eines Unternehmenskaufvertrages ist unerlässlich. Um dafür passende Ansatzpunkte zu ermitteln, müssen die alternativen Konzepte zur Saldotheorie betrachtet werden. Diese sind dazu in allgemeine und unternehmensspezifische Konzepte zu unterteilen.

aa) Allgemeine Konzepte

Zu den wesentlichen Alternativen zur Saldotheorie gehören die Idee der zurechenbaren vermögensmäßigen Entscheidung und die sog. Gegenleistungskondiktion. Nach der zurechenbaren vermögensmäßigen Entscheidung trage der Käufer das Verlust- und Verwendungsrisiko, weil er mit Abschluss und Durchführung des nichtigen Vertrages die zurechenbare vermögensmäßige Entscheidung getroffen habe, den ihm geleisteten Gegenstand in sein Vermögen aufzunehmen und wie sein Eigentum zu betrachten.[1004]

Bei der sog. Gegenleistungskondiktion wird § 818 Abs. 3 BGB teleologisch reduziert, soweit die Entreicherung dem Bereicherungsschuldner zuzurechnen ist, was sich nach dem durch § 819 i. V. m. § 989 BGB festgelegten Maßstab richtet.[1005] Weiterhin wird die Wertersatzpflicht gemäß § 818 Abs. 2 BGB der Höhe nach durch die eigene Leistung begrenzt, da der Kondiktionsschuldner nur in dieser Höhe vom Verlust der eigenen Leistung ausgeht, womit § 818 Abs. 3 BGB eine „Restfunktion" behalten solle.[1006]

bb) Unternehmensspezifische Konzepte

Die unternehmensspezifischen Konzepte versuchen, in diesem Kontext eine angemessene Zuweisung falscher unternehmerischer Entscheidungen vorzunehmen.[1007] Der Fokus dieser Ansichten liegt deshalb auf einer angemessenen Gefahrzuweisung.

aaa) Auf Zurechenbarkeit basierendes Konzept

Ein Ansatz schlägt ein im Wesentlichen auf Zurechenbarkeit basierendes Konzept vor.[1008] Danach ist zu differenzieren, ob der Untergang bzw. die

---

1004 *Flume*, AcP 1994, 427 (439 ff.); *Schwab*, in: MüKo BGB, Band 7, § 818 Rn. 271.

1005 Ausführlich dazu *Larenz/Canaris*, SchuldR II, Band 2, § 73 III 2.

1006 *Larenz/Canaris*, SchuldR II, Band 2, § 73 III 6. a).

1007 Vgl. *Keil*, Fehlerhafte Unternehmenskäufe, S. 257; *Rupietta*, Rückabwicklung unwirksamer Unternehmenskaufverträge, S. 154.

1008 Dies findet sich bei *Keil*, Fehlerhafte Unternehmenskäufe, S. 258 ff.

Verschlechterung des Unternehmens dem Käufer zuzurechnen ist, auf ein Verhalten des Verkäufers zurückzuführen ist, auf Zufall beruht, von beiden Parteien zu vertreten ist oder der Bereicherungsschuldner aus anderen Gründen schutzwürdig ist.[1009]

Ob dem Käufer der Untergang bzw. die Verschlechterung zuzurechnen ist, soll danach bestimmt werden, ob die Entreicherung auf einem Verhalten des Käufers beruht, was bei Kenntnis der Rechtsgrundlosigkeit ein Verschulden darstellen würde, wobei der Sorgfaltsmaßstab anhand der Sorgfalt eines ordentlichen Kaufmanns (§ 347 Abs. 1 HGB) konkretisiert werden kann.[1010]

Eine Risikozuweisung an den Käufer solle jedoch nicht stattfinden, wenn das Unternehmen aufgrund eines vom Verkäufer zu vertretenden Umstandes untergehe oder wesentlich beschädigt werde.[1011] Weiterhin solle bei einer arglistigen Täuschung die Sachgefahr für das Unternehmen vom Verkäufer zu tragen sein, soweit diese für den Untergang oder die Verschlechterung des Unternehmens kausal geworden ist.[1012] Bei zufälligem Untergang des Unternehmens solle das Risiko ebenfalls vom Verkäufer getragen werden.[1013] Sofern die Verschlechterung oder der Untergang von beiden Parteien zu vertreten sei, müsse hingegen eine Aufteilung des Sachrisikos je nach Zurechenbarkeit erfolgen.[1014] Weiterhin ergebe sich für einen nicht oder beschränkt geschäftsfähigen Käufer aus § 276 Abs. 1 S. 3 i. V. m. §§ 827, 828 BGB, dass ihm ein Untergang oder eine Verschlechterung des Unternehmens unter seiner Führung gar nicht bzw. nur unter den engen Voraussetzungen der Einsichtsfähigkeit (§ 828 Abs. 2 BGB) zuzurechnen sei.[1015]

bbb) Auf bereicherungsspezifischer Auslegung beruhendes Konzept

Ein weiteres unternehmensspezifisches Konzept versagt dem Bereicherungsschuldner immer dann die Berufung auf § 818 Abs. 3 BGB, wenn der Bereicherungswegfall auf einem Verhalten beruht, das über den vertragsgemäßen

---

1009 Vgl. *Keil,* Fehlerhafte Unternehmenskäufe, S. 258 ff.

1010 Vgl. *Keil,* Fehlerhafte Unternehmenskäufe, S. 258 f.; dieser Maßstab ist *Larenz/Canaris,* SchuldR II, Band 2, § 73 III 4 a) entnommen.

1011 *Keil,* Fehlerhafte Unternehmenskäufe, S. 259.

1012 *Keil,* Fehlerhafte Unternehmenskäufe, S. 259 f.

1013 *Keil,* Fehlerhafte Unternehmenskäufe, S. 261.

1014 *Keil,* Fehlerhafte Unternehmenskäufe, S. 261.

1015 *Keil,* Fehlerhafte Unternehmenskäufe, S. 262.

Gebrauch der Sache hinausgeht.[1016] Eine Konkretisierung des „über den vertragsgemäßen Gebrauch der Sache hinausgehenden Verhaltens" erfolgt anhand des in § 43 Abs. 1 GmbHG, § 93 Abs. 1 S. 1 AktG enthaltenen Sorgfaltsmaßstabs eines ordentlichen Geschäftsmannes.[1017] Der rechtsgrundlose Erwerber kann sich demnach nicht auf § 818 Abs. 3 BGB berufen, soweit die Verschlechterung bzw. der Untergang des Unternehmens auf einem Verhalten beruht, das nicht der Sorgfalt eines ordentlichen Geschäftsmannes entspricht.[1018]

Zurechnungsgrenzen können sich bei Geschäftsunfähigkeit des Bereicherungsschuldners und bei arglistiger Täuschung ergeben.[1019] In allen anderen Fällen bleibe es bei der uneingeschränkten Anwendbarkeit von § 818 Abs. 3 BGB.[1020]

Dieses Konzept beruht auf einer bereicherungsspezifischen Auslegung, welche zur Begründung der Beschränkung von § 818 Abs. 3 BGB die Haftung des verschärft haftenden Bereicherungsschuldners gemäß §§ 818 Abs. 4, 819 Abs. 1 BGB und die Vorschriften zur Herausgabe der nach Eintritt der Rechtshängigkeit gezogenen Nutzungen gemäß §§ 818 Abs. 4, 819 Abs. 1, 292, 987 Abs. 2 BGB berücksichtigt.[1021]

ccc) Gemeinsame Strukturen

Es zeigt sich, dass die unternehmensspezifischen Gefahrtragungskonzepte im Gegensatz zu den Grundsätzen der Saldotheorie stehen. Zum einen ist eine Saldierung nicht vorgesehen. Zum anderen wird der Gegensatz durch die grundsätzlich verschiedene Risikozuweisung besonders deutlich, die maßgeblich auf Zurechenbarkeitsgesichtspunkten beruht.

Die Saldotheorie weist dem rechtsgrundlosen Unternehmenserwerber das Verschlechterungs- und Untergangsrisiko unabhängig davon zu, ob ihm der Untergang oder die Verschlechterung zuzurechnen ist oder nicht.

[1016] Dieses findet sich bei *Rupietta,* Rückabwicklung unwirksamer Unternehmenskaufverträge, S. 163 f.

[1017] *Rupietta,* Rückabwicklung unwirksamer Unternehmenskaufverträge, S. 164.

[1018] Vgl. *Rupietta,* Rückabwicklung unwirksamer Unternehmenskaufverträge, S. 164.

[1019] *Rupietta,* Rückabwicklung unwirksamer Unternehmenskaufverträge, S. 164.

[1020] *Rupietta,* Rückabwicklung unwirksamer Unternehmenskaufverträge, S. 164.

[1021] *Rupietta,* Rückabwicklung unwirksamer Unternehmenskaufverträge, S. 163 f.

Die unternehmensspezifischen Konzepte machen die Risikozuweisung hingegen von der Zurechenbarkeit abhängig.

Nach der Ansicht von Keil erfolgt eine Zurechnung, wenn ein Verhalten vorliegt, das bei Kenntnis der Rechtsgrundlosigkeit ein Verschulden darstellen würde.[1022] Das läuft auf ein Verschulden i. S. v. §§ 819 i. V. m. 989 BGB hinaus.[1023] Diese Ansicht steht somit in erheblicher Nähe zur sog. Gegenleistungskondiktion, wo die Gefahrzuweisung ebenfalls auf Zurechenbarkeit beruht, welche sich nach § 819 i. V. m. 989 BGB richtet.

Sofern Rupietta die Berufung auf § 818 Abs. 3 BGB versagt, wenn nicht die Sorgfalt eines ordentlichen Geschäftsmannes beachtet wurde, wird die Risikoverteilung ebenfalls auf Grundlage der Zurechenbarkeit bestimmt.

Die unternehmensspezifischen Konzepte versuchen, zusätzlich das Kriterium der Zurechenbarkeit durch handels- bzw. gesellschaftsrechtliche Maßstäbe weiter zu konkretisieren. Ob die Maßstäbe hierbei synonym verwendet werden oder ob von Rupietta ein strengerer Maßstab angelegt wird, ist nicht ersichtlich.[1024] Letztlich lässt sich aber feststellen, dass der Versuch unternommen wird, für das besondere Bereicherungsobjekt speziell geeignete Kriterien zu wählen.

c) (Partielle) Übertragung des Rücktrittsfolgenrechts zur Vermeidung von Wertungswidersprüchen

Bei der Ermittlung einer geeigneten Gefahrtragungsordnung für die bereicherungsrechtliche Rückabwicklung des Unternehmenskaufs sollten die Wertungen des rücktrittsrechtlichen Rückabwicklungssystems nicht außer Acht gelassen werden.

Kommt es zur bereicherungsrechtlichen Rückabwicklung des Unternehmenskaufs, handelt es sich um Sachverhalte, bei denen es zu einer Überschneidung mit dem rücktrittsrechtlichen Rückabwicklungssystem kommen kann, welches dann regelmäßig über das kaufrechtliche Mängelgewährleistungsrecht zur Anwendung gelangt (über § 437 Nr. 2 BGB sind dann die §§ 346 ff.

1022 Vgl. § 9 A. III. 2.) b) bb) aaa).

1023 So Keil auch selbst, vgl. *Keil*, Fehlerhafte Unternehmenskäufe, S. 258.

1024 Zum Verhältnis der beiden Sorgfaltsmaßstäbe siehe *Pöschke*, in: BeckOK GmbHG, § 43 Rn. 287.1.

anwendbar).[1025] Dies macht es notwendig, den Bereicherungsausgleich und die Rückabwicklung nach Rücktrittsfolgenrecht aufeinander abzustimmen, um Wertungswidersprüche zu vermeiden.[1026]

Wie weit diese Abstimmung gehen muss, wird unterschiedlich beantwortet. Teilweise geht man so weit, dass eine Aufgabe der Saldotheorie zugunsten einer analogen Anwendung der §§ 346 ff. BGB gefordert wird.[1027] Ein Blick in die Gesetzesmaterialien zeigt jedoch, dass den §§ 346 ff. BGB die Legitimation für die Festlegung einer einheitlichen Gefahrtragungsordnung für beide Rückabwicklungssysteme fehlt.

In den Materialien zum Schuldrechtsmodernisierungsgesetz findet sich die Aussage, wonach „[...] für die Rückabwicklung nach Rücktritts- und Bereicherungsrecht, soweit möglich, gleiche Prinzipien gelten sollten."[1028] Diese Aussage bezieht sich jedoch nur auf das Prinzip der Rückabwicklung dem Werte nach, was aus dem Bereicherungsrecht auf das Rücktrittsrecht übertragen werden solle.[1029] Ein Votum für eine umfassende Harmonisierung kann dem hingegen nicht entnommen werden. Vielmehr geht es dabei um eine Angleichung des Rücktrittsrechts an das Bereicherungsrecht und nicht umgekehrt.

Weiterhin ist die Aussage zu finden, dass „[...] die Aufhebung des § 350 dazu beitragen könnte, die Begründung der Saldotheorie zu erleichtern [...]"[1030]. Auch wenn man darüber streiten kann, inwieweit dem eine Befürwortung der Saldotheorie zu entnehmen ist, wird jedenfalls deutlich, dass mit dem Rücktrittsfolgenrecht keine Vorgaben für die bereicherungsrechtliche Rückabwicklung gegenseitiger Verträge geliefert werden sollte.[1031]

Gerade weil dem rücktrittsrechtlichen Rückabwicklungssystem die Legitimation für die Festlegung einer einheitlichen Gefahrtragungsordnung fehlt, muss untersucht werden, inwieweit die Ergebnisse der Saldotheorie zur Vermeidung von Wertungswidersprüchen hinter die gesetzlichen Regelungen

---

1025 Hierzu dürften vor allem Fälle, in denen ein Unternehmensmangel besteht, zugleich aber auch eine Anfechtung des Vertrages möglich ist, eine Rolle spielen.

1026 Allgemein dazu *Lorenz,* in: Staudinger BGB, § 818 Rn. 41.

1027 So *Schwab,* in: MüKo BGB, Band 7, § 818 Rn. 287.

1028 BT-Drs. 14/6040, S. 194.

1029 Vgl. BT-Drs. 14/6040, S. 195.

1030 BT-Drs. 14/6040, S. 195.

1031 Ähnlich *Lorenz,* in: Staudinger BGB, § 818 Rn. 41.

des Rücktrittsfolgenrechts zurücktreten müssen. Die hieraus gewonnenen Erkenntnisse müssen dann bei Entwicklung einer unternehmensspezifischen Gefahrtragungsordnung Beachtung finden. Methodisch sollen dafür bestimmte Fallgruppen betrachtet werden.

aa) Verschlechterung oder Untergang beruht auf Zufall

Zunächst ist der Fall zu betrachten, in dem sich das mangelhafte Unternehmen beim Käufer durch Zufall verschlechtert oder untergeht. Als Beispiel lässt sich das Szenario anführen, in dem der Verkäufer unrichtige Angaben über die Höhe der bestehenden Verbindlichkeiten, Erträge, Ertragskraft oder Bilanzpositionen des Unternehmens macht oder diese verschweigt.[1032] Das Unternehmen geht dann etwa im Zuge eines Konjunktureinbruches durch Abschluss eines Insolvenzverfahrens und Verwertung ersatzlos unter.

Nach § 346 Abs. 3 S. 1 Nr. 3 BGB entfällt die Wertersatzpflicht des Käufers, womit der Verkäufer das Untergangsrisiko trägt. Der Käufer könnte den Unternehmenskaufvertrag in dieser Konstellation aber auch gemäß § 123 Abs. 1 BGB anfechten, wodurch es zur bereicherungsrechtlichen Rückabwicklung kommt. Nach der Saldotheorie müsste der Unternehmenskäufer den Wert der Entreicherung von seinem eigenen Bereicherungsanspruch abziehen. Er würde somit das Untergangsrisiko tragen.

Eine unterschiedliche Zuweisung des Zufallsrisikos wäre nicht nachvollziehbar, was dazu führt, dass sich die Wertung des § 346 Abs. 3 S. 1 Nr. 3 BGB auch für die bereicherungsrechtliche Rückabwicklung durchsetzen muss.[1033]

Dies hat die Rechtsprechung schon früh erkannt und mit ähnlichen Erwägungen die Saldotheorie beim arglistigen Verschweigen eines Mangels und zufälligem Untergang des Kaufgegenstandes eingeschränkt.[1034]

Unterschiedliche Beurteilung erfährt die Situation, in der die Nichtigkeit des Vertrages aufgrund eines Dissens oder Formmangels – also eines sog. „neutralen Nichtigkeitsgrundes“[1035] – eintritt. In diesen Konstellationen solle der Rechtsgedanke des § 346 Abs. 3 S. 1 Nr. 3 BGB nicht generell übertragbar

---

1032 Vgl. dazu *Beisel*, in: Beisel/Klumpp, Der Unternehmenskauf, § 16 Rn. 5, wobei eine Einordnung als Sachmangel nicht unumstritten ist.

1033 So auch *Lorenz*, in: Staudinger BGB, § 818 Rn. 41.

1034 BGHZ 53, 144 (148).

1035 *Lorenz*, in: Staudinger BGB, § 818 Rn. 41.

sein, sondern weiterhin das Ergebnis der Saldotheorie gelten.[1036] Hiergegen könnte man einwenden, dass selbst der bösgläubige Bereicherungsschuldner nur für sein Verschulden einzustehen hat (§§ 819 Abs. 1, 818 Abs. 4, 292, 989 BGB), also unabhängig von der Art des Nichtigkeitsgrundes vom Zufallsrisiko entlastet wird.[1037] Zunächst ist zu beachten, dass sich die Verschuldenshaftung auf die Pflicht zum Schadensersatz und nicht auf die Gefahrverteilung bezieht.[1038] Ferner wird dieses Argument nicht direkt zur Frage der Übertragung von § 346 Abs. 3 S. 1 Nr. 3 BGB ins Bereicherungsrecht vorgebracht. Es wird vielmehr allgemein in der Diskussion zur Zuweisung des Zufallsrisikos im Bereicherungsausgleich gebraucht.[1039]

Direkt für eine Übertragung der Gefahrverteilung nach § 346 Abs. 3 S. 1 Nr. 3 BGB spricht hingegen die Annahme, dass der Grund für die Haftungsprivilegierung nach § 346 Abs. 3 S. 1 Nr. 3 BGB in der Unkenntnis des Rücktrittsrechts liege und deshalb im Bereicherungsrecht bei Unkenntnis der Nichtigkeit ebenso gelten müsse.[1040] Demgemäß wäre die „Art" des Nichtigkeitsgrundes irrelevant.

Ein Blick in die Gesetzesmaterialien zeigt jedoch, dass der Grund für die rücktrittsrechtliche Privilegierung des § 346 Abs. 3 S. 1 Nr. 3 BGB in der nicht ordnungsgemäßen Leistung des Rücktrittsgegners liegt.[1041] Eine Übertragung unter Verweis auf eine möglicherweise bestehende Unkenntnis des Nichtigkeitsgrundes ist somit nicht haltbar. Handelt es sich um einen sog. „neutralen Nichtigkeitsgrund"[1042], bleibt es also beim Ergebnis der Saldotheorie und das Zufallsrisiko wird vom Bereicherungsschuldner getragen.

bb) Verschlechterung oder Untergang ist dem Käufer zuzurechnen

Ist eine Verschlechterung oder Untergang eines mangelhaften Unternehmens beim Käufer eingetreten, ist dieser nach § 346 Abs. 3 S. 1 Nr. 3 BGB nur zum Wertersatz verpflichtet, wenn er nicht die Sorgfalt beobachtet hat, die er in eigenen Angelegenheiten anzuwenden pflegt. Da die Saldotheorie

---

[1036] *Lorenz*, in: Staudinger BGB, § 818 Rn. 41 m. w. Nw.
[1037] Vgl. *Larenz/Canaris*, SchuldR II, Band 2, § 72 II. 3. b).
[1038] Ausführlich dazu *Lorenz*, in: Staudinger BGB, § 818 Rn. 41.
[1039] Vgl. *Larenz/Canaris*, SchuldR II, Band 2, § 72 II. 3. b).
[1040] So *Schwab*, in: MüKo BGB, Band 7, § 818 Rn. 290 f.
[1041] Vgl. BT-Drs. 14/6040; siehe dazu auch § 5 A. II. 7.) c) cc).
[1042] *Lorenz*, in: Staudinger BGB, § 818 Rn. 41.

dem Käufer ohnehin das Untergangs- und Verschlechterungsrisiko zuweist, stimmt sie hinsichtlich der Risikozuweisung mit dem Rücktrittsfolgenrecht überein.[1043] Die Haftungsprivilegierung in Anlehnung an die Sorgfalt in eigenen Angelegenheiten (§ 277 BGB) muss hierbei auch übertragen werden, um einen Widerspruch zu vermeiden.[1044]

Weiterhin können Kausalitäts- und Schutzzweckerwägungen im Hinblick auf die nichtigkeitsauslösende Norm nicht beachtet werden, da auch § 346 Abs. 3 S. 1 Nr. 3 BGB nicht danach differenziert, ob sich ein rücktrittsrechtbegründendes Risiko oder gefahrerhöhendes Verhalten des Käufers verwirklicht hat.[1045]

Im Kern stützen die Wertungen des Rücktrittfolgenrechts also die Saldotheorie im Hinblick auf die Risikozuweisung. Durch Übertragung des Maßstabs der Zurechenbarkeit und Nichtbeachtung von Kausalitäts- und Schutzzweckerwägungen erfolgt zum Teil aber auch eine Modifizierung.

cc) Verschlechterung oder Untergang ist dem Verkäufer zuzurechnen

Beruht die Verschlechterung oder der Untergang auf einem Umstand, der dem Verkäufer zuzurechnen ist, kann die Saldotheorie mit der Zuweisung des Risikos auf den Unternehmenskäufer kein adäquates Ergebnis liefern. Hier müssen rücktrittsfolgenrechtliche Wertungen zur Korrektur herangezogen werden.[1046]

Demnach kann der Käufer gemäß § 346 Abs. 3 S. 1 Nr. 2 BGB zurücktreten, ohne zum Wertersatz verpflichtet zu sein. Durch die Übertragung von § 346 Abs. 3 S. 1 Nr. 2 BGB ins Bereicherungsrecht kann auch die Nichtbeachtung von Kausalitätserwägungen[1047] abgemildert werden. Hat sich der arglistig verschwiegene Unternehmensmangel im späteren Untergang oder der Verschlechterung niedergeschlagen und wurde damit kausal für die Entreicherung, entfällt die Wertersatzpflicht nach § 346 Abs. 3 S. 1 Nr. 2 BGB.[1048]

1043 Vgl. dazu auch *Lorenz*, in: Staudinger BGB, § 818 Rn. 41.

1044 So auch *Lorenz*, in: Staudinger BGB, § 818 Rn. 41.

1045 Vgl. *Lorenz*, in: Staudinger BGB, § 818 Rn. 41 m. w. Nw.

1046 So auch *Lorenz*, in: Staudinger BGB, § 818 Rn. 46; *Schwab*, in: MüKo BGB, Band 7, § 818 Rn. 295.

1047 Siehe § 9 A. III. 2.) c) bb).

1048 So auch *Schwab*, in: MüKo BGB, Band 7, § 818 Rn. 295.

dd) Verschlechterung oder Untergang ist beiden Parteien zuzurechnen

In dieser Konstellation wird von der Rechtsprechung bei Anwendung der Saldotheorie eine Teilung des Risikos vorgenommen, wonach jede Seite den ihm zurechenbaren Teil der Wertminderung selbst zu tragen hat.[1049] Dieses Ergebnis wird durch das Rücktrittsfolgenrecht bestätigt.

Hat der Käufer entgegen der Sorgfalt in eigenen Angelegenheiten gehandelt, ist er nicht nach § 346 Abs. 3 S. 1 Nr. 3 BGB von seiner Wertersatzpflicht befreit. Es tritt aber eine Befreiung gemäß § 346 Abs. 3 S. 1 Nr. 2 BGB ein, wenn sich ein Mangel des Unternehmens in der späteren Verschlechterung oder dem Untergang niedergeschlagen hat. Da die Verschlechterung oder der Untergang aber nicht allein auf dem Mangel beruht, sondern auch auf dem Verhalten des rechtsgrundlosen Erwerbers, kann die Wertersatzpflicht auch nicht insgesamt gemäß § 346 Abs. 3 S. 1 Nr. 2 BGB entfallen. Um diese Kollision von § 346 Abs. 3 S. 1 Nr. 2 BGB und § 346 Abs. 3 S. 1 Nr. 3 BGB angemessen zu behandeln, bietet sich eine entsprechende Anwendung von § 254 Abs. 1 BGB an.[1050] Dem Verkäufer steht zwar ein Wertersatzanspruch zu, dieser ist jedoch um seinen Verursachungsbeitrag zu kürzen.[1051]

ee) Zusammenfassung

Zur Vermeidung von Widersprüchen wirken sich die Wertungen des Rücktrittsfolgenrechts zum Teil korrigierend auf die Ergebnisse der Saldotheorie aus. Dies gilt insbesondere für die Verteilung des Zufallsrisikos und bei einer Zurechenbarkeit des Untergangs oder der Verschlechterung zum Verkäufer. Weiterhin wird der Maßstab in Anlehnung an die Sorgfalt in eigenen Angelegenheiten (§ 277 BGB) etabliert. Insgesamt lässt sich feststellen, dass die Risikozuweisung bei einer partiellen Übertragung des Rücktrittsfolgenrechts auch nach Zurechenbarkeitsgesichtspunkten erfolgt.

d) Unternehmensspezifische Gefahrtragungsordnung

Es bleibt zu klären, ob sich anhand der gewonnenen Erkenntnisse eine unternehmensspezifische Gefahrtragungsordnung für eine bereicherungsrechtliche Rückabwicklung des Unternehmenskaufvertrages entwickelt lässt.

1049 Vgl. BGHZ 57, 137 (152).
1050 Vgl. *Schwab*, in: MüKo BGB, Band 7, § 818 Rn. 295.
1051 *Schwab*, in: MüKo BGB, Band 7, § 818 Rn. 295.

Wie die Unzulänglichkeiten der Gefahrverteilung anhand der Saldotheorie und der Konsens in den verschiedenen Ansichten deutlich machen, sollte eine solche Gefahrtragungsordnung auf Zurechenbarkeitsgesichtspunkten basieren. Weiterhin müssen die Wertungen des Rücktrittsfolgenrechts beachtet werden, um Wertungswidersprüche zu vermeiden. Da sich eine Differenzierung nach Fallgruppen bereits bewährt hat, soll diese auch hier stattfinden.

aa) Verschlechterung oder Untergang des Unternehmens beruht auf Zufall

Bei einem zufälligen Untergang oder Verschlechterung des Unternehmens könnte demnach der Käufer den Kaufpreis vom Verkäufer zurückverlangen, ohne seinerseits Wertersatz für das Unternehmen zu schulden. Dies gilt jedoch nur, solange es sich um einen „neutralen Nichtigkeitsgrund“[1052] handelt. Ist der Vertrag aufgrund eines Dissens oder Formmangels nichtig, bleibt der Käufer zum Wertersatz verpflichtet.

Eine solche Differenzierung könnte man mit den bereits dargelegten Erwägungen kritisieren.[1053] Eine abweichende Risikoverteilung kann aber aus dem Bereicherungsrecht nicht abgeleitet werden, da ein Vergleich mit der Haftung des bösgläubigen Bereicherungsschuldners nicht trägt.[1054] Auch ein Vergleich mit der Situation im Rücktrittsfolgenrecht ist nicht möglich, weil eine Privilegierung hier gerade auf der nicht ordnungsgemäßen Leistung beruht, der Grund für die Rückabwicklung also aus der Sphäre des Verkäufers stammt. Bei einem neutralen Nichtigkeitsgrund stammt die Ursache für die Rückabwicklung aber nicht aus der Sphäre einer Partei. Das Risiko verbleibt beim Unternehmenskäufer. Die Risikozuweisung bei Zufall ist somit von der Art des Nichtigkeitsgrundes abhängig.

Im Gegensatz zu den unternehmensspezifischen Konzepten steht der Unternehmenskäufer für den Fall eines „neutralen Nichtigkeitsgrundes“ hier schlechter. Diese weisen das Risiko bei Zufall unabhängig vom Nichtigkeitsgrund dem Verkäufer zu.[1055] Sie beruhen aber auch auf anderen

---

1052 *Lorenz*, in: Staudinger BGB, § 818 Rn. 41.

1053 Siehe § 9 A. III. 2.) c) aa).

1054 Siehe § 9 A. III. 2.) c) aa).

1055 Vgl. *Keil*, Fehlerhafte Unternehmenskäufe, S. 261 f.; Rückabwicklung unwirksamer Unternehmenskaufverträge, S. 159.

Grundannahmen, wie der Orientierung an der Haftung des bösgläubigen Bereicherungsschuldners, die eine Differenzierung nicht erforderlich macht.[1056] Beachtet man bei der Entwicklung einer Gefahrtragungsordnung jedoch notwendigerweise die Wertungen des Rücktrittsfolgenrechts, so ist eine Differenzierung unumgänglich. Will man dem entgehen, so ist die Lösung in einer entsprechenden Vertragsgestaltung zu suchen.[1057]

bb) Verschlechterung oder Untergang des Unternehmens ist dem Käufer zuzurechnen

Wenn der Untergang oder die Verschlechterung dem Käufer zuzurechnen ist, kann er sich – unter hinreichender Beachtung der rücktrittsrechtlichen Wertungen – nur auf Entreicherung gemäß § 818 Abs. 3 BGB berufen, soweit er die Sorgfalt beobachtet hat, die er in eignen Angelegenheiten anzuwenden pflegt. In unternehmensspezifischer Hinsicht stellt sich die Frage, ob bei bereicherungsrechtlicher Rückabwicklung eines Unternehmenskaufvertrages ebenfalls der Maßstab in Anlehnung an § 277 BGB herangezogen werden soll oder ob die Beurteilung nach handels- bzw. gesellschaftsrechtlichen Maßstäben zu erfolgen hat. Um Wertungswidersprüche zu vermeiden, ist eine Übertragung des für § 346 Abs. 3 S. 1 Nr. 3 BGB maßgeblichen Sorgfaltsmaßstabes in Anlehnung an die Sorgfalt in eigenen Angelegenheiten auf die bereicherungsrechtliche Rückabwicklung angezeigt.

Die handels- bzw. gesellschaftsrechtlichen Sorgfaltsmaßstäbe (347 Abs. 1 HGB und § 43 Abs. 1 GmbHG, § 93 Abs. 1 S. 1 AktG) spezialisieren bzw. konkretisieren die allgemeine Vorschrift des § 276 Abs. 2 BGB.[1058] Bei einer Orientierung hieran würde folglich ein strengerer Sorgfaltsstandard als der des § 277 BGB gelten.

Da eine Übertragung der Wertungen des § 346 Abs. 3 S. 1 Nr. 3 BGB zur Vermeidung von Wertungswidersprüchen erforderlich ist, kommt es für eine Nutzung eines handels- bzw. gesellschaftsrechtlichen Maßstabs entscheidend

---

[1056] Vgl. § 9 A. III. 2.) b) bb).

[1057] Siehe dazu § 9 D. IV.

[1058] So *Altmeppen*, in: Altmeppen, GmbHG, § 43 Rn. 3; *Koch*, in: Hüffer/Koch, AktG, § 93 Rn. 7; *Fleischer*, in: MüKo GmbHG, Band 2, § 43 Rn. 10; *Pamp*, in: Oetker, HGB, § 347 Rn. 1; OLG Koblenz, NJW-RR 2000, 483 (484); *Ziemons/Pöschke* sehen den Sorgfaltsmaßstab des § 43 GmbHG sogar über § 276 BGB hinausgehen, vgl. *Pöschke*, in: BeckOK GmbHG, § 43 Rn. 287.

darauf an, ob die Haftungsprivilegierung aus § 346 Abs. 3 S. 1 Nr. 3 BGB überhaupt einer Einschränkung zugänglich gemacht werden kann.

Die Einschränkung der Haftungsprivilegierung in § 346 Abs. 3 S. 1 Nr. 3 BGB wird diskutiert, wenn ein zurückzugewährendes Kfz bei der Teilnahme im Straßenverkehr beschädigt wurde oder untergegangen ist.[1059] Der Ansatz besteht dabei darin, die Rechtsprechung des BGH zu § 708 BGB a. F. und § 1359 BGB auf das Rückgewährschuldverhältnis anzuwenden.[1060] Der BGH versagt eine in § 708 a. F. und § 1359 BGB angeordnete Haftungserleichterung auf die eigenübliche Sorgfalt bei Unfällen im Straßenverkehr.[1061] Grund dafür ist, dass eine Haftungserleichterung dem gesetzgeberischen Bestreben, den Gefahren des Straßenverkehrs durch strengere Haftungsbestimmungen, die keinen Spielraum für individuelle Sorglosigkeit erlauben, zuwider laufen würde.[1062] Behält man dies im Blick, wäre eine Einschränkung der Haftungsprivilegierung bei bereicherungsrechtlicher Rückabwicklung eines Unternehmenskaufvertrages nur möglich, wenn man den handels- bzw. gesellschaftsrechtlichen Haftungsbestimmungen das Bestreben des Gesetzgebers entnehmen könnte, den Unternehmensleiter generell einer schärferen Haftung zu unterwerfen.

Die benannten Maßstäbe haben jedoch lediglich eine Konkretisierungsfunktion. Die gesellschaftsrechtlichen Sorgfaltsmaßstäbe betreffen zudem nur das Innenverhältnis zwischen Geschäftsleiter und Gesellschaft und leiten sich aus der Organstellung ab.[1063] Auch muss beachtet werden, dass nach § 347 Abs. 2 HGB Haftungserleichterungen des BGB, ungeachtet der besonderen Sorgfaltsanforderungen in Abs. 1 anwendbar bleiben. Angesichts dessen kann man unmöglich ein generelles Bestreben des Gesetzgebers zur Etablierung einer strengeren Haftung eines Unternehmensleiters ableiten.

Man kann hierzu auch nicht anführen, dass eine schadensstiftende Handlung nicht unterschiedlichen Beurteilung unterworfen werden darf.[1064]

1059 Siehe dazu OLG Karlsruhe, NJW 2008, 925 (926 f.); *Gaier*, in: MüKo BGB, Band 3, § 346 Rn. 123; *Gsell*, NJW 2008, 911 (913).

1060 Vgl. *Gsell*, NJW 2008, 911 (913).

1061 Vgl. BGHZ 46, 313 (317 f.); BGHZ 63, 51 (57).

1062 Vgl. BGHZ 46, 313 (317 f.); OLG Karlsruhe, NJW 2008, 925 (926 f.).

1063 Vgl. *Ziemons/Pöschke*, in: BeckOK GmbHG, § 43 Rn. 247; *Koch*, in: Hüffer/Koch, AktG, § 93 Rn. 6.

1064 Vgl. dazu OLG Karlsruhe, NJW 2008, 925 (927).

Die Bestimmung des Sorgfaltsmaßstabs im bereicherungsrechtlichen Rückabwicklungsverhältnis und im Verhältnis von Gesellschaft und Geschäftsleiter weisen keinen Bezug zueinander auf und sind damit voneinander völlig unabhängig. Insbesondere bezwecken die handels- bzw. gesellschaftsrechtlichen Sorgfaltsmaßstäbe nicht den Schutz des Verkäufers, der aufgrund des nichtigen Kaufvertrages Gläubiger eines Bereicherungsanspruches ist.

Es besteht somit schon im Ansatz keine Situation, die eine Einschränkung der Haftungsprivilegierung aus § 346 Abs. 3 S. 1 Nr. 3 BGB eröffnet.

Ist die Verschlechterung oder Untergang des Unternehmens dem Käufer zuzurechnen, kann dieser sich auf Entreicherung berufen, sofern er die Sorgfalt beobachtet hat, die er in eigenen Angelegenheiten anzuwenden pflegt.[1065]

cc) Verschlechterung oder Untergang des Unternehmens ist dem Verkäufer zuzurechnen

In dieser Konstellation stimmen die unternehmensspezifischen Ansätze und die Beachtung des Rücktrittsfolgenrechts überein. Der Unternehmenskäufer kann sich uneingeschränkt auf § 818 Abs. 3 BGB berufen und damit den Kaufpreis herausverlangen, ohne seinerseits Wertersatz leisten zu müssen. Für eine unternehmensspezifische Gefahrtragungsordnung kann nichts anderes gelten.

dd) Verschlechterung oder Untergang des Unternehmens ist beiden Parteien zuzurechnen

Hier gelangt man bei einer partiellen Übertragung des Rücktrittsfolgenrechts – wie die unternehmensspezifischen Konzepte – dazu, dass eine Aufteilung des Risikos nach Verursachungsbeitragen stattzufinden hat. Für eine Zurechnung beim Käufer ist der Maßstab in Anlehnung an die Sorgfalt in eigenen Angelegenheiten maßgeblich (§ 277 BGB). Wie bereits deutlich gemacht, setzt sich die Haftungsprivilegierung durch.[1066]

Eine unternehmensspezifische Gefahrtragungsordnung muss folglich, wenn die Verschlechterung oder der Untergang des Unternehmens beiden Parteien zuzurechnen ist, eine Aufteilung des Risikos nach Verursachungsbeiträgen vornehmen.

[1065] Vertiefend zu diesem Maßstab siehe § 5 A. II. 7.) c) aa).

[1066] Siehe § 9 A. III. 2.) c) dd).

ee) Grenzen

Wenn die hier entwickelte Gefahrtragungsordnung auf Zurechenbarkeit basiert, müssen auch etwaige Grenzen der Zurechenbarkeit beachtet werden. Diese können sich aus der Zurechnung des Verhaltens Dritter oder bei Nichtigkeit aufgrund der Geschäftsunfähigkeit oder beschränkten Geschäftsfähigkeit einer Partei ergeben.

Infrage stehen also beispielsweise die Auswirkungen einer fehlerhaften Entscheidung eines leitenden Angestellten, die zum ersatzlosen Untergang oder zur Verschlechterung des Unternehmens führt. Die Zurechnung fremden Verschuldens ist dem Bereicherungsrecht fremd.[1067] Es ist deshalb zu beurteilen, ob bei Organisation des Unternehmens hinsichtlich der Umsetzung von Entscheidungsprozessen der Mitarbeiter vom Unternehmenskäufer die Sorgfalt in eigenen Angelegenheiten beachtet wurde. Ist dies nicht der Fall, kann sich der Unternehmenskäufer nicht auf § 818 Abs. 3 BGB berufen und muss Wertersatz leisten.

Tritt die Nichtigkeit wegen der Geschäftsunfähigkeit oder beschränkten Geschäftsfähigkeit einer Partei ein, ist allgemein anerkannt, dass eine Einschränkung von § 818 Abs. 3 BGB nicht hergeleitet werden kann.[1068] Dies hat der BGH auch in einem der seltenen Fälle entschieden, in denen er sich mit der bereicherungsrechtlichen Rückabwicklung eines Unternehmenskaufvertrages zu beschäftigen hatte.[1069] Dieser Personenkreis kann wegen des Mangels voller Geschäftsfähigkeit eben auch nicht wirksam das Risiko für den Untergang des ihm rechtsgrundlos geleisteten Gegenstandes übernehmen.[1070] Dies gilt auch beim Unternehmenskauf und muss deshalb von einer spezifischen Gefahrtragungsordnung beachtet werden.

Weitere Zurechnungsgrenzen, die aus Schutzzweckerwägungen abgeleitet wurden (bspw. bei Wucher oder Verstoß gegen ein Verbotsgesetz), spielen unter Beachtung der Wertungen des Rücktrittsfolgenrechts keine Rolle.[1071] Sofern es sich nicht um einen „neutralen“ Nichtigkeitsgrund handelt, trägt der Bereicherungsgläubiger das Risiko des ersatzlosen Untergangs oder der

---

[1067] Vgl. *Rupietta*, Rückabwicklung unwirksamer Unternehmenskaufverträge, S. 157.

[1068] Vgl. nur BGHZ 126,105 (107 ff.); *Lorenz*, in: Staudinger BGB, § 818 Rn. 42.

[1069] BGH, NJW 1994, 2021.

[1070] BGH, NJW 1994, 2021 (2022).

[1071] Siehe zu solchen Zurechnungsgrenzen *Rupietta*, Rückabwicklung unwirksamer Unternehmenskaufverträge, S. 162.

Verschlechterung des Unternehmens, wenn der Bereicherungsschuldner die eigenübliche Sorgfalt in eigenen Angelegenheiten beobachtet hat, ohne dass es dabei auf Schutzzweckerwägungen ankommt.[1072]

ff) Zusammenfassung

Insgesamt lässt sich aus den gewonnenen Erkenntnissen eine unternehmensspezifische Gefahrtragungsordnung entwickeln. Diese kann als unternehmensspezifisch bezeichnet werden, weil sie das Unternehmen als Bereicherungsobjekt in Fokus nimmt und sich an den Besonderheiten der Transaktion orientiert. Zusätzlich beachtet sie bereits existierende unternehmensspezifische Gefahrtragungskonzepte und stimmt diese mit grundsätzlichen bereicherungsrechtlichen Erkenntnissen ab. Damit erhält man eine für den Unternehmenskaufvertrag als gegenseitigen Vertrag im bereicherungsrechtlichen Rückabwicklungssystem erforderliche Gefahrtragungsordnung.

Diese Gefahrtragungsordnung differenziert im Hinblick auf die Zuweisung des Zufallsrisikos nach der Art des Nichtigkeitsgrundes. Bei Zurechenbarkeit der Verschlechterung oder des Untergangs zum Käufer wird diesem das Verschlechterungs- oder Untergangsrisiko zugewiesen, soweit er nicht die Sorgfalt in eigenen Angelegenheiten beobachtet hat. Ist die Verschlechterung oder der Untergang des Unternehmens dem Verkäufer zuzurechnen, wird eine vollumfängliche Berufung des Käufers auf § 818 Abs. 3 BGB gestattet. Beruht die Verschlechterung oder der Untergang auf einem Verhalten beider Parteien, wird das Risiko nach Verursachungsbeiträgen aufgeteilt.

Ihre Grenzen findet die unternehmensspezifische Gefahrtragungsordnung in der Zurechnung des Verhaltens Dritter und bei Nichtigkeit des Unternehmenskaufvertrages aufgrund der Geschäftsunfähigkeit oder beschränkten Geschäftsfähigkeit einer Partei.

e) Saldierung

Die unternehmensspezifische Gefahrtragungsordnung setzt sich schwerpunktmäßig mit der Zuweisung des Verschlechterungs- und Untergangsrisikos und dementsprechend mit der Anwendbarkeit von § 818 Abs. 3 BGB auseinander. Dabei werden die Ergebnisse der Saldotheorie modifiziert. Der Grundsatz, wonach gleichartige Leistungen zu saldieren sind, wird

[1072] Siehe dazu auch § 9 A. III. 2.) c) bb).

hingegen nicht angetastet. Gegen eine automatische Saldierung ist auch unter Berücksichtigung der Besonderheiten des Unternehmenskaufvertrages nichts einzuwenden.[1073]

IV. Nutzungen

Nach § 818 Abs. 1 BGB erstreckt sich die Verpflichtung zur Herausgabe auch auf die gezogenen Nutzungen. Die Nutzungen aus dem Erlangten sind dabei als sekundärer Bereicherungsgegenstand einzuordnen. Erlangt im Sinne von § 812 BGB ist nur der Gegenstand, aus dem die Nutzungen gezogen werden, die Pflicht zur Herausgabe von Nutzungen ergibt sich erst aus der gesetzlichen Anordnung von § 818 Abs. 1 BGB. Können die Nutzungen selbst nicht mehr herausgegeben werden, haftet der Bereicherungsschuldner gemäß § 818 Abs. 2 BGB auf Wertersatz, solange er sich nicht auf § 818 Abs. 3 BGB berufen kann.[1074]

1.) Gewinne als Nutzungen des Unternehmens

Der bereicherungsrechtliche Nutzungsbegriff richtet sich, ebenso wie jener im rücktrittsrechtlichen Rückabwicklungssystem, nach den allgemeinen Vorschriften der §§ 100, 99 BGB.[1075]

Da die Begriffe in beiden Rückabwicklungssystemen einheitlich verstanden werden, gilt die entsprechende Einordnung der Unternehmensgewinne als Nutzungen auch im bereicherungsrechtlichen Rückabwicklungssystem.[1076]

Ebenso müssen die Erkenntnisse zur erforderlichen Entnahme der Unternehmensgewinne bei Anwendung des Bereicherungsrechts beachtet werden. Diese basieren nicht auf den Eigenarten des Rücktrittsfolgenrechts, sondern auf der Struktur des Unternehmens sowie der Strukturierung der Transaktion bzw. den Eigenarten des Rechtsträgers.[1077]

1073 Für eine Saldierung bei Rückabwicklung des Unternehmenskaufs auch BGH, NJW 1994, 2021 (2022); BGHZ 168, 220 (241 Rn. 45); a. A. *Schwab,* in: MüKo BGB, Band 7, § 818 Rn. 287 ff.

1074 *Schwab,* MüKo BGB, Band 7 § 818 Rn. 25.

1075 Vgl. *Schwab,* in: MüKo BGB, Band 7, § 818 Rn. 8; zum Rücktrittsfolgenrecht siehe § 5 A. III. 1.).

1076 Vertiefend dazu siehe § 5 A. III. 1.) a).

1077 Ausführliche dazu § 5 A. III. 1.) a) bb).

Somit müssen auch die Besonderheiten beachtet werden, die dadurch entstehen, dass es sich beim Bereicherungsschuldner um eine Gesellschaft handelt. Eine Nutzungsziehung kann hier nur angenommen werden, wenn die Gewinne ausgekehrt und nicht in die Rücklagen der Gesellschaft eingestellt wurden.[1078] Einer übermäßigen Thesaurierung und damit unterbliebenen Nutzungsziehung muss mithilfe einer für das bereicherungsrechtliche Rückabwicklungssystem zu entwickelnden Untergrenze der Nutzungsherausgabe begegnet werden.

2.) Umfang der herauszugebenden Nutzungen

Auch bei einer bereicherungsrechtlichen Rückabwicklung eines Unternehmenskaufvertrages stellt sich die Frage, ob sich der Bereicherungsgläubiger mit einer unterbliebenen Nutzungsziehung abfinden muss und wem die Nutzungen zuzuweisen sind, wenn in einem besonders hohen Maß gewinnbringende Einnahmen erzielt wurden. Es muss also geklärt werden, ob für das bereicherungsrechtliche Rückabwicklungssystem ebenfalls eine Begrenzung des Umfangs der herauszugebenden Nutzungen „nach oben“ und „nach unten“ vorgenommen werden kann.

a) Untergrenze

Bis zum Eintritt der verschärften Haftung gemäß § 818 Abs. 4 BGB bzw. § 819 Abs. 1 BGB, sind nur die wirklich gezogenen Nutzungen herauszugeben und nicht die unter gewöhnlichen Umständen ziehbaren.[1079] Zudem fehlt im bereicherungsrechtlichen Rückabwicklungssystem eine dem § 347 BGB vergleichbare Vorschrift, der eine Untergrenze entnommen werden könnte.

Trotz dieser recht eindeutigen Ausgestaltung wird eine Begrenzung der Nutzungsherausgabe auf die wirklich gezogenen Nutzungen bei bereicherungsrechtlicher Rückabwicklung des Unternehmenskaufs kritisiert.[1080] Zentraler Kritikpunkt dabei ist, dass bei wortgetreuer Anwendung von § 818 Abs. 1 BGB die Folgen nicht ordnungsgemäßer Wirtschaft auf die andere Seite abgewälzt werden könnten.[1081] Dies solle dadurch verhindert werden,

---

1078 Vgl. § 5 A. III. 1.) a) bb).

1079 Vgl. BGH, NJW 2017, 2997 Rn. 32 f.; *Hadding,* in: Soergel BGB, Band 11/3, § 818 Rn. 14; *Lorenz,* in: Staudinger BGB, § 818 Rn. 11; *Wendehorst,* in: BeckOK BGB, § 818 Rn. 15.

1080 Siehe *Rupietta,* Rückabwicklung unwirksamer Unternehmenskaufverträge, S. 241 ff.

1081 Vgl. *Rupietta,* Rückabwicklung unwirksamer Unternehmenskaufverträge, S. 242 f.

dass sich der rechtsgrundlose Erwerber den Wert der Differenz zwischen den tatsächlich gezogenen Nutzungen und den bei ordnungsgemäßer Wirtschaft zu ziehenden Nutzungen auf den eigenen Nutzungsherausgabeanspruch anrechnen lassen müsse.[1082]

Will man im Bereicherungsausgleich eine Untergrenze etablieren, sieht man sich mit der Schwierigkeit konfrontiert, Gerechtigkeitsgesichtspunkte und bereicherungsrechtliche Grundprinzipien in Einklang zu bringen.

Bereits im Rahmen der Nutzungsherausgabe im rücktrittsrechtlichen Rückabwicklungssystem wurde deutlich gemacht, dass der Käufer bei Abschluss des Unternehmenskaufvertrages die Entscheidung trifft, das Nutzungspotenzial des Unternehmens in sein Vermögen aufzunehmen.[1083] Hierzu gehört selbstverständlich auch die Übernahme des Risikos, das Nutzungspotenzial nicht oder nicht vollständig auszuschöpfen.[1084] Mit dieser grundlegenden Disposition wäre es nur schwer zu vereinbaren, wenn eine nicht ordnungsgemäße oder unterbliebene Nutzungsziehung im Bereicherungsausgleich auf die andere Partei abgewälzt werden könnte.[1085]

Zugleich ist zu beachten, dass mit § 818 Abs. 3 BGB das Vertrauen des Bereicherungsschuldners auf die Rechtsbeständigkeit des Erwerbs geschützt ist.[1086] Dieser hätte aber bei Beständigkeit des Vertrages eine nicht ordnungsgemäße oder unterbliebene Nutzungsziehung selbst tragen müssen.[1087]

Ausgehend hiervon würde bei einer Abwälzung der nicht adäquaten Nutzungsziehung der in § 818 Abs. 3 BGB angelegte Vertrauensschutz völlig überdehnt werden. Die Notwendigkeit der Berücksichtigung nicht bzw. nicht ordnungsgemäß gezogener Nutzungen ergibt sich somit aus der Disposition der Parteien bei Vertragsschluss sowie der Gefahr einer Überspannung des Normzwecks von § 818 Abs. 3 BGB.

1082 *Rupietta*, Rückabwicklung unwirksamer Unternehmenskaufverträge, S. 257.

1083 Siehe § 5 A. III. 1.) b) aa).

1084 So auch *Rupietta*, Rückabwicklung unwirksamer Unternehmenskaufverträge, S. 244.

1085 Vgl. auch *Canaris*, in: FS Lorenz, 19 (45); *Rupietta*, Rückabwicklung unwirksamer Unternehmenskaufverträge, S. 244 f.

1086 Vgl. nur *Schwab*, in: MüKo BGB, Band 7, § 818 Rn. 142; *Rupietta*, Rückabwicklung unwirksamer Unternehmenskaufverträge, S. 245.

1087 *Kohler*, Gestörte Rückabwicklung, S. 514 f.; *Rupietta*, Rückabwicklung unwirksamer Unternehmenskaufverträge, S. 245.

Will man diese notwendige Berücksichtigung einer nicht adäquaten Nutzungsziehung im Zuge der bereicherungsrechtlichen Rückabwicklung umsetzen, darf die genaue Funktionsweise des bereicherungsrechtlichen Rückabwicklungssystems nicht vernachlässigt werden. Eine Nachzahlungs- oder Ersatzpflicht für nicht bzw. nicht ordnungsgemäß gezogene Nutzungen scheidet demnach aus. Der § 818 Abs. 1 BGB begrenzt die Herausgabepflicht eindeutig auf die tatsächlich gezogenen Nutzungen. Einer Nachzahlungspflicht würde auch der bereicherungsrechtliche Grundsatz entgegenstehen, wonach die Herausgabepflicht des Bereicherten keinesfalls zu einer Verminderung seines Vermögens über den wirklichen Betrag der Bereicherung hinaus führen darf.[1088]

Insgesamt verbleibt so nur die Möglichkeit, den Wert der unterbliebenen Nutzungsziehung auf den gegenläufigen Nutzungsherausgabeanspruch des Bereicherungsschuldners aus § 818 Abs. 1 BGB anzurechnen.[1089]

Diese Anrechnung unterliegt weiteren Restriktionen. Zum einen darf sich die Anrechnung des Werts der unterbliebenen Nutzungsziehung ausschließlich an dem Wert der bei ordnungsgemäßer Wirtschaft zu ziehenden Nutzungen orientieren.[1090] Nur die Differenz zwischen dem Wert der tatsächlich gezogenen Nutzungen und den bei ordnungsgemäßer Wirtschaft zu ziehenden Nutzungen[1091] kann Gegenstand der Anrechnung sein.

Zum anderen ist eine Anrechnung nur möglich, wenn die Nutziehungsziehung wegen eines zurechenbaren Verhaltens des Kondiktionsschuldners unterblieben ist.[1092] Maßgebliches Kriterium der Zurechenbarkeit muss auch hier die Sorgfalt in eigenen Angelegenheiten sein. Hierfür spricht etwa der Vergleich zu § 347 Abs. 1 S. 2 BGB und die damit einhergehenden Wertungswidersprüche, wenn zugleich die Möglichkeit zum Rücktritt und zur Anfechtung besteht. Außerdem wird dadurch der für die Gefahrtragung entscheidende Maßstab auch auf die Nutzungsherausgabe erstreckt.[1093]

1088 Vgl. dazu BGH, NJW 2017, 2997 Rn. 32 m. w. Nw.

1089 Im Ergebnis so auch *Larenz/Canaris*, SchuldR II, Band 2, § 73 III 6 b); *Rupietta*, Rückabwicklung unwirksamer Unternehmenskaufverträge, S. 251 ff.

1090 Ähnlich *Rupietta*, Rückabwicklung unwirksamer Unternehmenskaufverträge, S. 257.

1091 Zur genauen Bestimmung siehe § 9 A. IV. 3.).

1092 Vgl. *Canaris*, in: FS Lorenz, 19 (45); *Kohler*, Gestörte Rückabwicklung, S. 520 f.; *Rupietta*, Rückabwicklung unwirksamer Unternehmenskaufverträge, S. 255 f.

1093 Ähnlich *Rupietta*, Rückabwicklung unwirksamer Unternehmenskaufverträge, S. 256 aber mit anderem Maßstab; zur Gefahrtragung siehe § 9 A. III. 2.) d) bb).

Da der Bereicherungsschuldner mit dem erworbenen Gegenstand gleichzeitig auch das in ihm angelegte Nutzungspotenzial in sein Vermögen aufnimmt, bietet es sich an, sowohl für den Umgang mit dem primären Bereicherungsgegenstand als auch für die Nutzungsziehung einen vergleichbaren Maßstab anzulegen.[1094]

Im Ergebnis wird dem Bereicherungsschuldner damit im Hinblick auf die Entnahme von Gewinnen ein großer Spielraum zugebilligt. Belässt er Gewinne im Unternehmen, um die Abhängigkeit von Fremdkapital zu verringern oder Kapazitäten der betrieblichen Leistungserstellung zu erhöhen, muss er keine Auswirkungen auf seinen Nutzungsherausgabeanspruch fürchten.[1095] In diesen Fällen unterbleibt die Nutzungsziehung aus nachvollziehbaren Gründen, womit die Sorgfalt in eigenen Angelegenheiten gewahrt ist und folglich die Möglichkeit einer Anrechnung nicht besteht.

Um Gerechtigkeitsgesichtspunkte und bereicherungsrechtliche Grundprinzipien in Einklang zu bringen, kann eine unterbliebene oder nicht ordnungsgemäße Gewinnentnahme bei bereicherungsrechtliche Rückabwicklung eines Unternehmenskaufvertrages auf den gegenläufigen Nutzungsherausgabeanspruch des Bereicherungsgläubigers angerechnet werden, sofern er dabei die Sorgfalt in eigenen Angelegenheiten nicht beachtet hat. Damit kann eine Begrenzung des Umfangs der Nutzungsherausgabe „nach unten" erreicht werden.

b) Obergrenze

Die Parteien entscheiden bei Vertragsschluss nur über den Verlust bzw. die Übernahme des gegenständlich im Unternehmen angelegten Nutzungspotenzials.[1096] Wegen dieser grundsätzlichen Disposition bei Vertragsschluss muss auch für die bereicherungsrechtliche Nutzungsherausgabepflicht gelten, dass hiervon nur das erfasst sein kann, worüber bei Vertragsschluss verfügt wurde.

Unterwirft man gemäß § 818 Abs. 1 BGB ausschließlich die tatsächlich entnommenen Gewinne der Herausgabepflicht, blieben die Entscheidungen der Parteien über das gegenständliche Nutzungspotenzial des Unternehmens hingegen völlig unberücksichtigt. Selbst die nicht mehr auf dem

1094 Vgl. *Rupietta*, Rückabwicklung unwirksamer Unternehmenskaufverträge, S. 256.
1095 Zur Thesaurierung bei Gesellschaften siehe § 5 A. III. 1.) b) aa).
1096 Siehe dazu bereits § 5 A. III. 1.) b) bb).

gegenständlichen Bereich des Unternehmens beruhenden Gewinne müssten herausgegeben werden.

Insofern ist auch hier eine Differenzierung danach erforderlich, ob die erzielten Gewinne auf dem gegenständlichen Bereich des Unternehmens oder den persönlichen Leistungen und Fähigkeiten des Unternehmers beruhen.[1097]

Um eine weiter konkretisierte Abgrenzung zu gewährleisten, muss dann ebenfalls auf die Grundsätze zur Sorgfalt eines ordentlichen und gewissenhaften Geschäftsleiters zurückgegriffen werden.[1098] Ein ordentlicher und gewissenhafter Geschäftsleiter wird das gegenständliche Nutzungspotenzial des Unternehmens unter Beachtung des aktuellen Marktgeschehens voll ausschöpfen. Werden Gewinne generiert und entnommen und damit Nutzungen gezogen, die über dem liegen, was ein ordentlicher Geschäftsmann gezogen hätte, beruhen diese auf den besonderen persönlichen Fähigkeiten des Bereicherungsschuldners und sind dann nicht mehr von der Herausgabepflicht des § 818 Abs. 1 BGB erfasst. Dadurch kommt es auch zu einem Ausgleich der auf den Fähigkeiten des Bereicherungsschuldners beruhenden Wertsteigerung des Unternehmens, welche sich in der erhöhten Generierung von Gewinnen manifestieren wird.

c) Zwischenergebnis

Bei der bereicherungsrechtlichen Rückabwicklung eines Unternehmenskaufs wird die Herausgabe der gezogenen Nutzungen grundsätzlich durch § 818 Abs. 1 BGB auf die tatsächlich gezogenen Nutzungen begrenzt. Unterschreiten die tatsächlich gezogenen Nutzungen die Grenze der bei ordnungsgemäßer Wirtschaft zu ziehenden Nutzungen, muss sich der Bereicherungsschuldner die Differenzen auf seinen eigenen Anspruch aus § 818 Abs. 1 BGB anrechnen lassen. Eine Anrechnung erfolgt jedoch nur, wenn der Bereicherungsschuldner die Sorgfalt in eigenen Angelegenheiten nicht beachtet hat.

Um die maßgeblichen Entscheidungen der Parteien bei Vertragsschluss im Hinblick auf das gegenständlich im Unternehmen angelegte Nutzungspotenzial zu berücksichtigen, werden die Nutzungen, welche nicht auf dem

---

1097 So auch die Rechtsprechung explizit für die bereicherungsrechtliche Rückabwicklung eines Unternehmenskaufs, siehe BGHZ 163, 220 Rn. 46 ff.

1098 Vertiefend dazu § 5 A. III. 1.) b) bb).

gegenständlichen Bereich des Unternehmens beruhen, dem Bereicherungsschuldner zugewiesen. Hierzu gehören dem Unternehmen entnommene Gewinne, die über dem liegen, was ein ordentlicher und gewissenhafter Geschäftsleiter dem Unternehmen entnommen hätte.

3.) Wertmäßige Erfassung

Die vorgenommene inhaltliche Ausgestaltung des Nutzungsherausgabeanspruchs orientiert sich stark an bestimmten Wertgrenzen. Hierzu gehören einmal die dem Unternehmen tatsächlich entnommenen Gewinne. Diese müssen den bei ordnungsgemäßer Wirtschaft zu ziehenden Nutzungen gegenübergestellt werden, um zu ermitteln, ob eine mögliche Differenz besteht, die vom gegenläufigen Nutzungsherausgabeanspruch des Bereicherungsschuldners abgezogen werden muss. Des Weiteren muss der Umfang der Gewinne ermittelt werden, die ein ordentlicher und gewissenhafter Geschäftsleiter dem Unternehmen entnommen hätte. Nur so kann bestimmt werden, ob ein Teil der insgesamt gezogenen Nutzungen beim Bereicherungsschuldner zu verbleiben hat.

Es müssen also jeweils die tatsächlich gezogenen Nutzungen den bei ordnungsgemäßer Wirtschaft zu ziehenden Nutzungen gegenübergestellt werden. Im Rahmen der wertmäßigen Erfassung geht es somit vor allem darum, den Wert der bei ordnungsgemäßer Wirtschaft zu ziehenden Nutzungen zu bestimmen und damit das gegenständlich im Unternehmen angelegte Nutzungspotenzial zu beziffern.

Um den „normalen" Erfolg bei „normaler" Unternehmerleistung wertmäßig abbilden zu können, hat sich bereits der im Rahmen des Ertragswertverfahrens zu ermittelnde Zukunftsgewinn als tauglich erwiesen.[1099] Demnach müssen bei einer kritischen Betrachtung der finanziellen Ergebnisse der letzten Jahre, in denen der Bereicherungsschuldner das Unternehmen noch nicht genutzt hat, die zu erzielenden Erträge bestimmt werden.[1100] Hierbei sind auch weitere Faktoren, die den Unternehmenserfolg nachhaltig beeinflussen können, zu beachten. Letztlich hat eine Umrechnung der zu erzielenden Erträge auf die Zeit der tatsächlichen Nutzung durch den Bereicherungsschuldner zu erfolgen.

1099 Siehe § 5 A. III. 1.) b) cc).

1100 Siehe zu der Bestimmungsmethode bereits ausführlich § 5 A. III. 1.) c).

4.) Zusammenfassung

Bei der bereicherungsrechtlichen Rückabwicklung eines Unternehmenskaufvertrages sind die tatsächlich gezogenen Nutzungen gemäß § 818 Abs. 1 BGB herauszugeben.

Liegen die tatsächlich gezogenen Nutzungen unter den bei ordnungsgemäßer Wirtschaft zu ziehenden Nutzungen, gilt, dass die Differenz auf den gegenläufigen Nutzungsherausgabeanspruch des rechtsgrundlosen Unternehmenserwerbers angerechnet werden muss. Der Wert der bei ordnungsgemäßer Wirtschaft zu ziehenden Nutzungen ist anhand des objektivierten Ertragswertes zu ermitteln.

Liegen die tatsächlich entnommenen Gewinne über dem, was ein ordentlicher und gewissenhafter Geschäftsleiter dem Unternehmen entnommen hätte, beruhen diese nicht mehr auf dem gegenständlichen Bereich des Unternehmens und müssen deshalb beim Bereicherungsschuldner verbleiben. Die Wertgrenze ist ebenfalls anhand des im Zuge der objektivierten Ertragswertmethode zu ermittelnden Zukunftsgewinns zu bestimmen.

5.) Ersatz der Gewinnungskosten (§ 102 BGB)

Beim Bereicherungsausgleich ist im Kontext der Nutzungsherausgabe die Vorschrift des § 102 BGB zu beachten. Der Bereicherungsschuldner kann gemäß § 102 BGB kalkulatorische Eigenkapitalzinsen, einen kalkulatorischen Unternehmerlohn und eine kalkulatorische Miete als Gewinnungskosten in eine Gegenrechnung einstellen, soweit diese Positionen tatsächlich aufgewendet wurden.[1101] Zudem muss eine doppelte Berücksichtigung vermieden werden, wenn diese Positionen schon im Rahmen der wertmäßigen Erfassung Beachtung gefunden haben.

Auch der BGH berücksichtigt im Rahmen der Nutzungsherausgabe bei der bereicherungsrechtlichen Rückabwicklung eines Unternehmenskaufs einen kalkulatorischen Unternehmerlohn als Abzugsposten in Bezug auf den Nutzungsherausgabeanspruch.[1102] Ob dogmatisch passend hierfür an § 102 BGB angeknüpft wird, kann der Entscheidung hingegen nicht eindeutig entnommen werden.[1103]

1101 Siehe dazu bereits § 5 A. III. 2.).

1102 Vgl. BGHZ 168, 220 Rn. 48.

1103 Vgl. BGHZ 168, 220 Rn. 48.

B. Bereicherungsrechtliche Rückabwicklung des Share Deals

Um die Wirkweise des bereicherungsrechtlichen Rückabwicklungssystems in seiner Anwendung auf den Unternehmenskaufvertrag vollständig erfassen zu können, müssen die Auswirkungen der Gestaltungsform des Share Deals ebenfalls untersucht werden.

Eingangs muss jedoch geklärt werden, in welchem Verhältnis die bereicherungsrechtliche Rückabwicklung zur Lehre von der fehlerhaften Gesellschaft steht. Auch wenn die Rechtsfigur der Lehre von der fehlerhaften Gesellschaft nicht als Rückabwicklungssystem eingeordnet werden kann, könnte sie eine Alternative zur bereicherungsrechtlichen Rückabwicklung eines Share Deals darstellen.

I. Lehre von der fehlerhaften Gesellschaft oder Anwendung des Bereicherungsrechts?

Der Share Deal stellt bei wertender juristischer Betrachtung einen Kauf des Unternehmens selbst dar, wird letztlich aber durch die Übertragung der Anteile vollzogen.[1104] Da der Ausgangspunkt einer bereicherungsrechtlichen Rückabwicklung des Share Deals in einer fehlerhaften Anteilsveräußerung liegen kann, muss geklärt werden, inwiefern das bereicherungsrechtliche Rückabwicklungssystem und die Lehre von der fehlerhaften Gesellschaft als Lösungsansätze miteinander konkurrieren.

Bei einer Anwendung der Grundsätze von der Lehre über die fehlerhafte Gesellschaft kommt es zu einer Beendigung der Gesellschaft ex nunc, wobei die Abwicklung nach den jeweils geltenden Liquidationsvorschriften bestimmt wird. Als dogmatische Begründung für diese Lösung dient eine Interessenabwägung, welche zu dem Ergebnis gelangt, dass dem Verkehrsschutz und dem zur Vermeidung einer unerwünschten Rückabwicklung dienende Gedanke des Bestandsschutzes für die Vergangenheit der Vorrang eingeräumt werden müsse.[1105] Ferner sei die volle Wirksamkeit der in Vollzug gesetzten fehlerhaften Gesellschaft mit der einverständlichen Schaffung von Gesellschaftsorganen und Gesamthandsvermögen

---

1104 Vgl. § 3 A. II. und § 5. B. I.

1105 Zum Überblick über die dogmatischen Grundlagen mit weiteren Nachweisen siehe *Schäfer*, in: MüKo BGB, Band 7, § 705 Rn. 332 f.

zu begründen.[1106] Die Schaffung einer Gesellschaft als verbandsrechtliche Organisation führe dazu, dass die allgemein für Schuldverhältnisse geltenden Regeln überlagert würden, was eine Auflösung der Gesellschaft als komplexen Gebildes ex nunc erforderlich mache.[1107] Ein Rückgriff auf die allgemeinen Vorschriften gescheiterter Vertragsbeziehungen, wozu insbesondere die §§ 812 ff. BGB zählen, sei nur dann veranlasst, wenn die Grundsätze über die fehlerhafte Gesellschaft gerade nicht zum Zuge kämen.[1108] Jedoch sei selbst in diesen Fällen keine Rückabwicklung veranlasst, sondern das Gesellschaftsvermögen nach Maßgabe des § 818 Abs. 1 bis 3 BGB unter Berücksichtigung des allgemein für Dauerschuldverhältnisse geltenden, in § 346 Abs. 2 BGB für bestimmte Konstellationen zum Ausdruck kommenden Prinzips, die Vergangenheit bei Rückabwicklungsschwierigkeiten möglichst unberührt zu lassen, unter den Beteiligten entsprechend deren Kapitalanteilen aufzuteilen.[1109]

Die Lehre von der fehlerhaften Gesellschaft versucht so, eine Rückabwicklung nach den Vorschriften des Bereicherungsrechts zu verhindern. Bei einer Übertragung dieser Grundsätze auf einen fehlerhaften Share Deal käme es zu einer Auflösung des Rechtsträgers und einer Abwicklung nach den einschlägigen Liquidationsvorschriften. Rückabwicklungsschwierigkeiten, wie etwa die Behandlung der am Unternehmen eingetretenen Veränderungen oder die mit einer Rückübertragung häufig einhergehende Schwächung der Marktposition, würden keine Rolle mehr spielen. Hierfür müsste die Lehre von der fehlerhaften Gesellschaft auf einen fehlerhaften Share Deal anwendbar sein.

Sofern die Existenzberechtigung der Lehre von der fehlerhaften Gesellschaft dogmatisch mit dem Verkehrsschutz und Bestandsschutz begründet wird, ließe sich dies auch auf einen fehlerhaften Share Deal übertragen. Auch hier besteht ein Bedürfnis, die Rückabwicklung aus Gründen des Verkehrs- und Bestandsschutzes weitgehend einzuschränken, um eine problematische Rückabwicklung möglichst zu verhindern.[1110]

1106 *Schäfer*, in: MüKo BGB, Band 7, § 705 Rn. 338.

1107 *Roth*, in: Hopt HGB, § 105 Rn. 133; *Schäfer*, in: MüKo BGB, Band 7, § 705 Rn. 338 m. w. Nw.

1108 *Schäfer*, in: MüKo BGB, Band 7, § 705 Rn. 330.

1109 *Schäfer*, in: MüKo BGB, Band 7, § 705 Rn. 330.

1110 Ähnlich *Rupietta*, Rückabwicklung unwirksamer Unternehmenskaufverträge, S. 47.

Hingegen handelt es sich bei der Anteilsveräußerung nicht um ein verbandsrechtliches Satzungsgeschäft, sondern um eine Verfügung über die Mitgliedschaft.[1111] Es fehlt somit an dem verbandsrechtlichen und organisationsrechtlichen Element, was für die dogmatische Begründung der Lehre von der fehlerhaften Gesellschaft maßgeblich ist. Mithin ist eine unterschiedliche Interessenlage festzustellen, welche eine Übertragung der Lehre von der fehlerhaften Gesellschaft auf den Fall eines fehlerhaften Anteilskaufs nicht rechtfertigen würde.[1112]

In Bezug auf Kapitalgesellschaften wird die Annahme einer unterschiedlichen Interessenlage davon gestützt, dass die Folgen einer fehlerhaften Veräußerung der Anteile gemäß § 16 Abs. 1 GmbHG und § 67 Abs. 2 AktG auf das Verhältnis von Veräußerer und Erwerber beschränkt sind.[1113] Auch im Falle der Nichtigkeit des Verfügungsgeschäfts treten nach zutreffender h. M. die allgemeinen Nichtigkeitsfolgen ein.[1114]

Auch wenn durch die Rückabwicklung Schwierigkeiten auftreten mögen, rechtfertigt dies allein nicht, die bürgerlichrechtlichen Anfechtungs- und Nichtigkeitsvorschriften mit deren einschlägigen Rechtsfolgen im Fall der Anteilsabtretung unberücksichtigt zu lassen.[1115]

Die Rückabwicklung wird infolgedessen vom Bereicherungsrecht bestimmt, die Lehre von der fehlerhaften Gesellschaft findet bei einer fehlerhaften Anteilsveräußerung keine Anwendung.

Dahin gehende Einigkeit besteht jedoch nur bei fehlerhafter Veräußerung von Anteilen an Kapitalgesellschaften. Soweit es sich um Anteile an Personengesellschaften handelt, wird weiterhin die Anwendung der Lehre von der fehlerhaften Gesellschaft befürwortet.[1116]

Sofern man dem folgt, würde der Anwendungsbereich der Lehre von der fehlerhaften Gesellschaft erweitert werden. Die Übertragung der Beteiligung stellt keinen Fall der konstituierenden Änderung der Personengesellschaft dar, was eigentlich den Anwendungsbereich der Lehre von der Gesellschaft

---

1111 *K. Schmidt*, Gesellschaftsrecht, § 6 V 2. b) aa).

1112 So auch *Rupietta*, Rückabwicklung unwirksamer Unternehmenskaufverträge, S. 47.

1113 Vgl. BGH, NJW 1990, 1915 (1916).

1114 BGH, NJW 1990, 1915 (1916); BGH, BeckRS 2012, 22159; *Servatius*, in: Noack/Servatius/Haas GmbHG, § 15 Rn. 36.

1115 Vgl. BGH, NJW 1990, 1915 (1916).

1116 So etwa BGH, NJW-RR, 2010, 1402 Rn. 35 ff.

ausmacht.[1117] Eine solche Erweiterung des Anwendungsbereichs wäre nur zulässig, wenn hierfür ein besonderes Bedürfnis besteht. Dieses Bedürfnis wird vom BGH in der besonderen Schutzwürdigkeit der Personengesellschaft und ihrer Gläubiger gesehen.[1118] Ein ausreichender Schutz kann jedoch bereits durch die erweiterte Anwendung der für die Übertragung eines Rechts geltenden allgemeinen Vorschriften der §§ 413, 409, 407 BGB hergestellt werden.[1119] Auch das Prinzip der Selbstorganschaft erzeugt kein erforderliches besonderes Bedürfnis, da ein hinreichender Schutz durch allgemeine (Rechtsschein-)Grundsätze besteht.[1120] Somit muss die Anwendung der Lehre von der fehlerhaften Gesellschaft auch bei einer fehlerhaften Veräußerung von Anteilen an einer Personengesellschaft abgelehnt werden.

In Anbetracht der bei Rückabwicklung eines Share Deals regelmäßig zu erwartenden Probleme würde eine Anwendung der Lehre von der fehlerhaften Gesellschaft zur Abmilderung der Folgen beitragen. Insgesamt lässt sich aber eine Anwendung auf den Fall einer fehlerhaften Anteilsveräußerung nicht herleiten. Dem steht vor allem das fehlende verbands- und organisationsrechtliche Element entgegen.

Im Fall einer fehlerhaften Anteilsveräußerung kommt das bereicherungsrechtliche Rückabwicklungssystem und nicht die Lehre von der fehlerhaften Gesellschaft zur Anwendung. Da der Share Deal in rechtstechnischer Hinsicht ebenfalls eine Anteilsveräußerung darstellt, muss es zu einer Rückabwicklung kommen, die vom Bereicherungsrecht gesteuert wird.

II. Bereicherungsgegenstand bei Rückabwicklung des Share Deals

Für die bereicherungsrechtliche Rückabwicklung konnte bereits herausgearbeitet werden, dass das Unternehmen als Wirtschaftseinheit als Bereicherungsgegenstand eingeordnet werden muss.[1121] Grund hierfür ist die spiegelbildliche Betrachtung von dem unwirksamen Verpflichtungsgeschäft und der bereicherungsrechtlichen Rückabwicklung, welche ihre Bestätigung in dem bereicherungsrechtlichen Grundgedanken findet, wonach alles

---

1117 Ähnlich OLG Karlsruhe, NZG 2016, 507 Rn. 24; *Schäfer*, in: MüKo BGB, Band 7, § 705 Rn. 311.

1118 Vgl. BGH, NJW-RR, 2010, 1402 Rn. 42.

1119 So auch *Schäfer*, der zugleich auch eine analoge Anwendung von § 16 Abs. 1 GmbHG für möglich hält, vgl. *Schäfer*, in: MüKo BGB, Band 7, § 705 Rn. 360.

1120 Vgl. *Schäfer*, in: MüKo BGB, Band 7, § 705 Rn. 360.

1121 Siehe § 9 A. I.

Gegenstand der Leistungskondiktion sein kann, was nach dem Parteiwillen Gegenstand des Austauschs bzw. des Verpflichtungsgeschäfts ist.[1122]

Beim Share Deal sind die Anteile am Rechtsträger des Unternehmens in einem bestimmten Umfang, welcher unter Beachtung sämtlicher wirtschaftlicher und rechtlicher Umstände des Einzelfalls einen Erwerb des Unternehmens ausmacht, Gegenstand des Austauschs.[1123] Rechtstechnisch ist der Share Deal Rechtskauf, bei wertender juristischer Betrachtung und insbesondere nach Vorstellung der Vertragsparteien, handelt es sich jedoch um einen Kauf des Unternehmens selbst.[1124]

Bei der bereicherungsrechtlich gebotenen Orientierung an dem rückabzuwickelnden Verpflichtungsgeschäft müssen die Shares in dem erworbenen Umfang als Bereicherungsgegenstand eingeordnet werden. Um den Willen der Parteien, dass es sich um einen Kauf des Unternehmens selbst handelt, hinreichend zu beachten, muss zugleich auch das Unternehmen in die Betrachtung einbezogen werden.[1125]

1.) Herausgabe und Vollzug der Herausgabe

Für die bereicherungsrechtliche Rückabwicklung gilt, dass den Kondiktionsschuldner bei der Herausgabe spiegelbildlich die gleichen Pflichten treffen wie bei Erfüllung des Unternehmenskaufvertrages.[1126]

Da der Share Deal durch Abtretung der Gesellschaftsanteile am Unternehmensträger vollzogen wird, hat die Herausgabe durch deren Rückübertragung zu erfolgen.

Die Problematik von Veränderungen aufgrund des gewöhnlichen Betriebsablaufs hat auf die Shares keine Auswirkungen und stellt sich folglich nicht. Für das in die Betrachtung einzubeziehende Unternehmen wurde bereits festgestellt, dass Veränderungen aufgrund des gewöhnlichen Betriebsablaufs keine Auswirkungen auf die Herausgabe im gegenwärtigen Zustand haben.[1127]

1122 Siehe § 9 A. I.

1123 Vgl. § 3 A. II.

1124 BGH, NJW 2019, 145 (147 Rn. 23); *Fischer*, DStR 2004, 276 (280).

1125 So auch *Kersting*, JZ 2008, 714 (716); für den ähnlichen Ansatz bei Rückabwicklung nach Rücktrittsfolgenrecht siehe § 5 B. I.

1126 Vgl. *K. Schmidt*, Unternehmensrecht I, § 5 Rn. 77; *Rupietta*, Rückabwicklung unwirksamer Unternehmenskaufverträge, S. 74.

1127 Siehe § 9 A. I. 2.).

Die Behandlung weitergehender Veränderungen wird im Rahmen der Wertersatzpflicht gemäß § 818 Abs. 2 BGB relevant.

2.) Wettbewerbsverbot und Arbeitsverhältnisse

In Bezug auf ein Wettbewerbsverbot ist auch beim Share Deal die genaue Sachverhaltskonstellation entscheidend. Ist die Einstellung von Wettbewerb erforderlich, um den Wechsel des Kundenstammes herbeizuführen und dadurch die eigentlich unmögliche Herausgabe in Natur zu ermöglichen, ist ein Wettbewerbsverbot mit bereicherungsrechtlichen Grundsätzen unvereinbar.[1128]

Wegen der Übertragung des Unternehmensträgers dürfte ein automatischer Übergang des Kundenstammes beim Share Deal häufig der Fall sein. Um eine Verwertung der rechtsgrundlos erworbenen Kundenbeziehungen und des Know-hows zu verhindern, könnte dann ein Wettbewerbsverbot für den Kondiktionsschuldner angenommen werden. Da den Kondiktionsschuldner die gleichen Pflichten wie bei Erfüllung des Share Deals treffen, dürfte eine fundierte Begründung eines Wettbewerbsverbotes vor allem dann möglich sein, wenn dieses im Rahmen des Unternehmenskaufvertrages vereinbart wurde.

In Bezug auf die Arbeitsverhältnisse stellen sich hier keine Probleme ein, da diese zwischen dem Unternehmensträger und den Arbeitnehmern bestehen. Mit Rückübertragung des Rechtsträgers werden folglich auch die Arbeitsverhältnisse übertragen.

III. Wertersatz nach § 818 Abs. 2 BGB

Es ist bereits gelungen, den abstrakten Unmöglichkeitsbegriff in § 818 Abs. 2 BGB durch eine unternehmensspezifische Auslegung zu konkretisieren und für die bereicherungsrechtliche Rückabwicklung des Unternehmenskaufs in der Ausgestaltungsform des Asset Deals nutzbar zu machen.[1129]

Es bleibt zu beleuchten, inwiefern diese Erkenntnisse auf die Rückabwicklung nach vollzogenem Share Deal projiziert werden können.

1.) Konsequente Orientierung am Bereicherungsgegenstand

Als Ausgangspunkt bleibt festzuhalten, dass sich die Abgrenzung von Herausgabe in Natur und der Verpflichtung zum Wertersatz an den für den Share

[1128] Siehe dazu auch schon § 9 A. I. 1.) a).

[1129] Siehe § 9 A. II. 2.).

Deal definierten Bereicherungsgegenstand orientieren muss. Aufgrund der bereicherungsrechtlich gebotenen Orientierung am Verpflichtungsgeschäft und dem dort niedergelegten Parteiwillen werden die Anteile im erworbenen Umfang als Bereicherungsgegenstand eingeordnet, wobei das Unternehmen in die Betrachtung einzubeziehen ist.[1130] Zudem wird in § 818 Abs. 2 BGB deutlich auf das „Erlangte" und damit den Bereicherungsgegenstand abgestellt. Würde man bei der Abgrenzung von Sach- und Wertkondiktion nicht auf die Anteile in dem erworbenen Umfang abstellen und das Unternehmen nicht in die Betrachtung einbeziehen, wäre dies inkonsequent und unter Beachtung der gesetzlichen Ausgestaltung kaum zu begründen.

2.) Wertersatzpflicht beim Share Deal

Während im rücktrittsrechtlichen Rückabwicklungssystem die nach Vollzug des Share Deals möglichen Veränderungen in Bezug auf die Anteile nur unter Herleitung einer Analogie von § 346 Abs. 2 S. 1 BGB erfasst werden konnten, ist die Situation im bereicherungsrechtlichen Rückabwicklungssystem weniger problematisch.

Die Vorschrift des § 818 Abs. 2 BGB ist im Gegensatz zu § 346 Abs. 2 S. 1 BGB ohne ein Fallgruppensystem ausgestaltet. Die Wertersatzpflicht tritt ein, wenn dem Kondiktionsschuldner die Herausgabe unmöglich bzw. er dazu außerstande ist. Der für § 346 Abs. 2 S. 1 Nr. 2 und Nr. 3 BGB herausgearbeitete allgemeine Rechtsgedanke, wonach den Rückgewährschuldner die Verpflichtung zum Wertersatz bei Unmöglichkeit der Rückgewähr der empfangenen Leistung trifft, ist in § 818 Abs. 2 BGB direkt kodifiziert.

Somit ist zu ermitteln, wann es bei bereicherungsrechtlicher Rückabwicklung des Share Deals zu Situationen kommt, in denen eine Wertersatzpflicht gemäß § 818 Abs. 2 BGB angenommen werden muss. In Anlehnung an die bereits zum Asset Deal erzielten Erkenntnisse kann dabei eine grobe Unterteilung in Fälle der objektiven und subjektiven Unmöglichkeit erfolgen.[1131]

a) Objektive Unmöglichkeit

aa) Liquidation und Einziehung

Eine Situation der objektiven Unmöglichkeit ist bei Beendigung der Liquidation anzunehmen. Mit Beendigung der Liquidation und einer Löschung

---

1130 Vgl. § 9 B. II.

1131 Vgl. § 9 A. II. 2.).

im Handelsregister tritt die Vollbeendigung der Gesellschaft und damit der Untergang der Shares ein.[1132] Dann ist dem Bereicherungsschuldner die Herausgabe der Gesellschaftsanteile im erworbenen Umfang unmöglich und er ist zum Wertersatz verpflichtet. Eine solche Konstellation dürfte jedoch recht selten anzutreffen sein, da es mit hoher Wahrscheinlichkeit vor Vollbeendigung der Gesellschaft zu einer Einstellung der unternehmerischen Tätigkeit oder einer Zerschlagung des Unternehmens kommen wird.[1133] Weil das Unternehmen zwangsläufig in die Betrachtung einbezogen werden muss, wäre also regelmäßig bereits deshalb eine Wertersatzpflicht wegen objektiver Unmöglichkeit gegeben.[1134]

Die objektive Unmöglichkeit einer Herausgabe in Natur ist ferner bei einer Einziehung der Gesellschaftsanteile anzunehmen.[1135] Da der Bereicherungsschuldner nach einem Share Deal sämtliche oder nahezu sämtliche Anteile an der Gesellschaft hält, dürfte es aufgrund der Möglichkeit zur Änderung des Gesellschaftsvertrages und entsprechenden Mehrheitsverhältnissen in der Gesellschafterversammlung jedoch kaum zu einer Einziehung kommen.[1136]

bb) Änderung des rechtlichen Inhalts der Shares

Eine Änderung des rechtlichen Inhalts der Gesellschaftsanteile wird insbesondere durch eine Teilung des Gesellschaftsanteils und der damit verbundenen proportionalen Verteilung der Rechte und Pflichten auf die neu gebildeten Anteile hervorgerufen. Hierzu kommt es vor allem dann, wenn ein Teil des Gesellschaftsanteils auf einen Dritten übertragen werden soll.[1137]

Bei einer Änderung des rechtlichen Inhalts der Beteiligungsrechte können diese nicht mehr so zurückgewährt werden, wie sie empfangen wurden. Es geht somit letztlich um eine Veränderung des Kondiktionsgegenstandes. Zentral kommt es hierbei darauf an, zu bestimmen, in welchen Fällen die Veränderungen so weitreichend sind, dass die Herausgabe des Kondiktionsgegenstandes unmöglich wird.

1132 Siehe dazu bereits § 5 B. III. 3.).
1133 Vgl. § 5 B. III. 3.).
1134 Siehe vertiefend dazu § 9 A. II. 2.) a) aa).
1135 *Drygala/Staake/Szalai*, Kapitalgesellschaftsrecht, § 12 Rn. 59 f.
1136 Siehe dazu bereits § 5 B. III. 3.).
1137 Siehe dazu bereits § 5 B. III. 2.) a) bb).

Die Vermittlung von Rechten an der Gesellschaft in einem bestimmten Umfang ist die Kerneigenschaft des Gesellschaftsanteils. Vermittelt der Gesellschaftsanteil nach einer Teilung die Rechte an der Gesellschaft insgesamt nicht mehr im gleichen Umfang, ist er mit dem ursprünglich übertragenen Anteil nicht mehr vergleichbar. Die Herausgabe des ursprünglich erlangten Anteils ist damit unmöglich geworden. Es muss Wertersatz gemäß § 818 Abs. 2 BGB geleistet werden.

Handelt es sich bei den Gesellschaftsanteilen um Aktien und erfolgt die Veränderung nicht durch Teilung, sondern durch eine Übertragung einer bestimmten Anzahl von Aktien, muss ebenfalls die Unmöglichkeit der Rückübertragung angenommen werden. Kondiktionsgegenstand sind die Beteiligungsrechte in einem bestimmten Umfang, der den Share Deal als Unternehmenskauf qualifiziert. Sind die Beteiligungsrechte nicht mehr in diesem bestimmten Umfang vorhanden, ist der Bereicherungsschuldner zur Herausgabe außerstande. Er schuldet Wertersatz.

Werden hingegen nur einzelne, durch die Anteile vermittelte Rechte verändert, wie die Gewinnbeteiligung, das Stimmrecht oder Entnahme- oder Sonderrechte, dürfte die Veränderung nicht so weitreichend sein, dass eine Herausgabe unmöglich wird. Zu einer Wertersatzpflicht kommt es dann grundsätzlich nicht.

cc) **Kapitalerhöhung**

Bereits bei Untersuchung des rücktrittsrechtlichen Rückabwicklungssystems wurden die Auswirkungen einer Kapitalerhöhung und der damit verbundene „Verwässerungseffekt“[1138] thematisiert.[1139] Eine Veränderung des rechtlichen Inhalts der Gesellschaftsanteile tritt hierbei zwar nicht ein, zu einer Änderung der Beteiligungsverhältnisse kommt es aber durchaus. Ist der Bereicherungsschuldner dadurch nicht mehr Inhaber von Gesellschaftsanteilen in dem Umfang, der den rückabzuwickelnden Share Deal als Unternehmenskauf qualifiziert hat, sind so weitreichende Veränderungen eingetreten, dass die Herausgabe des Erlangten unmöglich geworden ist. Es wird dann nach § 818 Abs. 2 BGB Wertersatz geschuldet.

[1138] *Drygala/Staake/Szalai*, Kapitalgesellschaftsrecht, § 15 Rn. 13.
[1139] Siehe § 5 B. III. 2.) a) cc).

dd) Verschlechterung

Bei einer Verschlechterung des Unternehmens muss dieses in seinem gegenwärtigen Zustand herausgegeben und zugleich Wertersatz im Umfang der Verschlechterung geleistet werden.[1140] Eine Verschlechterung muss in Fällen angenommen werden, in denen es zu einer nachteiligen Veränderung der Sachsubstanz oder Beeinträchtigung der Funktionstauglichkeit gekommen ist.[1141]

Als Rechte haben die Gesellschaftsanteile kein der Sachsubstanz entsprechendes Äquivalent, womit eine Verschlechterung in dieser Ausgestaltung nicht infrage kommt. Weiterhin behalten die Gesellschaftsanteile selbst in Fällen der Insolvenz oder Liquidation der Gesellschaft ihre Funktion als Vermittler mitgliedschaftlicher Rechte, womit eine Einschränkung ihrer Funktionstauglichkeit ausgeschlossen ist. Eine Wertersatzpflicht aufgrund der Verschlechterung der Gesellschaftsanteile spielt somit für die bereicherungsrechtliche Rückabwicklung des Share Deals keine Rolle.[1142]

b) Subjektive Unmöglichkeit

Eine subjektive Unmöglichkeit wird u. a. bei einer Veräußerung des erlangten Gegenstandes angenommen.[1143] Beim Share Deal tritt somit eine Wertersatzpflicht aufgrund subjektiver Unmöglichkeit ein, wenn die Beteiligungsrechte in dem Umfang veräußert werden, die den Share Deal als Unternehmenskauf qualifizieren. Wird nur ein Teil der Shares veräußert und dabei auf einen Dritten übertragen, kommt hingegen eine Wertersatzpflicht wegen objektiver Unmöglichkeit aufgrund der Änderung des rechtlichen Inhalts der Gesellschaftsanteile in Betracht.[1144]

Wenn die Übertragbarkeit der Gesellschaftsanteile nach Vollzug des Share Deals gänzlich ausgeschlossen wird, kann der Kondiktionsschuldner nicht mehr über diese verfügen. Es besteht somit eine ähnliche Situation wie bei der Veräußerung. Es ist ein Fall der subjektiven Unmöglichkeit gegeben.

1140 Siehe § 9 A. II. 2.) a) bb).
1141 Vgl. § 9 A. II. 2.) a) bb).
1142 Siehe dazu auch § 5 B. III. 3.).
1143 *Buck-Heeb*, in: Erman, Handkommentar zum BGB, § 818 Rn. 15.
1144 Siehe § 9 B. III. 2.) a) bb).

Gleiches gilt, wenn die Übertragbarkeit an die Zustimmung der übrigen Gesellschafter geknüpft wurde. Eine subjektive Unmöglichkeit kann hierbei jedoch erst mit Verweigerung der Zustimmung angenommen werden.[1145]

c) Betrachtung des Unternehmens

Im Zuge der Bestimmung des Bereicherungsgegenstandes bei Rückabwicklung des Share Deals hat sich herausgestellt, dass das Unternehmen in die Betrachtung einbezogen werden muss. Ob sich hieraus eine Wertersatzpflicht gemäß § 818 Abs. 2 BGB ergibt, kann nach den Grundsätzen ermittelt werden, die für den Asset Deal erarbeitet wurden.[1146]

d) Zusammenfassung

Kommt es zur bereicherungsrechtlichen Rückabwicklung des Unternehmenskaufvertrages in seiner Ausgestaltung als Share Deal, müssen für die Bestimmung einer Wertersatzpflicht nach § 818 Abs. 2 BGB konsequent die als Bereicherungsgegenstand definierten Anteile im erworbenen Umfang in den Blick genommen werden. Aufgrund des direkt in § 818 Abs. 2 BGB niedergelegten Rechtsgedankens, wonach eine Wertersatzpflicht eintritt, wenn dem Kondiktionsschuldner die Herausgabe unmöglich bzw. er dazu außerstande ist, kann für den Share Deal ohne die Bildung von Analogien der Eintritt einer Wertersatzpflicht ermittelt werden. Diese ist in Fällen der objektiven Unmöglichkeit anzunehmen – also bei der Vollbeendigung der Gesellschaft, Einziehung der Gesellschaftsanteile, Änderung des rechtlichen Inhalts der Gesellschaftsanteile oder bei einer Kapitalerhöhung aufgrund des dort eintretenden Verwässerungseffektes. Des Weiteren kommt es bei subjektiver Unmöglichkeit der Herausgabe zu einer Wertersatzpflicht, worunter die Veräußerung der Gesellschaftsanteile sowie Änderungen im Hinblick auf die Übertragbarkeit der Anteile zu fassen sind.

e) Exkurs: Pflicht zur Beseitigung?

Im Bereicherungsausgleich gilt der starre Grundsatz, dass vom rechtsgrundlosen Erwerber nicht mehr abgeschöpft werden darf, als die eingetretene

---

1145 Siehe dazu § 5 B. III. 2.) a) aa).
1146 Dazu § 9 A. II.

und noch vorhandene Bereicherung.[1147] Für die Annahme einer Pflicht zur Ermöglichung der Herausgabe in Natur besteht daher kein Raum. Diese würde eine über den Abschöpfungsgrundsatz hinausgehende Belastung des Kondiktionsschuldners darstellen.

f) Umfang der Wertersatzpflicht

Kommt es beim Share Deal zum Eintritt der Wertersatzpflicht, bestimmt sich der zu leistende Wertersatz gemäß den bereicherungsrechtlichen Bewertungsvorgaben nach dem objektivierten Unternehmenswert.[1148] Die Ausgestaltung als Anteilskauf ändert hieran nichts.

Nach den Vorgaben für die Bewertungspraxis entspricht der objektivierte Wert des Unternehmensanteils dem quotalen Wertanteil am objektivierten Gesamtwert des Unternehmens.[1149] Basierend darauf, wie hoch der erworbene Anteil am Unternehmen war, muss folglich der quotale Wertanteil am objektivierten Gesamtwert des Unternehmens ersetzt werden. Dies dürfte beim Share Deal genau oder nahezu dem Gesamtwert des Unternehmens entsprechen.

Der Gesamtwert ist nach der Ertragswertmethode zu bestimmen, wobei vorrangig tatsächlich erzielte Erträge beachtet werden sollen und künftige Ertragsaussichten nur bei hinreichend sicheren Anhaltspunkten zu berücksichtigen sind.[1150]

Für die Wertberechnung ist grundsätzlich der Zeitpunkt maßgeblich, in dem das Unternehmen rechtsgrundlos erlangt wurde und damit der Bereicherungsanspruch entstanden ist.[1151] Tritt die Unmöglichkeit der Herausgabe hingegen erst später ein, muss auf den Moment abgestellt werden, in dem die Herausgabe unmöglich wird.[1152]

[1147] Vgl. BGHZ 168, 220 Rn. 27.
[1148] Zur Maßgeblichkeit des objektivierten Unternehmenswerts im Bereicherungsausgleich siehe § 9 A. II. 4.).
[1149] Vgl. IDW S 1 i. d. F. 2008, WPg Supplement 2008, 68 (71).
[1150] Siehe § 9 A. II. 4.).
[1151] BGHZ 168, 220 (237 Rn. 36); *Schöne*, ZGR 2000, 86 (108 f.).
[1152] Vgl. § 9 A. II. 4.).

IV. Entreicherung (§ 818 Abs. 3 BGB)

Für den Asset Deal hat sich herausgestellt, dass der Entreicherungseinwand bei einem ersatzlosen Wegfall des Unternehmens, einer Verschlechterung und bei der Tätigung von Aufwendungen zum Tragen kommt.[1153]

Bei einer Ausgestaltung in Form des Share Deals kann es durch eine Vollbeendigung der Gesellschaft oder Einziehung der Gesellschaftsanteile zu einem Wegfall des Unternehmens kommen. Ist dem Kondiktionsschuldner dabei kein wirtschaftlicher Vorteil zugeflossen, kann er sich auf Entreicherung berufen. Eine Verschlechterung spielt hingegen in Bezug auf die Shares keine Rolle.

Darüber hinaus wird die Tätigung von Aufwendungen im Kontext der Entreicherung relevant. Die hierzu bereits erzielten Erkenntnisse können auf den Share Deal übertragen werden. Diese beruhen auf allgemeingültigen bereicherungsrechtlichen Grundsätzen und den Eigenarten des Unternehmens und nicht der Gestaltungsform des Unternehmenskaufs.[1154] Dementsprechend sind getätigte Investitionen abzugsfähig, sofern diese nicht eindeutig fehlgeschlagen sind. Auch Kosten im Zusammenhang mit der Übertragung des Unternehmens sowie übernommene und neu begründete Verbindlichkeiten sind im Rahmen von § 818 Abs. 3 BGB zu berücksichtigen.

Ferner müssen auch Aufwendungen auf den Rechtsträger gemäß § 818 Abs. 3 BGB abzugsfähig sein.[1155] Durch den Anteilskauf wird der Rechtsträger des Unternehmens erworben und ist damit auch Kondiktionsgegenstand. Dürften die auf den Rechtsträger getätigten Aufwendungen nicht in Abzug gebracht werden, müsste der Bereicherungsschuldner den Rechtsträger mit den zugeführten Investitionen herausgeben und würde damit mehr verlieren, als er durch den Bereicherungsvorgang erlangt hat. Dies würde im Widerspruch zum Schutzzweck von § 818 Abs. 3 BGB stehen, weshalb hier der Entreicherungseinwand greifen muss.

Nimmt man die für die bereicherungsrechtliche Rückabwicklung des Unternehmenskaufs entwickelte Gefahrtragungsordnung in den Blick,

---

[1153] Siehe § 9 A. III. 1.).

[1154] Siehe dazu bereits § 9 A. III. 1.) b).

[1155] Ähnliche Beurteilung auch im rücktrittsrechtlichen Rückabwicklungssystem, siehe § 5 B. IV 2.).

ergeben sich bei einer Ausgestaltung als Share Deal keine spezifischen Probleme. Ein ersatzloser Untergang kommt bei einem Share Deal zusätzlich nur in Fällen einer Liquidation der Gesellschaft in Betracht, in denen dem Kondiktionsschuldner kein wirtschaftlicher Vorteil zufließt (bspw. bei einer Liquidation im Zuge eines Insolvenzverfahrens und restloser Verwertung des Gesellschaftsvermögens zur Befriedigung der Gläubiger). Auf diese Konstellation sind die Grundsätze der entwickelten unternehmensspezifischen Gefahrtragungsordnung anzuwenden.[1156]

Beruht der Untergang in einer solchen Konstellation auf Zufall, kann der Käufer den Kaufpreis zurückverlangen, ohne seinerseits Wertersatz leisten zu müssen. Das gilt jedoch nicht bei einem „neutralen Nichtigkeitsgrund“[1157]. Ist der Untergang dem Käufer zuzurechnen, trägt dieser das Untergangsrisiko, soweit er nicht die Sorgfalt in eigenen Angelegenheiten beobachtet hat. Ist der Untergang dem Verkäufer zuzurechnen, kann sich der Käufer vollumfänglich auf § 818 Abs. 3 BGB berufen. Beruht der Untergang auf dem Verhalten beider Parteien, ist eine Aufteilung des Risikos nach Verursachungsbeiträgen vorzunehmen. Hierbei sollte jedoch nicht nur das Insolvenzverfahren und die in dessen Ausführung erfolgte Liquidation isoliert betrachtet werden, sondern auch die Umstände, welche zu dessen Eröffnung geführt haben. Nur so kann das Anliegen der unternehmensspezifischen Gefahrtragungsordnung, eine ausgeglichene, auf Zurechenbarkeitsgesichtspunkten basierende Gefahrzuweisung zu erzeugen, verwirklicht werden.

Die Risikoverteilung anhand der unternehmensspezifischen Gefahrtragungsordnung findet hingegen nicht statt, wenn der Unternehmenskaufvertrag wegen Geschäftsunfähigkeit oder beschränkter Geschäftsfähigkeit einer Partei unwirksam ist.

V. Nutzungen

Gemäß § 818 Abs. 1 BGB besteht die Pflicht zur Herausgabe gezogener Nutzungen. Bei einer Ausgestaltung des Unternehmenskaufs als Share Deal kann aufgrund der Identität von Gesellschafts- und Unternehmensvermögen eine Nutzungsziehung grundsätzlich nur angenommen werden, wenn die Gewinne an die Gesellschafter ausgekehrt wurden.

1156 Zu diesen Grundsätzen siehe § 9 A. III. 2.) d).

1157 *Lorenz*, in: Staudinger BGB, § 818 Rn. 41.

Ist eine Ziehung von Nutzungen unterblieben oder blieb diese hinter den gegebenen Möglichkeiten zurück, wird dies auch bei der bereicherungsrechtlichen Rückabwicklung berücksichtigt. Hat der Bereicherungsschuldner hierbei nicht die Sorgfalt in eigenen Angelegenheiten beachtet, muss er sich den Wert der nicht gezogenen Nutzungen auf den eigenen Nutzungsherausgabeanspruch anrechnen lassen.[1158] Diese Prinzipien beruhen auf der Abstimmung von bereicherungsrechtlichen Grundprinzipien mit Gerechtigkeitsgesichtspunkten, womit sie unabhängig von der Ausgestaltungsform des Unternehmenskaufs Geltung beanspruchen.

Bei bereicherungsrechtlicher Rückabwicklung des Share Deals bedeutet die Einstellung von Gewinnen in die Rücklagen der Gesellschaft zwar grundsätzlich eine unterbliebene Nutzungsziehung, diese darf aber nicht automatisch zu einer Anrechnung führen. Wegen der Rückübertragung des Rechtsträgers sind auch die Rücklagen von der Herausgabe nach § 812 Abs. 1 S. 1 Alt. 1 BGB erfasst. Bei einer Anrechnung thesaurierter Gewinne im Falle einer Herausgabe in Natur würden diese zu Unrecht doppelt berücksichtigt werden.

Weiterhin wurde anhand der Dispositionen der Parteien bei Vertragsschluss die Feststellung getroffen, dass nur entnommene Gewinne von der Herausgabepflicht gemäß § 818 Abs. 1 BGB erfasst sind, die auf dem gegenständlichen Bereich des Unternehmens beruhen.[1159] Die dafür maßgeblichen Entscheidungen werden auch beim Share Deal getroffen, weshalb die Aussagen zur Obergrenze bei der Nutzungsherausgabe insgesamt übertragen werden können.

Die Erkenntnisse zur wertmäßigen Erfassung können ebenfalls auf den Share Deal übertragen werden, da die Übertragungsform keine andere Methodik erforderlich macht. Maßgeblich ist somit der im Zuge der objektivierten Ertragswertmethode zu ermittelnden Zukunftsgewinn, welcher auf die Zeit der Nutzung durch den rechtsgrundlosen Erwerber umgerechnet werden muss.[1160]

1158 Vgl. § 9 A. IV. 2.) a).
1159 Siehe § 9 A. IV 2.) b).
1160 Vertiefend dazu § 9 A. IV. 3.).

C. Verschärfte Haftung des Bereicherungsschuldners nach §§ 818 Abs. 4, 819 BGB

Die §§ 818 Abs. 4, 819 BGB enthalten Tatbestände, die zur verschärften Haftung des Bereicherungsschuldners führen. Um das bereicherungsrechtliche Rückabwicklungssystem in seiner Anwendung auf den Unternehmenskaufvertrag umfassend zu betrachten, müssen auch die Auswirkungen der verschärften Bereicherungshaftung untersucht werden. Im Fokus stehen dabei insbesondere die unternehmensspezifischen Probleme im Hinblick auf die Voraussetzungen und Rechtsfolgen einer verschärften Bereicherungshaftung.

I. Voraussetzungen

Zu einer verschärften Haftung des Bereicherungsschuldners kommt es gemäß § 818 Abs. 4 BGB von dem Eintritt der Rechtshängigkeit an. Der Eintritt der Rechtshängigkeit wird durch die Vorschriften der ZPO, d. h. nach §§ 261 Abs. 1, 253 Abs. 1 ZPO bestimmt.[1161] Demnach wird die Rechtshängigkeit mit Erhebung der Klage begründet. Die Erhebung der Klage erfolgt gemäß § 253 Abs. 1 ZPO durch Zustellung der Klageschrift.

In diesem Zusammenhang ist bei Unternehmenskaufverträgen die Besonderheit zu beobachten, dass bei einer großen Anzahl von Transaktionen die Entscheidung von Streitigkeiten aus M&A-Verträgen Schiedsgerichten zugewiesen wird.[1162] Fast automatisch ergibt sich die Frage, ob diese praktische Tendenz Auswirkungen auf die bereicherungsrechtliche Rückabwicklung hat und dabei speziell eine verschärfte Haftung nach § 818 Abs. 4 BGB auszulösen vermag. Konkret geht es darum, ob mit Klageerhebung vor einem Schiedsgericht gleichfalls Rechtshängigkeit i. S. d. § 818 Abs. 4 BGB eintritt.

Grundsätzlich führt die Klage beim Schiedsgericht zu denselben materiell-rechtlichen Wirkungen wie die Klageerhebung bei einem staatlichen Gericht.[1163] Demgemäß dürfte es mit Klageerhebung auch zum Eintritt der Rechtshängigkeit i. S. d. § 818 Abs. 4 BGB kommen. Voraussetzung ist natürlich, dass bei Nichtigkeit des Unternehmenskaufvertrages eine in dem Vertrag enthaltene Schiedsvereinbarung nicht aufgrund von Fehleridentität gleichfalls nichtig ist.

1161 *Staake*, Gesetzliche Schuldverhältnisse, § 6 Rn. 74.

1162 Vgl. *Gebhardt*, in: Handbuch Unternehmenskauf, Rn. 19.148.

1163 *Schwab/Walter*, Schiedsgerichtsbarkeit, Kapitel 16 Rn. 5.

Kommt es zur Nichtigkeit der Schiedsvereinbarung, wäre die Zuweisung an ein Schiedsgericht auch noch in einem späteren Stadium möglich.[1164] Aufgrund der bereits bestehenden Streitigkeit dürfte der Abschluss einer entsprechenden Schiedsvereinbarung dann aber oft schwerfallen.[1165]

Auch wenn der Abschluss einer Schiedsvereinbarung scheitert, dürfte die verschärfte Haftung in den beschriebenen Konstellationen jedenfalls wegen Kenntnis der Rechtsgrundlosigkeit des Erwerbs nach § 819 Abs. 1 BGB eintreten. Verhandeln die Parteien über eine Schiedsvereinbarung, um einen Streit aufgrund der Nichtigkeit des Unternehmenskaufvertrages von einem Schiedsgericht entscheiden zu lassen, haben diese auch Kenntnis von der Rechtsgrundlosigkeit.

II. Rechtsfolgen

Für die Rechtsfolgen verweist § 818 Abs. 4 BGB, auf den sich auch § 819 Abs. 1 BGB bezieht, auf die „allgemeinen Vorschriften“. Damit sind in erster Linie die §§ 291, 292 BGB gemeint und durch die Weiterverweisung in § 292 BGB auch die §§ 987 ff. BGB.

Die Verweisung auf §§ 291, 292 BGB – und damit auch auf die §§ 987 ff. BGB – gilt uneingeschränkt auch bei bereicherungsrechtlicher Rückabwicklung eines Unternehmenskaufvertrages.[1166] Hieran ändert auch die mangelnde Vindikationsfähigkeit des Unternehmens nichts.[1167] Der § 292 Abs. 1 BGB stellt auf einen Gegenstand ab, wobei mit dem Begriff im Sinne der Vorschrift nicht nur Sachen und Rechte gemeint sind.[1168] Auch ein Unternehmen kann Gegenstand gemäß § 292 Abs. 1 BGB sein.

1.) Schadensersatz (§ 292 Abs. 1 i. V. m. §§ 989, 990 BGB)

Nach § 292 Abs. 1 i. V. m. §§ 989, 990 BGB trifft den verschärft haftenden Bereicherungsschuldner bei Verschlechterung, Untergang oder sonstiger Unmöglichkeit der Herausgabe die Pflicht zum Schadensersatz. Für die Frage, ob einer der objektiven Haftungstatbestände in Bezug auf das Unternehmen

---

1164 Vgl. *Gebhardt*, in: Handbuch Unternehmenskauf, Rn. 19.156.

1165 *Gebhardt*, in: Handbuch Unternehmenskauf, Rn. 19.156.

1166 So auch *Rupietta*, Rückabwicklung unwirksamer Unternehmenskaufverträge, S. 296.

1167 Vertiefend zur Vindikationsfähigkeit des Unternehmens siehe § 4 F. II.

1168 BGH LM § 987 Nr. 3; *Ernst*, in: MüKo BGB, Band 2, § 292 Rn. 3; *Lorenz*, in: BeckOK BGB, § 292 Rn. 2.

eingetreten ist, ist eine Orientierung an den für den Asset Deal und Share Deal herausgearbeiteten Kriterien geboten.[1169]

Weitere Voraussetzung ist, dass die Verschlechterung, der Untergang oder die sonstige Unmöglichkeit der Herausgabe schuldhaft vom Kondiktionsschuldner herbeigeführt wurde. Entscheidend hierfür ist § 276 BGB.[1170] Der Umfang des Schadensersatzes ergibt sich aus §§ 249 ff. BGB.

Im Kontext des Schadensersatzes wird ebenfalls diskutiert, ob der bösgläubige Bereicherungsschuldner auch für einen zufälligen Untergang haften solle. Dies kann angenommen werden, wenn man die Verzugsvorschriften und damit insbesondere § 287 S. 2 BGB zu den „allgemeinen Vorschriften“ i. S. d. § 818 Abs. 4 BGB zählt.[1171] Um nicht in Widerspruch zur Haftung des Schuldners eines dinglichen Herausgabeanspruches zu geraten, sollte man die Haftung für Zufall nach § 287 S. 2 BGB nur bei Kenntnis von der Rechtsgrundlosigkeit des Erwerbs und nicht bei Rechtshängigkeit annehmen.[1172] Aus dem Umkehrschluss zu § 990 Abs. 2 BGB ergibt sich nämlich, dass nur den bösgläubigen Vindikationsschuldner eine Verzugshaftung trifft.

2.) Nutzungsersatz (§ 292 Abs. 2 i. V. m. §§ 987, 990 BGB)

Die verschärfte Haftung hat auch Auswirkung auf die Herausgabe von Nutzungen. Gemäß § 292 Abs. 2 i. V. m. §§ 987, 990 BGB sind die tatsächlich gezogenen Nutzungen herauszugeben. Zusätzlich besteht eine Ersatzpflicht hinsichtlich derjenigen Nutzungen, die schuldhaft nicht gezogen wurden, obwohl dies den Regeln einer ordnungsgemäßen Wirtschaft entsprochen hätte. Der § 818 Abs. 1 BGB wird durch § 292 Abs. 2 i. V. m. §§ 987, 990 BGB verdrängt.[1173]

Für den rechtsgrundlosen Erwerber eines Unternehmens folgt hieraus, dass die für die bereicherungsrechtliche Rückabwicklung entwickelte Obergrenze zur Nutzungsherausgabe bei verschärfter Haftung keine Anwendung findet.[1174] Wurden nach Eintritt der verschärften Haftung also Gewinne

---

1169 Siehe dazu § 9 A. II. und § 9 B. III.

1170 *Herrler*, in: Grüneberg BGB, § 989 Rn. 5.

1171 Zum Streitstand siehe *Schwab*, in: MüKo BGB, Band 7, § 818 Rn. 330 ff.

1172 So auch *Schwab*, in: MüKo BGB, Band 7, § 818 Rn. 334.

1173 *Schwab*, in: MüKo BGB, Band 7, § 818 Rn. 323.

1174 Zur Obergrenze siehe § 9 A. IV. 2.) b).

generiert und entnommen, die über dem liegen, was ein ordentlicher Geschäftsmann erwirtschaftet hätte, sind diese herauszugeben. Dies gilt unabhängig davon, ob sie auf dem im Unternehmen gegenständlich angelegten Nutzungspotenzial beruhen oder auf den persönlichen Fähigkeiten des Erwerbers.

Zugleich führt die Pflicht zum Nutzungsersatz aus § 987 Abs. 2 BGB zu einer Nachzahlungspflicht des Kondiktionsschuldners. Der Wert der unterbliebenen Nutzungsziehung wird nicht mehr auf den eigenen Nutzungsherausgabeanspruch angerechnet, sondern muss ersetzt werden.[1175] Eine Ersatzpflicht tritt ein, wenn Nutzungen entgegen den Regeln einer ordnungsgemäßen Wirtschaft schuldhaft nicht gezogen wurden (§ 987 Abs. 2 BGB). Für das Verschulden ist auch hier § 276 BGB maßgeblich.[1176] Da eine Anrechnung der unterbliebenen Nutzungsziehung im normalen Bereicherungsausgleich entsprechend der hergeleiteten Untergrenze nur erfolgt, wenn die Sorgfalt in eigenen Angelegenheiten nicht beachtet wurde, gilt hier insoweit ein strengerer Maßstab.

3.) Aufwendungsersatz (§ 292 i. V. m. §§ 994 ff. BGB)

Tritt die verschärfte Haftung des Bereicherungsschuldners ein, wird die Möglichkeit, Aufwendungen als bereicherungsmindernde Vermögensnachteile geltend zu machen, erheblich eingeschränkt.

Sofern keine verschärfte Haftung gegeben ist, sind Verwendungen abzugsfähig, egal ob diese nützlich oder notwendig waren und ob der Wert des Bereicherungsgegenstandes überhaupt oder dauernd erhöht worden ist.[1177] Bei verschärfter Haftung des Bereicherungsschuldners besteht nur noch ein Anspruch auf Ersatz notwendiger Verwendungen und dies nur nach den Vorschriften zur Geschäftsführung ohne Auftrag (§§ 292 Abs. 2, 994 Abs. 2, 995 BGB).[1178] Somit können allenfalls noch solche Verwendung ersetzt verlangt werden, die zur Aufrechterhaltung der Ertragsfähigkeit des Unternehmens erforderlich waren.[1179]

1175 Zur Anrechnung siehe § 9 A. IV. 1.).

1176 *Herrler,* in: Grüneberg BGB, § 987 Rn. 5.

1177 Siehe § 9 A. III. 1.) b).

1178 *Schwab,* in: MüKo BGB, Band 7, § 818 Rn. 324.

1179 Vgl. § 5 A. III. 3.) b).

4.) Verzinsung von rechtsgrundlos erlangtem Geld (§ 291 i. V. m. § 288 BGB)

Rechtsgrundlos erlangtes Geld ist gemäß § 291 i. V. m. § 288 BGB zu verzinsen. Bei Rückabwicklung des Unternehmenskaufvertrages wird diese Rechtsfolge vor allem für den gezahlten Kaufpreis relevant. Somit dürfte dies regelmäßig vom Unternehmenskäufer geltend gemacht werden.

Erhebt der Unternehmenskäufer Klage, tritt die verschärfte Haftung des Unternehmensverkäufers aufgrund von § 818 Abs. 4 BGB ein. Gleiches gilt, wenn die Klage vom Unternehmensverkäufer erhoben wird. Die Vorschrift des § 818 Abs. 4 BGB ist bei einem unwirksamen gegenseitigen Vertrag analog auch auf den Kläger anwendbar.[1180] In diesen Fällen dürfte aber häufig zugleich auch § 819 Abs. 1 BGB zur Anwendung gelangen.[1181]

5.) Herausgabe des Veräußerungserlöses (§ 285 BGB)

Auch § 285 BGB gehört zu den „allgemeinen Vorschriften“, auf die in § 818 Abs. 4 BGB verwiesen wird.[1182] Somit ist der Kondiktionsschuldner bei einer Veräußerung des Unternehmens zur Herausgabe des Veräußerungserlöses verpflichtet.[1183]

6.) Zusammenfassung

Es wird deutlich, dass bei Rechtshängigkeit oder Bösgläubigkeit des Bereicherungsschuldners eine erhebliche Haftungsverschärfung eintritt.

Der Bereicherungsschuldner unterliegt dann hinsichtlich der Primärherausgabepflicht einer Haftung nach schadensersatzrechtlichen Grundsätzen. Insbesondere trifft ihn damit ein deutlich strengerer Haftungsmaßstab, da er bereits für einfache Fahrlässigkeit haftet und nicht nur, wenn er die Sorgfalt in eigenen Angelegenheiten außer Acht gelassen hat.

Auch im Hinblick auf die bereicherungsrechtlichen Nebenansprüche tritt eine deutliche Haftungsverschärfung ein. Die für den normalen Bereicherungsausgleich hergeleitete Obergrenze gilt hier nicht. Zugleich besteht eine

---

1180 *Staake*, Gesetzliche Schuldverhältnisse, § 6 Rn. 76.

1181 *Staake*, Gesetzliche Schuldverhältnisse, § 6 Rn. 76.

1182 BGHZ 75, 203 (207); BGH, NJW 2014, 2790 Rn. 38; *Schwab*, in: MüKo BGB, Band 7, § 818 Rn. 339.

1183 Abweichend zum Umfang der Surrogathaftung: *Schwab*, in: MüKo BGB, Band 7, § 818 Rn. 341.

Ausgleichspflicht, wenn Nutzungen entgegen den Regeln einer ordnungsgemäßen Wirtschaft schuldhaft nicht gezogen wurden. Schließlich ist auch die Möglichkeit, Aufwendungen bereicherungsmindernd geltend zu machen, erheblich eingeschränkt.

Insgesamt ergibt sich also auch bei bereicherungsrechtlicher Rückabwicklung eines Unternehmenskaufvertrages ein deutlicher Haftungsunterschied, sofern es zum Eintritt einer verschärften Haftung nach den §§ 818 Abs. 4, 819 Abs. 1 BGB kommt.

III. Konsequenzen für das Verhalten der Parteien

Aufgrund der dargestellt Haftungsverschärfungen stellt sich die Frage, welche Konsequenzen die Parteien des unwirksamen Unternehmenskaufvertrages für ihr Handeln ziehen sollten, sobald Rechtshängigkeit oder Bösgläubigkeit eingetreten ist.

Insbesondere für den Unternehmenskäufer stellt sich die Frage, wie er bestmöglich mit dem rechtsgrundlos erworbenen Unternehmen verfahren soll.

Aufgrund seiner Eigenarten – vor allem seiner Dynamik und Komplexität – kann ein Unternehmen nicht einfach wie ein herkömmlicher Gegenstand irgendwo eingelagert werden. Es ist weiterhin am Markt eingebunden und dadurch mit den daraus folgenden Auswirkungen konfrontiert. Bei einem mitunter langwierigen Prozess würde sich das Unternehmen weiterhin in der Hand des verschärft haftenden Unternehmenserwerbers befinden. Um aus der verschärften Haftung resultierende nachteilige Folgen zu verhindern, sollten einige Grundsätze beachtet werden.

Beim rechtsgrundlosen Unternehmenserwerber könnte die Vorstellung entstehen, dass es sicherer sei, die unternehmerische Tätigkeit komplett einzustellen, um eine durch mögliche Fehlentscheidungen hervorgerufene Verschlechterung zu verhindern. Hierbei ist Vorsicht geboten. Eine kurzzeitige Einstellung der unternehmerischen Tätigkeit wäre nach den hier erarbeiteten Grundsätzen nicht schädlich, die Absicht der endgültigen Einstellung würde jedoch zur Annahme eines Untergangs des Unternehmens führen.[1184] Da der Untergang in solch einem Fall absichtlich herbeigeführt worden wäre, würde ein Anspruch auf Schadensersatz gemäß § 292 Abs. 1 i. V. m. §§ 989, 990 BGB bestehen.

[1184] Siehe dazu § 9 A. II. 2.) a) aa).

Vorsicht ist auch geboten, wenn der Erwerber eine gegenständliche Herausgabe des Unternehmens abwenden möchte.[1185] Wenn nach Rechtshängigkeit noch Maßnahmen ergriffen werden, um einen Identitätswechsel des Unternehmens herbeizuführen und damit die gegenständliche Herausgabe zu verhindern, würde dies ebenfalls einen Schadenersatzanspruch auslösen. Hier muss genau abgewogen werden, ob eine Schadensersatzpflicht in Kauf genommen werden soll oder nicht. Hat der Identitätswechsel bereits vor Eintritt der verschärften Haftung stattgefunden, ist der deshalb nach § 818 Abs. 2 BGB geschuldete Wertersatz gemäß § 291 i. V. m. § 288 BGB zu verzinsen.[1186]

Hinsichtlich der Erzielung von Gewinnen und deren Entnahme aus dem Unternehmen bzw. der Ausschüttung an die Gesellschafter sollte der Unternehmenserwerber sein Engagement etwas zurücknehmen und nach Möglichkeit anderweitig einsetzen. Die für eine bereicherungsrechtliche Rückabwicklung hergeleitete Obergrenze findet bei verschärfter Haftung keine Anwendung. Der Unternehmenserwerber müsste erwirtschaftete Gewinne ohnehin an den Bereicherungsgläubiger herausgeben. Zugleich muss jedoch darauf geachtet werden, dass die Erwirtschaftung und Entnahme von Gewinnen nicht unter ein Niveau sinkt, welches eine Ersatzpflicht nach §§ 292 Abs. 2 i. V. m. §§ 987 Abs. 2, 990 BGB auslöst.

Weiterhin sollte der rechtsgrundlose Erwerber des Unternehmens nach Eintritt der verschärften Haftung auf Investitionen zur Ertragssteigerung des Unternehmens verzichten. Diese könnte er ohnehin nicht ersetzt verlangen.

Ist die Herausgabe des Unternehmens schon vor Eintritt der verschärften Haftung unmöglich geworden und kommt es infolgedessen zur Wertersatzpflicht gemäß § 818 Abs. 2 BGB, gilt dies nicht. In diesem Fall verbleibt das Unternehmen beim Erwerber. Es entsteht kein Anspruch auf Schadensersatz, der Wertersatzanspruch ist nur gemäß § 291 i. V. m. § 288 BGB zu verzinsen. Der maßgebliche Zeitpunkt für die Berechnung des Wertersatzanspruches ist der, in dem die Herausgabe unmöglich wurde.[1187] Kommt es im Anschluss an diesen Zeitpunkt zum Eintritt der verschärften Haftung und werden danach Investitionen getätigt, sind deren Auswirkungen auf

---

1185 Zur Interessenlage und deren Auswirkungen auf die Rückabwicklung siehe § 9 A. II. 5.).
1186 Vgl. *Rupietta,* Rückabwicklung unwirksamer Unternehmenskaufverträge, S. 297.
1187 Siehe § 9 A. II. 4.).

den objektivierten Ertragswert des Unternehmens nicht mehr zu berücksichtigen, da sie nach dem maßgeblichen Bewertungsstichtag erfolgt sind. Da das Unternehmen beim Erwerber verbleibt, kommen folglich ihm die getätigten Investitionen zugute.

Der Veräußerer des Unternehmens sollte unbedingt die Verzinsung des Kaufpreises beachten (§ 291 i. V. m. § 288 BGB) und bei längerer Prozessdauer entsprechende Maßnahmen ergreifen.

D. Praktikabilität der bereicherungsrechtlichen Rückabwicklung eines Unternehmenskaufvertrages

Nachdem sich die vorangegangene Untersuchung mit der Anwendung des bereicherungsrechtlichen Rückabwicklungssystems auf den Unternehmenskauf in seinen Ausgestaltungsformen als Asset Deal und als Share Deal beschäftigt hat, ist in diesem Abschnitt die Praktikabilität einer solchen Rückabwicklung in den Blick zu nehmen. Hierfür muss vor allem die Vertragspraxis und Interessenlage beim Unternehmenskauf beachtet werden.

I. Bedenken gegen eine Rückabwicklung

Sofern die Rückabwicklung des Unternehmenskaufvertrages in der Vertragspraxis als „No-Go" bezeichnet wird, ist in diese Aussage auch die bereicherungsrechtliche Rückabwicklung einbezogen.[1188] Praktische Schwierigkeiten werden auch bei Anwendung des bereicherungsrechtlichen Rückabwicklungssystems gesehen, weshalb die bereicherungsrechtliche Rückabwicklung die absolute Ausnahme sei.[1189]

Zugleich wird aber auch anerkannt, dass ein vollständiger Ausschluss der bereicherungsrechtlichen Rückabwicklung im Unternehmenskaufvertrag nicht möglich ist.[1190] Dies liegt letztlich daran, dass die Rechtsfolgen bestimmter Unwirksamkeitsgründe, wie etwa unerkannte Geschäftsunfähigkeit oder Anfechtung wegen arglistiger Täuschung, nicht abbedungen werden können.

1188 Vgl. *Paefgen/Wallisch*, in: Bilanzgarantien, S. 209 f.

1189 Vgl. *Thiessen*, in: MüKo HGB, Band 1, Anh. § 25 Rn. 42.

1190 Diese Erkenntnis findet sich bei *Holzapfel/Pöllath*, Unternehmenskauf in Recht und Praxis, Rn. 714; *Rupietta*, Rückabwicklung unwirksamer Unternehmenskaufverträge, S. 1; *Bodenbenner*, MDR 2007, 1056 (1060).

Inhaltlich bestehen gegen eine bereicherungsrechtliche Rückabwicklung die gleichen Bedenken wie bei einer Anwendung der §§ 346 ff. BGB.[1191] Diese beziehen sich vor allem auf die im Zusammenhang mit einer Herausgabe in Natur stehenden Probleme. Es handelt sich dabei um Übertragungsverluste, Vertrauensverluste und die damit einhergehende Schwächung der Marktposition des Unternehmens. Außerdem kann es auch dazu kommen, dass der Bereicherungsgläubiger nicht mehr in Lage oder Willens ist, das Unternehmen selbst fortzuführen. Zudem kann sich auch hier die Übertragung einiger Wirtschaftsgüter problematisch gestalten.

II. Lösungsansätze

Um unliebsame Folgen einer Rückabwicklung zu vermeiden, bedarf es auch speziell in Bezug auf die bereicherungsrechtliche Rückabwicklung gezielter Lösungsansätze.

Ein zentraler Ansatz besteht darin, nach Möglichkeit bereits präventiv an die Unwirksamkeitsgründe anzuknüpfen. Diese sollen durch eine sorgfältige Vertragsgestaltung sowie eine adäquate Beratung und Überwachung der Transaktion bestmöglich ausgeschlossen werden.[1192] So könnte beispielsweise eine Unwirksamkeit aufgrund der Missachtung von Formvorschriften oder wegen fehlender Genehmigungen verhindert werden.

Weiterhin wird die Empfehlung ausgesprochen, „[...] bereits in dem schuldrechtlichen Veräußerungsvertrag Vorsorge für den Fall seiner Unwirksamkeit zu treffen, in dem die Parteien die Folgen privatautonom durch ein sachgerechtes Rückabwicklungssystem selbst regeln und nicht dem gesetzlichen Bereicherungsrecht und der Rechtsprechung überlassen."[1193]

Diesem Ansatz kann man durchaus mit Skepsis begegnen, handelt es sich bei der bereicherungsrechtlichen Rückabwicklung doch um ein gesetzliches Schuldverhältnis. Es ist bereits fraglich, inwiefern das bereicherungsrechtliche Rückabwicklungssystem als gesetzliches Schuldverhältnis überhaupt einer privatautonomen Ausgestaltung zugänglich ist. Anerkannt ist, dass die Parteien im Bereicherungsausgleich nicht zwischen den Rechtsfolgen wählen

1191 Zum rücktrittsrechtlichen Rückabwicklungssystem siehe § 5 D. I.
1192 Vgl. *Bodenbenner*, MDR 2007, 1056 (1060).
1193 *Bodenbenner*, MDR 2007, 1056 (1060).

können.[1194] Dies wird jedoch nicht als Widerspruch zu einer vertraglichen Ausgestaltung des Rückabwicklungsverhältnisses gesehen.[1195] Folglich kann die Möglichkeit einer privatautonomen Ausgestaltung nicht grundsätzlich abgelehnt werden.

Eine privatautonome Regelung[1196] versucht eingangs, die Pflichten von Verkäufer und Käufer zu regeln. Dabei wird der Verkäufer zur Rückzahlung des verzinsten Kaufpreises sowie zum Ersatz der Aufwendungen des Käufers auf das Unternehmen verpflichtet. Der Käufer hat das Unternehmen in dem Zustand zurückzuübertragen, in dem es sich bei Closing befand. Zudem sind die Nutzungen herauszugeben, welche als nach § 275 HGB zu ermittelnde Überschüsse ab Closing definiert werden.

Die Integrations- und Rückabwicklungskosten sollen von den Parteien bis zu einem bestimmten Grenzwert jeweils zur Hälfte getragen werden.

Ferner soll die Unmöglichkeit der Übertragung einzelner Teile des Unternehmens nicht die Herausgabepflicht hinsichtlich der anderen Teile berühren. Für nicht mehr vorhandene Teile soll Wertersatz geleistet werden. Sofern Ersatz angeschafft wurde, besteht ein Wahlrecht zwischen Wertersatz und Herausgabe des Ersatzes. Eine Wertersatzpflicht für eine Verschlechterung im „ordentlichen Geschäftsbetrieb“[1197] wird ausgeschlossen. Ansonsten ist Ersatz für die Wertdifferenz des Unternehmens zwischen Closing und Rückübertragungsstichtag zu leisten. Der eine Wertersatzpflicht auslösende Fall einer Gesamtunmöglichkeit soll bei Unmöglichkeit der Übertragung eines „wesentlichen Teils“[1198] des Unternehmens eintreten. Zur näheren Ausgestaltung wird eine vertragliche Definition wesentlicher Teile empfohlen. Abschließend wird die Zusammenfassung sämtlicher Zahlungsansprüche in einem „Abrechnungsstatus“[1199] und eine anschließende Saldierung empfohlen.

1194 Vgl. BGHZ 168, 220 Rn. 24.

1195 So etwa *Bodenbenner,* MDR 2007, 1056 (1060 f.); *Kohler,* ZfPW 2017, 404 (434 f.).

1196 Gestaltungsvorschlag findet sich bei *Bodenbenner,* MDR 2007, 1056 (1061), hier werden nur die Kernaussagen dieses Vorschlags wiedergegeben.

1197 *Bodenbenner,* MDR 2007, 1056 (1061).

1198 *Bodenbenner,* MDR 2007, 1056 (1061).

1199 *Bodenbenner,* MDR 2007, 1056 (1061).

III. Das bereicherungsrechtliche Rückabwicklungssystem zwischen Praktikabilität und Interessenausgleich

Auf Grundlage der erzielten Ergebnisse muss nunmehr eine Auseinandersetzung mit den Bedenken gegen eine Rückabwicklung und den dazu entwickelten Lösungsvorschlägen geführt werden.

1.) Zu den Bedenken gegen eine Rückabwicklung

Die Bedenken gegen eine bereicherungsrechtliche Rückabwicklung richten sich im Wesentlichen gegen die gegenständliche Herausgabe des Unternehmens. Die damit im Zusammenhang stehenden tatsächlichen und wirtschaftlichen Probleme wie Übertragungsverluste, Vertrauensverluste und die damit einhergehende Schwächung der Marktposition des Unternehmens können nicht in Abrede gestellt werden. Diese stehen eindeutig im Widerspruch zu den Interessen der Vertragsparteien. Die Bedenken gegen eine Rückabwicklung müssen insoweit geteilt werden.

Zugleich hat die vorangegangene Untersuchung aber auch gezeigt, dass das bereicherungsrechtliche Rückabwicklungssystem grundsätzlich in der Lage ist, die Rückabwicklung eines Unternehmenskaufs – unabhängig von seiner Ausgestaltungsform – zu bewältigen.

Die Besonderheit der Komplexität kann durch die Einordnung des wirtschaftlichen Unternehmens als einheitlichen Bereicherungsgegenstand bewältigt werden.[1200] Die dem Unternehmen immanente Dynamik überfordert das Rückabwicklungssystem deshalb nicht, weil für die gegenständliche Herausgabe auf den Zustand im Herausgabezeitpunkt abgestellt wird und für die Abgrenzung von Herausgabe in Natur und Wertersatz der anhand des Unternehmensbegriffs entwickelte Maßstab des Identitätswechsels genutzt wird.

Auch die Eigenschaft des Unternehmens als soziales Gebilde kann bei einer bereicherungsrechtlichen Rückabwicklung insgesamt beherrscht werden. Die Anwendbarkeit von § 613a BGB wahrt die Interessen der Arbeitnehmer.[1201] Die Interessen von Vertragspartnern werden dadurch berücksichtigt, dass deren Zustimmung zur Übertragung der Verträge eingeholt werden muss.[1202] Hinsichtlich bestehender Verbindlichkeiten hat der Bereicherungsschuldner

---

1200 Siehe § 9 A. I. und § 9 B. II.

1201 Siehe § 9 A. I. 1.) b).

1202 § 9 A. I. 1.).

einen Freistellungsanspruch, soweit diese noch nicht beglichen wurden.[1203] Dies kommt den Gläubigern zugute.

Mit Blick auf die bereicherungsrechtliche Rückabwicklung des Share Deals lässt sich feststellen, dass der automatische Übergang der Rechtsbeziehungen auf den Bereicherungsgläubiger aus Sicht der mit dem Unternehmen in einer Rechtsbeziehung stehenden Dritten durchaus negativ sein kann. Wegen des nicht vorhandenen Zustimmungserfordernisses werden ihre Interessen nicht so stark berücksichtigt wie bei Rückabwicklung des Asset Deals.

2.) Gegenüberstellung der Untersuchungsergebnisse und des vertraglichen Ansatzes

Eine Gegenüberstellung des dargelegten Vorschlags zu einem vertraglichen Lösungsansatz und der erzielten Untersuchungsergebnissen zeigt, dass die gesetzliche Konzeption bei entsprechender unternehmensspezifischer Auslegung durchaus passende Ergebnisse liefert.

Bei Anwendung der §§ 812 ff. BGB ist der Verkäufer ebenfalls zur Rückzahlung des verzinsten Kaufpreises verpflichtet. Nach dem betrachteten vertraglichen Ansatz muss der Verkäufer dem Käufer außerdem alle auf das Unternehmen getätigten Aufwendungen ersetzen.[1204] Im Falle der Rückabwicklung würden sich bei solch einer Ausgestaltung höchstwahrscheinlich Streitigkeiten dazu entwickeln, was unter den Aufwendungsbegriff zu fassen ist. Eine unternehmensspezifische Auslegung der gesetzlichen Vorschriften liefert hingegen eine klare Definition des Aufwendungsbegriffes.[1205]

Zusätzlich ist die Ersatzpflicht hinsichtlich der Aufwendungen bei Anwendung der gesetzlichen Vorschriften wesentlich differenzierter ausgestaltet. Hiernach wird bspw. kein Ersatz für eindeutig fehlgeschlagene Investitionen zur Steigerung der Ertragsfähigkeit geschuldet.[1206] Dies dürfte auch den Interessen der Parteien entsprechen. Es ist nicht nachvollziehbar, warum der Veräußerer Investitionen des Erwerbers ersetzen sollte, die dieser auf eigenes Risiko getätigt hat und die sich definitiv nicht im zurückzuübertragenden Unternehmen widerspiegeln.

1203 Siehe § 9 A. III. 1.) b) cc).
1204 Vgl. *Bodenbenner*, MDR 2007, 1056 (1061).
1205 Siehe nur § 9 A. III. 1.) b).
1206 Siehe § 9 A. III. 1.) b) aa).

Im vertraglichen Regelungsbeispiel wird der Grundsatz, wonach die Unmöglichkeit der Übertragung einzelner Unternehmensteile die Pflicht zur Übertragung der übrigen Teile nicht berührt, festgeschrieben. Bei einem unternehmensspezifischen Verständnis der §§ 812 ff. BGB ergibt sich dies fast automatisch aus der Einordnung des wirtschaftlichen Unternehmens als einheitlichen Bereicherungsgegenstand.

Der Ausschluss der Wertersatzpflicht für eine Verschlechterung „im ordentlichen Geschäftsbetrieb"[1207] und die Festlegung einer Ausgleichspflicht hinsichtlich einer sonstigen negativen Wertdifferenz zwischen Closing und Rückübertragungsstichtag scheinen auf dem ersten Blick mit der gesetzlichen Ausgestaltung übereinzustimmen. Durch den Rückgriff auf die unternehmensspezifische Auslegung zu § 346 Abs. 2 S. 1 Nr. 3 BGB kann bei Anwendung der gesetzlichen Vorschriften eine Verschlechterung des Unternehmens jedoch wesentlich genauer erfasst werden.[1208]

Weiterhin wird durch die unternehmensspezifische Gefahrtragungsordnung die Haftung des Käufers für Verschlechterungen auf Basis von Zurechenbarkeitsgesichtspunkten weiter ausdifferenziert. Nach dem Gestaltungsvorschlag würde der Erwerber auch für Verschlechterungen haften, wenn diese eigentlich dem Veräußerer zuzurechnen sind. Es wird aber kaum den Interessen der Parteien entsprechen, wenn der Erwerber eine Verschlechterung des Unternehmens ausgleichen muss, die darauf basiert, dass sich ein arglistig verschwiegener Unternehmensmangel in der Verschlechterung des Unternehmens manifestiert hat. Dies wird bei einer unternehmensspezifischen Auslegung der bereicherungsrechtlichen Vorschriften beachtet, bei der vertraglichen Ausgestaltung hingegen nicht.[1209]

Der Gestaltungsvorschlag zur Wertersatzpflicht bei Gesamtunmöglichkeit bestätigt die Ergebnisse der unternehmensspezifischen Auslegung. Im Gestaltungsvorschlag wird eine Wertersatzpflicht bei Unmöglichkeit der Übertragung wesentlicher Teile des Unternehmens angeordnet. Dahinter steht letztlich der Gedanke, dass die Unmöglichkeit der Herausgabe einzelner Elemente, welche das Unternehmen wesentlich prägen, zur Unmöglichkeit der Herausgabe des Unternehmens insgesamt führen muss. Hierbei handelt

---

1207 *Bodenbenner*, MDR 2007, 1056 (1061).

1208 Vgl. § 9 A. II. 2.) a) bb).

1209 Siehe zur unternehmensspezifischen Auslegung § 9 A. III. 2.) d) cc).

es sich um einen wesentlichen Leitgedanken der unternehmensspezifischen Auslegung.[1210] Zusätzlich gelingt es dem hier entwickelten Auslegungsmodell auch noch hinsichtlich weiterer Unmöglichkeitskonstellationen, das Unternehmen insgesamt in den Blick zu nehmen.[1211]

Ein Vorteil des Gestaltungsvorschlags liegt definitiv darin, dass die für eine Bestimmung der Gesamtunmöglichkeit maßgeblichen wesentlichen Teile privatautonom festgelegt werden können. Die unternehmensspezifische Auslegung schafft es zwar, auch diese wesentlichen Teile zu ermitteln, eine privatautonome Festlegung könnte in diesem Punkt aber für größere Sicherheit sorgen.

Für den Umfang des Wertersatzes soll der „[...] tatsächliche Verkehrswert bei Closing [...]"[1212] maßgeblich sein. Sollte es zur bereicherungsrechtlichen Rückabwicklung kommen, dürfte diese Anordnung erhebliches Streitpotenzial bieten. Es wurde bereits deutlich, dass der Begriff des Verkehrswertes in Bezug auf das Unternehmen weiterer Konkretisierung bedarf.[1213] Da der Gestaltungsvorschlag keine weitere Konkretisierung vornimmt, dürfte über die Auslegung des Begriffs und die genaue Wertermittlung gestritten werden. Bei der unternehmensspezifischen Auslegung konnte hingegen das Ertragswertverfahren als passendes Instrument zur Bestimmung des Umfangs der Wertersatzpflicht festgelegt werden.

Auch hinsichtlich einer Herausgabe der erzielten Gewinne ist der Gestaltungsvorschlag nicht so ausdifferenziert wie eine unternehmensspezifische Auslegung. Demnach ist ein Betrag in Höhe der positiven Nutzungen zu zahlen, womit die erzielten Gewinne vollumfänglich herauszugeben sind. Auch wenn sich dies in die Systematik der Lösung einfügt, wonach auch die Aufwendungen vollumfänglich zu ersetzen sind, bleiben wesentliche Problemkreise unberücksichtigt. Zum einen ist keine Lösung für den Fall vorgesehen, in dem der Unternehmenserwerber nicht ordnungsgemäß gewirtschaftet hat. Zum anderen muss der Erwerber auch die Gewinne herausgeben, welche er aufgrund seiner persönlichen Leistungen erwirtschaftet hat. Es fehlen somit eine notwendige Unter- und Obergrenze.

1210 Siehe vor allem § 9 A. II. 2.) a) aa) und § 9 A. II. 2.) a) cc) bbb).

1211 Dies wird unter § 9 A. II. 2.) a) und b) deutlich.

1212 *Bodenbenner*, MDR 2007, 1056 (1061).

1213 Siehe nur § 9 A. II. 4.).

Die Saldierung etwaiger Zahlungsansprüche findet sich auch bei einer unternehmensspezifischen Auslegung der §§ 812 ff. BGB wieder.[1214]

Zudem wird die Praktikabilität der hier entwickelten unternehmensspezifischen Auslegung durch eine eher unzureichende Ausgestaltung des vertraglichen Ansatzes unter Beweis gestellt.

Im Gestaltungsvorschlag wird für die Herausgabe des Unternehmens auf den Zustand bei Closing abgestellt. [1215] Außerdem ist die Möglichkeit integriert, für nicht mehr vorhandene Teile des Unternehmens Wertersatz zu verlangen, auch wenn diese nicht wesentlich sind und die Unmöglichkeit der Herausgabe somit nicht zur Gesamtunmöglichkeit führt.[1216] Der vertragliche Gestaltungsvorschlag dürfte die Konsequenz haben, dass die Rückabwicklung des Unternehmenskaufs zu einer kaum zu bewältigenden Anzahl von Einzelstreitigkeit führt. Ein Warenlager müsste beispielsweise wieder auf genau den gleichen Stand wie im Zustand bei Closing gebracht werden – eine kaum zu bewältigende Aufgabe. Durch die Möglichkeit, für nicht mehr vorhandene, auch unwesentliche Teile des Unternehmens Wertersatz zu verlangen, würde die Haftung des Bereicherungsschuldners zudem völlig ausufern lassen. Der Bereicherungsgläubiger könnte – etwas überspitzt dargestellt – für jede nicht mehr vorhandene Büroklammer Ersatz verlangen.[1217] Diese Gestaltung schafft in diesem Punkt somit mehr Probleme, als sie löst.

Zudem wird aber auch deutlich, dass die gesetzliche Konzeption ein passenderes Ergebnis liefert. Demnach muss der Bereicherungsgläubiger das Unternehmen in seinem aktuellen Zustand zurücknehmen, es sei denn, eine wertersatzauslösende Unmöglichkeitskonstellation ist eingetreten. Das Streitpotenzial und damit die Umsetzungsschwierigkeiten einer Rückabwicklung werden somit deutlich verringert.

3.) Ergebnis

Insgesamt zeigt die Gegenüberstellung der Untersuchungsergebnisse und des vertraglichen Gestaltungsansatzes, dass eine unternehmensspezifische Auslegung der §§ 812 ff. BGB in der Lage ist, die Rückabwicklung eines

---

[1214] Siehe § 9 A. III. 2.) e).

[1215] *Bodenbenner,* MDR 2007, 1056 (1061).

[1216] *Bodenbenner,* MDR 2007, 1056 (1061).

[1217] Zwar kann nach *Bodenbenner,* MDR 2007, 1056 (1061) auch Herausgabe des Ersatzes gefordert werden, dies steht aber im freien Ermessen des Bereicherungsgläubigers.

Unternehmenskaufvertrages ausdifferenzierter, umfassender und mit weniger Streitpotenzial zu lösen. Da sich die gesetzliche Konzeption bei einer entsprechenden Auslegung stärker bewährt als eine zu der Problematik entwickelte Gestaltungsempfehlung, kann die Praktikabilität einer bereicherungsrechtlichen Rückabwicklung des Unternehmenskaufvertrages belegt werden.

Trotzdem bleibt es dabei, dass eine Rückabwicklung aufgrund der dabei häufig entstehenden Übertragungs- und Vertrauensverluste sowie der Schwächung der Marktposition nicht den Interessen der beteiligten Parteien entsprechen wird. Die bereicherungsrechtliche Rückabwicklung eines Unternehmenskaufvertrages kann somit als praktikabel, aber nicht als interessengerecht bezeichnet werden.

IV. Vertragsgestaltung auf Basis unternehmensspezifischer Auslegung

Obwohl das bereicherungsrechtliche Rückabwicklungssystem im Vergleich zu vertraglichen Gestaltungsvorschlägen in der Lage ist, die Rückabwicklung eines Unternehmenskaufvertrages ausdifferenzierter, umfassender und mit weniger Streitpotenzial zu lösen, muss ebenfalls beachtet werden, dass die Bedenken gegen eine bereicherungsrechtliche Rückabwicklung auch durch eine unternehmensspezifische Auslegung der §§ 812 ff. BGB nicht ausgeräumt werden können.

Der Grund hierfür liegt vor allem darin, dass auch bei einer unternehmensspezifischen, teils modifizierenden Auslegung die mit erheblichen Folgeproblemen im Zusammenhang stehende Pflicht zur Herausgabe des Unternehmens in Natur mit einiger Wahrscheinlichkeit eintreten kann.

Gegenstand einer vertraglichen Regelung der bereicherungsrechtlichen Rückabwicklung muss daher insbesondere der Übergang einer Herausgabepflicht in Natur zur Wertersatzpflicht sein. Unter Beachtung der Struktur und wesentlichen Elementen des Unternehmens sollte definiert werden, in welchen Fällen eine Herausgabe in Natur noch zu verkraften ist und wann stattdessen Wertersatz geschuldet werden soll.

Auch die unternehmensspezifische Gefahrtragungsordnung könnte weiter vertraglich modifiziert werden, wenn diese nicht den Interessen der Parteien gerecht wird. Einerseits könnte die Berufung des rechtsgrundlosen Unternehmenserwerbers auf § 818 Abs. 3 BGB bei zufälligem Untergang oder Verschlechterung auch auf den Eintritt eines neutralen Nichtigkeitsgrundes erweitert werden. Andererseits könnte dem Unternehmenserwerber die Berufung auf § 818 Abs. 3 BGB bei einem ersatzlosen Untergang des Unternehmens bereits bei einfacher Fahrlässigkeit versagt werden.

Bei alldem bleibt jedoch zu beachten, dass es sich bei der bereicherungsrechtlichen Rückabwicklung um ein Legalschuldverhältnis handelt. Die Möglichkeit einer vertraglichen Modifikation kann deshalb nicht völlig bedenkenlos angenommen werden. Die Aussage, wonach keine Wahlmöglichkeit zwischen Herausgabe in Natur und Wertersatz möglich sei, wird im Kontext der direkten Anwendung von § 818 BGB ohne vorherige vertragliche Regelung getroffen und spricht damit nicht direkt gegen eine vertragliche Ausgestaltung.[1218] Die Modifikationsfähigkeit ist jedoch nicht unumstritten.[1219]

Selbst wenn man eine Modifikationsfähigkeit annehmen möchte, besteht dennoch die Gefahr, dass die Aufnahme einer entsprechenden vertraglichen Regelung im Unternehmenskaufvertrag bei Nichtigkeit des Vertrages ebenfalls als unwirksam anzusehen ist. Somit besteht selbst bei einer vertraglichen Ausgestaltung keine absolute Gewähr dafür, dass etwaige vertragliche Modifikationen auch zur Anwendung gelangen.

1218 Siehe BGHZ 168, 220 Rn. 24.

1219 Siehe zum Streit etwa *Kohler*, ZfPW 2017, 404 (433 f.).

Gegenüberstellung der Rückabwicklungssysteme

Bei einer Gegenüberstellung der Rückabwicklungssysteme wird die besondere Bedeutung des bereicherungsrechtlichen und des rücktrittsrechtlichen Rückabwicklungssystems deutlich. Kommt es zur Rückabwicklung eines Unternehmenskaufvertrages, wird diese maßgeblich von dem Rücktrittsfolgenrecht oder dem Bereicherungsrecht gesteuert.

Sofern ein Rückabwicklungssystem im weiteren Sinn zur Anwendung gelangt, erfolgt zumeist ein nahezu vollständiger Rückgriff auf das rücktrittsrechtliche Rückabwicklungssystem.[1220] Die Auswirkungen auf die Rückabwicklung des Unternehmenskaufvertrages sind dann allenfalls punktuell.[1221]

Selbst Lösungen außerhalb des BGB, die im Zusammenhang mit der Rückabwicklung des Unternehmenskaufs stehen, tendieren dazu, für die Ausgestaltung der Rückabwicklung auf das Rücktrittsfolgen- oder Bereicherungsrecht zurückzugreifen. Dies hat insbesondere die Betrachtung der Rückabwicklung bei Unternehmensprivatisierungen der Treuhandanstalt gezeigt.[1222]

Bei einer Rückabwicklung als Rechtsfolge von Schadensersatz aus c.i.c. bestimmt sich die Ausgestaltung nach den für Rechtsfolgen von Schadensersatzansprüchen geltenden allgemeinen Regeln (§§ 249 ff. BGB). Diese Vorschriften sind nicht explizit darauf ausgerichtet, gegenseitig erbrachte Leistungen rückabzuwickeln oder Vermögensverschiebungen rückgängig

---

[1220] Siehe § 6 und § 7.

[1221] Siehe § 6 C. und § 7.

[1222] Siehe § 4 H. II.

zu machen. Die Ausgestaltung der Rückabwicklung erfolgt deshalb nur rudimentär.[1223] Eine von den §§ 249 ff. BGB koordinierte Rückabwicklung ist damit kaum in der Lage, die Komplexität einer Rückabwicklung eines Unternehmenskaufvertrages angemessen zu bewältigen.

Auch die Vorschriften zum EBV können für eine interessengerechte Rückabwicklung einer M&A-Transaktion nicht nutzbar gemacht werden. Dies ist maßgeblich mit der mangelnden Vindikationsfähigkeit des Unternehmens als am Zweck der Ertragserzielung ausgerichtete Einheit zu begründen.[1224]

Stellt man die unternehmensspezifischen Auslegungen von rücktritts- und bereicherungsrechtlichen Rückabwicklungssystem gegenüber, werden nicht nur ähnliche Lösungsansätze erkennbar, sondern auch eine Wechselwirkung der Systeme untereinander. Beide begreifen das wirtschaftliche Unternehmen als am Zweck der Ertragserzielung ausgerichtete Einheit. Beim Share Deal knüpfen beide Rückabwicklungssysteme nicht ausschließlich an die erworbenen Anteile an, sondern sehen die Anteile im erworbenen Umfang samt Unternehmen als Objekt der Rückabwicklung.[1225]

In beiden Systemen wird primär die Rückgewähr bzw. Herausgabe in Natur geschuldet. Der Eintritt einer Wertersatzpflicht wird – trotz unterschiedlicher Systematik[1226] – anhand eines ähnlichen Rechtsgedankens bestimmt. Entscheidend ist, wann dem Rückgewähr- bzw. Bereicherungsschuldner die Herausgabe in Natur unmöglich bzw. er dazu außerstande ist.[1227] Im Rahmen der unternehmensspezifischen Auslegung bedienen sich beide Systeme zur Feststellung dieses Umstandes ähnlicher Kriterien.

In der gesetzlichen Ausgestaltung des Rücktrittsfolgenrechts ist ein Gefahrtragungsmodell angelegt, das unternehmensspezifisch ausgelegt werden muss. Für die bereicherungsrechtliche Rückabwicklung des Unternehmenskaufvertrages konnte eine unternehmensspezifische Gefahrtragungsordnung entwickelt werden. An dieser Stelle zeigt sich die Wechselwirkung der Systeme besonders deutlich. Im Rahmen der Entwicklung einer

---

[1223] Siehe vertiefend dazu § 8.

[1224] Vertiefend § 4 F.

[1225] Siehe § 5 B. I. und § 9 B. II.

[1226] Beim Rücktrittsfolgenrecht ist die Fallgruppensystematik in § 346 Abs. 2 S. 1 BGB prägend, während in § 818 Abs. 2 BGB eine allgemeine Regelung für den Eintritt der Wertersatzpflicht maßgeblich ist.

[1227] Vertiefend § 5 A. II. und § 9 A. II.

unternehmensspezifischen Gefahrtragungsordnung hat eine partielle Übertragung der Wertungen des Rücktrittsfolgenrechts zu erfolgen, um Wertungswidersprüche zu vermeiden.

Auch in Bezug auf die Nebenansprüche zeigen sich ähnliche Tendenzen. Zur unternehmensspezifischen Auslegung kann in beiden Systemen ein identisches Verständnis des Nutzungs- und Aufwendungsbegriffes genutzt werden. Auch die Zuordnung der Nutzungen und Aufwendungen erfolgt nach gleichen Grundzügen. Unterschiede bestehen in Detailfragen.

Sofern das Rückabwicklungsstadium eingetreten ist, sehen sich die Beteiligten in beiden Rückabwicklungssystemen mit Haftungsverschärfungen konfrontiert.[1228] Insbesondere der Unternehmenserwerber sollte dann beim Betrieb des Unternehmens den möglichen Eintritt einer Schadensersatzpflicht beachten und seine geschäftlichen Maßnahmen daran ausrichten.

Insgesamt weisen die Ergebnisse einer unternehmensspezifischen Auslegung des rücktritts- und bereicherungsrechtlichen Rückabwicklungssystems eine weitreichende Synchronität auf. Deshalb lässt sich auch keinem der beiden Systeme eine Überlegenheit bei der Rückabwicklung eines Unternehmenskaufvertrages zuschreiben. Gleichwohl ist das Rücktrittsfolgenrecht bereits in seiner gesetzlichen Grundkonzeption an der Rückabwicklung eines gegenseitigen Austauschverhältnisses ausgerichtet und bietet insbesondere in Bezug auf die Gefahrverteilung größere Sicherheit.

Dass diese Ergebnisse in Bezug auf die Rückabwicklung eines Unternehmenskaufvertrages angemessen sind, zeigt sich bereits im Abgleich mit der Rücküberlassung bei der Unternehmenspacht. Bei Rücküberlassung muss sich das Unternehmen hier in dem Zustand befinden, in dem es sich befinden würde, wenn der Pächter dieses nach der Überlassung ordnungsgemäß fortgeführt hat. Dabei muss der Verpächter jedoch Veränderungen akzeptieren, die sich zwingend ergeben und die daraus resultieren, dass der Pächter ihm zustehende Spielräume unternehmerischen Handelns genutzt hat.[1229] Auch bei den Rückabwicklungssystemen im engeren Sinn ist das Unternehmen – jedenfalls faktisch – in dem Zustand herauszugeben, in dem es sich im Zeitpunkt der Rückgewähr befindet.

1228 Siehe § 5 C. und § 9 C.

1229 Siehe zu der Rückabwicklung der Unternehmenspacht bereits ausführlich § 4 G.

Eine Wertsteigerung des Unternehmens kommt dem Verpächter zugute. Eine ähnliche Verteilung ist grundsätzlich auch im Rücktrittsfolgen- und Bereicherungsrecht angelegt. Zusätzlich werden Wertsteigerungen in den Systemen noch mittelbar über die Nebenansprüche ausgeglichen.[1230] Zudem kann der Rückgewähr- oder Bereicherungsschuldner die Erstattung von Investitionen unter wesentlich leichter zu erfüllenden Voraussetzungen geltend machen.[1231]

Zusammenfassend treffen den Unternehmenserwerber bei Rückabwicklung des Unternehmenskaufvertrages nach Rücktrittsfolgen- oder Bereicherungsrecht keine schärferen Rechtsfolgen als den Pächter bei Rückabwicklung der Unternehmenspacht. Diese Feststellung bestätigt die erzielten Ergebnisse. Im Umkehrschluss können für den Rückgewähr- bzw. Bereicherungsschuldner keine schärferen Rechtsfolgen gelten, weil dieser bei Vertragsschluss im Gegensatz zum Pächter noch keine Kenntnis von seiner Verpflichtung zur Rückgewähr hatte.[1232]

Des Weiteren sind das rücktritts- und bereicherungsrechtliche Rückabwicklungssystem in ihren gesetzlichen Ausgestaltungen bei einer unternehmensspezifischen Auslegung in der Lage, die Rückabwicklung eines Unternehmenskaufvertrages in Anbetracht der Besonderheiten des wirtschaftlichen Unternehmens zu bewältigen.

Sie können deshalb nicht als unpraktikabel bezeichnet werden. Es hat sich jedoch für beide Rückabwicklungssysteme gezeigt, dass eine Rückgewähr bzw. eine Herausgabe in Natur aufgrund der damit verbundenen tatsächlichen und wirtschaftlichen Folgen oft nicht den Interessen der Parteien entsprechen dürfte. Da in beiden Systemen der Eintritt einer Wertersatzpflicht erst unter bestimmten Voraussetzungen von einiger Intensität gegeben ist, können diese insgesamt nur eingeschränkt interessengerechte Ergebnisse liefern.

Da die gesetzlichen Rückabwicklungssysteme grundsätzlich in der Lage sind, eine Rückabwicklung des Unternehmenskaufvertrages zu gewährleisten, ergibt sich für die Vertragsgestaltung, dass der Einsatz des Rücktritts als

---

[1230] Siehe § 5 A. III. 1.) b) bb), § 5 A. III. 3.) f) und § 9 A. III. 1.) b) aa), § 9 A. IV. 2.) b).

[1231] Siehe § 5 A. III. 3.) und § § 9 A. III. 1.) b) aa).

[1232] Ähnlicher Gedanke findet sich bei *Rupietta*, Rückabwicklung unwirksamer Unternehmenskaufverträge, S. 155 f.

Rechtsbehelf und der Rückabwicklung als Rechtsfolge auch nach Closing für bestimmte Transaktionen passend sein kann. Insbesondere bei hoch riskanten Transaktionen, in denen die Weiterführung des Unternehmens schwerwiegendere Probleme erzeugen würde als eine Rückabwicklung, könnte der Rücktritt als Rechtsbehelf und die Rückabwicklung als Rechtsfolge passend sein.[1233]

Die Rechtsfolgen sollten dann den Eigenarten des Unternehmens, der Besonderheit der Transaktion und den Interessen der Parteien angepasst werden. Im Zuge dessen könnte insbesondere der Übergang von Rückgewähr zur Wertersatzpflicht spezifisch ausgestaltet werden. Zugleich muss beachtet werden, dass die § 346 Abs. 3 S. 1 Nr. 3 BGB und § 347 Abs. 1 S. 2 BGB bei einem vertraglichen Rücktrittsrecht keine Anwendung finden. Dies sollte gestaltungstechnisch gleichfalls behandelt werden.

Sofern der Ausschluss einer Rückabwicklung favorisiert wird, sollte ein vorsichtiger Vertrag einige Modalitäten der Rückabwicklung in einer Auffangregelung aufnehmen. Aufgrund der dargelegten Kompetenzen der rücktritts- und bereicherungsrechtlichen Rückabwicklungssysteme ist der Regelungsaufwand hierfür aber nicht übermäßig groß. In jedem Fall sollte unter Beachtung der Eigenarten des Unternehmens bestimmt werden, wann es zu einem Übergang von Rückgewähr bzw. Herausgabe in Natur zu einer Wertersatzpflicht kommen sollte. Zudem sollte für die Bestimmung des Umfangs der Wertersatzpflicht im rücktrittsrechtlichen Rückabwicklungssystem die Maßgeblichkeit der objektivierten Ertragswertmethode festgelegt werden, um größere Sicherheit zu erzeugen. Für die bereicherungsrechtliche Rückabwicklung könnte die Gefahrtragung anhand der hier entwickelten unternehmensspezifischen Gefahrtragungsordnung angepasst werden. Weiterhin könnte auch eine einheitliche Regelung bezüglich der Behandlung von Vertragsvorbereitungskosten getroffen werden. Diese sind bei rücktrittsrechtlicher Rückabwicklung ersatzfähig, im bereicherungsrechtlichen Rückabwicklungssystem hingegen nicht.[1234]

[1233] Für etwaige Konstellationen siehe *Beisel*, in: Beisel/Klumpp, Der Unternehmenskauf, § 16 Rn. 11; ähnlich auch *v. Hoyenberg*, in: MVHdB, Band 2, Wirtschaftsrecht I, I. 5 Anm. 85.

[1234] Siehe § 5. A. III. 3.) c) und § 9 A. III. 1.) b) dd).

Prozessuale Konsequenzen

Die Besonderheiten des wirtschaftlichen Unternehmens, insbesondere seine Komplexität und Dynamik, wirken sich nicht nur materiell-rechtlich aus. Auch prozessrechtlich ergeben sich bei Rückabwicklung eines Unternehmenskaufvertrages Schwierigkeiten.

Aufgrund der nach § 253 Abs. 2 ZPO erforderlichen Bestimmtheit des Klageantrages kann sich der Gläubiger bei klageweiser Geltendmachung seines Rückgewähr- oder Bereicherungsanspruches nicht darauf beschränken, die Rückgewähr oder Herausgabe des Unternehmens unter Verwendung der im Geschäftsverkehr gebrauchten Bezeichnung – möglicherweise noch mit Hinweis auf den Unternehmensträger – zu verlangen.[1235] Es ist vielmehr erforderlich, dass die zum Unternehmen gehörenden materiellen und immateriellen Vermögenswerte sowie die zur Rückübertragung des Unternehmens notwendigen Willenserklärungen und Handlungen einzeln inhaltlich genau beschrieben werden.[1236] Ansonsten müsste die Konkretisierung des erstrebten Urteils im Vollstreckungsverfahren erfolgen, wofür dieses jedoch nicht zur Verfügung steht.[1237]

1235 Vgl. BGHZ 7, 208 (211); *Becker-Eberhard*, in: MüKo ZPO, Band 1, § 253 Rn. 90; *Rupietta*, Rückabwicklung unwirksamer Unternehmenskaufverträge, S. 83; *Schöne*, ZGR 2000, 86 (95).

1236 Vgl. BGHZ 7, 208 (211); *Becker-Eberhard*, in: MüKo ZPO, Band 1, § 253 Rn. 90; *Rupietta*, Rückabwicklung unwirksamer Unternehmenskaufverträge, S. 83; *Schöne*, ZGR 2000, 86 (95).

1237 *Becker-Eberhard*, in: MüKo ZPO, Band 1, § 253 Rn. 90.

Um einen vollstreckbaren Titel auf Herausgabe des Unternehmens zu erreichen, sollten bei Gestaltung des Klageantrages die dem Unternehmen zugeordneten Vermögenswerte sowie die zur Übertragung erforderlichen Willenserklärungen und Handlungen in gleicher Weise spezifiziert werden, wie dies zur Erfüllung der im Kaufvertrag festgelegten Leistungsverpflichtungen des Verkäufers notwendig gewesen ist.[1238]

Aufgrund der zwischenzeitlich eingetretenen Veränderungen im Anlage- und Umlaufvermögen des Unternehmens dürfte die Formulierung eines hinreichend bestimmten Klageantrages den Gläubiger vor erhebliche Schwierigkeiten stellen. Um dem zu begegnen, wird dem Gläubiger ein Rechnungslegungsanspruch gemäß § 260 BGB zugestanden.[1239] Ausgehend hiervon sollte der Klageantrag zunächst auf Basis der Anlagen zum Unternehmenskaufvertrag formuliert werden.[1240] Der Rückgewähr- oder Kondiktionsschuldner muss dann gemäß § 260 BGB erklären, welche Veränderungen im Bestand der zum Unternehmen gehörenden Vermögenswerte eingetreten sind.

Aufgrund der dem Unternehmen immanenten Dynamik wird es bei längerer Prozessdauer zudem erforderlich sein, dass bei Verurteilung eine Aktualisierung der Rechnungslegung zu erfolgen hat.[1241] Um den Auswirkungen weiterer Veränderungen hinsichtlich der Vermögenswerte bis zur Vollstreckung des Urteils zu begegnen, dürfte im Urteil eine sog. All-Klausel genutzt werden.[1242]

Beweisrechtliche Probleme werden dann auftreten, wenn zwischen Übertragung des Unternehmens und Geltendmachung des Rückgewähr- oder Herausgabeanspruches ein besonders langer Zeitraum liegt.[1243] Gemäß § 257 Abs. 4 HGB sind insbesondere Inventare und Abschlüsse für zehn Jahre aufzubewahren. Sofern Unterlagen nach diesem Zeitraum vernichtet wurden, dürfte ein Auskunftsanspruch gemäß § 260 BGB ins Leere gehen.[1244] Ein dann

---

1238 *Schöne*, ZGR 2000, 86 (95).

1239 *Lorenz*, in: Staudinger BGB, § 818 Rn. 9; *Rupietta*, Rückabwicklung unwirksamer Unternehmenskaufverträge, S. 84; *Schöne*, ZGR 2000, 86 (95).

1240 Vgl. *Schöne*, ZGR 2000, 86 (95).

1241 Vgl. *Schöne*, ZGR 2000, 86 (95).

1242 *Schöne*, ZGR 2000, 86 (95 f.).

1243 Vgl. dazu auch *Schöne*, ZGR 2000, 86 (96).

1244 Vgl. *Schöne*, ZGR 2000, 86 (96).

allenfalls noch bestehender bereicherungsrechtlicher Herausgabeanspruch wird kaum noch konkretisiert werden können.

Von nicht geringerer Bedeutung dürfte zudem die umgekehrte Situation sein, in welcher sich der Unternehmenserwerber des Unternehmens entledigen möchte und dafür seinen Rückabwicklungsanspruch gerichtlich durchsetzt. Eine Klage wäre in einem solchen Fall vorrangig auf Rückgewähr bzw. Herausgabe des Kaufpreises gerichtet. Prozessuale Schwierigkeiten ergeben sich auch hier vor allem für den Unternehmensveräußerer.

Sofern dieser einen erneuten Eintritt in die Unternehmerstellung aufgrund der Rückgewähr bzw. Herausgabe des Unternehmens abwenden möchte, trifft ihn die Beweislast für die Umstände, welche eine Wertersatzpflicht des Unternehmenserwerbers auslösen.[1245] Sofern es hierfür auf unternehmensinterne Umstände ankommt, dürften entsprechende Darlegungen nur schwerlich gelingen. Hierbei könnte dem Unternehmensveräußerer eine sekundäre Darlegungslast des Unternehmenserwerbers zugutekommen. Eine solche kommt in Betracht, wenn einer nicht darlegungsbelasteten Partei zuzumuten ist, ihrem Prozessgegner die Darlegung durch nähere Angaben über die zu ihrem Wahrnehmungsbereich gehörenden Verhältnisse zu ermöglichen, weil sie – anders als der außerhalb des maßgeblichen Geschehensablaufs stehende Darlegungsbelastete – die wesentlichen Tatsachen kennt.[1246] Da für den Eintritt einer Wertersatzpflicht regelmäßig Ereignisse von einiger Intensität erforderlich sind, kann jedoch nicht grundsätzlich davon ausgegangen werden, dass diese außerhalb des Wahrnehmungsbereichs des Unternehmensveräußerers liegen. Es bleibt somit eine Frage des Einzelfalls, ob den Unternehmenserwerber eine sekundäre Darlegungslast trifft.

[1245] Siehe § 5 A. II. 6.) b) und § 9 A. II. 5.) b).

[1246] BGHZ 68, 23 (29); BGHZ 140, 156 (158).

Zusammenfassung

Nach dem hier zugrunde gelegten Verständnis handelt es sich beim wirtschaftlichen Unternehmen um eine am Zweck der Ertragserzielung ausgerichtete Einheit.

Aufgrund spezifischer Merkmale erfährt das Unternehmen eine eigenständige Prägung, durch die es sich von herkömmlichen Gegenständen abgrenzt. Zu diesen Spezifika gehören insbesondere die Komplexität und die dem Unternehmen immanente Dynamik. Zudem kommt es bei Betrieb des Unternehmens zwangsläufig zu einer Wechselwirkung mit den Interessen Dritter, wodurch es als soziales Gebilde zu qualifizieren ist.

Im Rechtsverkehr wird das Unternehmen zum Teil als Einheit, aber auch als Vielheit behandelt. Ferner erfolgt im Rechtsverkehr eine Trennung von Unternehmen und Unternehmensträger, wobei Letzterer das Zuordnungsobjekt von Rechten und Pflichten ist.

Als am Zweck der Ertragserzielung ausgerichtete Einheit kann das wirtschaftliche Unternehmen dauerhaft oder zeitweise auf einen anderen Rechtsträger übertragen werden. Hierbei kann es Gegenstand eines Kaufvertrages sein, der als Asset Deal oder Share Deal gestaltet und vollzogen wird. Exemplarisch für eine zeitweise Überlassung ist die Unternehmenspacht. Auch wenn verschiedene Möglichkeiten bestehen, das Verpflichtungsgeschäft einer Unternehmensübertragung auszugestalten, wird das Unternehmen auf schuldrechtlicher Ebene stets nicht nur als Gesamtheit von Sachen und Rechten, sondern als am Zweck der Ertragserzielung ausgerichtete Einheit behandelt.

Im Bürgerlichen Gesetzbuch finden sich verschiedene gesetzliche Konzeptionen, die eine Rückgewähr von Leistungen und Gegenständen zum Inhalt haben. Außerhalb des BGB sind zudem Lösungsmodelle ausfindig zu machen, die im Zusammenhang mit der Rückabwicklung eines Unternehmenskaufvertrages stehen. Von den Konzeptionen des BGB können das Rücktrittsfolgenrecht, das Bereicherungsrecht, das EBV und die Rückabwicklung bei der Unternehmenspacht als Rückabwicklungssysteme im engeren Sinn bezeichnet werden. Diese gewähren einen Anspruch auf Rückgewähr der Leistung bzw. Herausgabe des geleisteten Gegenstandes und enthalten zusätzlich Vorschriften, welche die Abwicklung weiter ausgestalten. Andere relevante Konzeptionen, wie eine Rückabwicklung nach § 281 Abs. 5 i. V. m. §§ 346–348 BGB, eine Rückabwicklung nach § 313 Abs. 3 i. V. m. §§ 346 ff. BGB oder eine Rückabwicklung als Rechtsfolge von Schadensersatz aus c.i.c., ordnen für ihre unterschiedlichen Anwendungsbereiche aus sich heraus an, empfangene Leistungen rückgängig zu machen. Da diese Systeme bereits selbst auf die Herstellung des Zustands vor Vertragsschluss gerichtet sind und eine Rückabwicklung bezwecken sollen, für die nähere Ausgestaltung aber zum Teil auf die zuvor beschriebenen Konzeptionen zurückgreifen oder sich Vorschriften bedienen, die nicht speziell auf eine Rückabwicklung ausgerichtet sind, werden diese als Rückabwicklungssysteme im weiteren Sinn bezeichnet.

Das EBV ist als Rückabwicklungssystem im engeren Sinn nicht in der Lage, die Besonderheit der Komplexität des Unternehmens adäquat zu bewältigen. Das Vindikationsrecht kann nur die zum Unternehmen gehörenden Einzelgegenstände erfassen, insofern diese Sachqualität besitzen. Aufgrund der mangelnden Vindikationsfähigkeit des Unternehmens als Einheit kann das EBV für eine interessengerechte Rückabwicklung eines Unternehmenskaufvertrages nicht nutzbar gemacht werden.

Die Rückabwicklung bei der Pacht bezieht sich auf die zeitweise Überlassung des Unternehmens und erfasst somit einen vom Kauf abweichenden Vertragstyp. Diesem System können somit nur bestimmte Wertungen entnommen werden.

Die Lehre von der fehlerhaften Gesellschaft stellt ein Lösungsmodell außerhalb des BGB dar und kommt als Lösungsalternative bei einem fehlerhaften Anteilskauf in Betracht. Diese Rechtsfigur könnte damit auch als Alternative zu einer bereicherungsrechtlichen Rückabwicklung des Share

Deals dienen. Eine Betrachtung der Rückabwicklung bei Unternehmensprivatisierungen durch die Treuhandanstalt hat verdeutlicht, dass auch bei der Rückabwicklung von Unternehmensübertragungen insbesondere auf das Rücktrittsfolgen- und Bereicherungsrecht zurückgegriffen werden muss.

Dem Rücktrittsfolgen- und Bereicherungsrecht können als Rückabwicklungssysteme im engeren Sinn strukturelle Gemeinsamkeiten entnommen werden. Hieraus ergibt sich im Hinblick auf die Primärleistung eine Dreistufigkeit. Diese setzt sich aus der Herausgabe in Natur, der Wertersatzpflicht und einer Befreiung des Schuldners von der Wertersatzpflicht zusammen.

Bei Rückabwicklung des Unternehmenskaufvertrages nach Rücktrittsfolgenrecht wird bei einer Ausgestaltung als Asset Deal grundsätzlich die Rückgewähr des Unternehmens, welche sich an der ursprünglichen Übertragung zu orientieren hat, geschuldet. Maßgeblich ist hierbei der Zustand des Unternehmens bei Vertragserfüllung. De facto ist das Unternehmen jedoch in dem Zustand zurückzuübertragen, in dem es sich im Zeitpunkt der Rückgewähr befindet. Veränderungen, die aufgrund der Teilnahme am gewöhnlichen Marktgeschehen eingetreten sind, stehen dem nicht entgegen. Eine Wertersatzpflicht kann nach § 346 Abs. 2 S. 1 Nr. 2 und 3 BGB eintreten. Durch die Untersuchung verschiedener Fallgruppen konnte festgestellt werden, dass eine besonders relevante Verarbeitung oder Umgestaltung (§ 346 Abs. 2 S. 1 Nr. 2 BGB) nach Vollzug des Asset Deals angenommen werden muss, wenn es zu einem Identitätswechsel des Unternehmens gekommen ist. Dafür ist eine tiefgreifende Veränderung der Elemente erforderlich, die das Unternehmen maßgeblich prägen. Zu diesen prägenden Elementen zählen das gegenständliche Unternehmensvermögen, die Immaterialgüterpositionen und die Außenbeziehungen in ihrer Organisation zur Erreichung eines wirtschaftlichen Zwecks.

Für die Bestimmung des Umfangs der Wertersatzpflicht ist bei einer mangelfreien Leistung der Kaufpreis entscheidend. Ist das Unternehmen hingegen mangelhaft, hat die Bestimmung anhand der für die Minderung maßgeblichen Berechnungsmethode zu erfolgen, wobei das Ertragswertverfahren eine zentrale Rolle für die Wertbestimmung einnimmt.

Auch die Privilegierung des Rückgewährschuldners nach § 346 Abs. 3 BGB ist bei Rückabwicklung eines Asset Deals von grundsätzlicher Relevanz. Der Besonderheit, dass Mängel aufgrund der Komplexität des Unternehmens häufig erst spät erkannt werden können, wird durch § 346 Abs. 3 S. 1 Nr. 1

BGB Rechnung getragen. Durch § 346 Abs. 3 S. 1 Nr. 2 BGB wird verhindert, dass der Unternehmensverkäufer das Risiko einer Verschlechterung oder des Untergangs, der auf einer mangelhaften Leistung beruht, auf den Erwerber abwälzen kann. Das allgemeine unternehmerische Risiko wird durch § 346 Abs. 3 S. 1 Nr. 3 BGB auf den Rückgewährgläubiger verlagert.

Bei einer rücktrittsrechtlichen Rückabwicklung sind entnommene Gewinne als Nutzungen herauszugeben. Hierzu konnten eine Unter- und eine Obergrenze etabliert werden, welche Unregelmäßigkeiten bei der Entnahme von Gewinnen regulieren. Wurden dem Unternehmen Bar- und Sachmittel zugeführt, die nicht aus ihm selbst stammen, können diese bei unternehmensspezifischer Auslegung in die Systematik des § 347 Abs. 2 BGB eingeordnet und ersetzt verlangt werden.

Bei einem Share Deal muss für die Rückabwicklung an die Gesellschaftsanteile in dem erworbenen Umfang und das Unternehmen angeknüpft werden. Durch eine Analogie zu § 346 Abs. 2 S. 1 Nr. 2 und 3 BGB können auch für den Share Deal spezifische Konstellationen vom rücktrittsrechtlichen Rückabwicklungssystem erfasst werden. Das Rücktrittsfolgenrecht ist bei einer unternehmensspezifischen Auslegung grundsätzlich in der Lage, die Rückabwicklung eines Unternehmenskaufvertrages unabhängig von der Ausgestaltung als Asset Deal oder Share Deal zu bewältigen, und kann deshalb nicht als unpraktikabel bezeichnet werden. Da aber insbesondere eine Rückgewähr des Unternehmens regelmäßig nicht den Interessen der Parteien entsprechen wird, muss eine auf der unternehmensspezifischen Auslegung basierende Vertragsgestaltung vor allem den Übergang von der Rückgewähr zur Wertersatzpflicht individuell für das vertragsgegenständliche Unternehmen regeln.

Bei einer Rückabwicklung des Unternehmenskaufs nach § 281 Abs. 5 i. V. m. §§ 346–348 BGB kann es- unter gewissen Umständen- im Ergebnis zu einer abweichenden Zuordnung der Nutzungen und Aufwendungen kommen. Im Hinblick auf die Primärleistung bestehen jedoch keine Unterschiede zur Rückabwicklung nach dem rücktrittsrechtlichen Rückabwicklungssystem.

Die Rückabwicklung des Unternehmenskaufvertrages wird auch dann maßgeblich vom rücktrittsrechtlichen Rückabwicklungssystem gesteuert, wenn es wegen der Störung der Geschäftsgrundlage gemäß § 313 Abs. 3 S. 1 BGB zu einer Rückabwicklung kommt. Durch die Nichtanwendbarkeit von § 346 Abs. 3 S. 1 Nr. 3 BGB wird das allgemeine unternehmerische Risiko auf den Unternehmenskäufer verlagert. Dieses ist sonst grundsätzlich dem Unternehmensveräußerer zugewiesen.

Vor allem bei der Verletzung von Aufklärungspflichten kann dem Unternehmenskäufer ein Schadensersatzanspruch aus c.i.c. zustehen. Dann kann dieser nach § 249 Abs. 1 BGB Naturalrestitution und damit die Wiederherstellung des vertragslosen Zustandes verlangen. Es kommt zu einer Rückabwicklungssituation, die durch ein Rückabwicklungssystem koordiniert werden muss. Da sich die Pflicht zur Rückabwicklung allein aus § 249 Abs. 1 BGB ergibt, kann diese auch nur von den §§ 249 ff. BGB bestimmt werden. Die für Rechtsfolgen von Schadensersatzansprüchen geltenden allgemeinen Regeln (§§ 249 ff. BGB) sind nicht speziell auf die Rückabwicklung gegenseitig erbrachter Leistungen oder die Rückgängigmachung erfolgter Vermögensverschiebungen zugeschnitten. Eine durch diese Vorschriften koordinierte Rückabwicklung ist deshalb kaum in der Lage, die komplexe Rückabwicklungssituation bei Rückabwicklung eines Unternehmenskaufvertrages zu bewältigen. Interessengerechte Ergebnisse können so nicht erzielt werden.

Bei einer Anwendung der §§ 812 ff. BGB nach erfolgtem Asset Deal muss das Unternehmen als am Zweck der Ertragserzielung ausgerichtete Einheit als Bereicherungsgegenstand eingeordnet werden. Die Rückabwicklung hat spiegelbildlich zur Erfüllung des Unternehmenskaufvertrages zu erfolgen. Das Unternehmen ist in dem Zustand herauszugeben, in dem es sich im Zeitpunkt der Herausgabe befindet.

Der Eintritt einer Wertersatzpflicht ist anhand von § 818 Abs. 2 BGB zu bestimmen, wonach es bei objektiver oder subjektiver Unmöglichkeit der Herausgabe des Unternehmens zu einer Wertersatzpflicht kommt. Für den Eintritt einer Wertersatzpflicht bei Veränderungen des Unternehmens ist auch hier der Begriff des Identitätswechsels maßgeblich. Der Umfang der Wertersatzpflicht wird anhand der Ertragswertmethode bestimmt. Durch den Entreicherungseinwand aus § 818 Abs. 3 BGB können bei Rückabwicklung eines Asset Deals verschiedene Aufwendungen des Unternehmenskäufers bereicherungsmindernd berücksichtigt werden.

Aufgrund der Unzulänglichkeiten der Saldotheorie wurde unter Beachtung der Wertungen des Rücktrittsfolgenrechts eine unternehmensspezifische Gefahrtragungsordnung für die Rückabwicklung eines Unternehmenskaufvertrages entwickelt. Diese ist in der Lage, die Gefahr des ersatzlosen

Untergangs oder der Verschlechterung des Unternehmens – unter Beachtung der Besonderheiten des Unternehmens und der Transaktion – auf die beteiligten Parteien angemessen zu verteilen. Bei einer bereicherungsrechtlichen Rückabwicklung sind die entnommenen Gewinne als gezogene Nutzungen herauszugeben, wobei Wertgrenzen bereicherungsrechtlich hergeleitet werden konnten, um Unregelmäßigkeiten bei der Nutzungsziehung zu begegnen.

Bei einer fehlerhaften Anteilsübertragung hat eine Rückabwicklung nach Bereicherungsrecht zu erfolgen, die Lehre von der fehlerhaften Gesellschaft ist nicht anwendbar. Es fehlt an dem verbandsrechtlichen und organisationsrechtlichen Element, was für die dogmatische Begründung der Anwendung der Lehre von der fehlerhaften Gesellschaft maßgeblich ist.

Aufgrund der bereicherungsrechtlich gebotenen Orientierung am Verpflichtungsgeschäft sind beim Share Deal die Anteile im erworbenen Umfang als Bereicherungsgegenstand einzuordnen, wobei das Unternehmen in die Betrachtung einzubeziehen ist. Die beim Share Deal in Betracht kommenden Unmöglichkeitskonstellationen können von der Regelung des § 818 Abs. 2 BGB erfasst werden, was die Bestimmung des Eintritts einer Wertersatzpflicht ermöglicht.

Die Rückabwicklung eines Unternehmenskaufvertrages nach Bereicherungsrecht kann bei unternehmensspezifischer Auslegung als praktikabel bezeichnet werden, was insbesondere die Gegenüberstellung mit vertraglichen Alternativlösungen deutlich belegt. Trotzdem führt eine mögliche Herausgabe in Natur dazu, dass eine bereicherungsrechtliche Rückabwicklung zumeist nicht den Interessen der Parteien entsprechen wird. Der Versuch einer interessengerechten Lösung sollte deshalb durch eine entsprechende Vertragsgestaltung auf Basis unternehmensspezifischer Auslegung unternommen werden.

Eine Gegenüberstellung der Rückabwicklungssysteme verdeutlicht, dass die Rückabwicklung eines Unternehmenskaufvertrages maßgeblich von dem Rücktrittsfolgen- und Bereicherungsrecht gesteuert wird. Die Bedeutung dieser Rückabwicklungssysteme wird durch den Rückgriff bei der Rückabwicklung von Unternehmensprivatisierungen durch die Treuhandanstalt verdeutlicht. Eine unternehmensspezifische Auslegung des Rücktrittsfolgen- und Bereicherungsrechts führt zu weitgehend synchronen Ergebnissen. Die Angemessenheit dieser Ergebnisse wird durch einen Abgleich mit der Rücküberlassung bei der Unternehmenspacht bestätigt.

Sowohl das Rücktrittsfolgen- als auch das Bereicherungsrecht sind grundsätzlich bei einer unternehmensspezifischen Auslegung in der Lage, die Rückabwicklung eines Unternehmenskaufvertrages in Anbetracht der Besonderheiten des wirtschaftlichen Unternehmens zu gewährleisten. Da insbesondere mit der Rückgewähr bzw. Herausgabe in Natur nicht immer interessengerechte Ergebnisse geliefert werden können, bedürfen die Rückabwicklungssysteme insoweit einer Modifikation, die im Wege der Vertragsgestaltung erreicht werden kann. Für extrem risikoreiche Transaktionen kann die Rückabwicklung mit einer entsprechenden Modifikation sogar eine passende Rechtsfolge darstellen.

Insgesamt konnte durch eine unternehmensspezifische Auslegung verschiedener Rückabwicklungssysteme sowie die Erfassung der dabei bestehenden Wechselwirkungen im Abgleich mit der Vertragspraxis und Interessenlage bei M&A-Transaktionen die Erkenntnis gewonnen werden, dass ein Unternehmenskaufvertrag in seinen verschiedenen Ausgestaltungsformen grundsätzlich einer Rückabwicklung zugänglich ist. Dabei lässt sich die Rückabwicklung weitgehend durch gesetzliche Regelungen ausgestalten und bedarf nur punktuell einer Modifizierung.

Literaturverzeichnis

BALLERSTEDT, KURT *Das Unternehmen als Gegenstand eines Bereicherungsanspruchs,* in: Fischer, Robert/ Hefermehl, Wolfgang (Hrsg.), Gesellschaftsrecht und Unternehmensrecht: Festschrift für Wolfgang Schilling zum 65. Geburtstag am 5. Juni 1973, Berlin/New York 1973, S. 289 (zitiert als: *Ballerstedt,* in: FS Schilling)

BAMBERGER, HEINZ GEORG/ROTH, HERBERT/HAU, WOLFGANG/ POSECK, ROMAN (Hrsg.) Beck'scher Online-Kommentar zum BGB, 72. Edition, München 2024 (zitiert als: *Bearbeiter,* in: BeckOK BGB)

BARTHEL, CARL *Unternehmenswert: Die vergleichsorientierten Bewertungsverfahren – Vergleichswert schlägt Ertragswert –,* DB 1996, 149

BAUMBACH, ADOLF (Begr.)/HOPT, KLAUS Beck'scher Kurzkommentar zum Handelsgesetzbuch mit GmbH & Co., Handelsklauseln, Bank- und Kapitalmarktrecht, Transportrecht (ohne Seerecht), 44. Auflage, München 2025 (zitiert als: *Bearbeiter,* in: Hopt HGB)

BAUMBACH, ADOLF (Begr.)/NOACK, ULRICH/SERVATIUS, WOLFGANG/HAAS, ULRICH Beck'scher Kurzkommentar zum Gesetz betreffend die Gesellschaft mit beschränkter Haftung, 24. Auflage, München 2025 (zitiert als: *Bearbeiter,* in: Noack/Servatius/Haas GmbHG)

BAUMBACH ADOLF (Begr.)/SCHWAB, KARL HEINZ/WALTER, GERHARD Schiedsgerichtsbarkeit – Systematischer Kommentar zu den Vorschriften der Zivilprozeßordnung, des Arbeitsgerichtsgesetzes, der Staatsverträge und der Kostengesetze über das privatrechtliche Schiedsverfahren, 7. Auflage, München 2005 (zitiert als: *Schwab/Walter,* Schiedsgerichtsbarkeit)

BEISEL, WILHELM (Begr.)/KLUMPP HANS-HERMANN (Begr.) *Der Unternehmenskauf – Gesamtdarstellung der zivil- und steuerrechtlichen Vorgänge einschließlich gesellschafts-, arbeits- und kartellrechtlicher Fragen bei der Übertragung eines Unternehmens,* 7. Auflage, München 2016 (zitiert als: *Bearbeiter,* in: Beisel/Klumpp, Der Unternehmenskauf)

BISLE, MICHAEL *Gewährleistungs- und Garantieklauseln in Unternehmenskaufverträgen,* DStR 2013, 364

BODENBENNER, HANS-JOACHIM *Bereicherungsausgleich nach rechtsgrundlosem Unternehmenserwerb,* MDR 2007, 1056

BROX, HANS (Begr.)/WALKER, WOLF-DIETRICH *Allgemeines Schuldrecht,* 48. Auflage, München 2024 (zitiert als: *Brox/Walker,* Allgemeines Schuldrecht)

BÜDENBENDER, ULRICH *Grundlagen der Gewährleistung beim Unternehmenskauf,* in: Dauner-Lieb, Barbara (Hrsg.), Unternehmenskauf und Schuldrechtsmodernisierung – Fachtagung der Bayer-Stiftung für deutsches und internationales Arbeits- und Wirtschaftsrecht am 6. und 7. Juni 2002, München 2003, S. 5 (zitiert als: *Büdenbender,* Grundlagen)

CANARIS, CLAUS-WILHELM *Handelsrecht,* 24. Auflage, München 2006 (zitiert als: *Canaris,* Handelsrecht)

CANARIS, CLAUS-WILHELM *Das allgemeine Leistungsstörungsrecht im Schuldrechtmodernisierungsgesetz,* ZRP 2001, 329

CANARIS, CLAUS-WILHELM *Die Gegenleistungskondiktion,* in: Pfister, Bernhard/Will, Michael R. (Hrsg.), Festschrift für Werner Lorenz zum siebzigsten Geburtstag, Tübingen 1991, S. 19 (zitiert als: *Ballerstedt,* in: FS Schilling)

DRYGALA, TIM/STAAKE, MARCO/ SZALAI, STEPHAN *Kapitalgesellschaftsrecht – Mit Grundzügen des Konzern- und Umwandlungsrechts,* 1. Auflage, Heidelberg 2012, (zitert als: *Drygala/Staake/Szalai,* Kapitalgesellschaftsrecht)

EIDENMÜLLER, HORST *Rechtskauf und Unternehmenskauf,* ZGS 2002, 294

EMMERICH, VOLKER *Unlauterer Wettbewerb – Ein Studienbuch,* 11. Auflage, München 2019 (zitiert als: *Emmerich,* Unlauterer Wettbewerb)

FISCHER, MICHAEL *Die Haftung des Unternehmensverkäufers nach neuem Schuldrecht,* DStR 2004, 276

FLEISCHER, HOLGER/GOETTE, WULF (Hrsg.) Münchener Kommentar zum Gesetz betreffend die Gesellschaften mit beschränkter Haftung: GmbHG, Band 2: §§ 35–52, 4. Auflage, München 2023 (zitiert als: *Bearbeiter,* in: MüKo GmbHG)

FLEISCHER, HOLGER/HÜTTEMANN, RAINER (Hrsg.) *Rechtshandbuch Unternehmensbewertung,* 3. Auflage, Köln 2024 (zitiert als: *Bearbeiter,* in: Fleischer/Hüttemann, Rechtshandbuch Unternehmensbewertung)

FLUME, WERNER *Die Saldotheorie und die Rechtsfigur der ungerechtfertigten Bereicherung,* AcP 194 (1994), 427

GAUL, BJÖRN *Schuldrechtsmodernisierung und Unternehmenskauf,* ZHR 2002, 36

GERNHUBER, JOACHIM *Die Erfüllung und ihre Surrogate sowie das Erlöschen der Schuldverhältnisse aus anderen Gründen,* 2. Auflage, Tübingen 1994 (zitiert als: *Gernhuber,* Erfüllung)

GLAGOWSKI, PHILLIP *Die Mängelgewährleistung beim Unternehmenskauf im Wege des asset deal nach der Schuldrechtsreform – Unter besonderer Berücksichtigung von fehlerhaften Jahresabschlüssen,* Europäische Hochschulschriften Reihe II Rechtswissenschaft, Band 4751, Frankfurt am Main/Berlin/Bern/Brüssel/New York/Oxford/Wien 2008 [zugl. Diss. Bonn 2008] (zitiert als: *Glagowski,* Mängelgewährleistung beim Unternehmenskauf)

GOETTE, WULF/HABERSACK, MATHIAS/KALSS, SUSANNE (Hrsg.) Münchener Kommentar zum Aktiengesetz, Band 1: §§ 1–75 AktG, 6. Auflage 2024; Band 5: §§ 278–328 AktG, SpruchG, ÖGesAusG, Österreichisches Konzernrecht, 6. Auflage 2023, München (zitiert als: *Bearbeiter,* in: MüKo AktG)

GRUNEWALD, BARBARA *Sach- und Rechtsmängel beim Kauf von Unternehmensanteilen,* NZG 2003, 372

GSELL, BEATE *Das Verhältnis von Rücktritt und Schadensersatz,* JZ 2004, 643

GSELL, BEATE/KRÜGER, WOLFGANG/LORENZ, STEPHAN/REYMANN, CHRISTOPH (Gesamthrsg.) Beck-Online Großkommentar zum Zivilrecht, Bürgerliches Gesetzbuch (BGB), 73. Edition, München 2025 (zitiert als: *Bearbeiter,* in: BeckOGK BGB)

HENSSLER, MARTIN/STROHN, LUTZ (Hrsg.) Beck'scher Kurzkommentar zum Gesellschaftsrecht, 6. Auflage, München 2024 (zitiert als: *Bearbeiter,* in: Henssler/Strohn, Gesellschaftsrecht)

HEẞ, JOHANNES *Unternehmensverkäufe der Treuhandanstalt – Verträge im Spannungsfeld zwischen Arbeitsplatzsicherung und Alteigentümerschutz,* Berlin 1997 [zugl. Diss. Potsdam 1996] (zitiert als: *Heß,* Unternehmensverkäufe der Treuhandanstalt)

HOFFMANN, UWE *Die Saldotheorie im Bereicherungsrecht,* Jura 1997, 416

HOFFMANN-BECKING, MICHAEL (Hrsg.) Münchener Handbuch des Gesellschaftsrechts, Band 4: Aktiengesellschaft, 6. Auflage, München 2024 (zitiert als: *Bearbeiter,* in: Münchener Handbuch des GesR)

HOFMANN, HEIKO/RIETHMÜLLER, TOBIAS *Einführung in das Umwandlungsrecht*, JA 2009, 481

HÖLTERS WOLFGANG (Hrsg.) *Handbuch Unternehmenskauf*, 10. Auflage, Köln 2022 (zitiert als: *Bearbeiter*, in: Handbuch Unternehmenskauf)

HOLZAPFEL, HANS-JOACHIM/PÖLLATH, REINHARD *Unternehmenskauf in Recht und Praxis – Rechtliche und steuerliche Aspekte*, 14. Auflage, Köln 2010 (zitiert als: *Holzapfel/Pöllath*, Unternehmenskauf in Recht und Praxis)

HÖLTERS, WOLFGANG/WEBER, MARKUS (Hrsg.) Aktiengesetz, Kommentar, 4. Auflage, München 2022 (zitiert als: *Bearbeiter*, in: Hölters, Aktiengesetz)

HUBER, ULRICH *Die Praxis des Unternehmenskaufs im System des Kaufrechts*, AcP 2002, Band 202, 179

HÜFFER, UWE (Begr.) Beck'scher Kurzkommentar zum Aktiengesetz, 19. Auflage, München 2025 (zitiert als: *Bearbeiter*, in: Hüffer/Koch, AktG)

INSTITUT DEUTSCHER WIRTSCHAFTSPRÜFER IN DEUTSCHLAND e. V. (IDW) (Hrsg.) IDW Standard: Grundsätze zur Durchführung von Unternehmensbewertungen (IDW S 1 i. d. F. 2008), WPg Supplement 3/2009, 68

JAGERSBERGER, BARBARA *Die Haftung des Verkäufers beim Unternehmens- und Anteilskauf*, Baden-Baden 2006 [zugl. Diss. Regensburg 2005] (zitiert als: *Jagersberger*, Die Haftung des Verkäufers beim Unternehmenskauf)

JESCH, VOLKER (u. a.) Investitionsvorranggesetz: Kommentar, 2. Auflage, Berlin/Boston 2012 (zitiert als: *Bearbeiter*, in: InVorG, Kommentar)

KAISER, DAGMAR *Eingeschränkt nützlich: § 281 Abs. 5 BGB – Nutzungsherausgabe und Nutzungsausfallschaden bei Schlechtlieferung*, ZfPW 2015, 129

KAMANABROU, SUDABEH *Haftung des Rücktrittsberechtigten bei Untergang der empfangenen Leistung*, NJW 2003, 30

KERSTING, CHRISTIAN *Die Rechtsfolge vorvertraglicher Informationspflichtverletzungen – Vertragsaufhebung oder „Minderung" aus c.i.c ?*, JZ 2008, 417

KEIL, BARBARA *Fehlerhafte Unternehmenskäufe: Konzept eines funktionsäquivalenten Zwei-Wege-Modells für die Rückabwicklung*, Berliner juristische Universitätsschriften, Zivilrecht Band 17, Berlin/Baden-Baden 1998 [zugl. Diss. Berlin 1996/97] (zitiert als: *Keil*, Fehlerhafte Unternehmenskäufe)

KLEIN-BLENKERS *Das Recht der Unternehmenspacht*, 1. Auflage, Baden-Baden 2008 (zitiert als: *Klein-Blenkers*, Unternehmenspacht)

KÖHLER, HELMUT *Rückabwicklung fehlerhafter Unternehmenszusammenschlüsse (Unternehmensvertrag, Eingliederung, Verschmelzung, Gemeinschaftsunternehmen)*, ZGR 1985, 307

KOHLER, JÜRGEN *Die gestörte Rückabwicklung gescheiterter Austauschverträge*, Köln/Berlin/Bonn/München 1989 [zugl. Habil. Köln 1988] (zitiert als: *Kohler*, Gestörte Rückabwicklung)

KOHLER, JÜRGEN *Rücktritt und Bereicherungsrecht – Studien zur Umkehrung einer herrschenden Meinung*, ZfPW 2017, 404

KORCH, STEFAN *Der Unternehmenskauf – Eine Einführung in Theorie und Praxis*, JuS 2018, 521

KUẞMAUL, HEINZ *Betriebswirtschaftslehre – Eine Einführung für Einsteiger und Existenzgründer*, 8. Auflage, München 2016 (zitiert als: *Kußmaul*, Betriebswirtschaftslehre für Einsteiger)

LARENZ, KARL *Lehrbuch des Schuldrechts. Erster Band, Allgemeiner Teil*, 14. Auflage, München 1987 (zitiert als: *Larenz*, SchuldR I)

LARENZ, KARL *Lehrbuch des Schuldrechts, Zweiter Band Besonderer Teil, 1. Halbband*, 13. Auflage, München 1986 (zitiert als: *Larenz*, SchuldR II, Band 1)

LARENZ, KARL (Begr.)/CANARIS, CLAUS-WILHELM *Lehrbuch des Schuldrechts, Zweiter Band, Besonderer Teil, 2. Halbband*, 13. Auflage, München 1994 (zitiert als: *Larenz/Canaris*, SchuldR II, Band 2)

LARISCH, TOBIAS *Gewährleistungshaftung beim Unternehmens- und Beteiligungskauf*, Rechtsfragen der Wirtschaft, Band 44, Köln 2004 [zugl. Diss. Münster 2003] (zitiert als: *Larisch*, Gewährleistungshaftung)

LIEB, MANFRED/ JACOBS, MATTHIAS *Arbeitsrecht*, 9. Auflage, Heidelberg 2006 (zitiert als: *Lieb/Jacobs*, Arbeitsrecht)

LORENZ, STEPHAN *Grundwissen-Zivilrecht: Das Eigentümer-Besitzer-Verhältnis*, JuS 2013, 495

LUTTER, MARCUS/HOMMELHOFF, PETER (Hrsg.) GmbH-Gesetz Kommentar, 21. Auflage, Köln 2023 (zitiert als: *Bearbeiter,* in: Lutter/ Hommelhoff, GmbHG)

MAIER-REIMER, GEORG *Unternehmenskauf und neues Schuldrecht,* in: Eckert, Jörn/Delbrück, Jost (Hrsg.) Reform des deutschen Schuldrechts – Tagung der Rechtswissenschaftlichen Fakultät der Christian-Albrechts-Universität und des Vereins Kieler Doctores Iuris e.V., Baden-Baden 2003, S. 61 (zitiert als: *Maier-Reimer,* Unternehmenskauf und neues Schuldrecht)

MEDICUS, DIETER *Typen bei der Rückabwicklung von Leistungen,* JuS 1990, 689

MEDICUS, DIETER (Begr.)/LORENZ, STEPHAN *Schuldrecht I Allgemeiner Teil – Ein Studienbuch,* 22. Auflage, München 2021 (zitiert als: *Medicus/Lorenz,* Schuldrecht I)

MORSHÄUSER, RALF/FALKNER, TOBIAS *Unternehmenskauf aus der Insolvenz,* NZG 2010, 881

MÜLLER-GLÖGE, RUDI/PREIS, ULRICH/GALLNER, INKEN u. a. (Hrsg.) Erfurter Kommentar zum Arbeitsrecht, 25. Auflage, München 2025 (zitiert als: *Bearbeiter,* in: Erfurter Kommentar zum ArbR)

MÜNSTERMANN, KLAUS *Das neue Schuldrecht am Beispiel des Unternehmenskaufs – Eine Analyse der Gewährleistungshaftung des Unternehmensverkäufers,* Reihe juristischer Dissertationen, Band 13, Würzburg 2007 [zugl. Diss. Köln 2007] (zitiert als: *Münstermann,* Neues Schuldrecht am Beispiel des Unternehmenskaufs)

MUSIELAK, HANS-JOACHIM *Zum Inhalt und Umfang des Bereicherungsanspruches,* JA 2017, 1

NICKEL, CARSTEN *Die Rechtsfolgen der culpa in contrahendo,* Schriften zum Bürgerlichen Recht, Band 291, Berlin 2004 [zugl. Diss. Mainz 2002] (zitiert als: *Nickel,* Rechtsfolgen c. i. c.)

OETKER, HARTMUT (Hrsg.) Handelsgesetzbuch Kommentar, 8. Auflage, München 2024, (zitiert als: *Bearbeiter,* in: Oetker, HGB)

PAEFGEN, WALTER G./WALLISCH, KAI *Vertragliche Kaufpreisanpassungsklauseln als Alternative zum Schadensersatz bei Bilanzgarantien,* in: Drygala, Tim/Wächter, Gerhard H. (Hrsg.), Bilanzgarantien bei M&A Transaktionen – Beiträge der 1. Leipziger

Konferenz „Mergers & Acquisitions“ am 16. und 17.05.2014 in Leipzig, München 2015, 205 (zitiert als: *Paefgen/Wallisch,* in: Bilanzgarantien)

GRÜNEBERG, CHRISTIAN (Hrsg.) Grüneberg, Bürgerliches Gesetzbuch, 84. Auflage, München 2025 (zitiert als: *Bearbeiter,* in: Grüneberg BGB)

PÖLLATH, REINHARD *Grundsätze ordnungsmäßigen Unternehmenskaufs – Ein Versuch, Konventionen aufzuschreiben,* in: Westermann, Harm Peter/Mock, Klaus (Hrsg.), Festschrift für Gerold Bezzenberger zum 70. Geburtstag am 13. März 2000. Rechtsanwalt und Notar im Wirtschaftsleben, Berlin/New York 2000, 549 (zitiert als: *Pöllath,* in: FS Bezzenberger)

RAUSCHER, THOMAS/KRÜGER, THOMAS (Hrsg.) Münchener Kommentar zur Zivilprozessordnung mit Gerichtsverfassungsgesetz und Nebengesetzen, Band 1: §§ 1–354 ZPO, 7. Auflage, München 2025 (zitiert als: *Bearbeiter,* in: MüKo ZPO)

RIEDER, MARKUS/SCHÜTZE, ROLF/WEIPERT, LUTZ (Hrsg.) Münchener Vertragshandbuch, Band 2, Wirtschaftsrecht I, 8. Auflage, München 2020 (zitiert als: *Bearbeiter,* in: MVHdB)

RÖMERMANN, VOLKER (Hrsg.) Münchener Anwaltshandbuch GmbH-Recht, 5. Auflage, München 2023 (zitiert als: *Bearbeiter,* in: Römermann, Münchener Anwaltshandbuch GmbH-Recht)

ROTH, GÜNTHER H. (Begr.) Gesetz betreffend die Gesellschaft mit beschränkter Haftung – Kommentar, 11. Auflage, München 2023 (zitiert als: *Bearbeiter,* in: Altmeppen, GmbHG)

RUPIETTA, DIRK *Die bereicherungsrechtliche Rückabwicklung unwirksamer Unternehmenskaufverträge,* Reihe: Steuer, Wirtschaft und Recht, Band 202, Lohmar 2001 [zugl. Diss. Köln 2001] (zitiert als: *Rupietta,* Rückabwicklung unwirksamer Unternehmenskaufverträge)

SÄCKER, FRANZ JÜRGEN/RIXECKER, ROLAND/OETKER, HARTMUT u. a. (Hrsg.) Münchener Kommentar zum BGB, Band 2: §§ 241–310, 9. Auflage 2022; Band 3: §§ 311–432, 9. Auflage 2022; Band 4: §§ 433–534, 9. Auflage 2024; Band 5: §§ 535–630h, 9. Auflage 2023; Band 7: §§ 705–853, 9. Auflage 2024; Band 8: §§ 854–1296, 9. Auflage 2023, München (zitiert als: *Bearbeiter,* in: MüKo BGB)

SCHMIDT, KARSTEN *Gesellschaftsrecht,* 4. Auflage, Köln/Berlin/Bonn 2002 (zitiert als: *K. Schmidt,* Gesellschaftsrecht)

SCHMIDT, KARSTEN *Handelsrecht – Unternehmensrecht I,* 6. Auflage, Köln 2014, (zitiert als: *K. Schmidt,* Unternehmensrecht I)

SCHMIDT, KARSTEN (Hrsg.) Münchener Kommentar zum HGB, Band 1: §§ 1–104, 6. Auflage, München 2025, (zitiert als: *Bearbeiter,* in: MüKo HGB)

SCHÖNE, TORSTEN *Das rechtsgrundlos erlangte Unternehmen – Herausgabe oder Wertersatz,* ZGR 2000, 86

SCHULZE, REINER (Hrsg.) Bürgerliches Gesetzbuch, Handkommentar, 12. Auflage, Baden-Baden 2024 (zitiert als: *Bearbeiter,* in: Schulze, Handkommentar BGB)

SCHWAB, MARTIN *Schuldrecht: Höhe des Nutzungswertersatzes beim Rücktritt vom Kaufvertrag,* JuS 2018, 708

SCHWINTOWSKI, HANS-PETER *Das Unternehmen im Bereicherungsausgleich,* JZ 1987, 588

SOERGEL, HANS THEODOR (Begr.) Kohlhammer Kommentar zum Bürgerlichen Gesetzbuch mit Einführungsgesetz und Nebengesetzen, Band 5/1a: §§ 311–314, 13. Auflage 2014; Band 5/3: §§ 328–432, 13. Auflage 2010; Band 11/3: §§ 780–822, 13. Auflage 2012, Stuttgart (zitiert als: *Bearbeiter,* in: Soergel BGB)

STAAKE, MARCO *Gesetzliche Schuldverhältnisse,* 2. Auflage, Heidelberg/New York/Dordrecht/London 2022 (zitiert als: *Staake,* Gesetzliche Schuldverhältnisse)

STAUDINGER, JULIUS VON (Begr.) J. von Staudingers Kommentar zum Bürgerlichen Gesetzbuch mit Einführungsgesetzen und Nebengesetzen, Buch 2: Recht der Schuldverhältnisse: §§ 346–354 (Rücktritt) (2022); Buch 2: Recht der Schuldnerverhältnisse: 812–822 (Ungerechtfertigte Bereicherung) (2007) (zitiert als: *Bearbeiter,* in: Staudinger BGB)

THIESSEN, JAN *Unternehmenskauf und Bürgerliches Gesetzbuch: die Haftung des Verkäufers von Unternehmen und Unternehmensbeteiligungen,* Berliner Juristische Universitätsschriften, Zivilrecht Band 45, Berlin 2005 [zugl. Diss. Berlin 2004] (zitiert als: *Thiessen,* Unternehmenskauf und BGB)

VIEWEG, KLAUS/WERNER, ALMUTH *Sachenrecht,* 8. Auflage, München 2018 (zitiert als: *Vieweg/Werner,* Sachenrecht)

VON CAEMMERER, ERNST *Bereicherung und unerlaubte Handlung,* in: Dölle, Hans/Rheinstein, Max/Zweigert, Konrad (Hrsg.), Festschrift für Ernst Rabel, Band I: Rechtsvergleichung und Internationales Privatrecht, Tübingen 1954, S. 333 (zitiert als: *Caemmerer,* in: FS Rabel)

WÄCHTER, GERHARD *M&A Litigation M&A-Recht im Streit,* 4. Auflage, Köln 2022 (zitiert als: *Wächter,* M&A Litigation)

WESTERMANN, HARM PETER/GRUNEWALD, BARBARA/MAIER-REIMER, GEORG (Hrsg.) Erman, Bürgerliches Gesetzbuch – Kommentar mit Nebengesetzen (AGG, BVersTG, EGBGB, ErbbauRG, ProdhaftG, VBVG, VersAusglG und WEG), 17. Auflage, Köln 2023, (zitiert als: *Bearbeiter,* in: Erman, Handkommentar zum BGB)

WESTERMANN, HARRY (Begr.)/WESTERMANN, HARM PETER/GURSKY, KARL-HEINZ/EICKMANN, DIETER *Sachenrecht,* 8. Auflage, Heidelberg, München, Landsberg, Frechen, Hamburg 2011 (zitiert als: *Westermann/Gursky/Eickmann,* Sachenrecht)

WIEDEMANN, HERBERT *Gesellschaftsrecht, Band 1, Grundlagen,* 1. Auflage, München 1980 (zitiert als: *Wiedemann,* GesellR I)

WOLF, MANFRED/KAISER, JOCHEN *Die Mängelhaftung beim Unternehmenskauf nach neuem Recht,* DB 2002, 411

WÖRLEN, RAINER/LEINHAS, SABRINA *Rechtsfolgen- und Rechtsgrundverweisungen im BGB,* JA 2006, 22

ZIEMONS, HILDEGARD/JAEGER, CARSTEN/PÖSCHKE, MORITZ (Hrsg.) Beck'scher Online Kommentar GmbHG, 45. Edition, Stand 01.11.2024 (zitiert als: *Bearbeiter,* in: BeckOK GmbHG)